조선회화실록

일러두기

1. 《조선왕조실록》은 《태조실록》에서 《철종실록》까지 다루며, 일제 강점기에 편찬된 대한제국의 《고종실록》과 《순종실록》은 《조선왕조실록》의 범주에 포함되지 않는다. 이 책은 《고종실록》과 《순종실록》도 통일성의 차원에서 함께 다뤘다.

2. 《조선왕조실록》은 모두 음력으로 표기되어 있으나, 갑오개혁 이후인 1896년부터는 양력으로 표기되어 있다.

3. 이 책에 실린 대부분의 작품들은 국립중앙박물관에서 공공누리 제1유형으로 개방한 작품들로서 해당 작품들은 국립중앙박물관 누리집(http://www.museum.go.kr)에서 무료로 다운받을 수 있다.

4. 실록뿐 아니라 인용하는 글 대부분은 공공기관에서 내놓은 글들을 윤문했다. 단 〈송시열 초상〉에 실린 자경문은 《국문학 연구》(2015년, 31호)에 실린 심경호, 〈조선의 畫像과 贊에 대한 窺見〉의 한역을 따랐다.

5. 이 책의 7장에 등장하는 〈명군현비병〉은 성종 시대에 제작되었으나 당시의 그림은 소실되어, 유사한 주제를 담은 그림으로 대체하였다.

조선회화실록

〈태조 어진〉부터 〈백악춘효도〉까지
조선 오백 년을 움직인 사람들의 생각을 읽다

이종수 지음

생각
정원

실록과 회화를 나란히 놓고 읽는 조선사

조선 여행을 시작하려 한다. 여행을 도와줄 이는 둘이다.

먼저 실록이다. 이 땅의 역사 기록물 가운데 《조선왕조실록》만큼 놀라운 유산이 있을까. 실록은 조선의 하루하루가 촘촘히 담긴 국가 공식 기록이다. 이미 과거 속의, 그것도 임금이 다스리는 나라였음에도 조선은 고려나 삼국 시대처럼 그저 과거의 역사, 아득한 시공간으로 느껴지지는 않는다. 단지 현대의 우리와 가까운 시대여서만은 아닐 것이다. 조선 500년을 빈틈없이 채워 넣은, 실록의 생생한 증언 덕분이다.

그러니 조선 역사를 알고 싶다면 역시 실록만 한 사료가 없다. 실록에 기댄 역사 읽기가 낯설지 않은 까닭도 이 때문이겠다. 하지만 500년 동안의 기록이라니 좀처럼 엄두가 나지 않는다. 모른 채 덮어두기엔 우리 삶과 너무나 밀접한 시대이고, 각 잡고 공부하기엔 그 무게가 부담스럽다. 어떨까. 누군가의 도움이 있다면 좋겠다.

제법 어울릴 것 같았다. 실록을 읽으면서, 그리고 그림을 겹쳐 읽으면서 들었던 생각이다. 문자와 그림의 오랜 동행을 보아도 그렇지만, 조선이라는 특별한 상황을 놓고 보면 더욱 그렇다. 그 소명은 달랐겠으나 각자의 소임에 충실했던 조선의 사관과 화가를 떠올려본다. 그들의 붓은 저마다의 방식으로 한 시대의 모습을 기록하고 있었으니, 이만한 어울림도 없지 않을까. 그림을 통해 실록을 만나고, 실록으로 조선 역사를 읽어본다면 제법 재미있는 여행이 될 것 같다.

'그림으로 떠나는 역사 여행'은 즐거운 숙제처럼, 꽤 여러 해 동안 품어온 주제다. 《조선회화실록》이라는 제목의 뜻 그대로 이 책의 주제는 조선 회화사가 아니다. 그동안 나의 그림 이야기는 역사를 배경으로 그림을 풀어나가는 쪽이었다. 이쯤에서 자리를 바꾸어보려는 것이다. 그림에게 적극적인 역할을 부탁하고 싶었다. 역사를 배경으로 그림을 읽어왔으니, 이제 그림이 역사로 들어가는 문 하나씩을 열어주는 것이다. 문자가 정면으로 드러내지 못했던 시대의 모습을 멋진 비유로 대신하는 것이 그림의 역할이기도 했으니까. 그림에게 역사적 의미만을 묻는 일은 재미없지만 역사적 맥락과 동떨어진 그림이란 어차피 존재할 수 없다.

태조에서 순종까지, 조선 27대 국왕의 실록을 펼쳐보자. 그 시대를 선명하게 보여주는 그림과 함께 조선사 읽기를 시작해보려 한다. 이 책에서는 조선 역사를 모두 5부, 즉 건국, 수성, 혼란, 경장, 파국의 시기로 나누어 따라가기로 했다. 28점의 그림을 골라 27장의 이야기로 구성했다. 역사의 현장을 흥미롭게 보여주는, 미술사적 의미를 함께 갖춘 그림들을 골라보았다.

조선 초기 산수화의 절정을 보여준 안견의 〈몽유도원도〉 안에는 세종 시대의 위대함과 다음 시대의 정치적 긴장, 그 두 얼굴이 나란히 담겨 있음을 보게 될 것이다. 윤두서의 〈자화상〉은 어떤가. 조선 최고의 초상화로 평가받는 이 작품은 숙종 시대의 당쟁과, 그로 인해 자신의 존재를 고민해야 했던 한 지식인의 성찰이 이루어낸 결과물이다. 김홍도의 〈소림명월도)도 빼놓을 수 없다. 필묵의 아름다움만으로도 제 역할에 충실하다 싶지만 역시 정조 치세, 변화하는 시대의 이야기를 가득 담고 있다.

조선 500년 역사를 마주하기가 망설여진다면, 《조선왕조실록》의 첫 문장을 떠올리며 시작해보는 것도 괜찮겠다. 이 길고 긴 기록물의 첫 문장은 담백하다 못해 고지식할 정도다. 하고픈 이야기를, 그날의 그 사건을 솔직하게 전하면 되겠다는 마음가짐이 고스란히 담겨 있다.

그 호흡만 차분히 따라가다 보면 태조에서 세종, 성종과 선조를 거쳐 어느 사이 영조와 정조 시대를 넘어 왕조의 마지막에 이르게 된다. 조선 건국의 순간만큼이나, 그 장면을 전하는 실록의 첫 문장이 궁금하지 않은가. 그림이 우리를 이끌어줄 것이다.

차례

3부 혼란 변화의 길목에 서다

4부 경장 새 시대를 향해 도약하다

건국
국가의 기틀을 잡다

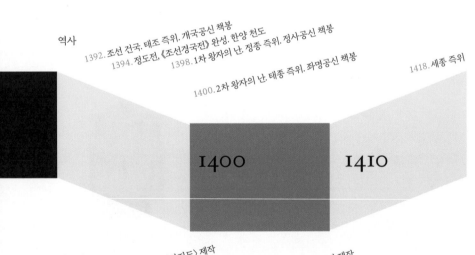

역사

1392. 조선 건국. 태조 즉위. 개국공신 책봉
1394. 정도전, 《조선경국전》 완성. 한양 천도
1398. 1차 왕자의 난. 정종 즉위. 정사공신 책봉

1400. 2차 왕자의 난. 태종 즉위. 좌명공신 책봉

1418. 세종 즉위

1400   1410

미술사

1395. 〈천상분야열차지도〉 제작

1402. 어진과 좌명공신 40명의 영정 제작
1402. 〈혼일강리역대국도지도〉 제작

1410. 경기전에 태조 어진 봉안

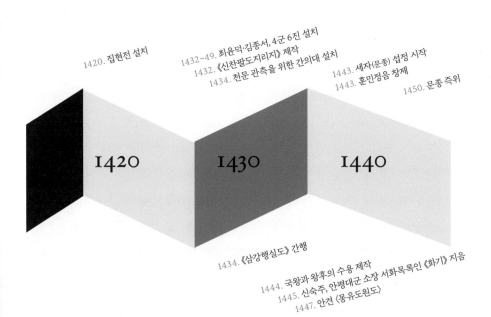

1420. 집현전 설치

1432~49. 최윤덕·김종서, 4군 6진 설치
1432. 《신찬팔도지리지》 제작
1434. 천문 관측을 위한 간의대 설치

1443. 세자(문종) 섭정 시작
1443. 훈민정음 창제

1450. 문종 즉위

1420

1430

1440

1434. 《삼강행실도》 간행

1444. 국왕과 왕후의 수용 제작
1445. 신숙주, 안평대군 소장 서화목록인 《화기》 지음
1447. 안견 〈몽유도원도〉

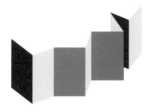

1392년 이 땅에 새 왕조가 들어섰다. 500년을 이어온 고려의 문을 닫은 조선은, 불교를 국교로 숭상하던 고려와 달리 성리학을 통치 이념으로 삼아 건국을 선포했다. 왕조 교체를 주도한 이성계는 개국의 군주로 추대되어 후일 태조로 불리게 된다. 태조의 재위 6년 동안 조선은 한양으로 천도를 단행하여 새 도읍에 어울리는 궁성을 짓고 통치의 기준이 될 법전을 완성하는 등, 수백 년을 이어나갈 국가의 기틀을 다진다.

　하지만 왕조 초기 흔히 불거지는 후계 구도를 둘러싼 다툼을 조선도 피해 가지 못했다. 건국 과정에서의 공훈에도 세자로 낙점받지 못한 이방원은, 1차 왕자의 난을 일으켜 신권 강화를 내세운 건국 제일의 공신 정도전을 제거한다. 그 뒤, 2차 왕자의 난을 승리로 이끌어 형 정종에게 양위를 받아 3대 국왕 태종으로 등극한다. 태종은 세금과 군역 제도를 정비하고 사병 혁파를 바탕으로 군제 개혁을 단행하는 등, 중앙집권 체제를 성공적으로 안착시켜나갔다.

조선 최고의 군주로 일컬어지는 세종의 치세는 태종의 유혈 투쟁과 단호한 정치적 결단 위에서 시작되었다. 세종 시대의 융성은 국왕 자신의 탁월함에 다양한 분야의 인재를 등용하였기에 가능한 것이었다. 학술 기관인 집현전을 활성화하고, 과학과 문화 분야의 발전을 이끌었다. 또한 농서를 간행하고 조세제도에 대해서는 대민 설문조사를 시행하는 등, 백성의 의견을 제도에 직접 반영한 것으로도 유명하다. 무엇보다도 우리 역사상 가장 위대한 업적이라 할 한글을 창제함으로써 현대 한국인의 삶에 결정적인 영향을 미쳤다.

1392년 태조의 건국에서 정종, 태종을 거쳐 세종의 치세가 마무리되는 1450년에 이르는 시기는 겨우 60년. 왕위 계승을 둘러싼 진통과 도성 건설, 제도 정비와 민심 수습만으로도 그리 넉넉지 않을 시간이다. 하지만 이 시간 동안 조선은 신생 국가의 어설픔을 털어내고, 정치와 문화 전반에 걸쳐 성숙한 국가로서의 면모를 두루 갖추어나갔던 것이다.

1장

태조, 새로운 세상을 열다

정도전과 아들 사이에서 〈태조 어진〉

"태조가 수창궁에서 왕위에 올랐다."　　　太祖即位于壽昌宮

조선의 첫날은 어땠을까?《조선왕조실록朝鮮王朝實錄》이 전하는 조선의 출발을 보자. 국가 공식 기록인 실록, 그 첫 권인《태조실록太祖實錄》은 새 나라의 탄생을 이처럼 담담한 어조로 이야기한다. 1392년 7월 17일의 일이다.

　문장을 풀어 이해를 돕자면, 창업 군주에게 주어지는 묘호廟號 '태조'로 불리게 되는 이성계가 고려 왕조를 폐하고 새 왕조를 일으켜 개성의 수창궁에서 즉위식을 가졌다는 이야기다. 실록을 기록한 사관은 알지 못했겠지만 조선은 무려 500년 넘도록 이어진다. 이웃 나라 중국에 견주어 보면 왕조의 생명이 꽤 길다. 조선과 비슷한 시기인 1368년에 세워진 명明은 300년을 채우지 못하고 1644년에 막을 내렸다. 명을 무너뜨리고 새로운 지배자가 된 청淸은 1912년까지 이어졌으니 명의 수명과 비슷하다. 중원에서 그 두 나라가 뜨고 지는 동안 조선은 국호와 강토를 유지했다.

첫걸음이다. 새 나라 조선의 군신君臣 모두에게 오래오래 기억하고 싶을 장면 아닌가. 왕조의 시작이라니, 이를 증언해줄 그림이 있다면 좋겠다. 이왕이면 영웅을 내세우는 편이 선명하겠다. 〈태조 어진太祖御眞〉이라면 어떨까. 새 나라 조선의 얼굴과도 같았을 창업 군주의 초상이다.

태조 어진,
왕의 즉위

〈태조 어진〉은 태조 재위 당시에 그려진 원본이 아니라 1872년에 이모移模한 작품이다. 초상화는 인물을 대신하는 것으로 여겨졌는데 하물며 어진御眞의 주인공은 국왕이 아닌가. 그림이 낡거나 상했다면 이를 이모하여 새것으로 모시게 된다. 어진의 경우, 〈태조 어진〉 외에도 후대에 이모된 예가 적지 않다. 원본과 얼마나 똑같이 그려졌을까. 이모 과정에서 원래의 형상을 잃어버리지는 않았을까. 시대에 따라 약간의 새로운 표현 기법이 반영되기는 했지만 이모, 즉 '옮겨 그린다'는 말 그대로 대체적인 모습은 원본을 충실히 따르고 있다. 당대의 본모습을 살피기에 무리가 없다는 얘기다.

주인공은 화면 중심을 차지하고 있다. 화면 정중앙, 두 대각선이 만나는 지점에 옥대玉帶를 그려 넣었을 정도로, 대칭 한가운데 인물을 배치한 엄격한 구도다. 주인공이 앉은 용상은 제 이름처럼 금빛 용문으로 가득하고 자리의 주인 또한 그에 어울리게 묵직하다. 앉은 자태만으로도 큰 키에 당당한 체구였다는 옛 기록이 사실임을 짐작할 만하다. 단정한 얼굴 윤곽선에 이목구비도 대체적으로 균형이 잡혀 있으나 희로애락을 드러

〈태조 어진太祖御眞〉

내놓은 표정은 아니다. 가볍지 않았을 인물의 성품과 함께 표정을 드러내지 않아야 하는 지위를 보여주는 듯하다.

이성계의 실제 모습일까. 혹여 미화한 부분은 없을까. 지존에 대한 경의를 담아서 말이다. 하지만 의심은 접어두어도 되겠다. 조선의 초상화가들은 '똑같이 닮게' 그려야 한다는 사명에 충실했던바, 비록 어진이라 할지라도 자신의 붓을 왜곡하지는 않았던 듯하다(이후의 다른 어진들을 살펴보면, 다소의 약점으로 지적될 만한 인물의 특징이 그대로 드러나 있다. 초상화 제작의 목적을 잊지 않았기 때문인데, 의도된 미화가 있었다면 오히려 화가로서의 실력을 의심받을 수 있다). 그렇다고 해서 선택할 부분이 없지는 않았다. 특히나 어진이라면 인물의 외모 자체보다 꼭 담아내야 할 것을 제대로 그리는 일이 중요하다. 강조하고 싶은 부분이 임금마다 달랐을 테니까.

〈태조 어진〉은 '이런' 모습으로 그려졌다. 무슨 이야기를 담고 있을까. 넓고 건장하게 그려진 어깨는 유능한 무장이었던 이성계의 명성을 대신하는 듯하다. 건국의 길 위에서 이성계에게 요구된 것은 다른 무엇보다도 그의 군사력이었다. 평화로운 왕조 교체 같은 미담이 있을 리 만무하다. 정적들을 확실하게 제압해줄 무력이 없었다면, 애초에 이성계가 역성혁명易姓革命 세력의 지도자로 떠오르지도 않았을 것이다. 어떤가. 초상 속 남자는 능히 그럴 만한 인물로 보인다. 치밀한 지략가로 느껴지지는 않는다. 이성계에게 그 재능까지 기대할 수는 없었겠지만 크게 문제될 일은 아니다. 사람을 모으고 계획을 세워 작전을 수행하는, 새 국가의 설계도를 그리는 인물이 꼭 국왕이어야 할 까닭은 없다. 누군가의 몫으로 남겨두면 그만이다. 오히려 그런 지략을 갖추지 않는데도 새 왕조의 국왕으로 등극했다는 사실이 이성계의 또 다른 자질로 비칠 수 있다. 탁월한 인재들을 너끈히 품는, 성군聖君으로서의 이미지다.

홍색 곤룡포를 입지 않은 이유,
실리를 고민하다

주인공의 복식에도 분명한 이야기가 담겨 있다. 조선은 엄연한 왕조 시대다. 의복이야말로 신분을 드러내주는 가장 선명한 기호가 아닌가. 태조는 청색 곤룡포袞龍袍를 입었다. 지존의 자리이니 곤룡포 차림이야 당연하겠지만 청색은 조금 낯설게 다가온다.

중국의 황제는 '황색黃色'을 입을 수 있는 존재다. 태조는 황제를 상징하는 황색 옷을 입지 않았다. 황제국을 칭하는 명나라와 칭호 문제로 다투지 않겠다는 마음을 드러내 보인 것이다. 대국과의 힘겨루기 대신 내실을 기하겠다는 뜻이다. 하지만 청색이라니 여전히 의아하다. 흔히 보아온 조선 국왕의 홍색 곤룡포와는 또 어떤 차이가 있을까? 이 또한 명과의 관계 때문이다. 당시는 아직 명에서 곤룡포를 '지정'해주기 전이었다. 명으로부터 홍색 곤룡포를 처음 하사받은 때는 세종 치세인 1444년으로, 이때부터 조선 국왕은 명에서 정해준 홍색 곤룡포를 입게 된다. 명에 대한 조선의 입장이 확실하게 '사대事大'로 정리된 것이다.

명과의 이러한 관계 설정은 조선 건국을 주도한 이들의 면면을 보자면 놀라운 선택은 아니다. 이성계의 핵심 참모들은 흔히 '신진 사대부'로 불리는, 성리학을 배우고 그 이상의 실천을 고민했던 이들이다. 그 이상의 모양새에 대해서는 개인마다 차이가 있었겠으나, 크게 보자면 '순리'를 따라 '민본'을 실현하기 위한 길을 선택하지 않았을까. 실리적인 이해관계를 따져보아도 더 나은 길을 찾기는 어려웠을 것이다.

그런 인물들의 도움으로 이성계는 태조 어진의 주인공이 될 수 있었다. 이쯤에서 다시 실록으로 돌아와 이성계의 주변을 살펴보자.

왕은 이르노라. 하늘이 많은 백성을 낳아서 군장君長을 세워, 이를 길러 서로 살게 하고 이를 다스려 서로 편안하게 한다. 그러므로 군도君道가 득실이 있게 되어 인심이 복종과 배반함이 있게 되고, 천명天命의 떠나가고 머물러 있음이 매였으니, 이것이 당연한 이치이다. 홍무洪武 25년 7월 16일 을미에 도평의사사와 대소 신료들이 말을 합하여 왕위에 오르기를 권고하였다… 나는 여러 사람의 심정에 굽혀 따라 마지못하여 왕위에 오른다… 아아, 내가 덕이 적고 우매하여 사정에 따라 조치하는 방법을 알지 못하는데, 그래도 보좌하는 힘에 기대어 새로운 정치를 이루려고 하니, 그대들 여러 사람은 나의 지극한 마음을 따르도록 하라. 《태조실록》 1392. 7. 28.

즉위 열하루 뒤인 7월 28일에 내린 태조의 즉위 교서다. 온 나라에 밝힌 교지라곤 하지만, 마지막 문장에 등장하는 '보좌하는 힘'인 '그대들 여러 사람'을 향한 당부라 읽어도 좋겠다. 제아무리 신화로 치장한 영웅이라 해도 혼자서 나라를 세울 수는 없다. 그 신화를 현실로 만들어준 동지들의 도움이 이날을 만든 것이다. 곧 건국 공신에 오를 그 이름 가운데 누구보다 분주하고 누구보다 감격했을 인물은 정도전. 그가 이성계를 위해 준비한 일들이 곧 조선의 건국 서사와 큰 차이가 없어 보일 정도다. 즉위 교서도 물론 정도전의 붓에서 나왔다.

즉위식에 가려진
사건들

교서를 살펴보자. 천명이 고려를 떠나 새로운 군장을 세워야 할 때가 이르러, 여러 사람과 백성들은 하늘의 뜻이 이성계에게 있음을 알고 그에게 즉위를 청하니, 이성계는 몇 차례 사양 끝에 마지못하여 왕위를 받아들인다는 줄거리를 갖추고 있다. 천명이 떠난 고려 왕에게서 왕위를 전하여 받는 형식을 취하였던 것이다. 즉위식 며칠 전, 고려 왕실의 어른인 왕대비에게 공양왕 폐위를 허락받은 뒤 일은 일사천리로 진행되고 있었다.

> 공양왕이 부복하고 명령을 듣고 말하기를, "내가 본디 임금이 되고 싶지 않았는데 여러 신하들이 나를 강제로 왕으로 세웠습니다. 내가 성품이 불민하여 사기事機를 알지 못하니 어찌 신하의 심정을 거스른 일이 없겠습니까?" 하면서, 이내 울어 눈물이 두서너 줄기 흘러내리었다. 마침내 왕위를 물려주고 원주로 갔다. 《태조실록》 1392. 7. 17.

장렬한 죽음 대신, 공양왕은 눈물을 흘리며 도성을 떠났다. 치열한 전투 끝에 도성을 접수하고 그 왕조의 국왕을 폐한 뒤 승장으로서 새 나라를 세우는, 일반적인 왕조 교체와는 조금 다른 분위기다. 무력이 필요 없었다는 말이 아니다. 무력은 이날이 오기 전, 고려의 장군 이성계가 권력을 장악하는 길 위에서 넘치도록 사용되었다. 이미 여러 해에 걸쳐 역성혁명의 걸림돌들이 차근차근 제거되고 있었던 것이다.

고려 말 구국의 영웅으로 칭송받던 최영은 나라를 혼란에 빠뜨렸다는 죄목으로 4년 전인 1388년에 처형되었다. 혁명파의 핵심 인물들과 개혁의 뜻을 함께했지만 고려에 대한 마음만은 버리지 않아 이성계를 애타게 했던 정몽주는 석 달 전인 4월, 이성계의 아들 이방원에게 피살되었다. 당대의 대학자로 양쪽 세력 모두의 스승이기도 했던 이색은, 사랑하는 제자들의 죽음을 겪은 뒤 그 자신 또한 내일을 기약하지 못할 유배객의 처지로 내몰렸다. 전장의 동지도, 어제의 스승과 동문수학한 친구도, 그 과정에서 예외일 수 없었다.

세자 책봉,
시작부터 제기된 문제

나라 하나가 세워지는 과정이 아름답고 순탄할 리가 있으랴. 어쨌든 이성계는 무사히 즉위식을 마치고 새 왕조의 첫 국왕이 되었다. 이미 50대 후반에 접어든 그에게 가장 시급한 문제는 다음 어진의 주인공이 될 후계자를 정하는 일. 조선 후기에 이르면 후사를 이을 왕자 하나가 없어 국왕들의 근심이 깊었으나 건국 초기에는 오히려 그 반대였다. 이성계에겐 아들이 너무 많았다. 신의왕후 한씨에게서 여섯, 신덕왕후 강씨에게서 둘. 이성계만의 고민도 아니었다. 어느 왕자가 내일의 태양으로 떠오르게 될까. 모두의 관심이었다.

하지만 당연히 세자로 고려되어야 할 왕자를 배제함으로써 세자 선택 논의는 몹시 싱겁게 끝나버렸다. 즉위식 이후 겨우 한 달이 지난 8월 20일, 세자가 결정되었다. 시비를 오래 끌지 않겠다는 뜻이다. 그런데 시비에 오를 만한 선택이었다.

> 어린 서자庶子 이방석을 세워 왕세자로 삼았다. 처음에 공신 배극렴·조준·정도전이 세자를 세울 것을 청하면서 나이와 공로로 청하고자 하나, 임금이 강씨를 존중하여 뜻이 이방번에 있었다. 이방번은 광망하고 경솔하여 볼품이 없으므로 공신들이 이를 어렵게 여겨 사적으로 서로 이르기를, "만약에

반드시 강씨가 낳은 아들을 세우려 한다면 막내아들이 조금 낫겠다"고 하였다. 이때에 이르러 임금이 "누가 세자가 될 만한 사람인가?"라고 물으니, 장자長子로 세워야만 되고, 공로가 있는 사람으로 세워야만 된다고 간절히 말하는 사람이 없었다. 극렴이 말하기를, "막내아들이 좋습니다" 하니 임금이 드디어 뜻을 결정하여 세자로 세웠다. 《태조실록》 1392. 8. 20.

실록은 당시의 정황을 이렇게 전하지만 이성계 혼자만의 뜻일 리 없다. 그는 동지들의 동의를 얻어야 했고, 그 동의에는 나름의 이유가 없지 않았겠으며, 그 이유 또한 저마다의 욕망만큼이나 다양하지 않았을까.

건국 세력에게 가장 좋았던 날은 즉위식, 그때일지도 모른다. 목적을 이루었으니 이제 그들은 어제까지의 동지가 아니다. 권력을 두고 새로운 경쟁 구도를 형성하게 된 그들 사이의 길이 조금씩 어긋난다 해서 의아할 일도 아니다. 권력의 향배를 좌우하는 사건, 세자 책봉 문제가 불거졌다. 결국 이 사건은 그들 가운데 한쪽 세력을 깊은 분노와 절박감으로 몰고 간다.

정도전,
조선을 설계하다

의외의 세자 책봉은 그 세자의 사부를 맡게 되는 정도전의 '조선 구상'과 충돌하지 않았기에 순조롭게 진행되었을 것이다. 이성계가 등극하기까지도 그랬지만, 그 이후에 보여준 정도전의 업무량은 믿기지 않을 정도다. 건국 초기의 정치 현장을 생각해보라. 그런데 그 와중에도 붓을 놓지 않앗다. 《조선경국전朝鮮經國典》을 지어 조선의 제도와 법령을, 《고려사高麗史》를 집필하여 고려 왕조의 역사를 정리했으니 과거에서 미래로 향하는 큰 줄기를 잡은 셈이다. '나를 도와서 나라를 열고 큰 공을 이루었으며, 아름다운 계책은 정치와 교화를 시행하는 데 도움이 되고, 웅장한 문장은 문물제도를 제정할 임무를 맡길 만하다'는 이성계의 칭찬이 어찌 진심이 아니랴. 그뿐인가. 왕조의 심장이 될 수도 설계 또한 정도전의 몫이었다. 1395년 10월, 새 수도 한양에 궁궐이 완성되자 이성계는 그 모든 전각의 '이름 짓기'를 정도전에게 일임한다. 상서로운 이름으로 왕조의 앞날을 축원해달라는 기대를 한껏 담아서.

> 정도전에게 분부하여 새 궁궐의 여러 전각의 이름을 짓게 하니, 정도전이 이름을 짓고 아울러 이름 지은 의의를 써서 올렸다. 새 궁궐을 경복궁景福宮이라 하고, 연침燕寢을 강녕전康寧殿이라 하고, 동쪽에 있는 소침小寢을 연생전延生殿이라 하고, 서쪽에 있는 소침을 경성전慶成殿이라 하고, 연침의 남쪽을 사정전思政殿이라 하고, 또 그 남쪽을 근정전勤政殿이라 하고, 동루東樓를 융문루隆文樓라 하고, 서루를 융무루隆武樓라 하고, 전문殿門을 근정문勤政門이라 하며, 남쪽에 있는 문午門을 정문正門이라 하였다. 《태조실록》 1395. 10. 7.

왕조의 무궁한 복과 바른 정치를 기원한 이름들이다. 정도전 자신 또한 새 왕조에 대한 간절함이 이성계에 못지않았을 것이다. 천도遷都를 기념하여 〈신도가新都歌〉를 지어 바치기까지 한다. 기쁨을 담아 노래한 한양 찬가다.

옛날에는 양주 고을이었도다.

1부 **건국** 국가의 기틀을 잡다

이 자리에 들어선 새 도읍, 뛰어난 모습이로구나.

개국성왕께서 태평성대를 이루시었도다.

도성답구나, 지금 이 경치, 과연 도성답구나.

임금께서 만수무강하시어 온 백성 함께 즐거워하도다.

아으 다롱디리

앞은 한강수, 뒤는 삼각산이여.

덕을 쌓으신 강산 사이에 만세를 누리소서.

다른 누군가의 시가였다면 권력에 대한 민망한 아첨으로 들렸겠으나, 새 도읍을 설계한 정도전 본인의 노래가 아닌가. 건국의 얼굴인 〈태조 어진〉 곁에 적어두면 좋겠다 싶을 정도다. 창업 군주와 그의 가장 사랑하는 신하로, 아름다운 군신의 영원한 표상처럼 말이다.

정도전의 죽음과
왕자의 난

정도전은 그 놀라운 공훈에도 오랜 영화를 누리지 못했다. 의외의 세자 책봉을 도저히 받아들일 수 없었던, 어제의 동지였던 한 왕자가 그 책임을 목숨으로 대신하게 했기 때문이다. 1398년 8월 26일, 정변을 결심한 이방원은 누구보다도 먼저 정도전의 목숨을 거두었다. 이를 시작으로, 자신의 자리를 되찾겠다는 이방원의 행보는 빠르고 거칠게 이어졌다. 세자 이방석과 그의 동모형同母兄인 이방번은 물론, 그 주변의 많은 이들이 죽어나갔다.

이성계의 심정은 어땠을까. '1차 왕자의 난'으로 불리는 그 사건 열흘 뒤인 9월 5일, 이성계는 양위讓位를 선언하고 정치 일선에서 물러나고 만다.

> 왕은 말하노라. 내가 덕이 없는 사람으로 조종祖宗의 음덕을 계승하고, 천자의 존엄을 받들어 국가를 처음 세워 신민을 통치한 지가 7년이나 되었다. 군려軍旅에 오래 있음으로 인하여 서리와 이슬을 범하니, 금년에 이르러 쇠약해지고 병이 났다. 아침저녁으로 부지런히 정사를 돌보기가 어렵겠기에, 그 서무는 심히 번잡한데 빠뜨린 것이 많을까 염려된다… 홍무 31년 9월 초5일에 종묘에 고하고 (세자에게) 왕위에 오르기를 명한다. 《태조실록》 1398. 9. 5.

양위 교서에는 자신의 덕 없음과 노병을 퇴진 이유로 들고 있으나 상황은 조금 다르다. 즉위 교서의 느긋한 겸양과는 다른, 뒤틀린 심사가 묻어나는 침울한 고백이다. 이성계는 더 이상 왕위를 지킬 힘도 마음도 없었다. 두 아들의 죽음은 슬픔으로, 정도전의 부재는 절망으로 이성계의 결심을 재촉하지 않았을까.

이처럼 정도전의 죽음과 이성계의 양위로 태조 시대는 막을 내렸다. 6년이라는 길지 않은 시간이었으나 나라의 틀은 어느 정도 갖춘 뒤였다. 안으로 보자면 전 왕조 고려의 유산을 효과적으로 활용했는데, 고려 왕이 양위하는 형식을 취함으로써 그 제도와 인재들을 받아들여 국가 운영의 공백을 막았던 것이다. 한양으로 천도를 단행하여 궁궐을 세우고, 법전을 마련하려 통치의 기초를 세우는 등 나라의 뼈대도 거의 잡아놓은 상태였다.

대외 관계도 그렇다. 우선 신흥대국 명을 황제국으로 인정하여 사대의 예를 따랐으니, 성리학 이념과 현실적 이해를 모두 고려한 선택이다.

조공은 곧 무역의 다른 이름이기도 했다. 명 이외의 다른 국가나 민족에 대해서는 여진 등에서 조선에 조공을 바치는 정도의 관계를 이어나갔다. 평화를 위해 주변 부족을 다독이며 주고받는다고나 할까. 여진족 장수 이지란이나 위구르 출신 외교관인 설장수 등이 그 공훈을 인정받은 것을 보면, 태조 시대 조선은 이민족에 대해 포용력이 없지 않았다.

기초 공사가 부실한 나라는 아니었다. 정치와 외교가 자리 잡지 못했다면, 제아무리 왕위가 간절한 이방원이라 해도 나라를 위험에 빠뜨리면서까지 두 차례 왕자의 난을 일으키기는 어렵지 않았을까. 무력으로 정적을 제거하며 부왕의 시대를 마감한 이방원이지만 정도전의 조선 설계도 자체가 마음에 들지 않았던 것은 아니다. 다만 정도전이 추구하는 재상 정치와 이방원이 꿈꾸는 절대 왕권이 공존하기 어려웠을 뿐이다. 이성계를 도와 나라를 세운 정도전이 이방원 아래에서 재상 노릇을 할 수는 없었다는 얘기다. 안타깝게도 이성계는 그 둘 사이를 중재할 만한 정치력을 지니지 못했다.

초상화 속 이성계의 모습을 다시 바라본다. 그림은 이모를 거듭하며 '태조'의 위용을 오늘까지 살려내었지만 그림의 주인공은 자연의 순리를 따라야 했다. 새 왕조를 열겠다는 힘과 의지, 용포의 무게를 너끈히 감당해낸 당당한 어깨도 흐르는 세월을 이길 수는 없었다. 건국의 주인공에게 주어진 역할은 여기까지였다.

2장

태종, 피의 정변을 딛고 왕권을 확립하다

아버지를 뛰어넘은 담대한 꿈 〈혼일강리역대국도지도〉

아버지와 아들, 이 두 사람은 좀처럼 다정한 시절을 누리지 못했다. 부자가 나란히 용포를 입은 뒤에는 더욱 그랬다. 생각해보면 나란히 용포를 입었다는 그 사실이, 말이 안 되는 일이다. 일국의 군주, 태양은 오직 하나가 아니던가.

덧붙이자면, 그 둘 말고도 왕이 하나 더 있었다. 태상왕, 상왕, 왕. 당시 조선은 그런 상황이었다. 어쩌다 이렇게 되어버렸을까. 1398년 9월, 일선에서 물러난 태조 이성계가 왕위를 전한 세자는 왕자의 난을 주도한 이방원이 아니었기 때문이다. 그럼 누구?

왕자의 난이
만든 결과

1차 왕자의 난으로 세자 이방석과 그 주변을 정리해버린 이방원이지만 아우의 피가 마르기도 전에 덜컥 세자가 되어 양위를 받는다는 건 아무래도 눈치가 보였던가 보다. 자신의 행동에 대한 정당성, 즉 장자에게 왕위를 전해야 한다는 명분 때문에라도 일단 한 걸음 물러나야 했다. 명분을 세워줄 형, 이방과를 세자로 세워 부왕의 뒤를 잇게 한 것이다. 태조실록과 태종실록 사이에 존재감 없이 끼어 있는 《정종실록》의 주인공이다.

그런데 이쯤에서 욕심이 상황 판단을 가려버린 왕자 하나가 끼어든다. 태조의 넷째 아들 이방간이 실권 없는 국왕 정종의 자리를 넘본 것이다. 이방원 입장에선 다시 칼을 뺄 수밖에 없는 상황. 물론 그렇게 했다. 하지만 동모형이었던 까닭에, 그리고 부왕의 심기를 헤아려 이방간의 목숨만은 살려준다. 1400년 1월, 2차 왕자의 난으로 기록되는 형제의 충돌은 동생의 승리로 끝났고 다음 달인 2월 이방원은 세자로 책봉된다. 더 이상의 눈치 보기는 괜한 소요를 부른다고 생각했을까. 같은 해 11월, 드디어 정종에게 양위를 받고 그토록 원하던 용상에 앉게 된다. 조선의 3대 국왕인 태종이다.

이렇게 세 명의 왕이 나란히 용포를 입게 되었는데, 이 사태를 두고 태조는 무어라 했을까. 정종이 동생인 이방원에게 양위를 하겠다고 했을 때 아버지의 반응은.

"하라고도 할 수 없고, 하지 말라고도 할 수 없다. 이제 이미 선위하였으니 다시 무슨 말을 하겠는가!" 《정종실록》 1400. 11. 11.

하라고도, 하지 말라고도 할 수 없으니 내가 무슨 말을 보태겠느냐고. 어차피 두 아들 모두 태조가 직접 고른 세자는 아니다. 그렇다 해도 덕담 한마디쯤은 기대하지 않았을까. 이 발언 앞에서 더욱 민망한 쪽은 이방원이다. 나는 너를 용서하지 않았다는 아버지의 노기 어린 음성이다. 아버지의 생각은 그렇지 않았겠지만, 사실 부자는 각자에게 빚이 있는 처지다. 아버지는 아들의 공훈을 미래의 권력으로 보상해주지 않았고, 아들은 보란 듯이 힘으로 밀어붙여 그 자리를 차지해버린다.

이런 상황에 불쑥, 지도 하나가 제작되었다. 태종이 즉위한 지 2년이 되어가는 1402년. 규모며 이름도 당당하기 그지없다. 그 유명한 〈혼일강리역대국도지도混一疆理歷代國都之圖〉다.

조선,
세계를 그리다

이 지도의 유명세는 그려낸 땅의 광대함 덕이다. 현전하는 동양 최고最古의 세계지도로, '온 세상混一의 영역疆理과 역대 국가의 도읍歷代國都을 그려 넣은 지도圖'라는 제목에 부족함이 없다(유럽과 아시아인들에게는 아직 아메리카와 오세아니아가 알려지기 전이었다).

지도 위쪽에는 '혼일강리역대국도지도'라는 제목이 쓰여 있고, 그 아래 작은 글씨로 역대 왕조의 국도 위치가 함께 적혀 있다. 지도는 어떤 형태인가. 우선 한가운데, 화면의 절반을 너끈히 차지하는 커다란 대륙이 있고, 그 좌우로 균형을 맞추듯 상하로 길게 그려진 땅이 보인다. 짙은 색으로 표시된 쪽은 바다. 그 위로 섬들이 흩어져 있다.

세계지도라고 하기에는 대륙의 위치가 어색하지만 아메리카와 오세아니아가 제외되었음을 고려하자면 그런대로 알아볼 만하다. 중앙에 크게 자리한 대륙은 중국을 중심으로 한 아시아 지역을 그린 것이다. 그렇다면 왼편 위쪽이 유럽, 그리고 아래로 길쭉하게 그려진 땅은 아프리카가 된다. 아프리카와 아시아 대륙 사이에 자리한 아라비아 반도의 모습도 놓치지 않았다.

화면 오른편으로 눈을 돌리면 큼직하게 자리한 조선이 보인다. 우리에게도 낯익은 땅 모양새다. 반도 주위로는 빽빽하게 섬들이 둘러싼 모습인데 대마도도 그 사이에 끼어 조선 인근의 섬처럼 표시되어 있다. 그리고 현재의 위치와는 맞지 않지만 조선 아래 뚝 떨어진 곳, 상하로 길쭉하게 그려진 섬이 일본이다.

지도 위 붉은 표식은 역대 왕조의 수도를 나타낸 것이다. 저 멀리 유럽 지역까지 뻗어나간 몽골 제국 4한국의 수도들도 보인다. 강줄기는 물론 산맥들까지 선으로 촘촘하게 그려 넣었는데, 아프리카 대륙 한가운데에는 엄청난 크기의 호수까지. 놀랍고도 흥미로운 지도다.

〈혼일강리역대국도지도〉, 조선의 꿈을 담다

누가 보아도 이 지도의 제작자는 조선인이다. 우리 땅이니 그저 조금 크게 그려진 정도가 아니다. 거의 대륙 하나에 맞먹는 크기로 등장한 조선. 하고픈 이야기가 있다는 뜻이다. 다행히 그 속마음을 담아낸 글이 있다. 무릇 옛 그림은 그 내력을 밝힌 글과 함께하기 마련이었는데 하물며 이처

〈혼일강리역대국도지도混一疆理歷代國都之圖〉

럼 의미 있는 지도이고 보면. 지도 하단에 발문跋文을 적어 넣은 이는 권근. 이 무렵 중요한 '글'이 필요할 때마다 등장하는 인물로서, 정종의 양위 교서와 태종의 즉위 교서도 모두 그의 손을 거쳤다. 그런 그의 발문을 읽어보자.

천하는 지극히 넓다. 안으로 중국에서 밖으로 사해에 닿아 몇 천만 리나 되는지 알 수 없는 것을, 요약하여 두어 자 되는 폭에다 그리니 자세하게 기록하기가 어렵다. 그러므로 지도를 만든 것이 대개 소략한데, 오직 오문吳門 이택민의 성교광피도聲敎廣被圖는 매우 상세하게 갖춰졌으며, 역대 제왕의 국도연혁은 천태승天台僧 청준의 혼일강리도混一疆理圖에 갖추어 실렸다. 건문建文 4년 여름에 좌정승 김공 사형金公 士衡·우정승 이공 무李公 茂가 정사를 보살피는 여가에 이 지도를 참고 연구하여 검상 이회李薈를 시켜 다시 더 상세히 교정하게 한 다음에 합하여 한 지도를 만들었다. 요수遼水 동쪽과 우리나라 지역은 이택민의 광피도에도 또한 많이 궐략되었으므로, 이제 특별히 우리나라 지도를 더 넓히고 일본 지도까지 붙여 새 지도를 만드니, 조리가 있고 볼 만하여 참으로 문밖을 나가지 않고도 천하를 알 수 있다. 대저 지도를 보고서 지역의 멀고 가까움을 아는 것도 또한 나라를 다스리는 데에 한 도움이 되는 것이니, 두 공이 이 지도에 정성을 다한 데에서도 그 규모와 국량의 방대함을 알 수 있다. (후략)

많은 의문이 풀리지 않는가. 이 지도는 김사형과 이무가 당대 최고 지도학자 이회에게 의뢰한, 두 정승이 주도한 국가사업이었던 셈이다. 세계제국을 이룬 원나라의 지도에 힘입어 여러 대륙을 두루 담을 수 있었음을 함께 밝히고 있지만 조선은 그것으로 만족하지 않았다. 그 세계를 바라보는 조선의 이야기를 덧붙이고 있으니, 조선을 '크게' 그려 넣음으로써 건국 초기의 힘찬 포부를 담아낸 것이다.

국가사업으로 세계지도를 제작한 또 다른 이유도 없지 않다. 권근의 말처럼 나라를 다스리는 데 도움이 되기 때문이다. 너른 세상을 향한 눈을 잃지 말자는 이 말은 곧 태종의 뜻이라 하겠는데, 실제로 태종은 즉위 직후 지리와 천문에 대한 관심을 내비치곤 했다. '나이 젊고 영오한 사람을 뽑아 천문과 지리를 가르치라'면서 국왕이 직접 천문과 지리를 제대로 아는 인재를 육성하라고 지시하는가 하면, 탄신일에 바쳐진 선물 품목 가운데 지도가 끼어 있기도 했다.

> 태형 이하의 죄를 용서하였으니, 임금의 탄신이기 때문이었다. 이날 비가 내리므로 하례賀禮를 정지하였다. 각도의 관찰사·절제사·순문사가 하전과 방물을 올리고, 의정부에서 본국本國의 지도地圖를 바쳤다. 《태종실록》 1402. 5. 16.

여느 개인도 아닌 의정부에서 본국 지도, 즉 '팔도지'를 바친 것이다. 그리고 이어 같은 해 여름, 조선을 큼직하게 담아낸 세계지도를 제작했다. 즉위 초기 태종의 문화적 자부심, 또는 야심으로 받아들일 만하다.

부왕에게도 이야기하고 싶지 않았을까. 나는 이런 조선의 임금이 될 거라고. 1402년은 태종이 여전히 부왕 때문에 속을 끓이고 있을 때다. 권근이 발문을 적은 8월만 하더라도 부자의 어긋난 행보가 실록에 가득하다. 태조는 좀처럼 수도에 머물지 않고 이 산 저 산의 절들을 떠돌며 자신의 불편한 마음을 온몸으로 과시하는 중이었다. 그런 부왕을 지켜보며 세계지도를 제작하라고 명하는 태종. 그가 하고픈 말을 짐작하기는 어렵지 않다.

정도전이 만든 조선에서
태종의 조선으로

굳이 치세 초반에 세계지도까지 제작해야 했을까 싶은데 자신의 뜻을 확실하게 보여주겠다는 태종의 정공법이 아니었을까. 1402년, 나라는 안팎으로 조용하지 못했다. 밖으로는 명나라에서 '정난靖難의 변'으로 불리는 권력 다툼이 있었다. 명 태조의 넷째 아들 연왕燕王이 어린 조카 건문제建文帝를 상대로 군사를 일으켜 황제 자리를 빼앗고, 3대 황제 영락제永樂帝로 즉위한 사건이다.

명과 조공책봉 관계를 맺은 조선에도 민감한 사안이었다. 황제를 도우라는 건문제의 요구에도 태종은 어느 한쪽을 지지하는 어리석음을 범하지 않는다. 연왕의 비범함을 알고 있었던 것이다. 결국 그가 황제로 즉위했다는 소식이 들려오자 즉시 등극을 축하하면서 '건문' 연호를 금지하는 등, 명과의 원만한 관계를 이어나간다. 내치에 힘써야 할 태종으로서는 현명한 처신이었다.

태종 개인으로 보자면 더 큰 문제는 나라 안에서 터져 나왔다. 세계지도를 제작하고 명나라와의 문제도 순조롭게 풀어나가면서 태종은 그런 이야기를 전하고 싶었을 것이다. 나는 이렇게 온 천하 사이에 당당한 조선의 내일을 꿈꾸는데, 부왕께서는 그 정도밖에 안 되는 군주였느냐고. 이제 정도전이 만들어준 나라가 아니라, 이 아들이 만들어갈 나라를 제대로 보아주시면 아니 되겠냐고.

하지만 태조의 구겨진 마음은 좀처럼 중심을 잡지 못한 채, 오히려 아들을 정면으로 맞서는 쪽으로 기울어진다. 1402년 11월, 반란이 일어났다. 다른 곳도 아닌 태조의 근거지에서. 태조가 뒤에서 돕는다는 심증이 명백한 반란이었다.

> 안변 부사 조사의 등이 군사를 일으켜 사람을 주군州郡에 보내어 군사를 조
> 련하였다. 대호군 안우세가 마침 동북면에서 돌아와서 역마를 달리어 그 연
> 유를 고하였다. 사의는 곧 현비 강씨의 족속인데, 강씨를 위하여 원수를 갚고
> 자 한 것이었다. 《태종실록》 1402. 11. 5.

난을 일으킨 명분이 너무도 뚜렷했다. 전 세자 이방석의 모후인 강씨
의 원수를 갚기 위해서라 했으니 국왕에게 겨눈 칼이다. 난이 손쉽게 진
압되지는 않았다. 어쨌거나 그들의 뒤에 태조가 있지 않은가. 결국 태종
자신이 친정에 나선 뒤에야 난이 수습되었다. 겉으로야 태상왕께서 얼마
나 놀라셨겠냐고 안부를 물으며 호위하는 사람을 보냈지만 그 안팎에 담
긴 뜻을 서로가 모르지 않았다. 이제 태조는 군사력으로도 아들에게 맞
설 처지가 아니라는 사실을 인정할 수밖에 없었다.

강력한 왕권으로
나라의 안정을 도모하다

1402년 12월, 난에 가담했던 자들에게 그에 합당한 벌을 내리는 것으로
분주했던 한 해도 막을 내렸다. 결과적으로 보자면 태종의 왕권은 이런
식으로 더욱 강력하게 다져졌을 것이다. 적어도 자신의 치세 동안 반란은
없다는 믿음을 심어주지 않았을까.

실제로 태종 시대 조선은 정치와 경제, 군사에 이르기까지 두루 나라

의 안정을 찾았다. 강력한 중앙집권 체제를 이루어, 말 그대로 조선 팔도 곳곳에 국왕의 말이 미치지 않는 곳이 없는 나라가 되었다. 고려 시대와는 달리 지방의 모든 군현에 국왕이 임명한 관리가 파견되어 국가의 법에 따라 백성을 통치하기 시작한 것이다. 정도전의 설계와도 맞아떨어지는 부분인데, 그 힘의 주체가 국왕이라는 사실이 달라진 점이겠다.

전국적으로 토지조사를 실시하고 호적을 정비하여 국가의 규모를 확실히 파악함으로써 세금과 군역 등을 정리한 일도 중요한 사업이었다. 누가 조선의 백성인지. 어디까지가 조선의 강토인지. 그래서 어떻게 내일을 설계해야 하는지. 그것이 건국 초기 태종이 스스로에게 주문한 국왕으로서의 책무였을 것이다.

군제 개혁에도 힘을 쏟았다. 왕자 시절의 이방원이 정변에 성공할 수 있었던 것은 사병이 있었기 때문이다. 그렇기에 그 위험성을 너무나 잘 알고 있었다. 다른 누군가 난을 일으켜 국가를 혼란에 빠뜨려서는 안 되겠다고, 조사의의 난으로 결심을 더욱 굳혔을 것이다. 사병은 허용되지 않았다. 이제 조선의 모든 군사는 국왕의 명령 아래 움직이게 되었다.

명나라 황제에게 고명誥命과 인신印信을 얻음으로써 국왕의 입지를 다진 일도 태종의 자신감을 북돋워주지 않았을까(이는 건국 초기 국왕에게 몹시 중요한 문제다. 명에서 조선 국왕을 확실하게 인정한다는 증표로서 부왕 태조도 간절히 청했으나 받지 못한 것이었다). 이쯤에서 그의 당당했던 즉위 교서를 읽어본다.

이 작은 몸이 대임을 응하여 받으니 무섭고 두려워서 깊은 물을 건너는 것과 같다. 종친·재보·대소 신료에 의뢰하니, 각각 마음을 경건히 하여 힘써 내 덕을 도와 미치지 못하는 것을 바로잡도록 하라… 아아! 천지의 덕은 만물을 생산하는 일보다 더 큰 것이 없고, 왕자王者의 덕은 백성에게 은혜롭게 하는 일보다 더 큰 것이 없다. 하늘과 사람 사이에서 위로 아래로 부끄러움 없이 하고자, 공경과 자애로 하늘을 두려워하며 백성을 위해 부지런히 일하겠다. 힘써 이 도에 따라서 부하負荷된 임무를 수행하겠다. 《정종실록》 1400. 11. 13.

역대 조선 국왕의 즉위 교서 가운데 이처럼 뻔한 겸양에 얽매이지 않고, 자신의 의지를 솔직하게 밝힌 경우도 드물 것이다. 그는 자신에게 주어진 임무를 수행하겠다고 말했다. 과연 그랬을까? 자신의 포부에 어울리는 나라를 이루어가고 있었을까? 후대의 평가는 그렇다고 인정해주는 분위기다. 태종太宗이라는 묘호에는 태조에 버금가는 무게가 담겨 있지 않은가. 그 묘호에 어울리는 군주였다는 뜻이겠다. 조선이 반짝 세워졌다가 사라질 나라가 아님을 확실히 보여주었으니까.

피의 업보는 내가 질 테니, 주상은 성군의 길을 걸으라

태종에게도 그 순간이 왔다. 부왕의 심정을 돌아볼 일이 생겼으니 바로 세자 문제다. 적장자 왕위 계승이라는 명분으로 벌인, 자신의 정변 때문이 아니더라도 태종은 진심으로 맏아들에게 나라를 물려주고 싶어 했다. 맏아들 양녕대군을 세자로 책봉하여 최고 학자들로 사부를 삼았으며, 세자의 빗나간 행실에 애를 태우면서도 왕권에 위협이 될까 저어하며 자신을 도운 처가 민씨 집안을 몰살하면서까지.

그는 세자의 앞날을 꽃길로 만들기 위해 온 힘을 다했다. 태종이 어떤 사람인가. 그런 그가 못난 아들 때문에 신하 앞에서 눈물 흘리며 입단속을 당부하기도 했다. 그의 성정을 보자면 꽤 오래 참아준 셈이다. 하지만 참는 데도 한계가 있는 법. 하물며 태종에게는 다른 패가 없지도 않았다.

자신의 세계지도를 보면서 생각에 잠기지 않았을까. 이런 지도까지 제작하며 조선의 무게를 고민했던 태종이다. 누가 나의 뒤를 이어 이처럼 당당한 조선을 만들 수 있을까. 똑똑한 아들 쪽으로 마음이 기우는 것은 당연하다. 태종 자신의 말대로, '천성이 총명하고 민첩하며 자못 학문을 좋아하여, 몹시 추운 때나 더운 때를 당하더라도 밤이 새도록 글을 읽으므로, 나는 그가 병이 날까 봐 두려워하여 항상 밤에 글 읽는 것을 금지하였다'는 아들이 있지 않은가.

평소 스타일대로, 태종의 고민은 길지 않았다. 적장자 왕위 계승에 대한 집착에서 벗어난 뒤 곧바로 새로운 세자 책봉을 선언한 것이다. 왕자들 사이에 또 다른 정변을 부를까 싶어 세자 교체를 반대하는 신하들의 목소리도 만만치 않았으나 마음먹은 일은 하고야 마는 태종이다. 재위 18년째인 1418년 6월 3일, 양녕대군을 폐하고 셋째 아들 충녕대군을 세자로 책봉한다. 곧이어 8월 10일에는 양위를 선포하고 왕위를 물려준다. 이 중대한 일들이 겨우 두 달 사이에 일어났다. 태상왕 태조가 승하한 뒤였으므로 네 명의 왕이 공존하는 초유의 사태는 벌어지지 않았다.

태종이 뿌린 피에 대한 면죄부를 얻었을까. 어느 정도는 그렇다. 조선의 안정과 다음 임금이 될 아들의 치세를 위한 결단이었다는 평가가 적지 않은데, '그 아들'의 이름 앞에서 고개를 끄덕이게 된다. 아들 하나 잘 됐다고 뻐길 만하기도 하다. 그는 대왕의 칭호가 부끄럽지 않은, 세종으로 불리는 임금이다.

누구보다도 흡족하게 그 임금의 즉위를 바라보았을 태종이다. 이처럼 권력욕 강한 인물이 퇴위 뒤에는 어떻게 지냈을까. 예상대로다. 정치는 아들에게 맡겼으나 군권만은 철저히 자신의 통제 아래 두었다. 그 권력을 틀어쥔 채 아들의 꽃길을 마무리하느라 여전히 옥사獄事 가운데 분주한 몇 해를 더 보냈다. 그사이 왕권을 지킨다는 명분 아래 새 임금 세종의 장인을 비롯한 한 무리의 이름이 사라져갔다. 태종은 마지막 몇 해마저도 평온하게 보내지는 않았던 것이다.

아들의 마음은 어땠을지 모르지만 아버지는 그렇게 말하고 싶지 않았을까. 피의 업보는 내가 모두 지고 가마. 주상은 오직 성군의 길을 걸으라.

3장

세종, 성군의 길을 걷다
백성을 아낀 임금의 마음 《삼강행실도》

세종은 성군의 길을 걷느라 애쓰는 중이었다. 부왕의 염원도 그랬지만 세종 자신도 허술하게 임금 노릇을 할 생각은 없었다. 성군의 길이란 무엇인가. 그 걸음 하나마다 눈부신 이야기로 가득 차 있었을까. 실록이 전하는 세종의 하루하루는 그다지 화려한 생활로 보이지는 않는다.

《세종실록》 초반기 기록 가운데 꾸준히 등장하는 문장이 있다. '정사를 보고 경연에 나아갔다.' 재위한 지 예닐곱 해 지난 뒤엔 일과 하나가 덧붙는다. '정사를 보고 윤대를 행하고 경연에 나아갔다.' 약간의 변주라야 '경연에 나아가 정사를 보았다' 정도. 부왕 태종 생존 시에는 문안 기사가 빠지지 않는다. '수강궁에 문안했다(태종이 이궁으로 삼았던 두어 개의 장소가 수강궁을 대신할 때도 있다).' 꼬박꼬박 시간 맞춰 출근하는 직장인처럼 나라에 특별한 행사가 없는 날에는 웃전에 문안을 여쭌 뒤 업무를 보고 공부를 하러 갔던 것이다.

업무와 공부에 충실한 젊은 국왕이 효성까지 지극했으니 신하들 사이의 평판도 짐작할 만하다. 이러니 후대의 신하들이 자신이 모신 국왕의 태만함을 지적할 때마다 세종을 본받으라며 소리를 높일 수밖에. '모범 군주'라고나 할까.

평화로운 왕위 계승, 안정된 통치로 이어지다

세종이 치세 초반부터 안정된 일상을 유지할 수 있었던 것은 즉위 환경이 좋았던 덕이다. 피로 쟁취하지 않은, 아버지로부터 순조롭게 이어받은 왕위였다. 4대 국왕에 이르러서야 조선은 평화로운 왕위 계승을 맞이했다. 세종의 즉위 교서에 나타난 자신감의 근거다.

> 태조께서 홍업을 초창하시고 부왕 전하께서 큰 사업을 이어받으시어, 삼가고 조심하여 하늘을 공경하고 백성을 사랑하시며, 충성이 천자에게 이르고 효제孝悌가 신명神明에 통하였다. 나라 안팎이 다스려 평안해지고 나라의 창고는 가득하며, 해구가 와서 복종하고, 문치는 융성하며 무위는 떨치었다… 일체의 제도는 태조와 우리 부왕께서 이루어놓으신 법도를 따라 할 것이며 아무런 변경이 없을 것이다… 아아, 위位를 바로잡고 그 처음을 삼가서, 종사의 소중함을 받들고 어짊을 베풀어 정치를 행하여야 바야흐로 땀 흘려 이루어주신 은택을 밀어 나아가게 되리라. 《세종실록》 1418. 8. 11.

태조와 태종의 위업을 칭송하면서 그 법도를 따라 어진 정치를 베풀겠다는 다짐이다. 교서에서 밝힌 당시 조선 상황은 그야말로 태평성대 그

　　　　　　　　　　　　　1부 **건국** 국가의 기틀을 잡다

대로다. 문자 그대로 믿는 이는 없겠으나, 그런 나라로 한 걸음 나가겠다는 각오가 읽히는 부분이다. 세종은 선대가 땀 흘려 이루어주신 나라를 제대로 가꿀 생각이었다. 그렇게 나라를 다스린 지 10년이 되었다. 한참 일에 몰두하다가 '아, 곤하다', 기지개라도 켜면서 잠시 주변을 둘러볼 정도의 시간이 흘렀는데.

《삼강행실도》,
조선의 윤리 교과서

그런데 그때, 국왕 앞에 몹시 언짢은 소식이 들려왔다. 자신의 덕이 부족한 탓인가 자책하는 마음이 들기도 했다. 도가 땅에 떨어졌구나, 한탄이 절로 나왔다.

> 임금이 일찍이 진주 사람 김화가 그 아비를 살해하였다는 사실을 듣고, 깜짝 놀라 낯빛을 변하고는 곧 자책하고 여러 신하를 소집하여 효제를 돈독히 하고, 풍속을 후하게 이끌도록 할 방책을 논의하게 하였다… 임금이 이르기를, "이제 세상 풍속이 박악薄惡하여 심지어 자식이 자식 노릇을 하지 않는 자도 있으니, 《효행록》을 간행하여 어리석은 백성들을 깨우쳐주려고 생각한다. 이것은 비록 폐단을 구제하는 급무가 아니지만, 그러나 실로 교화하는 데 가장 먼저 해야 할 것이다… (효행이 있는 자를 골라) 한 책을 편찬해 이루도록 하되 집현전에서 이를 주관하라." 《세종실록》 1428. 10. 3.

아들이 아비를 살해한 사건 앞에서 세종이 보인 반응이다. 죄인은 이미 사형을 당한 뒤였는데, 국왕은 후속 대책으로 법을 더 강화하는 쪽이 아니라 백성을 깨우쳐 교화하는 방안을 강구했다. 이를 위해 '윤리 교과서' 간행을 추진하기에 이르니 그 결과물이 바로 《삼강행실도三綱行實圖》다.

　제목 그대로 삼강, 즉 충성, 효도, 정절에 특출한 이들을 고금에서 골라 그 행적을 짤막하게 소개하는 책이다. 한 면에는 이야기를, 다른 한 면에는 그 내용을 도해圖解한 그림을 실었다. '그림'이 주는 효과를 잘 알고 있었던 것이다. 어려운 한자에 익숙하지 않은 백성들의 눈높이를 고려해야 했으니까(아직 세종 자신이 한글을 창제하기 전이었다). 그 가운데 한 편을 골라 살펴본다.

> 오이가 어미에게 지극히 효도하더니, 한 신령이 꿈에 이르되 "네가 낮에 벼락 맞아 죽으리라" 하니, 빌기를 "늙은 어미 있으니 구해주소서." 신령이 이르되 "하늘 하시는 일이라 못 면하리라" 하니 오이가 어미 놀랄까 여겨 아침에 밥해서 바치고 누이의 집에 다녀오고 싶다 하니 어미가 "말라" 하니, 이윽고 검은 구름이 일어나며 천둥하니, 오이가 더욱 두려워하여 들에 가서 기다리더니, 이윽고 구름이 걷히거늘, 돌아와 신령의 말을 부실하게 여겼더니, 그날 밤 꿈에 신령이 또 와서 이르되 "네 효도가 지극하므로 하늘이 옛 죄를 사하시니 더욱 공경하여 섬기라" 하니라. 〈오이면화吳二免禍〉

　중국 송나라 때 사람 오이의 이야기로, 효도가 지극하여 하늘이 정한 죽음까지 피해 간다는 줄거리다. 벼락 맞아 죽으리라는 말 앞에서 그가 목숨을 구해달라 빈 이유는 늙은 어머니에 대한 봉양 때문이었다. 실제로 천둥소리가 들리며 벼락이 떨어질 기색이 보이자 집을 떠나 아무도 없는 들로 나가 홀로 벼락을 기다린다(집에 벼락을 불러 불효를 더할 수는 없지

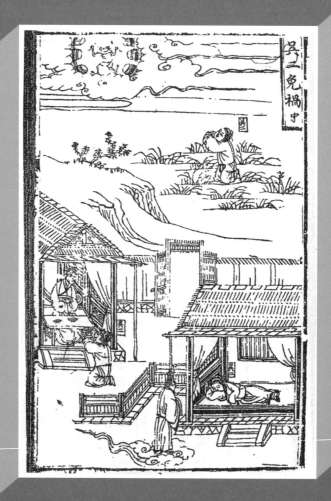

〈오이면화吳二免禍〉,《삼강행실도三綱行實圖》중

않은가). 이에 하늘이 그를 어여삐 여겨 화를 면해주면서 더욱 효도에 힘쓸 것을 명하고 있다.

이런 내용을 그림으로는 어떻게 표현했을까. 화면 오른편 위쪽에 제목인 '吳二免禍 宋(오이면화 송)'이 쓰여 있다. 화면은 세 부분으로 나뉜다. 아래쪽에서 읽기 시작하면, 건물 안에 잠들어 있는 사람이 보이는데 친절하게 '오이吳二'라고 인물의 이름을 적어두었다(다른 장면에도 주인공 옆에 이름이 보인다). 오이 왼편에 그려진 남자는 구름을 타고 있는바, 꿈에 등장하는 인물임을 나타낸다. 계시를 알리기 위해 나타난 신령이다.

두 번째 장면은 왼편에 펼쳐진다. 주인공이 어머니께 아침을 올린 뒤 출타를 고하는 부분으로, 탁자 앞에서 편히 공양을 받는 어머니와 달리 오이는 바닥에 무릎을 꿇고 앉은 공손한 모습이다.

세 번째 장면은 화면 상단, 집 밖으로 나서 홀로 벼락을 기다리는 주인공을 나타냈다. 그런데 주인공의 눈길이 향한 화면 제일 위쪽으로 몽실몽실한 구름 가운데 다소 기이한 형상이 보인다. 좌우로 둥근 북이 빙 둘러 있고 한 인물(?)이 그 북을 치고 있는 듯하다. 의아하다. 어떤 내용을 그려낸 것일까. 이는 '뇌신雷神'을 나타내는 도상이다. 동양의 옛 그림에서는 천둥과 번개를 주관하는 뇌신을 북과 함께 그려 넣었다. 천둥이나 번개, 또는 바람처럼 시각적으로 형상화하기 어려운 자연현상을 이처럼 특정한 상징물로 '보여준' 것이다(뇌신과 함께 자주 등장하는 풍신風神은 부풀어 오른 바람 주머니를 든 모습으로 그려진다). 문자에 친숙하지 않은 이들의 이해를 돕기 위한 방법이다.

'오이면화' 이야기는 《삼강행실도》 가운데 매우 밝고 담담한 편이다. 하지만 《삼강행실도》에는 신체를 절단하여 아픈 부모에게 먹이는 효자, 정절을 지키기 위해 자결하는 열녀의 이야기 등, 현대의 시각으로는 불편한 사례가 적지 않다. 그 시대와 현대의 윤리관이 다르다는 얘기다. 조선은 성리학을 통치 이념으로 삼았던 만큼 삼강, 오륜 등의 가치를 중시했을 것이다.

이 책은 세종 시대인 1434년 처음으로 반포된 후 시대를 거듭하여 여러 형태로 출간되니 (성종 대에는 한글 풀이를 덧붙인 《언해諺解 삼강행실도》, 광해군 대에는 새로운 인물을 추가한 《동국신속삼강행실도東國新續三綱行實圖》 등) 그야말로 조선 윤리 교육의 기초를 담당한 셈이다. 그림과 함께했다는 점이 더 오랜 생명으로 이어지지 않았을까. 문자보다 더 즉각적으로 다가오는 그림의 효과를 잘 알고 있었던, 편찬자의 의도 그대로였다.

세종이 보여준
성군의 덕목들

세종의 말처럼 책 편찬이 폐단을 구제하는 급무는 아니다. 당장이 아니라 앞날을 기약하라는 이야기다. 윤리 교과서를 반포한다는 것은 그럴 정도의 여유가 생긴 사회라는 뜻이다. '천천히' 변하는 풍속을 기다려줄 수도 있다는 말이니까.

백성들의 마음을 돌아볼 정도가 된 세종. 당시 그의 조선은 어떤 상황이었을까. 《삼강행실도》 편찬을 준비하던 1428년이면 피로 얼룩진 한 시대가 정리된 뒤였다. 상왕 태종은 1422년에 승하한 뒤였고 그가 일으킨 난과 옥사에 연루된 인물들도 하나둘 저세상으로 떠났다.

태종이 세종 즉위 초반에 큰 힘을 실어준 것은 사실이지만 아버지의 그늘이 만든 서늘함도 없지는 않았을 터다. 이제 세종은 말 그대로 유일한 지존이 되었다. 달리 섬겨야 할 어른도 없었다. 숙부와 외숙부, 장인까지 이미 아버지가 모두 제거했기 때문이다. 후계 구도로 피를 부른 왕실이었지만 세종은 일찌감치 세자까지 책봉해둔 뒤였다. 부왕을 닮아 총명하기 이를 데 없다는 칭찬이 자자한 맏아들이었으니 그야말로 왕실의 내일도 근심할 바 아니었다.

군신 간의 사이도 원만한 편이었다. 세종 대의 명재상으로 후대에 널리 알려진 황희, 맹사성 등이 정승 자리에 올라 군주를 보필하고 있었으며, 신하들과의 마찰이라곤 폐세자 양녕대군 문제 정도였다. 그 존재 자체로 불안한 폐세자, 하물며 국왕의 동생도 아닌 맏형이다. 때문에 세종 초기 실록에서 꾸준히 등장하는 기사가 있다. '신하 아무개가 양녕대군 이제에게 죄 줄 것을 논하였으나 임금이 윤허하지 않았다.' 이 기록은 '정사를 보고 윤대를 행하고 경연에 나아갔다'는 세종의 일상과 짝을 이룰 정도로 많다.

《삼강행실도》관점에서도 양녕대군은 불충에 불효를 더한 이다. 여자였다면 열 배의 죄가 추가되었을 것이다. 하지만 세종은 신하들의 청에 '윤허하지 않는다'고 답하며 양녕대군의 비행이 잠잠해지는 때를 기다리곤 했다. '주상은 효도와 우애가 참으로 지극하여 너희 형제가 다 같이 보전될 수 있을 것이니, 나는 근심이 없다'는 태종의 말도 마음에 담아두었을 터.

세종 입장에서 보자면 양녕대군은 반란의 수괴가 되지도 못할 인물이다. 사실이 그랬다. 양녕대군은 놀라울 만큼, 그를 추대하겠다는 지지세력이 없었다. 태종 승하 후에도 신하들 사이에 균열이 일어나기는커녕 오히려 양녕 타도에 대동단결하는 모양새다. 그 정도의 그릇이었으니 굳이 성군의 이력에 오점을 남길 필요는 없었으리라. 주변에서 흔들어댈 이름이 없으니 국왕은 제 뜻을 맘껏 펼칠 때를 만난 것이다.

실제로 《삼강행실도》를 반포하던 즈음, 세종은 이런저런 국가사업을 기운차게 이어나갔다. 세종 시대 국가사업의 특징은 기획의 주체가 국왕 자신이었다는 점이다. 불편한 것은 개선하고 필요하면 만들어야 한다고 생각한 인물이었는데, 다행히 그가 국왕이었다.

성군의 덕목이 단지 덕치만은 아니다. 그 통치의 결과가 나라에 두루 도움이 되어야 한다. 성실함만으로 성군이 될 수는 없다. 세종이 성군으로 불린 것은 성실함에 탁월한 재능이 더해진 덕이다. 지루하다 싶은 일 상이 이어지는 가운데 크고 굵직한 기록들이 눈에 띈다.

조선의 문물은
조선의 방식으로

미리 준비해둔 꾸러미를 펼쳐놓듯 각 분야에 걸쳐 정책 하나씩을 내어놓는 느낌이다. 먼저, 농업 분야. 《삼강행실도》가 교화를 위한 책이었다면, 《농사직설農事直說》은 실제 농사에 도움을 주기 위해 간행된 실용서다.

> 농사는 천하의 대본이다… 우리 주상 전하께서는 명군의 다스림을 계승하여 더욱 백성의 일에 마음을 두셨다. 오방五方의 풍토가 같지 아니하므로 곡식을 심고 가꾸는 법이 각기 적성이 있기에 옛 글과 모두 같을 수는 없다 하시며, 여러 도의 감사에게 명을 내려 주현의 노농들을 방문하여 농토에 이미 시험해본 결과를 갖추어 아뢰게 하셨다… 그 절요한 것만 뽑아서 찬집하여 한 편을 만들고 제목을 《농사직설》이라고 하였다. 《세종실록》 1429. 5. 16.

책 서문에서 밝힌 바대로, 풍토에 따라 농사법이 다름을 인식하여 각 지역 특성을 조사한 뒤 그 내용을 담게 했다. 일반 백성이 '직접' 읽기는 무리였을지라도 '현장 조사'를 바탕으로 한 실용서로서의 가치는 자부심을 가질 만하다. 이런 현장 조사는 정책 추진 과정에서 세종이 즐겨 시행한 방식이었다. 새로운 조세 정책을 고심할 때에도 벼슬아치는 물론, 지역 백성들을 상대로 설문조사를 했을 정도다.

과학 분야의 성과 또한 조선의 삶을 보다 편리하게 만드는 데 크게 기여했다. 천체를 관측하는 간의簡儀, 해시계인 앙부일구仰釜日晷, 물시계 자격루自擊漏 등, 수많은 작업이 세종 치세 초기부터 준비되기 시작하여 1430년대에는 실효를 보고 있었다. 전해져오는 옛 이론들을 연구하고 그 성과를 바탕으로 새로운 기구를 만들어 사용했는데, 특히 장영실의 천재성에 기댄 바가 크다. 게다가 역법서인 《칠정산내편七政算內篇》, 《칠정산외편》의 편찬으로 독자적인 조선 역서를 간행할 수 있었던 것도 자랑할 만한 성취다.

음악 분야의 치적도 빼놓을 수 없다. '국왕이 이런 일까지?' 싶지만, 예악禮樂을 바로잡는 일은 성리학 국가에서 중시하는 덕목인 만큼 명분도 당당한 사업이다. 음률에 정통했다는 평에 답하듯 세종 자신의 재능을 보태기도 했는데 1430년 《아악보雅樂譜》 완성으로 이어졌다.

> 우리나라의 음악이 비록 다 잘 되었다고 할 수는 없으나, 반드시 중국에 부끄러워할 것은 없다. 중국의 음악인들 어찌 바르게 되었다 할 수 있겠는가.
> 《세종실록》 1430. 12. 7.

세종은 이처럼 조선 음악에 대한 자신감을 숨기지 않았다. 중국 천자에 대해 사대의 예를 다하고 있었지만, 그와는 별개로 일국의 군주로서 '조선'에 필요한 것은 '조선식'으로 만들어가겠다는 의도였다.

영토 확장부터
출산 휴가까지

세종이 이런 정책들을 펼쳐나가던 1420년대에서 1430년대라고 해봐야 조선이 건국되고 채 50년도 되기 전이다. 이처럼 내치에 힘을 쏟는 동안 의외의 변란은 없었을까. 남으로는 왜구, 북으로는 여진이 조선에겐 여전한 부담이었다. 이 또한 적극적으로 해결하기로 했다. 남쪽은 즉위 직후인 1419년, 부왕 태종과 함께 대마도 정벌을 결심하고, 이종무를 대장으로 한 대군을 출동시켰다. 이 기해동정己亥東征으로 왜구에 대한 근심을 덜고 이후 일본, 대마도 등과 비교적 안정된 관계를 이어나가게 된다.

북쪽의 여진 정벌도 망설이지 않았다. 그 결과가 바로 최윤덕의 4군, 김종서의 6진 개척인데, 단시일 안에 끝나지는 않았다. 조선의 영토를 확장해가는 이 작업은, 1432년에 시작되어 1449년에 이르러서야 마무리되었던 것이다. 조선의 국경선이 현대의 것과 맞아떨어지게 만든 의미 있는 사업이었다.

요약본을 읊는 것만으로도 숨찰 정도의 업적이다. 가히 창조의 왕으로 불릴 만한 세종이었는데 그 빛나는 업적 사이사이로 불쑥 '국왕 특별법'까지. 예를 들면 이런 하교다.

"경외 공처京外公處의 비자婢子가 아이를 낳으면 휴가를 백일 동안 주게 하고, 이를 일정한 규정으로 삼게 하라." 《세종실록》 1426. 4. 17.

노비에게 출산 휴가 100일을 보장해주라는 명이다. 현대인의 눈에도 대단하다 싶은 대목이다. 세종 자신을 향한 다짐 같기도 하다. 서적까지 편찬하여 백성들에게 삼강의 도를 따르라 했다면, 법령만이 아닌 윤리를 우선하는 삶을 권면했다면, 군주 또한 자신에게 주어진 책무를 다해야 하지 않겠느냐고. 성군이 되기 위한 한 걸음, 그 고민에 대한 답으로 들린다.

이쯤에서 이력을 마감했다 해도 조선 최고 임금으로 추앙받기에 부족함 없겠지만, 아직 남은 일이 있다. 우리도 잘 아는 세종 최고의 치적. 물론 갑자기 이루어지지는 않았다. 일의 성격상 하루아침에 뚝딱 완성될 사업도 아니었다. 상당한 밑 준비가 필요해 보이는데, 크게 보자면 안정된 정치와 국방을 바탕으로 차곡차곡 쌓아온 앞서의 사업이 모두 든든한 받침목이 되어주었을 것이다.

마침 운까지 따라주었다고 해야겠다. 때를 맞추듯 세종을 돕고자 우르르, 한 무리의 인재들이 쏟아져 나왔다. 그리고 그 인재들의 이름이 나란히 담긴 그림 한 폭. 문화 군주 세종의 한 시대를 선명하게 담아낸, 슬프도록 아름다운 그림이 우리를 기다리고 있다.

세종과 문종, 그리고 집현전의 친구들
아름다운 그 시절 〈몽유도원도〉

제목마저 영롱하다. 〈몽유도원도夢遊桃源圖〉. 꿈속에서 노닌 도원을 담아 낸 그림이다. 하지만 그림의 아름다움을 잠시 덮어두고 그 뒤로 이어진 찬시에서 시작하기로 하자. 1447년 조선에서, 아니 이후 조선 전 시대를 통해서도 이처럼 근사한 이름들이 앞뒤를 다투며 찬시를 바친 작품은 없을 것이다. 당대의 국왕인 세종도 그렇게 생각하지 않았을까. 이 사람들이 모두 여기 모여 있군. 기분 좋은 웃음도 더해졌으리라.

그저 유명 인사들이었다는 얘기가 아니다. 시를 쓸 만한, 글을 지을 만한 사람들이다. 조선 최고의 문사라 해도 좋겠다. 김종서, 정인지, 최항, 박팽년, 신숙주, 성삼문, 이개, 서거정… 알 만한 이름들 아닌가. 그런데 이 그림을 위해 찬시를 지은 이들 가운데 김종서 같은 재상급 몇을 제외하면, 절반 가까운 숫자가 직장 동료들이었다. 그들은 큰 사건으로는 두 번 정도, 역사적인 순간에 함께 등장한다. 첫 번째는 바로 훈민정음 창제 장면이다. 그들의 직장은 물론 집현전이었다.

집현전,
조선 최고의 국책 연구소

집현전集賢殿이라는 이름이 보여주듯 이 기관은 조선의 학술을 담당하는 곳이었다. 그렇다고 해서 '문화부' 정도로 생각한다면 곤란하다. 널리 알려진 바와 같이 세종 시대 각종 국가사업을 주도한 곳이니 일종의 두뇌 집단이라 할까. 1420년, 세종은 즉위 직후 그 설치를 서두르고 있다. 마음먹고 있었다는 뜻이다.

> 관사官司를 궁중에 두고, 문관 가운데서 재주와 행실이 있고 나이 젊은 사람을 택하여 이에 채워서, 오로지 경전과 역사의 강론을 일삼고 임금의 자문에 대비하였다. 《세종실록》 1420. 3. 16.

이 부분만 보더라도 집현전에 대한 세종의 남다른 애정과 의지를 알 수 있다. 일단 여느 조직과는 달리 집현전 관사를 경복궁 안, 그것도 국왕의 편전 가까이 마련했다. 임금이 직접 그 인선에 관여했다니 이들과 오래도록 함께할 국가사업이 기다리고 있다는 뜻이 아니랴. 가장 잘할 수 있는 사람에게 그 일을 맡기는 것, 이 또한 우리에게도 익숙한 세종 스타일이다. 인재를 알아보는 것은 지도자로서의 필수 자질이었고.

우선, 외교문서 작성 등을 위시한 외교 업무가 주어졌는데 문서의 표현 하나까지 트집 잡는 명나라를 상대하려면 옛 전적과 예법에 밝아야 했다. 집현전 학사들이 명나라와 일본에 사신으로 파견되어 실전에서 외교적 자질을 발휘하기도 했으니 책상물림만도 아니었다는 얘기다. 경연 및 서연書筵을 담당하여 왕과 세자의 학문을 돕는 일도 중요한 업무다. 유명한 공부벌레 세종에, 역시 부왕을 닮은 세자, 그리고 그 아들인 세손까지, 삼대에 걸친 공부를 집현전에 기댄 것이다. 각종 편찬 사업을 주관하였을 뿐 아니라 학문 연구를 바탕으로 한, 국정 현안에 대한 대책 마련도 그들의 몫이었다(앞서 《삼강행실도》 편찬도 집현전에서 일임하도록 했다). 여기에 가장 빛나는 사업, 훈민정음 창제가 더해진다. 1443년의 일이다.

세종 최고의 업적,
훈민정음 창제

> 이달에 임금이 친히 언문諺文 28자를 지었다. 옛 전자篆字를 모방하였는데, 초성初聲·중성中聲·종성終聲으로 나뉘어 있어 이를 합한 연후에야 글자를 이루었다. 무릇 문자文字와 우리나라 이어俚語에 관한 것을 모두 쓸 수 있고, 글자는 비록 간요簡要하지만 그 전환轉換이 무궁하다. 이를 일컬어 훈민정음 訓民正音이라 한다. 《세종실록》 1443. 12. 30.

세종의 '친제'를 밝히고 있는 기록이다. 창제를 전후로 국왕을 돕는 집현전의 학사들도 바쁘게 움직여야 했다. 중국의 음운서는 물론 이웃 나라 언어에 대한 비교 연구도 필수였는데, 특히 신숙주와 성삼문은 명나라 음운학자 황찬에게 자문을 구하기 위해 수차례 요동을 오가기도 했다. 훈민정음 창제 후에는 새 언어의 실질적 사용을 돕기 위한 관련 저술이 이어졌다.

훈민정음의 '사용설명서'인 《훈민정음 해례解例》(1446)는 정인지를 비롯한 박팽년, 이개 등의 집현전 학자들이 지었으며, 우리 한자음을 체계적으로 정리한 음운서 《동국정운東國正韻》(1448) 편찬 또한 최항, 신숙주, 성삼문 등이 맡았다.

흥미로운 점은 집현전 내에서 훈민정음 창제에 대한 반대 상소가 올라왔다는 사실. 한문을 두고 새로 언문을 만들 수 없다는 주장이었다. 앞서가는 국왕의 생각을 따라가지 못한 것은 문제였으나 당시 중국에 대한 사대의식 등을 염두에 둔다면 있을 법한 일이다. 상소를 올린 이들 모두가 집현전의 학사. 심지어 그 대표인 최만리는 부서의 실질적 수장인 부제학이다.

이런 상황을 예상했기 때문일까. 세종은 부제학을 비롯한 선임 학사들이 아닌, 자신의 뜻을 이해하고 따라줄 만한 젊은 학사들의 도움을 받으며 일을 진행했다. 완성되는 순간까지는 아무도 모르게, 내가 직접 만들겠다는 의도였다. 최만리의 상소가 올라온 시점이 창제 이듬해인 1444년 2월이었음을 고려해보자면 세종이 친히, 다소 비밀스럽게 문자를 만들었다는 학설에 무게가 실린다.

그동안 펼쳐놓은 놀라운 일들을 떠올려보면 이젠 놀랍지도 않다. 세종의 창조적 재능이야 그렇다 치자. 오히려 의아한 쪽은 물리적 시간이다. 국정을 운영할 시간도 빠듯할 차에 (그 외의 기획 사업도 오죽 많은가) 대체 어떻게?

문종, 세종을 대신해
섭정을 시작하다

세종은 이 또한 미리 생각해두었던 듯한데 워낙에 젊은 시절부터 병을

1부 **건국** 국가의 기틀을 잡다

달고 살았으니 대책을 세워야 했다. 다행히도 그에게는 세자가, 그것도 부왕 곁에서 함께 공부하며 국정을 논의해온 총명한 아들이 있었다. 망설일 까닭이 없다. 섭정을 명한 것이다.

세자 나이 스물아홉이 되는 1442년, 동궁 직속 기관으로 첨사원僉事院을 설치하여 국가 중대사가 아닌 대부분의 정무는 세자가 대행하게 하였다. 이듬해에는 아예 세자 앞에서 신하의 예를 갖추라는 명을 내리기까지 한다.

> 지금부터 세 차례의 대조하大朝賀와 초1일·16일 조참朝參은 내가 친히 이를 받을 것이나, 그 외의 다른 조참은 모두 세자를 시켜 승화당에서 남면南面하여 조회를 받도록 할 것이니, 1품 이하는 뜰 아래에서 배례拜禮하고 아울러 신臣이라 일컫도록 하라. 《세종실록》 1443. 4. 17.

남쪽을 향해 앉는南面 자리는 국왕만의 것이다. 게다가 신하들에게는 세자를 향한 칭신稱臣을 명하였으니, 세자의 권위가 국왕과 다름없다는 선언이다. 국왕에 대한 예를 세자에게 바칠 수 없다는 신하들의 상소에 부딪히긴 했으나 세종에게 세자는 이미 자신의 지위와 다름없는 아들이었다. 양위를 입에 달고 사는 여느 임금들과는 달랐다.

세종 치세 후반기의 많은 사업은 세자 섭정 아래, 다시 말해 부자가 함께 이루어낸 업적이다. 어지간해서 그 대단한 아버지 눈에 차겠는가. 그런 세종이 흡족해했을 정도라고 한다. 앞서 집현전과 함께한 다양한 정책들은 물론, 과학기술 분야에서도 세종은 세자와 함께 공부하며 사업을 진행해나갔다.

부자지간의 사랑을 넘어 정책 동반자로서도 신뢰하는 사이였던 것이다. 이런 세자가 부왕의 정책을 그대로 이어나가게 되었으니 세종으로서도 근시안적인 사업이 아니라 국가 대계를 설계할 수 있는 여유를 가질 수 있었으리라. 세자에게는 정치 경력을 쌓을 수 있는 좋은 기회였다. 부왕의 신하들을 물려받게 될 세자 입장에서 차근차근 정국을 장악해나갈 수도 있었으니 부자 모두에게, 그리고 그들의 나라에도 다행스러운 일이다.

세종의 왕자들, 부왕의 치세를 돕다

더하여 세종에게는 또 다른 왕자들이 있었다. 이미 장성한 둘째 아들 수양대군(원래 작호는 진평대군, 다시 진양대군, 수양대군으로 바뀌었다)과 셋째 아들 안평대군의 자질을 눈여겨본 세종은 정치를 세자에게 맡긴 뒤 이들에게 여러 문화 사업을 담당하게 한다. 주로 집현전에서 진행하는 일들로 보면 되겠다. 왕자에게는 벼슬을 금하였기에 (권력 가까이 다가선 왕자의 위험성을, 이미 부왕을 통해 배웠던 세종이다) 이처럼 다른 일들을 나누어 맡겼던 셈이다. 훈민정음 관련 사업에도 왕자들의 이름이 이따금 보인다.

> 집현전 교리 최항·부교리 박팽년, 부수찬 신숙주·이선로·이개, 돈녕부 주부 강희안 등에게 명하여 의사청에 나아가 언문으로 《운회韻會》를 번역하게 하고, 동궁과 진양대군 이유·안평대군 이용으로 하여금 그 일을 관장하여 모두 성상의 판단에 품의하도록 하였으므로 상을 거듭 내려주고 공억供億하는 것을 넉넉하고 후하게 하였다. 《세종실록》 1444. 2. 16.

두 왕자는 부왕을 도와, 때로는 섭정하는 세자를 도와 꽤 많은 장면에 이름을 올리고 있다(조선 왕자들 가운데 이처럼 빈번하게 실록에 등장하는 이들도 없다). 보기에 따라서는 이 부분이 좀 아슬아슬하다. 왕자들의 기를 너무 살려놓는 것은 아닌지. 미래 권력 집단인 집현전과 너무 가까운 것은 아닌지.

하지만 세종은 걱정하지 않았다. 아들들을 믿었으니까. 자신이 그랬듯, 형제 사이의 우애를 지키리라 생각했을 것이다. 심지어 그들을 격려했을지도 모른다. 집현전의 명민한 학사들과 친교를 나누는 왕자라니, 문풍이 성한 증좌가 아니겠느냐고. 그랬다. 앞서 이야기한 그림, 당대의 문사들이 우르르 찬시를 바친 〈몽유도원도〉가 탄생한 것도 사실 세종이 판을 펼쳐준 덕이다.

예술을 사랑한 왕자,
안평대군

국왕을 도와 큰 사업을 너끈히 이루어낸 집현전 학사들. 이쯤에서 이름을 되짚어보니 과연 낯이 익다. 이 바쁜 사람들이 일만 하며 지낸 것이 아니라 멋진 그림도 감상하고, 그 흥을 담아 찬시를 짓기도 했으니 다행스럽기는 한데. 대체 이 그림이 무엇이기에? 사건의 전말은 이러하다.

정묘년 4월 20일 밤, 잠자리에 든 즈음이었다. 갑자기 정신이 아득해지더니 깊은 잠에 빠지면서 꿈속으로 들어서게 되었다. 홀연히 인수(박팽년)와 함께 어느 산 아래 이르게 되었으니, 우뚝한 봉우리와 깊은 골짜기가 험준하면서

도 그윽하였다. 수십 그루 복숭아나무 사이로 오솔길이 나 있었는데… 그때
몇 사람이 더 뒤를 따르고 있었으니 바로 정보(최항)와 범옹(신숙주) 등, 함께
어울려 시를 짓던 이들이었다… 그들과 더불어 흠뻑 즐거이 노닐던 중에 문
득 꿈에서 깨어났다. 이에 가도(안견)에게 명하여 그림으로 그리게 하였다.
꿈으로부터 사흘, 그림이 다 완성되었기에 비해당 매죽헌에서 이 글을 쓴다.

〈몽유도원도〉 발문

정묘년(1447) 4월 20일 밤. 세종의 셋째 왕자 안평대군 이용은 친구
몇과 어울려 도원에서 즐거이 노니는 꿈을 꾸었다. 이 황홀한 꿈을 잊고
싶지 않았던 왕자는 화원 안견을 불러들인다. 사흘 뒤 화가가 그림을 바
치게 되니, 안평대군은 직접 발문을 써넣었을 뿐 아니라 조선 최고의 문
사들에게 그림을 보인 뒤 제찬을 받기에 이른다. 무려 21명의 문사가 이
작업에 즐거이 참여하여 작품에 빛을 더하게 되었던 것이다.

그럴 만한 친분이었다. 꿈속의 도원을 함께 노닐었다는 이들도 집현전
학사인 박팽년, 최항, 신숙주다. 발문에서 밝혔듯, 어울려 시를 짓던 벗들
이었으니까. 예의 그 '문화 사업' 진행 과정에서 함께했던 까닭이다.

특히 안평대군은 성향이나 자질 면에서 학사들과 통하는 부분이 많
았기에 그 사귐이 더욱 각별했다. 예술을 적극 장려하는 왕실 후원자의
대표주자이자 그 자신 또한 당대 최고의 서예가로 이름 높았다. 명나라
황제에게서 '이것이 바로 조자앙趙子昻의 서체'라는 칭찬을 듣기도 했으
니 조선 안에서의 명망은 말할 것도 없었다(조자앙[맹부孟頫]은 그림과 글씨
로 유명한 원나라의 고관이다. 그의 호를 딴 송설체松雪體는 중국은 물론 조선에서
도 인기 있는 서체였다. 안평대군이 이 송설체의 대가다). 안평대군의 사저인 비
해당匪懈堂이 당시의 문화 살롱이었다고나 할까. 이 살롱의 주요 구성원이

바로 집현전의 젊은 학사들이었다.

　그림을 그린 안견도 모임에서 빠질 수 없다. 조선 최고의 화가라는 명성을 얻고 있었는데 그림을 좋아하는 세종이 안견의 재능을 높이 샀음은 물론이다. 안평대군으로 말하자면 부왕 이상으로 안견의 재능을 아꼈다. 기록이 전하는 활동 내역으로 보자면 안견이 진심으로 섬긴 이는 세종이 아닌, 그 아들이라 하는 편이 자연스러울 정도다.

〈몽유도원도〉,
시대가 만들어낸 걸작

〈몽유도원도〉는 가로 1미터의 아담한 두루마리에 그려졌다. 그림은 왼쪽, 나직하고 평화로운 풍경에서 시작된다. 호흡을 고르라는 뜻이다. 그리고 이어지는 꿈 이야기. 안평대군이 발문에서 밝힌 '우뚝한 봉우리와 깊은 골짜기'가 펼쳐지기 시작한다.

　말 그대로 험준하고도 그윽한 산세다. 끊어질 듯 다시 나타나는 길을 따라 돌아들면, 그 복사꽃 가득한 도원으로 들어서게 된다. 노을에 물든 붉은 꽃잎은 향기롭건만 이미 사람의 흔적이라곤 없는 쓸쓸한 정경이다. 마을을 감싸듯, 숨겨놓듯 사방을 둘러싼 기이한 절벽들. 마지막 절벽에 가로막힌 그 자리에서 그림은 서둘러 막을 내린다.

　사실 이 작품은 일반적인 산수화 독법으로 논하기에 의아한 부분이 없지 않다. 보통의 두루마리 그림과는 달리 왼쪽에서 그림 읽기가 시작되는 데다, 절벽에서 문득 끝나버리는 마무리까지. 여느 산수화와는 다른 점이 많은 그림이다. 꿈 이야기를 담았으면서도 주인공인 안평대군은 물

〈몽유도원도夢遊桃源圖〉

론, 함께 도원에서 노닐었다는 이들의 모습도 그려지지 않았다. 다양한 해석이 가능한 그림인데, 그 해석의 차이가 작품을 읽는 또 다른 즐거움으로 이끌어줄 것이다.

그 해석이 어떠하든 안평대군은 이 그림을 사랑했다. 두루 찬시를 받은 것으로도 모자라 몇 년 후에는 다시 그림을 꺼내 보며 그 감회를 시로 더했다. 그런가 하면 꿈속 도원을 닮은 땅을 찾아 정사 하나를 짓기까지 했다. 그럴 만한 그림이긴 하다. 신비하고도 쓸쓸한 꿈속 도원처럼, 그림 또한 그 정취 그대로다. 산수화의 대가라는 명성에 답하듯 화려한 필치 가운데 우아한 절제미가 없지 않다. 안평대군이 안견을 부른 데는 다 이유가 있었다.

이렇게 최고가 최고를 알아보고 그들이 함께 모여 명작을 만들어내는 자리가 펼쳐졌다. 옛 그림의 격을 논할 때 흔히 시·서·화의 조화를 평하곤 하는데 〈몽유도원도〉야말로 바로 그런 작품이다. 시대가 명작을 만든다는 말이 항상 옳지는 않겠지만 이 그림이라면 어떨까. 고개를 끄덕이게 된다. 세종 시대의 힘, 당시 문화 수준을 단적으로 보여주는 장면이다.

섭정 세자,
성군의 치세를 잇다

세종은 관료 운용에도 융통성이 있었다. 세종 치하에서 실수는 할 수 있지만 실력이 없어서는 살아남을 수 없었다. 등용의 주요 기준이 성인군자가 아니라, 실력 자체에 있었다고나 할까(세종 시대 명재상 황희의 경우를 떠올려보라. 그가 몇몇 깨끗하지 못한 문제에 얽혔을 때도 세종은 이를 문제 삼지 않았다. 그 정도로 일 잘하는 사람은 없었으니까. 작은 잘못을 덮고 큰 능력을 취하는 쪽이 나라에 도움이 된다는 입장이다). 그것이 정치든 군사든 학문이든 전문가를 중시했던 것이다.

하지만 한 나라의 경영이 그것만으로는 아쉽지 않은가. 세종이 즉위교서에서 이상적인 조선의 모습으로 밝힌, '문치가 융성했다'는 표현으로 돌아가 보자. 생활 속의 편리를 도모하여 백성들의 의식주가 윤택해야 함은 물론이요, 예술적인 격조까지 잘 갖추어진 나라. 내실이 있을 뿐 아니라 보기에도 아름다운, 그런 나라. 음악이든 그림이든 예술적 재능도 뛰어났던 군주 자신의 삶을 겹쳐보아도 그렇다. 세종이 심혈을 기울여 키워낸 인재들은 군주와 함께 그런 나라를 만드는 중이었다. 그 가운데 어느날, 〈몽유도원도〉를 감상하며 근사한 시 한 수를 보태는 풍류도 함께 누릴 수 있었으리라.

그림은 한없이 아름답고 그림과 함께한 이들의 우정도 그러했지만 이 또한 세종 시대였기에 가능한 만남이었다. 도원을 꿈꾸었던 왕자도, 그와 함께한 문사들도 저마다의 도원을 찾아 떠나야 할 때가 머지않았다. 3년 뒤, 그들이 한마음으로 받들었던 성군의 치세가 막을 내린다. 1450년, 세종이 승하했다. 실록은 그의 치세를 이렇게 기억한다.

즉위함에 이르러, 매일 사야四夜가 되면 옷을 입고 날이 밝으면 조회를 받은 뒤, 정사를 보고 윤대를 행하며 경연에 나아가기를 조금도 게을리 하지 않았다. 또 처음으로 집현전을 두고 글 잘하는 선비를 뽑아 고문顧問으로 하였다… 힘써 정신 차려 다스리기를 처음과 나중이 한결같아, 문文과 무武의 정치가 빠짐없이 잘되었고 예악禮樂의 문을 모두 일으켰다. 종률鍾律과 역상曆象의 법 같은 것은 우리나라에서는 옛날에 알지도 못하였는데 모두 임금이 발명한 것이다… 거룩한 덕이 높고 높으매 사람들이 그 이름을 지을 수 없기에 당시에 해동요순海東堯舜이라 불렀다. 《세종실록》 1450. 2. 17.

쉰넷의 창창한 보령이었으나 오랜 병에 시달린 세종이다. 다행히 왕위 계승 자체는 평화로웠다. 무려 30년 동안 동궁을 지킨, 섭정으로 여러 해를 보낸 세자가 있지 않은가. 국왕 승하 뒤, 정해진 법도에 따라 부왕의 자리를 이어받는 적장자. 사실 조선은 이 정상적인 장면을 이제 처음 맞았다. 5대 국왕인 문종文宗의 즉위다.

조선의 내일은 순조로워 보임이 마땅했다. 새 임금 문종은 경륜도 학식도 덕망마저도 부족하지 않았으니까. 오직 하나, 건강이 문제였다. 부왕 세종처럼 문종도 이미 세자 시절부터 갖은 병에 시달렸다. 역시 지나친 공부가 이유였을까. 국왕의 미령함은 나라의 큰 근심이 되는 법인데 게다가 문종의 세자는 열 살짜리 어린애다.

허약한 국왕에게 명망 높은 아우들이 여럿 있었다는 게 다행이었을까, 위험이었을까. 부왕인 세종이 나랏일을 왕자들에게 나누어 맡긴 이유는 그 형인 문종을 도우라는 뜻이었을 것이다. 문종과 아우들 사이는 화목했던 것으로 전해지지만 그것도 확실한 권력이 군림할 때의 얘기다.

이쯤에서 다시 〈몽유도원도〉를 떠올린다. 그림에 바친 찬시는 실상, 그림 주인인 왕자에 대한 찬양에 다름 아니다. 세종 치세라면 문제될 것 없는 그들의 사귐이 이제 다른 세상을 맞이해야 했다.

한글 창제 장면에서 사이좋게 등장했던 이름들. 그림을 감상하며 나란히 문재를 뽐내던 그들이 다시 역사의 주목을 받게 되는 두 번째 사건까지는 불과 몇 해 남지 않았다. 위로는 김종서, 정인지에서 박팽년, 성삼문, 신숙주를 거쳐 막내뻘인 서거정에 이르기까지 그들 모두가 선택의 순간에 놓인다. 세종의 승하로 그림 속 찬시들 사이에 균열이 일어나기 시작했다. 역사의 격랑 속에서 같은 배를 타지 않았던 것이다.

수성
체제를 완성하고 사화로 얼룩지다

역사

1452. 단종 즉위
1453. 계유정난. 안평대군 사사. 김종서 등 피살
1455. 세조 즉위
1456. 단종 복위 운동 실패. 집현전 혁파
1457. 단종, 노산군으로 강등되어 사사
1468. 예종 즉위
1469. 성종 즉위
1485. 《경국대전》 간행
1494. 연산군 즉위
1498. 무오사화

1450

1460~1470

1480~1490

미술사

1453. 〈신숙주 초상〉을 비롯한 정난공신 초상 제작
1455. 명나라 사신을 위한 〈금강산도〉 제작
1465. 효령대군 등의 발원으로 〈관경십육관변상도〉 제작
1476. 〈명군현비병〉 제작
1499년경. 신말주 등 〈십로도상축〉 제작

1504. 갑자사화
1506. 중종반정. 연산군 폐위. 중종 즉위. 반정공신 책봉
1515~1519. 조광조의 개혁 정책
1519. 기묘사화
1544. 인종 즉위
1545. 명종 즉위. 문정왕후 수렴청정. 을사사화

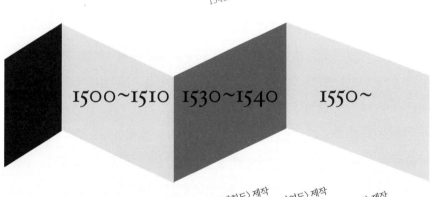

1500~1510 1530~1540 1550~

1531. 〈미원계회도〉 제작
1535. 〈중묘조 서연관사연도〉 제작
1550. 〈호조낭관계회도〉 제작
1564. 〈서총대친림사연도〉 제작
1565. 문정왕후 발원으로 〈석가삼존도〉 제작
16세기 후반. 김시 〈동자견려도〉

건국기를 지나 수성의 시대로 접어든 조선은 1450년에서 1567년까지, 문종에서 명종에 이르는 아홉 명의 국왕이 보위에 올랐다. 세종 이후 문종과 단종까지, 적장자로서 정통성을 부여받은 국왕들이 연이어 즉위했으나 계유정난으로 수양대군(세조)이 왕위를 찬탈하며 정국은 다시 혼란에 빠진다. 이 과정에서 세조를 도운 공신 집단에게 권력이 집중되고, 조선 지배층은 훈구인 공신과 젊은 사림으로 나뉘어 경쟁하게 된다.

성종은 사림 세력을 발탁하여 권력의 균형을 잡고 정국 일신을 꾀하는데, 《경국대전》 편찬으로 이후 조선의 남은 400년을 이끌 법체계를 정비하는 등, 조선의 체제를 안정시켜나간다. 하지만 뒤를 이은 연산군은 두 차례 사화를 일으킨 것을 비롯하여, 폭정과 향락을 일삼음으로써 온 나라를 위기에 빠뜨린다. 결국 반정이 일어나 연산군은 폐위되고 중종이 왕위를 잇게 되는데, 이 과정에서 다시 반정공신이라는 권력 집단이 등장한다. 이들의 전횡과 탐욕에 맞서 조광조를 비롯한 사림들의 개혁 정책이 대두되었으나, 두 세력 사이에서 갈등하던 중종의 지지 철회로 이 또한 무위로 돌아가고 만다.

짧은 인종 시대를 지나 명종의 시대가 시작되었으나 여전히 국왕이 제대로 된 권력을 행사하지는 못했다. 어린 국왕에 대한 섭정을 명분으로, 문정왕후 윤씨 집안의 외척 독재 시대가 열리게 된 것이다. 무능한 독재 권력은 정치의 혼란을 초래했고, 결국 백성에 대한 수탈로까지 이어지게 되었다.

성종의 치세와 중종 중반기 조광조의 짧은 개혁정치 시기를 제외한다면 이 120년은 왕위 찬탈에 반정, 그리고 여러 차례의 사화가 일어난 정치적 혼란기였다. 바른 정치를 통해 학문적 이상을 실현하려 했던 인물들이 한꺼번에 처형당했으며, 백성들도 그 삶을 지탱할 수 없어 임꺽정 무리와 같은 도적으로 전락할 정도였다. 그야말로 정치는 어지럽고 백성의 삶은 고달팠던 것이다.

5장

단종, 통치 체제도
지켜주지 못했던 소년 왕
공신과 역적 사이 〈신숙주 초상〉

어느 배에 몸을 실겠느냐고, 선택을 강요받는 시대가 있다. 큰 흐름 앞에서 홀로 잠잠할 수 없다. 역사에 기록될 정도의 인물이라면 어느 쪽이든 선택을 해야 한다. 세종 시대에는 특별히 그럴 만한 사건이 없었다. 왕위를 둘러싼 피바람도 옛 시절의 이야기. 국왕이든 신료든 제자리에서 임무를 다하면 그만이었다. 이런 분위기는 문종 시대로 이어지게 된다. 세종 후반기 섭정으로 정무를 맡아온 만큼 새삼스러울 것도 없었다.

아아! 모든 정사가 다 성규成規가 있지만, 그러나 지켜가기는 어려우니 대소 신하들은 옛 법도를 신중히 지켜서 마음을 같이하고 서로 도와 길이 경사慶事에 이르기를 믿는다. 《문종실록》 1450. 2. 22.

열두 살 소년,
조선의 국왕으로

즉위 교서에서 밝힌 바대로 문종에게 요구된 임무는 세종이 이루어놓은 조선을 '지키는' 일이었다. 문종도 알고 있었다. 의지와 능력도 부족하지 않았다. 하지만 걱정했던 것보다도 빨리 문종은 마지막 날을 맞았다. 왕위에 오른 지 겨우 2년 지난 1452년. 보령 서른아홉. 효심 깊은 문종이 부왕의 죽음을 슬퍼하기에도 짧은 시간이었다. 성군의 재목으로 기대되던 국왕을 잃었으니 조선은 모처럼 좋은 시절을 이어갈 기회를 놓친 셈이다.

어린 세자 때문에 애가 끊었겠지만 문종은 두 재상 황보인과 김종서에게 앞날을 당부했다. 그리고 부왕의 은혜를 입은 집현전 학사들, 특히 세손 시절부터 세자를 가르쳐온 스승들에 대한 기대도 없지 않았으리라. 세종이 콕 집어 고른 세손 시절의 두 날개는 박팽년과 신숙주. 내로라하는 집현전 학사들 가운데 최고의 인재다. 만일의 사태 앞에서 충성을 다하리라는 믿음과 당부로 택했을 것이다.

이미 세상에 떠돌기 시작한 아우들에 대한 소문에는 애써 귀를 막았을 문종. 시끄러운 소문은 덮어둔 채, 피를 나눈 형제이니 조카에게 힘이 되어주리라 믿으며 눈을 감았으리라. 어린 세자는 슬픔과 두려움 가득한 즉위식을 마쳤다. 6대 국왕 단종端宗의 즉위 교서에는 그 심정이 그대로 담겨 있다.

우리 선부왕先父王께서 성한 덕과 지극한 효도로 큰 기업을 이어받아서 정신을 가다듬어 정치를 하여 원대한 것을 도모하였는데, 불행하게도 임어한지 얼마 되지 않아서 갑자기 여러 신하를 버렸으니 땅을 치고 울부짖어도 미칠 수 없어 애통이 망극하다… 어린 나이에 외로이 상중에 있으면서 서정庶政 만기萬機를 조처할 바를 알지 못하니, 조종의 업을 능히 담당하지 못할까 두려워하여 못과 얼음을 건너는 것과도 같이 율률慄慄히게 염려하고 두려워한다. 모든 사무를 매양 대신에게 물어 한결같이 열성列聖의 헌장에 따라서 간난을 크게 구제하기를 바라니, 너 중외의 대소 신료는 각각 너의 직책을 삼가하여, 힘써 나의 정치를 보좌해서 끝이 있도록 도모하기를 생각하라.
《단종실록》 1452. 5. 18.

모든 일을 대신과 의논하겠다는 뜻이 빈말도 아니었다. 단종은 외로운 처지였다. 진심을 다해 단종을 도울 '왕실 어른'이 없었으니까. 어머니인 현덕왕후는 단종을 낳은 직후 세상을 떠났고, 할머니 소헌왕후도 승하한 지 이미 여러 해.

세종의 후궁인 혜빈 양씨가 단종을 보육했지만 그래 봐야 대궐 밖에 거처하는 후궁의 지위다. 가례라도 올렸다면 든든한 처가라도 있었겠으나 그 또한 아니었다. 가까운 친척으로는 숙부가 여럿. 하지만 이전의 역사를 보더라도 이들이 우호적인 세력이기만 하겠는가. 이에 문종도 황보인과 김종서에게 후일을 부탁한 것이다. 이들은 단종이 기댈 만한 가장 든든한 언덕이었다.

그렇다 해도 아주 어두운 환경은 아니다. 당시 조선은 세종과 문종 치세를 거치며 국가의 기틀을 다져둔 뒤였으니, 다소 어린 국왕이 즉위했다 해서 급박한 위기를 맞을 가능성은 크지 않다. 조선의 관료 체제가 받쳐주고 있지 않은가.

세종에 대한 충성을 그 손자에게 잇겠다는 다짐이 자연스러울 상황이다. 단종이 성인이 되어 친정을 시작할 때까지 몇 해만 기다리면 될 일.

그 사이 누군가 다른 마음을 품고, 어린 국왕에게 위해가 될 정도의 세력을 키우지만 않는다면 말이다.

어쨌든 왕위에 오른 뒤에도 단종의 생활은 세자 시절과 크게 달라지지 않았다. 여전히 공부가 주요 일과였으며 대신들의 청에 윤허한다는 답을 내리는 정도가 그에게 주어진 정치 활동이었다. 성군이 되기 위해서는 그 준비 기간을 착실히 채워야 했으니까. 국왕도 그의 스승들도 같은 생각이었다. 아니, 어쩌면 생각이 다른 사람도 있었을지 모르겠다.

마침 그 스승 가운데 한 사람, 신숙주의 초상화가 전해져온다. 1453년 무렵, 단종이 즉위한 이듬해에 그려진 '공신功臣' 초상이다.

〈신숙주 초상〉,
공신 초상에 담긴 의미

공신은 존재 자체로 많은 이야기를 대신한다. 특별한 공을 세운 이들에게 붙여주는 훈장인데, 그 '특별한' 상황이란 국왕의 안위에 관계된 것이 대부분이다. 공신 가운데 무장이 많은 것도 그 때문이니 잘라 말하자면, 공신이 필요 없는 시대가 태평성대다. 당장 태조에서 태종 시대까지는 건국과 정변을 거치며 여러 차례 공신이 책봉되었다.

하지만 세종은 공신 하나 없이 32년을 보냈다. 안정된 통치의 증거로 이만한 것도 없지 않을까. 신숙주의 공신 초상이 남아 있다면 단종 즉위 이듬해에 무언가 큰 사건이 있었다는 뜻이다. 먼저 그림을 살펴보자.

공신 초상은 국가에서 제작하는 일종의 기록화다. 지극히 공식적인 그림으로서 형식이 중요한데 〈신숙주 초상〉도 인물의 자세며 복식이 공식 그대로다. 그렇다고 화면이 마냥 딱딱하게 느껴지지는 않으니 채색의 아름다움 덕이라 하겠다.

오사모烏紗帽에 녹포綠袍를 기본으로 하였는데 관복 위로 수놓인 한 쌍의 백한白鷴에, 옷자락 사이로는 붉은 색채가 선명하다. 보랏빛 단령에 순백의 백목화白木靴까지 제법 많은 색이 베풀어져 있다. 백한을 수놓은 흉배와 아래로 길게 처진 사모뿔은 조선 초기 관복제를 알려주는바, 사료로서의 가치도 적지 않다.

초상 속의 신숙주는 나이 서른일곱을 맞고 있었다. 당당하다는 표현이 어울릴 정도로 풍채 좋은 모습이다. 그의 이력으로 보아도 병약한 서생은 아니었을 테니까. 얼굴은 8분면 정도의 옆모습으로 그려졌으니 당시 초상화의 일반적인 예를 따른 것이다. 일자로 가지런한 눈썹 아래 야무지면서도 갸름한 눈매가 인상적이다. 공적인 그림이니 복잡했을 그 내면을 드러내지는 않았겠지만(공신으로 책봉됨을 기념하는 본래의 목적에 이질 감이 느껴진다면 곤란하지 않은가), 그래도 이런 표정이라면 마음속을 들여다보기 힘든 인물이었겠다 싶다. 작품으로 보자면 공신의 명예를 드러내기에 부족함 없는 초상화다. 그려진 배경이 궁금하다.

> 부승지 신숙주 등은 함께 도모하고 의논에 참여하여 대사大事를 도와 이루었으니, 마땅히 정난 2등 공신靖難二等功臣을 칭하稱下하고, 전각을 세워 초상을 그려 붙이고, 비를 세워 그 공을 기록하소서. 《단종실록》 1453. 11. 4.

공신이 책봉될 만한 1453년의 정난이라면 잘 알려진 그 사건이다. 계유정난癸酉靖難. 신숙주는 이 사건에서 승자 곁에 섰다는 이야기가 되겠다. 그런데 1등 공신도 아닌, 2등 공신이라는 애매한 자리는 대체 무엇인

〈신숙주 초상申叔舟肖像〉

가. 그의 이름과 나란하던 단종의 또 다른 스승 박팽년, 그리고 그들과 함께했던 집현전 동료들은 어디에 있는가.

계유년,
정난과 정변 사이

1453년 10월 10일. 계유년 그 밤을 피로 물들인 계유정난은 승자의 표현대로 정난靖難으로 기록되었지만 정변政變이라 함이 옳겠다. 정난이란 변란을 다스려 나라의 평안을 찾았다는 뜻이지만, 수양대군이 무슨 난을 다스렸다는 말인가. 권력을 얻기 위해 일으킨 쿠데타, 즉 정변에 불과하다. 그것도 국왕의 숙부 하나가 다른 숙부를 제거한 정변이었다. 단종이 즉위한 지 1년 반이 지났을 뿐인데 그사이 조정 상황이 어땠기에?

문종의 유지를 따라 정승 황보인과 김종서가 단종 곁에서 정사를 돌보고 있었다. 황표정사黃標政事(국왕에게 관리를 추천할 때 후보들 가운데 대신들이 미리 정해둔 이름 옆에 황점을 찍어 올린 데서 나온 말이다)라는 말이 나올 만큼 두 정승의 세력이 등등했으니, 불편한 사람들이 생겨난 것도 당연한 일이었다.

일단 집현전 학사들을 비롯한 일군의 젊은 관료들은 재상의 독단으로 군주의 위엄이 손상됨을 근심했다. 세종 아래에서, 다시 말해 강하면서도 탁월한 군주 아래서 경력을 시작한 이들이다. 아무리 어리다 해도 국왕에게는 국왕의 위엄이 필요한 법. 게다가 그들의 또 다른 근심처럼, 한곳에 머물러 있는 권력은 사욕으로 변질되게 마련이다.

정승 세력의 독주를 더욱 불편하게 느낀 것은 왕실 쪽이다. 그들에게 조선은 이씨의 나라였으니까. 특히 단종의 큰 숙부인 수양대군의 반발이 컸으니 양녕대군을 비롯한 종친의 힘을 모아 정승들과 대립하는 모양새였다. 그의 아우인 안평대군은 어땠을까. 이미 세종 시대부터 김종서와 친밀했던 만큼 두 정승과는 잘 지내고 있었다.

단종 즉위 직후의 세력만으로 보자면 단종 입장에서 경계해야 할 숙부는 오히려 안평대군이다. 두 정승에, 집현전 출신 관료들과의 친분도 두터웠다. 왕기王氣가 서린 곳에 집을 지었다는 등 소문도 없지 않았으니 이런 상황이 지존을 꿈꾸던 반대편 왕자의 결심을 부추겼던 것이다.

수양대군의 지지 세력은 조정 내에서는 정인지, 최항, 한확 등이었고 한명회와 권람이 책사로서 거사를 설계했다. 이날을 대비해 무사 집단도 준비해두고 있었다. 하지만 엄연히 국왕이 건재한 상황 아닌가. 국왕의 재가도 없이 무력을 동원한 수양대군 측의 이야기는 이렇다.

> 황보인·김종서 등이 안평대군의 중한 뇌물을 받아, 전하께서 어리심을 경멸하여 널리 당원을 심어놓고 번진藩鎭과 서로 통하여 종사를 위태롭게 하기를 꾀하여 화가 조석에 미쳤으니 형세가 궁하고 일은 급박하다. 또한 적당賊黨이 곁에 있으므로 지금 부득이하게, 옛사람의 선발후문先發後聞의 일을 본받아 이미 김종서 부자를 잡아 죽였다. 그런데 황보인 등이 아직 있으니 지금 처단하기를 청하는 것이다. 《단종실록》 1453. 10. 10.

안평대군이 황보인·김종서 등의 세력과 결탁하여 역모를 일으키려는 정황이 포착되었는데, 미처 보고할 틈도 없을 만큼 다급했기에 먼저 김종서 부자를 죽였다고. 다른 역적들도 처단해야겠으니 그들을 불러들일 국왕의 교지를 청한다는 것이다. 그 밤과 새벽 사이, 교지를 받고 입궐하는 황보인을 비롯한 수십 명의 신료들이 궁 안팎에서 살해되었다. 안평대군 또한 강화도로 유배된 채 죽음을 기다리게 되었다.

실록은 그날을
어떻게 기록했을까

그야말로 순식간에 벌어진 일. 종사를 위한 결단이라 했다. 의지하던 이름들이 사라진 상황에서 어린 임금에게 무슨 힘이 있겠는가. 단종은 수양대군에게 모든 권력을 허락한다. 영의정과 이조, 병조 판서를 겸임한 엄청난 지위에 도성 내에서의 호위 병력까지. 좌의정은 정인지, 우의정은 수양대군의 사돈인 한확이 맡았으며 비서실장 격인 도승지 자리는 최항이 지키고 있었다. 단종은 갇힌 신세가 되었다. 결국 역모의 수괴로 몰린 안평대군과 그의 아들 의춘군에게 사약을 내리는 것으로 난은 막을 내렸다.

난에 연루되어 죽은 목숨은 헤아릴 수 없을 정도다. 김종서를 도와 6진 개척에 공을 세운 뒤 여전히 북방을 지키고 있던 이징옥의 경우도 그렇다. 수양대군 측에 의해, 안평대군에게 역모의 병력을 제공할 인물로 지목되지 않았는가. 결국 이징옥은 반란을 일으켜 맞서지만 궁지에 몰린 자의 마지막 저항이었을 뿐이다. 북방을 호령하던 장수마저도 도성의 권력 다툼으로 사라져갔다.

국왕 승하 뒤, 다음 국왕 이후에 편찬되는 실록의 속성상 《문종실록》과 《단종실록》에는 수양대군을 고려한 흔적이 역력하다. 특히 두 왕자의 인물됨을 비교하는 부분이 많다. 문종의 승하 후 안평대군은 대놓고 기뻐했으나 수양대군은 곡기를 끊고 슬퍼하느라 정신을 잃을 정도였다거나. 안평대군은 뇌물을 주어 사람들을 끌어들였지만 수양대군은 오직 인품으로 세인을 감동시켰다든가. 수양대군의 공명정대함에 대한 찬사는 말할 것도 없다.

> 세조(수양대군)가 정치를 잡은 이후로 어질고 능한 사람을 진용進用하고 아첨하고 간사한 자를 물리쳐내어, 백사百司의 서위庶位가 모두 그 직책에 맞았으며 민간의 질고疾苦를 일체 제거하니, 사방이 화합하여 생업을 편안히 하였다. 《단종실록》 1453. 10. 27.

계유정난의 결과로 조선이 태평성대라도 맞은 듯하다. 왕조 시대를 감안한다 해도 민망할 정도다. 이처럼 이후의 기록은 승자인 수양대군의 입을 대신하고 있으니 계유정난에 대한 기록을 받아들일 때도 취사하고 재정리할 필요가 있겠다.

안평대군과 김종서가 역모를 꾀하여 군사를 준비시켰다는 대목은 아무래도 석연치 않다. 수양대군이 야심한 시각을 틈타 술수를 쓰기까지 마냥 기다릴 이유가 있겠는가. 난을 일으켰다면 성공 확률이 몹시 높았을 그들이 아무런 경계도 없이 지내다가 수양대군의 소수 무사 집단에게 순식간에 척결당했다는 것도 그렇다. 안평대군이 용상에 대한 욕망이 있었을지는 몰라도, 실제로 변방의 군사까지 끌어들여 역모를 계획했다는 주장을 그대로 받아들이기는 어렵다.

조선은 정말
위험에 처했을까

당시 조선 상황 자체에 대해서도 생각해보자. 한 왕자가 칼을 빼어 '수습해야' 할 만큼 위태로운 지경이었을까. 조선은 적장자 왕위 계승을 후계 구도의 이상으로 합의한 나라다. 문종이 그 조건을 갖춘 첫 임금이었는데, 문종-단종처럼 2대에 걸쳐 적장자가 왕위를 잇는 경우는 그야말로 드물다. 조선 27대 국왕에 이르기까지 이런 예는 18대 현종-19대 숙종 시대에 한 차례 더 있었을 뿐이다. 출신으로 따지자면 단종은 누구보다도 정통성을 내세울 수 있는 임금이었다. 소년의 등극을 명나라에서 별 시비 없이 승인해준 것도 이런 배경 덕분이었고, 그래서 문종 승하 시에 '택현擇賢'을 이유로(충녕대군이 보위를 이었던 그 명분이다) 국왕의 아우들을 거론한 이는 누구도 없었다.

차라리 이편이 이후의 비극을 막는 길이었을까 싶지만 장자가 아닌 이상 이 또한 분란을 몰고 온다. 통치 능력이 없는 어린 국왕의 등극이라는, 전혀 바람직해 보이지 않는 안을 수용한 것도 원칙을 따르는 쪽이 낫겠다고 판단했기 때문이다. 조선은 지난 세대에 일어난 왕자의 난으로 이미 과한 수업료를 지불한 뒤였다. 더 이상 반복되어서는 안 될 일이었다.

사실 국왕이 성인이 될 때까지 몇 해 남지 않았기에 국정 운영이 불가능한 것도 아니다. 세종-문종에 걸쳐 조선의 정치 체제는 안정 궤도에 들어서 있었다. 중앙집권화를 떠받치는 관료 제도가 정비된 나라라면 그 장점에 기대면 된다. 조선은 '절대 왕권'으로 유지되는 나라는 아니다. 신하들의 상소에 귀 기울여야 했고(전하, 명을 거두어 주소서, 성군의 길을 걸으셔야 하옵니다, 차라리 신의 사직을 윤허하여 주소서 등이 대표적인 예다), 어떤 식으로든 답해야 했다. 열두 살 소년의 등극 자체로 국가가 당장 비상사태로 치닫지는 않는다는 얘기다.

문제는 관료들의 실력과 청렴도라 하겠는데. 수양대군이 '역모 사전 진압' 이외에 정변의 또 다른 명분으로 내세운 것도 바로 정승들의 실정이다. 사실일까? 그들의 국정 운영 능력, 그리고 권력 횡포 정도에 대해서는 다양한 평가가 가능하다.

정승으로서의 무능함을 탓할 수도, 지나친 권력 행사를 지적할 수도 있다. 물론 수양대군 측의 과도한 인격 살인으로 읽을 수도 있다. 그렇다면 나라를 위해 무엇이 최선이겠는가, 라는 질문 앞에서는 의견이 갈릴 수 있다. 하지만 정변을 정당화시킬 수는 없다. 진짜 이유가 따로 있음을 그 누가 몰랐겠는가.

부담스러운 정적을 모두 제거한 뒤였으나 아직 왕좌에 오르지는 않았다. 역모를 막고자 빼어 들었다고 공언한 칼을 곧바로 임금에게 들이대기엔(하물며 친조카다) 여론이 신경 쓰였을 테니까. 우리도 익히 보아온 준비 과정이다. 거듭되는 추대를 사양하다가 마지못해, 오직 나라를 위해 수락했다는, 쿠데타 주역의 흔한 서사. 그리 긴 시간이 필요하지도 않았다.

신숙주,
현실 권력을 선택하다

다시 초상 이야기로 돌아가 보자. 신숙주의 그 애매한 자리 말이다. 수양대군 자신과 정인지, 권람, 한명회가 1등 공신에 봉해진 것과 달리 신숙주는 2등 공신에 봉해졌다. 무엇 때문일까. 신숙주는 그때 이미 수양대군을 지지하고 있었다. 떠밀림이 아닌 적극적인 선택이었다. 하지만 살생부를 작성해야 하는 음험한 모의에까지 참여할 수는 없었음일까. 수양대군이 신숙주에게 기대한 것도 모사의 영악함이 아니라 학자의 명망이었을 것이다. 신숙주는 손에 피를 묻히지 않고 공신의 칭호와 상급을 얻은 셈이다.

큰 풍랑을 눈앞에 둔 시대다. 정승들에게 둘러싸인 어린 국왕보다, 명망에 비해 집권 의지가 부족했던 왕자보다, 임금 자리를 위해서라면 못할 일이 없는 왕자 곁에 서는 편이 낫겠다는 판단이었을까. 개인의 영달을 위한 욕망의 결과였든, 더 나은 조선을 위한 고뇌의 결정이었든, 그 한 번의 선택이 전혀 다른 삶을 가져다준 것만은 사실이다. 오래도록 전해지는 초상화의 주인공이 되기도 했다.

> 반년 동안의 해외 유람 이미 싫증이 나서
> 고국의 가을 산으로 돌아가고픈 마음뿐이네.
> 산중의 오랜 벗들 청등 밝혀놓고
> 한담 중에 바다 밖의 나를 가련히 여기리라.

10년 전인 1443년, 일본에 사신으로 떠난 신숙주가 박팽년, 성삼문, 이개 등에게 마음을 전한 시다. 반년 사이 짧은 헤어짐에도 그리워하던 벗들이다. 그 시절을 떠올리며 신숙주는 무슨 생각에 잠겼을까. 자신의 선택에 의아해하는 옛 벗들 앞에서, 이제 그만 현실을 직시하라고 말하고 싶었을까.

〈몽유도원도〉로 뭉쳤던 이들 가운데 제법 여러 명의 운명이 정해졌다. 안평대군과 김종서, 이현로는 이미 역적의 이름으로 죽음을 맞았고, 정인지, 최항, 신숙주는 수양대군의 공신이 되었다. 남은 이들은 지켜보는 쪽을 택했다. 어쨌든 종사를 위해 모반자를 처단했다는 주장이 단종의 재가를 받은 상황이다. 이렇게 된 이상 그 결정에 토를 달아서는 안 된다. 수양대군의 욕망을 몰랐을 리는 없다. 그렇기에 단종 곁을 지켜야 한다고 생각하지 않았을까. 불안한 마음을 접어둔 채, 큰 물결의 흐름을 지켜보고 있었으리라. 결정의 날이 멀지 않았다.

6장

세조, 피로 얻은 용상에 오르다

극락으로 가는 길 〈관경십육관변상도〉

예상대로다. 시간도 오래 끌지 않았다. 수양대군이 단종의 선위를 받아낸 것은 정변을 일으킨 지 2년도 안 된 1455년 윤 6월 11일. 단종은 나이 열다섯에 상왕이 되었다.

수양대군이 국왕으로 등극하던 그날, 실록은 큰 사건들을 연이어 기록하느라 몹시 분주하다. 계유정난 이후 하루도 편치 못했을 단종이 바로 그날을 잡아 선위를 선언한 것과도 무관치 않다. 모반을 계획했다는 한 무리에 대한 처벌이 있었던 것이다. 관련된 이들의 면면이 만만찮다. 세종의 여섯째 왕자인 금성대군 이유와 단종을 보육한 세종의 후궁 혜빈 양씨. 왕실 안에서 단종을 보호할 만한 마지막 세력에게 모반의 혐의를 씌운 것이다. 이쯤에서 단종도 결심하지 않았을까.

고립무원의
어린 상왕

수양대군은 단종이 선위 의사를 밝힌 날, 한 차례의 의례적인 사양 뒤 곧바로 즉위식을 가졌다. 국왕 자리를 '수락'하는 어조에도 망설임이 없다. 조선 7대 국왕 세조의 즉위다.

> 공경히 생각하건대 우리 태조께서 하늘의 밝은 명을 받으시어 이 대동의 나라를 가지셨고, 열성列聖께서 서로 계승하시며 밝고 평화로운 세월이 거듭되어 왔다. 그런데 주상 전하께서 선업을 이어받으신 이래 불행하게도 국가에 어지러운 일이 많았다. 이에 과인이 선왕과는 한 어머니의 아우이고 또 자그마한 공로가 있었기에, 장군長君인 내가 아니면 이 어렵고 위태로운 상황을 진정시킬 길이 없다고 하여 드디어 대위大位를 주시는지라, 내가 굳게 사양하였으나 허락을 얻지 못하였다. 또 종친과 대신들도 모두 이르기를 종사宗社의 대계로 보아 의리상 사양할 수 없다고 하니, 억지로 여정輿情을 좇아 경태 6년 윤 6월 11일에 근정전에서 즉위하고, 주상을 높여 상왕으로 받들게 되었다. 《세조실록》 1455. 윤 6. 11.

주상이 정치를 제대로 하지 못해 어지러운 일이 많았기에, 이 사태를 해결할 수 있는 적임자가 필요했다고. 그리하여 세조 자신이 그 책임을 맡아 즉위했다는 줄거리다. 드디어 조카를 한쪽 구석으로 치워버렸다. 위아래가 뒤바뀐 숙질 사이, 서열 따지기가 불편하긴 했으나 상왕에 태상왕까지 나란히던 시절도 있었으니 상황 자체가 새삼스럽지는 않다.

하지만 정말 그럴까? 왕보다 어린 상왕이라면 얘기가 복잡해진다. 소년은 오래지 않아 청년이 될 테고, 왕실의 적통에 대한 논란은 언제든 다시 살아날 수 있는 불씨다. 걱정할 만한 상황이 닥치기 전에 세조는 조카의 존재를 지워버리고 싶었을 것이다.

즉위식을 거치고 명나라의 인준까지 얻어내었으니 세조는 명실상부한 조선의 국왕이다. 이제 그에게 반기를 드는 것은 곧 모반이 되어버린다. 그 위험을 무릅쓰고 소년을 도울 이들이 남아 있을까. 이미 왕실 안은 세조가 깨끗이 정리해버린 뒤였다.

집현전이 사라지고,
단종이 죽다

상왕으로 밀려난 단종의 운명은 예상 가능한 것이었다. 후환을 남겨둘 세조가 아니다. 그렇다면 도울 방법은 하나다. 찬탈자를 죽이고 상왕이 제자리를 찾는 것. 어느 배에도 오르지 않은 채 조용히 상황을 지켜보고 있던, 그들이 움직이기 시작했다.

집현전 학사들을 중심으로, 단종에게 충성을 다짐한 이들이 모여 상왕 복위 운동을 계획하게 되었으니 단종에게는 마지막 구원군인 셈이다. 하지만 1456년의 '단종 복위 운동'은 밀고로 인해 거사를 일으키기도 전에 일망타진. 후일 사육신死六臣으로 불리는 박팽년, 성삼문, 이개 등을 포함한 수많은 이가 처형당하고 만다. 역적은 삼족을 멸한다는 말 그대로의 혹독한 처벌로 이어졌다.

세조의 분노는 집현전 혁파로까지 치달았다. 부왕 세종의 꿈이 깃든 곳이었으나 모반자들의 근거지를 자신의 편전 옆에 놓아두고 싶지 않았던 것이다. 분노의 마무리도 준비되어 있었다. 복위 운동이 실패로 끝난 이듬해, 이미 노산군으로 강등되어 유배지 영월로 내쳐진 단종도 결국 죽음을 맞았다. 단종의 모후인 현덕왕후의 능은 파헤쳐졌으며, 단종과 그를 지지했던 여러 왕자들의 이름마저도 종친록에서 삭제되었다.

> 종부시宗簿寺에서 아뢰기를, "노산군 및 이유·이영·이어·이전·정종 등은 그 죄가 종사宗社와 관계되므로 속적屬籍을 마땅히 끊어야 합니다. 청컨대 아울러 자손까지도 종친록宗親錄과 유부록類附錄에서 삭제하소서" 하니, 그대로 따랐다. 《세조실록》 1457. 11. 18.

찬탈한 자리에 대한 부담감 때문이었을까. 단종과 관련된 모든 흔적을 지우고 싶다는 마음이 역력하다. 계유정난부터 단종의 죽음까지, 길고도 참혹한 4년의 시간이었다.

6조 직계제,
강한 국왕의 탄생

이처럼 많은 피를 밟고 왕위에 오른 세조다. 어떤 정치를 펼쳐나갔을까. 무엇보다도 강력한 왕권 확립 의지가 두드러진다. 그가 대외적으로 밝힌 명분과도 어울리는 모습이다. 어린 국왕 때문에 나라가 어지러워졌으니 (물론 세조 자신이 불러온 어지러움이 적지 않다) 이를 바로잡겠다고 나서지 않았던가.

세조 시대 국정 운영의 특징이라면 이미 태종이 정도전을 처단하면서 돌이킨 그 방향을 따르는 것이었다. 6조 직계제, 즉 의정부의 정승을 거치지 않고 6조와 국왕이 직접 국가 현안을 논의하는 체제다. 국왕이 권력을 과하게 행사하는 데 반대가 없지는 않았다. 그러나 반대를 할 때마다 "너는 국왕이 죽었다고 생각하느냐" 하며 강한 압박으로 맞섰으니, 더 이상 누가 그 명을 거역하겠는가.

방향만 잘 잡는다면 국왕의 의지를 정책으로 펼치기에 괜찮은 여건이다. 규모가 큰 사업이라면 더욱 그러할 텐데, 실제로 세조는 전국의 정확한 인구수를 조사하고 호패법을 재시행한다. 국가 규모를 확실히 앎으로써 경제와 국방 정책을 효과적으로 시행하기 위함이었는데 나라의 기틀을 다졌던 태종 시대 국가사업을 떠오르게 하는 부분이다.

도덕적 시비를 안고 출발한 국왕이다 보니 그 정당성을 인정받으려면 나라를 평화롭고 윤택하게 만드는 데 힘을 모아야 했을 터. 실제로 그런 노력을 기울였다. 국방력을 향상하기 위한 군사제도 개선에, 직전법과 상평창을 시행하는 등 경제 분야의 업적도 적지 않았다.

이처럼 강력한 왕권을 바탕으로 뜻하는 정책을 이어나간 국왕이었지만 사람을 쓰는 일만큼은 다소 소심해 보인다. 원칙상 조선의 모든 백성은 국왕의 신민이다. 하지만 세조는 '모든' 신하가 아닌, 공신 집단에 기대어 정치를 펼쳐나갔다. '내 편'인 최측근 몇몇에게 요직을 번갈아 맡기는 식이었다.

달리 생각하면 너무 많은 인재, 즉 훈련받은 엘리트 관료들을 죽여버린 탓도 없지 않다. 시간이 지나면 또 다른 인물들이 자리를 채우겠지만, 당장 그 시대가 풍성하고 다채로운 분위기로 이어지기는 어렵지 않았을까. 한 시대의 문화를 담당했던 집현전만 하더라도 그 역할을 대체할 기구가 없는 상태다. 김시습의 일화를 떠올려보라. 뜻 있는 이들이 조정을 등지고 시대를 한탄했다는 이야기에는 세조와 그의 공신들을 향한 세상의 시선이 담겨 있다.

수많은 죽음, 불안한 마음

세조는 정난공신 이외에도 공신을 두 차례 더 책봉하는데, 일부 공신들을 보자면 이렇게까지 많은 권력이 주어져도 괜찮을까 싶을 정도다. 하지만 자리를 높여 자신에 대한 충성심을 이끌었을 뿐, 온전한 믿음으로 그들을 대하지는 않았던 것 같다.

세조는 의심이 많은 사람이다. 심지어 그가 '나의 위징魏徵'이라 치켜세우던 신숙주, 한명회조차 한낱 소문으로 그 지위가 흔들리기도 했다. 세조 후반기, 북방 지역 정책에 대한 불만으로 '이시애의 난'이 터져 나왔을 때다. 그 반란에 세조의 양팔이라 할 두 이름이 연루되었다. 세조는 어떻게 했을까.

> "근자에 신숙주와 한명회 등이 백관의 장長으로 있으면서 뭇사람의 입에 구실감이 되었다. 비록 반역한 것은 아닐지라도, 반종伴從을 신칙申飭하지 못하고 인군을 배반하였다는 악명을 받아 원근의 의혹을 일으켰으니, 실로 이 모두가 스스로 취한 것이다… 우선 이들을 가두어두는 것이 옳겠다." 《세조실록》 1467. 5. 19.

반역은 아니라 하더라도 의혹을 일으킨 점은 스스로의 행실 문제이니 일단 그들을 가두어두라는 명을 내렸던 것이다. 오보로 밝혀져 두 사람은 곧 사면을 받았지만 그래도 군주의 단호함에 새삼 숨소리를 낮췄을 것이다.

왕의 이력을 시작하기도 전에, 그리고 다시 첫걸음부터 너무 많은 이의 목숨 값을 요구한 세조다. 가장 가까운 공신조차도 믿을 수 없었던, 강력한 왕권을 손에 쥐고도 여전히 불안해 보이는 임금. 이런 사람이 무엇에 마음을 의지하며 살았을까. 내세를 생각하며 위안을 얻었을까. 오히려 근심에 싸였을까. 이런 상황을 보여주듯 그의 수복과 극락왕생을 기원하는 불화 한 점이 전해지고 있다.

국교는 성리학,
왕실은 불교 사랑

성리학을 내세운 조선이었지만 생활 속 종교로는 여전히 불교가 건재했다. 특히 왕실의 불교 사랑이 지극했으니 퇴위 뒤에 전국 사찰을 옮겨 다니던 태조는 물론, 모범 군주 세종조차도 불교와의 깊은 연을 끊지 않았다. 나라에 어려움이 닥치거나 국왕의 옥체가 미편한 때에는 사찰에 기도를 명하고, 그 결과에 따라 상급을 내리는 예도 많았다. 그 가운데서도 세조는 '호불 군주'라 일컬어도 좋을 정도다. 특히 치세 후반기에 이르러 불교에 더욱 의지하는 모습이 두드러진다. 불사에 힘을 기울여 극락왕생을 기원하고자 했음일까.

극락왕생을 꿈꾸는 이들을 위한 불화로는 〈관경십육관변상도觀經十六觀變相圖〉만한 주제도 없을 것 같다. 고려 시대부터 꾸준히 그려졌던 이 주제는 1465년, 왕실 후원으로 제작되기도 했다. 1465년이면 세조 재위 11년, 국왕의 불교 후원이 절정에 이르러 도성 안에 사찰을 세우고 탑을 조성하며 그 낙성 행사까지 성대하게 치르던 시기다.

> 원각사圓覺寺가 낙성되었다. 경찬회慶讚會를 베푸니 부회讚會한 중승이 1백 28이고, 어정구결御定口訣하고 번역한 《원각수다라료의경圓覺修多羅了義經》을 펴 보고, 외호外護의 중 2만을 먹이었다. 이날 원각사圓覺寺에 나아갔다.
> 《세조실록》1465. 4. 7.

어명으로 진행된 행사인 만큼 그 위용이 대단했다. 이 사찰의 건립과 낙성 행사를 총괄한 책임자는 바로 효령대군. 태종의 둘째 아들이니 세조에게는 집안의 어른이 된다. 불심이 깊었던 효령대군은 전국의 불사를 후원했음은 물론 스스로 법회를 열고 각종 신이한 체험을 세조에게 전하는 등, 여느 승려 못잖은 활동을 보여준 인물이다. 그리고 바로 그가 제1발원자로 이름을 올린 불화가 이 해에 제작된 〈관경십육관변상도〉다.

〈관경십육관변상도〉에
담긴 이야기

이 그림은 《관무량수경觀無量壽經》의 내용을 담고 있다. 그 이야기인즉. 인도 마가다국의 왕비 위데휘는 아들 아사세태자의 반란으로 남편인 국왕과 함께 유폐된 상태다. 고통스러운 삶을 견뎌야 하는 왕비에게 부처가 불국정토의 여러 모습을 보여주자 그녀는 아미타불의 불국정토에 왕생

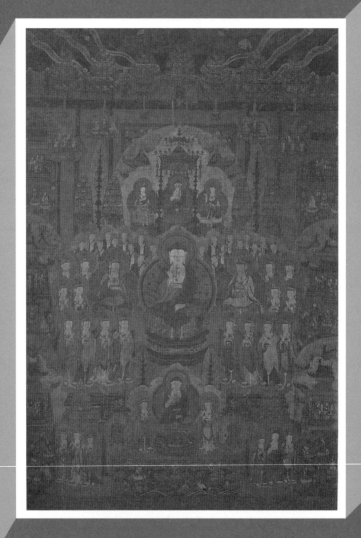

〈관경십육관변상도觀經十六觀變相圖〉

하기를 기원한다. 이에 부처는 극락의 열여섯 가지 광경을 떠올리며 마음을 수행하는 '십육관법十六觀法'을 가르치게 된다는 내용이다.

종교적 목적으로 제작된 불화인 만큼 주제를 잘 살려 담아내는 것이 무엇보다 중요하다. 제목 그대로, 16장면을 화면 위쪽에서부터 차근차근 그려 넣고 있다. 화면 위쪽 가운데, 서쪽으로 지는 해를 보면서 극락을 떠올리는 제1관인 일상관日想觀을 시작으로 그 아랫단에는 제2관인 수상관水想觀과 제3관인 보지관寶池觀을 순서대로 배치했다.

화면 한가운데를 차지한 장면은 제9관인 진신관眞身觀으로 아미타불의 참모습을 표현한 것이다. 그림 가장 아래쪽에 그려진 14, 15, 16관은 지상의 존재들이 왕생하는 모습이다. 각기 그 쌓은 공덕에 따라 상배관上輩觀, 중배관中輩觀, 하배관下輩觀으로 나뉘는데, 큰 공덕을 쌓은 이들은 물론 죄를 지은 이들까지도 왕생의 대열에서 배척되지 않음을 보여주고 있다.

이 불화의 발원자로 참여한 인물은 효령대군 외에도 월산대군(세조의 첫째 손자), 영응대군(세조의 막냇동생)의 부인 송씨 등이었다. 왕실 불화다운 기품을 잘 살린 작품이라 하겠는데, 그림을 그린 이도 여느 화승이 아니라 도화서의 이름 있는 화원 이맹근이다. 그림 아랫부분에 제작 배경을 담은 화기가 보인다.

삼가 듣건대 염불에 임하고 중생을 제도함에 있어 대성大聖의 원만한 원칙을 존칭으로 염불하는 사람과 선도善導의 구품九品을 그림으로 조성하는 사람은 천 가지 재앙을 문득 멸하게 된다고 합니다… 엎드려 원하건대 삼전하三殿下와 아울러 우리 선군先君 및 여러 단월檀越, 원근의 척속戚屬으로부터 사생육원四生六願, 법계고혼法界孤魂에 이르기까지 삼도三塗에서 문득 벗어나 상품上品에 접인接引되며, 자모慈母와 단월이 공경되이 뵈옵고 들어, 귀의하여 수복壽福을 함께 더하고 모두 극락에 오르기를 원합니다.

후원자들이 이 주제를 택한 까닭 또한 극락왕생을 빌기 위해서였다. 특히 '삼전하三殿下(국왕, 왕비, 세자)'를 비롯한 이들의 수복을 빈다고 했으니, 세조의 무병장수와 극락왕생이 불화 제작의 가장 큰 목적이었던 것이다. 국가사업으로 불사를 행했던 시기, 왕실 구성원들의 발원으로 제작된 그림으로서 그 의미가 여간치 않다.

자신이 처한 지옥 같은 상황에서 마음의 눈으로 극락의 황홀경을 떠올리며 수행하는 위데휘 왕비의 간절함. 마지막에 이르러 극락으로 인도되는 장면까지 갖추고 있으니 불화 앞에 두 손 모은 이들에게 이보다 더한 위안도 없었으리라.

하지만 또 재미나지 않은가. 이야기의 주인공은 왕위 다툼으로 폐위된 처지다. 그 상황 자체가 지옥이었던 것이다. 세조로 보자면 그 자신이 왕위를 찬탈하고 다른 이들을 지옥으로 내몬 인물이다. 묘한 기분이 아니었을까 싶지만 그 자신은 그렇지 않았던가 보다. 아무리 큰 죄를 지은 자라도 부처의 영접을 받으며 극락으로 들어갈 수 있다는, 그 대목을 마음에 두었을까.

세조,
극락왕생을 염원하며

더하여 흥미로운 점은 성리학 국가 조선의 국왕이 이처럼 대놓고 불교 행사를 주관하는 데 아무도 반대하지 않았다는 것(성군으로 칭송받던 세종에게도, 그의 호불 취향에 대해서만큼은 격한 상소를 올리던 신하들이다). 세조의 성정을 잘 알고 있던 까닭이다. 한마디 말 때문에 목숨을 내놓아야 했던, 자신의 동료들을 이미 보아오지 않았던가.

감히 그 앞에서 부처를 섬기는 일의 잘못을 논할 수는 없다. 없다 뿐인가. 국왕과 함께 그 사업에 적극 동참하는 모습을 보이기까지 한다. 국가의 통치 이념과 개인의 종교가 꼭 같아야 할 필요는 없지 않겠느냐는 마음일까. 스스로 유자儒者여야 했던 조선의 여느 국왕과는 달리, 세조는 자신을 그 이름에 묶어두지 않았다. 행적 또한 다음 세대 유자들에게 비난을 받기에 충분했으나 이 또한 크게 염두에 두지 않았는지도 모른다. 어쨌든 지존의 자리에서 최고의 권력을 누려보았으니, 불사로 공덕을 쌓아 극락왕생을 꿈꾸고 있었으니, 유자들의 자잘한 비난쯤이야. 아직 조선은 성리학에 모든 것을 기대는 나라는 아니었던 것이다.

세조에게 마지막 날이 왔다. 재위 14년이 지난 1468년, 둘째 아들인 세자에게 왕위를 전해준 다음 날 눈을 감았다. 보령 52세. 그가 극락왕생의 소원을 이루었는지는 알 수 없으나, 〈관경십육관변상도〉가 기원했던 '수복'을 얻지 못했음은 확실하다.

세조는 덕담으로라도 아들 복이 있다고 말하기는 어렵다. 그의 두 아들 가운데 첫째가 의경세자. 세조의 정변으로 세자에 책봉되고 세자빈 한씨와의 사이에 아들 둘을 얻은 것까지는 좋았는데 그만 1457년, 나이 스물에 요절하고 만다. 이런 경우 다음 세자 자리는 누구에게 돌아갈까. 의경세자의 첫째 아들인 네 살짜리 원손에게 이어질 수도 있고, 세조의 둘째 아들인 여덟 살 해양대군에게 이어질 수도 있다. 세조는 자신의 둘째 아들을 세자로 책봉한다. 그리고 이 세자가 세조의 뒤를 이어 즉위하였으니 조선 8대 국왕 예종이다.

하지만 예종이야말로 수복이 없었다. 즉위한 지 1년 뒤, 겨우 스무 살 나이로 부왕의 뒤를 따랐으니까. 국왕으로서의 업적이랄 것도 없었다. 세간에서는 세조의 두 아들 모두 요절한 것을 두고 그 죄에 따른 업보라고도 했다. 불사를 후원하던 그 공으로도, 차마 지친至親을 살해한 죄는 덮을 수 없었던 걸까.

1년 사이에 다시 국상을 치르게 되었다. 그보다도 심각한 문제는 누가 예종의 뒤를 잇느냐는 것. 물론 예종에게 원자元子가 있기는 했다. 하지만 아무리 섭정이 가능한 왕조 시대라 해도 네 살짜리 어린아이, 즉위식을 치르기도 어려운 나이였다. 유일한 선택지라면 모를까 대안이 있다면야. 세조비 정희왕후와 공신들은 다른 방법을 찾기로 했다. 명분보다는 실리에 가까운 선택이었다.

다시 어린 국왕의 시대가 시작되었다. 짊어질 짐이 가볍지는 않았다. 세조의 정변으로 이어진 왕위이니 그 피에 대한 책임도 함께 지고 가야 했다. 비극은 또 다른 비극의 씨앗으로 살아남게 마련이다. 험난해 보이는 이 길을, 어린 국왕은 어떻게 받아들였을까.

7장

성종, 다시 성군의 시대를 꿈꾸다

조선 통치의 기준 《경국대전》의 완성 〈명군현비병〉

의외의 호명이었다. 명분이나 서열로 따지자면 요절한 의경세자의 둘째 아들이 조선 9대 국왕 자리에 오를 확률은 매우 낮았다. 세조의 적손嫡孫 셋 가운데 순서로 보아 가장 밀리는 자리다. 어떻게 보위에 올랐을까. 선택은 대비로서 왕실을 대표하는 정희왕후의 몫. 왕위 계승을 알리는 정희왕후의 교서는 이러하다.

대위大位는 잠시도 비워둘 수 없는데, 사왕의 아들은 바야흐로 포대기 속에 있고 또 본디부터 병에 걸려 있으며, 세조의 적손으로는 다만 의경세자의 아들 두 사람이 있다. 월산군 이정은 어릴 때부터 병이 많고, 그 동모제 자산군 이혈은 재질이 준수하여 숙성하였으므로, 세조께서 매양 자질과 도량이 보통 사람보다 특별히 뛰어났음을 칭찬하면서 우리 태조에게 견주기까지 하였다… 이에 이혈을 명하여 왕위를 계승하도록 한다. 《성종실록》 1469. 11. 28.

세 후보를 하나씩 보자. 1순위인 예종의 원자는 '포대기에 싸인' 어린 아이였던 까닭에 왕위 계승에서 배제되었다. 다음은 요절한 의경세자의 큰아들 월산군. 세조에게는 장손이 되는 데다 나이도 이미 성년에 이른 열여섯 살이었으나 건강이 좋지 못하다는 이유로 후보에서 탈락했다(그렇지만 월산군은 동생 즉위 후로도 20년을 더 살았다). 결국 열세 살 자산군이 왕위를 잇게 된다. 자질이 빼어나 세조의 칭찬을 받았다는 것이 주요 명분이었다.

원상院相들의 협조를 얻기에 좋은, 상황을 두루 고려한 선택이었다. 무엇보다도 자산군의 장인은 당대의 실세 한명회다. 외가인 수빈 한씨(후일의 인수대비) 집안도 세력 있는 명문가였으니 공신들을 배경으로 두를 수 있다는 이야기다. 어차피 적장자의 명분은 세조 자신이 깨어버린 뒤였다. 정희왕후 입장에서는 서열이 아니라, 왕권을 지켜나가기에 가장 적합한 손자를 선택하지 않았을까. 자산군은 왕실과 공신의 원만한 합의가 가능한 후보였던 것이다.

느닷없는 등극이었지만 어차피 성년이 될 때까지는 할머니와 여러 원상들이 정국을 이끌어갈 예정이었으므로 어린 국왕은 제왕 수업에만 전념하면 그만이다. 그를 보좌한 원상들은 세조 시대부터 조정의 권력을 틀어쥔 공신들이다. 열아홉에 왕위에 올라 1년 뒤 승하한 예종, 그리고 나이 열셋에 그 자리를 이어받은 성종 초기까지 공신들의 세력은 절정에 달했다. 물론 정희왕후의 수렴청정이 있었으나 조선이라는 사회에서 여성이 정치 전면에 나서기는 어려운 일이다.

〈명군현비병〉,
명군을 본받고 암군을 경계하리

첩첩 쌓인 공신들 사이에서 경력을 시작한 성종. 드디어 재위 8년째인 1476년, 정희왕후의 수렴청정이 끝나고 친정이 시작되었다. 자신의 의지를 천명하기 좋은 이때, 성종은 그림 병풍을 제작하라는 명을 내렸다. 그림 주제까지 직접 골라주면서 말이다.

조선 국왕 가운데는 그림을 좋아한 이가 많았다. 직접 그림을 그리기까지 한 세종이나 문종도 그렇고, 이후로도 선조와 인조, 정조 등이 서화에 관심이 많았다. 그렇지만 업무에 소홀한 채 취미 생활에 기울어진다면 당장 신하들의 질책이 쏟아지게 마련이다. 사치와 방탕으로 이어지면 큰일이다 싶었을까. 군주의 완상玩賞 취미는 무엇보다도 경계해야 할 대상으로 여겨졌다. 이런 분위기를 모를 만큼 어리석은 성종이 아니다. 그런데도 친정 첫해에 그림 제작을 명했다면?

> 현명賢明한 임금과, 앞서는 현명했다가 암군暗君이 된 이와, 현비賢妃의 사적事跡을 세 개의 병풍에 그려서 문신으로 하여금 제목을 나누어 시를 짓게 하고, 또 장령 박효원·응교 유순·진사 성담수에게 명하여 사적과 시를 그 위에 쓰도록 했다. 《성종실록》 1476. 10. 21.

이런 그림이었던 것이다. 병풍 세 개는 주제에 따라 〈명군병明君屛〉·〈선명후암군병先明後暗君屛〉·〈현비병賢妃屛〉. 명군을 그리는 뜻은 명백하니, 첫 출발부터 잘 해보겠다는 마음의 표현이다. 현명한 통치를 했으나 이를 끝까지 지키지 못한 선명후암군을 그리며 스스로를 경계했다는 점도 점수를 딸 만한 선택이었다. 또한 제왕의 다스림은 후비后妃에게 기대는 바가 큰 만큼, 현명한 후비들의 행적도 함께 그리게 했다.

이어지는 실록 기사에는 그림 주인공으로 선정된 인물들도 구체적으로 밝히고 있다. 〈명군병〉에는 신농神農, 제요帝堯, 제순帝舜 같은 신화 속 인물부터 주문왕, 한문제 등 열 명이 등장한다. 〈선명후암군병〉에는 오부차, 당현종처럼 결말이 좋지 못했던 제왕들 다섯 명이, 〈현비병〉에는 주문왕의 비인 사씨, 한성제의 후궁인 반첩여 등 열 명이 이름을 올렸다.

그림만이 아니다. 신하들에게 이 내용으로 시를 지어 주인공들의 사적과 함께 병풍 위에 써넣도록 했으니, 혼자 즐기는 취미 생활을 훌쩍 벗어난 규모다. 나는 이런 임금이 되도록 노력할 테니 그대들도 잘 도와야 한다는 군신 간의 다짐이랄까. 그림 형식도 그렇다. 병풍으로 만든다는 것은 실용적 공간에서 사용하겠다는, 다시 말해 가까이 둘러두고 보겠다는 의미를 담고 있다.

오래된 공신들과의
결별

이렇게 친정 첫해의 포부를 알렸다. 명군으로 가는 길 위에서 가장 먼저 하고픈 일은 무엇이었을까. 먼저, 판을 새롭게 짜고 싶지 않았을까. 공신들로부터 국왕의 위엄을 찾아와야 했다. 당장 성종의 친정을 반대하던 한명회의 발언이 이런 수준이었을 정도다. 수렴청정을 거두고 정사를 성종에게 돌려주겠다는 정희왕후의 교지 앞에서, '지금 정사를 사피辭避하신다면 이는 동방의 창생을 버리는 것'이라는 과도한 언사로(그렇다면 성종의 정사는 동방의 창생을 구제하지 못한다는 뜻이 된다. 군주모독죄로 읽힐 만한 표현이다) 정희왕후를 만류하고 있다.

한명회의 딸인 성종비 공혜왕후는 이미 1474년, 자녀도 없이 세상을 떠났기에 한명회로서는 성종보다는 동년배인 정희왕후의 권력이 더 든든하게 느껴졌을지도 모른다. 아무리 그렇다 해도, 시간은 결국 젊은 국왕의 편이라는 사실을 이 영악한 권신이 깨닫지 못했던 걸까. 성종은 더욱 결심을 굳혔을 것이다.

여러 대에 걸쳐 임금을 모셔온 그 공신들과는 결별할 때가 되었다. 훈구대신勳舊大臣이라는 말 그대로, 새 시대를 열겠다는 성종 자신과는 어울리지 않는 조합이다. 어떻게 되었을까. 명군을 본받아 암군으로 굴러떨어지지 않도록 노력하겠다는 성종에게, 더 나은 나라를 만드는 데 힘을 보태줄 새로운 이들이 등장했을까.

성종에게 새로운 사람이 필요했던 것은 조부 시대 공신 세력이 불편해서만은 아니었다. 친정을 시작한 마당에 제대로 일을 해낼 만한 인물이 간절했던 까닭이다. 학사들을 몰살한 뒤 집현전 자체를 혁파해버린 조부 때문이다. 그나마 공신 가운데 학식을 갖춘 신숙주, 최항, 서거정 등이 남은 것이 다행이었다. 그래도 부족하지 않은가. 젊은 국왕에게는 문치의 꿈이 있었다. 공신이 아닌, 선비라 불러도 좋을 사람들이 필요했던 것이다.

심원이 상서上書하였다… 신이 듣건대 사람들이 모두 말하기를, '우리나라는 땅이 좁아서 반드시 유현遺賢이 없을 것이다. 만일 있다면 어찌 알지 못하겠는가?'라고 하나, 신은 홀로 그렇지 아니하다고 생각합니다… 오직 좌우에게 구하기를 독실히 아니하고 쓰기를 오로지 아니하는 데에 있을 뿐입니다. 신

2부 **수성** 체제를 완성하고 사화로 얼룩지다

이 듣고 보아 기억하는 자도 오히려 두서넛이 있으니, 함양현에 사는 정여창, 태인현에 사는 정극인, 은진현에 사는 강응정이라고 하는데, 모두 성현聖賢의 무리입니다. 《성종실록》 1478. 4. 8.

세조 시대의 훈신 대신 '성현의 무리'를 등용해야 한다는 이심원의 상소다. 그 무리의 남다른 경쟁력은 바로 '학문'. 과거제로 입신하는 조선에서 관료들에게 학문이 요구되었음은 당연해 보이지만 시험공부가 학문의 전부는 아니지 않은가. 게다가 모두가 과거시험을 거쳐 출사하지도 않았다. 조선 초기의 수많은 공신과 그 자제들에겐 무시험 등용의 특혜가 주어졌다. 이런 상황에서 빼어난 학행이 등용의 이유로 고려되었으니 파격이라면 파격이었다. 성리학을 학문으로, 그리고 삶의 태도로 진지하게 받아들여 그 탐구에 몰두했던 새로운 유형의 지식인들이 등장한 것이다. 이들을 대표할 만한 인물 대부분이 김종직의 제자라는 점도 두드러진다. '공신혈맹'과는 다른, '학맥'이라는 유대 관계로 뭉치게 되었다고나 할까.

소릉 복위 상소,
과거를 묻다

성종이 무엇보다 먼저 그들에게 기대했던 것은 학풍의 진작과 정론正論으로서의 역할이었다. 언관의 역할이 무엇인가. 제아무리 높은 자리의 재상일지라도 그들의 입을 막을 수는 없다. 직언하는 신하들을 키우고 그들의 말에 귀 기울여야 한다. 역사가 전하는바, 폭군 곁에는 간신이 함께하기 마련이다. 성군이 되기 위해, 젊은 국왕은 언로를 열어 듣는 것에서 시작하기로 했다.

　이런 친정 초기의 분위기를 단적으로 보여주는 사건이 바로 그 유명한 '소릉 복위 상소'를 둘러싼 논쟁이다. 구언求言에 응한 소였는데, 정치 전반에 걸친 사안들을 조목조목 나열한 뒤 마지막 항목에서 소릉 복위 문제를 꺼내든 것이다.

　나라에 재이災異가 있을 때면 국왕들은 자신의 몸을 낮추며 그 대책을 묻곤 했다. 관료뿐 아니라 모든 백성이 답할 수 있었으며 비록 과한 상소라 해도 처벌하지 않는 것이 관례다. 소릉은 단종의 모후인 현덕왕후의 능이다. 단종이 사사되고 그 모후마저 폐서인이 된 뒤 능의 지위를 잃고 혁파되었으니, 이를 거론하는 일조차 금기시되던 때였다.

　그 하나는, 소릉昭陵을 추복追復하는 것입니다… 남은 화禍가 소릉에 미쳐서 20여 년 동안 폐함을 당하여 원혼이 의지할 바가 없을 것이니, 신이 모르기는 하나, 하늘에 계시는 문종文宗의 영이 홀로 제사받기를 즐거워하시겠습니까?… 사람의 마음과 사람의 기운에 순응하지 않는 것은 바로 하늘의 마음과 하늘의 기운에 순응하지 않는 것이니, 하늘의 마음과 하늘의 기운에 순응하지 아니하는 것이 재이를 내리게 하는 소이입니다. 신의 어리석고 망령된 생각으로는, 소릉을 폐한 것은 사람의 마음에 순응치 아니한 것이니, 이는 하늘의 마음에도 순응치 않은 것임을 알 수 있습니다. 《성종실록》 1478. 4. 15.

　상소를 올린 남효온 또한 김종직의 제자로 동문들과 함께 바른 학문의 길을 걷자, 뜻을 모은 이였다. 아직 벼슬길에 나서지 않은 새파란 20대의 유학幼學 신분이었으나 그 문장만큼은 당당하다. 세조의 정변 자체를 대놓고 비난하지는 않았지만 소릉 복위 문제는 결국 왕위 찬탈 시비로 이어질 수밖에 없다. 하늘이 재이를 내린 까닭이 소릉을 폐하여 하늘의 뜻에 순응치 않았기 때문이라고 했으니 참으로 대담한 발언이다.

생각해보자. 성종 친정 초기인 현재까지도 세조 정변에 힘을 보탠 공신들의 세력이 살아 있었다. 특히 한명회를 비롯한 이른바 훈구로 불리는 집단이 최고 권력으로 버티고 있는 상황에서 그 당시 사건을 끄집어낸다는 것 자체가 작은 일이 아니었다.

정말 하늘의 재이가 소릉 혁파 때문이라 생각하는지, 남효온을 비롯한 신진들의 믿음은 중요하지 않다. 그들이 제기한 문제는 인간으로서의 도리를 묻는 것이자, 잘못된 역사를 바로잡아야 한다는 지식인으로서의 책무를 환기한 것이기도 했다. 더하여 가장 하고픈 이야기는 이것이었으리라. 공신이자 훈구인 그대들은, 그때 그 자리에서 무얼 했느냐고.

젊은 사림과 함께한
새로운 활력의 시대

책임을 물어온 쪽은 과거의 사건과 무관한, 다시 말해 역사에 전혀 빚이 없는 새로운 세대다. 이 문제 제기는 여전히 조정을 지키고 있는 훈구 세력을 향한 것이기도 했다. 그 대가로 지금의 부귀를 누리고 있지 않느냐고. 앞서 이심원이 올린 상소와도 맥을 같이하는 것이었다. 성종으로서는 훈구 대신들에 맞설 젊은 사림을 키우자는 마음이 컸을 텐데 바로 그들이 조부의 일을 들추고 나섰다. 어떻게 했을까.

아직은 받아들일 수 없었다. 이에 소릉 문제를 다시 의논함은 부당하다는 뜻을 밝혔다. 그렇다고 남효온을 벌하지도 않았다. 한명회를 필두로

서거정, 임사홍 등이 '감히 신하로서 논할 수 없는 일을 논한' 그 죄를 물어야 한다며 소리를 높이는 중이었다. 하지만 성종은 구언의 명령에 대한 답이니 받아들이진 못하더라도 처벌할 수도 없다고 했다. 손자의 입장에서 조부의 치부를 인정할 수는 없지만 젊은 선비들의 기개를 꺾고 싶지도 않다는 뜻이다.

학문을 익힌 군주로서의 자존심 문제이기도 했다. '전하께서 간諫하는 말에 따르고 어기지 아니하시니' 아무 말이나 하는 자가 많아졌다는 도승지 임사홍의 푸념처럼, 성종은 간언을 너그럽게 들어주는 임금이었다. 남효온의 상소가 혼자만의 목소리가 아님을 성종도 잘 알고 있었다. 임사홍의 근심처럼 이미 '하나의 무리'를 형성하고 있었으니, 비슷한 시기에 올린 성균관 유생 김굉필의 상소에서도 남효온의 어조가 그대로 느껴진다. 사학으로 배척해야 할 불교 앞에 흐지부지한 태도를 보이며 신하들의 청을 들어주지 않는 '성리학 군주' 성종에게 큰 실망감을 표한 상소다.

> 전하께서 이미 유생의 말을 듣지 않으시고 또 대간의 말을 받아들이지 않으시고 또 삼공의 청을 윤허하지 않으셨으니, 누구를 따라서 과실을 들으시며, 누구를 따라서 사정邪正을 통촉하시겠습니까? 《성종실록》 1480. 6. 16.

이런 소리들이 생생히 살아 군주 앞에 닿을 수 있다는 사실, 그것이 바로 성종 시대가 가진 활력이기도 했다. 성종은 조부의 잘못에 대해 인정할 것은 (마음속으로) 인정하고, 앞을 보고 걷기로 했다. 3순위 후보를 낙점한 정희왕후의 판단은 나쁘지 않았다. 조선은 바야흐로 건국 100년을 눈앞에 두고 있었다. 나이에 어울리는 옷을 입어야 할 때였다.

조선 통치의 기본을 갖춘
성종의 업적

친정의 출발과 함께 명군의 사적을 그림으로 제작하여 그 뜻을 따르겠다고 결심했던 성종이다. 어땠을까. 성종成宗이라는 묘호가 보여주듯, 그는 자신의 임무를 성실히 수행한 것으로 평가받는다.

먼저, 정치 구도의 안정을 가져왔다. 공신 세력이라는 비정상적인 권력 체계를 대신할 새로운 관계를 모색하여 신구의 조화를 이루었다. 국왕과 재상, 삼사三司의 언관으로 이루어진 정립鼎立 체계를 확립함으로써 정치 구도가 비로소 균형을 잡게 된다.

물론 조선 초기에도 언관은 활동하고 있었으나 성종 시대에 이르러 하나의 세력으로 부상했다. 조선이 군주제 국가임을 감안하자면 이러한 정립 구도는 상당히 합리적인 정치 체제라 할 만하다.

성종의 행보를 보자면 세종의 문치를 재현하겠다는 의지가 강하게 느껴진다. 세종 시대에 도모했던 체계를 시대에 어울리게 다듬어 세상에 내놓았던 것이다. 조선 통치의 지침을 마련한 임금이라 말해도 좋겠다.

이를테면 이런 식이다. 종합 법전인 《경국대전經國大典》을 완성했으며 백성이 읽기 쉽도록 언해를 덧붙인 《언해 삼강행실도》를 간행했고, 지리지인 《동국여지승람東國輿地勝覽》을 편찬했다. 모두가 세종 대에 기초를 잡아둔 사업들이었다. 특히 《경국대전》 완성은 무엇보다도 의미 있는 업적이다. 이후 400년 넘도록 '국법'의 지위를 지니게 될 종합 법전이 이 시대부터 시행되었다. 앞서의 〈명군현비병〉만 해도 세종 시대 제작된 《명황계감明皇誡鑑》의 뜻과 맞아떨어진다. 감계화鑑誡畵의 전통을 이은 것이다.

이처럼 서책과 그림의 효용에 대해 잘 알고 있는 임금이었는데 아쉽게도 이 병풍화가 남아 있질 않다. 어떤 모습이었을까. 감계의 목적으로 명군이나 현비를 그리는 전통은 중국에서 비롯되었으니 그림 또한 중국의 영향을 받았을 것이다. 인기 있는 인물은 특정한 도상圖像으로 그려지게 되는 만큼 양식이 어느 정도 정해져 있게 마련이다. 그림을 보면, 이 장면은 아무개의 여차여차한 이야기를 그린 것이로군, 하면서 알아볼 수 있어야 한다는 말이다. 이것이 이 장르의 제작 목적이니까.

〈한화제황후등씨漢和帝皇后鄧氏〉,《현후실적도賢后實跡圖》중

2부 **수성** 체제를 완성하고 사화로 얼룩지다

성군의 그림자,
숨기고 싶은 비극 하나

성종의 병풍 그림은 현재 전해지지 않지만 이런 정도 아니었을까. 〈한화제황후등씨漢和帝皇后鄧氏〉는 등황후가 값진 공물을 모두 물리고 오직 지묵紙墨만을 받았다는 고사를 묘사한 그림이다. 제작 연대와 화가가 알려져 있지는 않으나 비슷한 도상의 다른 작품이 남아 있는 것을 보면, 중국과 조선에서 유행하던 명군, 현비 고사도의 분위기를 짐작할 만하다.

병풍 제작 기사와 겹쳐보자면 성종은 국왕 노릇을 제법 열심히 해낸 임금이다. 명군을 따르고자 했을 것이고 암군들의 사적 앞에선 스스로 경계하는 마음도 없지 않았으리라. 하지만 현비를 얻지 못했다. 아니, 아름다운 고사를 남긴 현비가 어인 말인가. 너무 평범해서 왕후의 행적이 잘 알려지지 않았다면 차라리 좋았을 뻔했다. 누구를 탓할 일도 아닌 것이, 이렇게 되어버린 데는 성종 자신의 책임이 가장 컸다.

성종에게는 세 명의 왕후가 있었고 그 가운데 둘이 왕후의 시호를 받았다. 첫 비인 공혜왕후 한씨는 자녀 없이 이른 나이에 요절했고, 이어 왕후에 책봉된 이가 윤씨. 폐비 윤씨로 알려진 그 인물이다. 원자를 낳았으나 투기죄로 궁에서 폐출된 뒤, 결국 사사되어 시호도 받지 못했다.

왕후 사사는 조선에서는 초유의 사건이었는데 더 큰 문제는 폐비의 아들을 세자로 책봉했다는 것. 성종은 역사에서 교훈을 얻지 못했음일까(사돈을 역모로 몰아 죽인 태종 같은 인물도 그 죄인의 딸인 세종비 소헌왕후만은 폐하지 않았다. 후일 그 아들이 보위에 올랐을 때를 생각한 조처다). 폐비의 뒤를 이어 책봉된 이가 정현왕후 윤씨로, 어린 세자는 정현왕후를 친모로 알고 자랐다고 한다.

그리고 1494년. 보령 서른여덟의 성종이 승하했다. 실록은 그를 이렇게 기억하고 있다.

> 문무를 아울러 쓰고 내외를 함께 다스리니, 남북이 빈복賓服하고 사경四境이 안도하여 백성들이 생업을 편안히 여긴 지 26년이 되었다. 성덕聖德과 지치至治는 비록 삼대三代의 성왕聖王이라도 더할 수 없었다.《성종실록》1494. 12. 24.

폭군이 아닌 다음에야 상찬이 따르게 마련이지만 이런 정도라면 그 존숭이 남다르긴 하다. 성덕과 지치가 삼대의 성왕에 비견되기까지 했다. 기록을 그대로 받아들이지 않더라도 성종은 중간 정리를 비교적 성공적으로 완수한 임금이었다. 세자에게는 공들여 발탁한 학자들과 정비된 법체계, 공신들에게 휘둘리지 않아도 좋을 정치 환경을 물려주었으니 이런 식으로 다음 세기를 준비하면 될 만한 시절이었다.

하지만 그 괜찮은 유산 목록 끄트머리에 숨기고 싶은 비극이 하나 끼어들어 있었다. 그리고 꼭 좋은 것 다 제쳐두고 이런 대목에만 집중하는 사람이 있게 마련인데 하필이면 성종의 맏아들이 그랬다. 여느 필부였다면 저 혼자만의 문제로 그쳤겠지만 이제 그의 문제가 곧 조선의 문제다. 명군과 암군 사이에서 그는 어떤 길로 들어서게 될까. 폐비의 아들이 보위에 오르던 날, 조선은 숨죽이며 다음 장면을 기다려야 했다.

8장

연산군, 실록이 증언한 최악의 국왕

선비의 화를 기억하라 〈화개현구장도〉

성군으로 추앙받던 성종의 아들이 아닌가. 비록 학업에 열중하지 않아 주변의 애를 태웠고 모계 쪽 사연이 근심이긴 했으나, 그래도. 신하들은 애써 우려를 떨쳐내며 새 임금에게 충성을 다짐했을 것이다. 어찌 때마다 성군을 얻겠는가. 보통만 되어도 괜찮겠다는 생각도 없지 않았으리라.

선왕의 유산은 충분했고 그 뜻만 무리 없이 이어나가면 될 것 같아 보였다. 세자의 나이 열아홉. 젊다 싶지만 통치가 불가능할 정도로 어리지는 않다. 게다가 정치력이 만만치 않은 인수대비가 조모로서 버텨주고 있으니 뒷배도 든든했다. 이처럼 성종의 세자는 제법 안정된 정국에서 보위에 올랐다. 조선 10대 국왕 연산군의 즉위다.

내가 생각하건대, 우리 대행 대왕께서 총명하고 슬기로운 자질로서 조종의 간대艱大한 업을 이어받으시어, 일찍 일어나고 수라를 늦게 잡수시며 정신을 가다듬어 정치에 애쓰신 것이 26년이었도다. 문교文教가 융성하고 무공武功

이 빛났도다… 아아! 조종께서 나에게 나라를 맡기시매 깊은 못에 다가서고 얇은 얼음을 건너는 듯하여 어찌할 바를 모르노니, 바라건대 신하들의 보좌에 힘입어 길이 태평한 정치를 이룩하리로다.《연산군일기》 1494. 12. 29.

여느 국왕의 교서와 다름없다. 부왕의 뜻을 이어받아 태평한 정치를 이룩하겠다는 다짐이다. 하지만 다짐은 오래가지 않았다. 그저 부왕에 미치지 못하는 평범한 임금으로 끝난 것도 아니다.《조선왕조실록》에 기록된 27인의 국왕 가운데 이토록 모든 사관이 일심으로 그 폭정을 비난한 임금도 없다. 그러고 보니 즉위 교서가 실린 책의 이름이 다르지 않은가. 실록이 아니라 일기라니?

실록,
제왕의 기록

실록은 제왕의 치세를 적은 기록이다. 조선 10대 국왕으로 등극한 이 임금은 선대 임금들과 달리 조祖, 종宗의 묘호가 아니라 연산군으로 불리게 되니,《태조실록》부터《성종실록》까지 이어지던 조선왕조실록도 10대 임금에게는 실록이라는 명칭을 허락하지 않는다. 이름하여《연산군일기》. 제왕으로 인정하지 않겠다는 뜻이다.

앞선 국왕 가운데 단종의 경우도 그렇기는 했다. 노산군으로 강등되어 그의 실록도《노산군일기》로 불렸었다. 이후, 죄가 없다는 '판정'에 따라 1698년 단종이라는 묘호로 추존된 뒤《노산군일기》또한《단종실록》으로 제목이 바뀌었다. 연산군은 조선 왕조가 끝날 때까지 사면받지 못했다. 폐위된 폭군에게 묘호가 가당키나 한 일인가. 그의 묘 또한 능이 아닌 연산군묘. 세자의 묘를 일컫는 원園에도 미치지 못하는 대접이다.

《연산군일기》는 실록으로 남지 못했건만 그의 일기가 기록한 폭정의 시작이 바로 '실록' 편찬을 위한 사초史草 문제였으니 엇갈린 운명이 묘하다 싶다.

발단은 김일손의 사초였다. 연산군이 미리 알고 벌인 일은 아니었는데 역사 속 많은 사건이 그렇지 않던가. 1498년의 무오사화戊午士禍도 개인의 어긋난 감정에서 튕겨 나간 불씨가 온 산으로 번진 경우다.

실록청 당상관인 이극돈은 자신의 비리를 지적한 김일손에게 악감정이 있던 터에, 마침 김일손의 사초에서 김종직이 쓴 〈조의제문弔義帝文〉을 발견하게 된다. 의제의 억울한 죽음을 단종에 비유하여 세조의 왕위 찬탈을 비판한 글이 아니겠느냐며, 역시 김종직에게 앙심을 품고 있던 유자광을 통해 연산군에게 알리게 된 것이다. 당연히 연산군은 사초를 보자고 했다. 직필을 위협받을 수 있기에 사관 이외에 누구도 사초를 볼 수 없다는 관례를 깨고, 이극돈은 김일손과 '그 무리'의 사초를 발췌하여 연산군에게 올린다. 그 무리란 바로 김종직의 제자들. 어떻게 되었을까.

간신 김종직이 화심禍心을 내포하고, 음으로 당류를 결탁하여 흉악한 꾀를 행하려고 한 지가 날이 오래되었노라… 그 하늘에 넘실대는 악은 불사不赦의 죄에 해당하므로 대역으로써 논단하여 부관참시를 하였고, 그 도당 김일손·권오복·권경유가 간악한 붕당을 지어 동성상제同聲相濟하여 그 글을 칭찬하되, 충분忠憤이 경동한 바라 하여 사초에 써서 불후의 문자로 남기려고 하였으니, 그 죄가 종직과 더불어 과科가 같으므로 아울러 능지처사하게 하였노라… 그 죄의 경중에 따라 모두 이미 처결되었으므로 삼가 사유를 들어

종묘사직에 고하였노라. 《연산군일기》 1498. 7. 27.

사초가 연산군 앞에 닿은 지 보름도 되기 전에 이 모든 일이 벌어졌다. 김종직의 부관참시에 이어 사초를 작성한 김일손 등은 능지처사를 당했으며, 그 사초에 동조했던 이들도 사형을 면치 못했다. 그뿐이 아니었다. 사초와의 관련성 여부와는 별개로 김종직의 다른 제자들에게도 화가 미쳤다.

평소 김일손과 친분이 깊었던 정여창과 김굉필 등은 '김종직의 문도로서 붕당을 맺었다'는 죄목으로 유배형을 받았다. '그 죄의 경중에 따라' 모두가 처벌된 것이다. 사실 〈조의제문〉에 대해서는 당시에도 해석의 논란이 있었던 바, 그들이 문제 삼기 전까지는 달리 주목받지 않았던 글이다.

그 많은 선비를
죽여야 했을까

죄는 세조, 즉 연산군의 선조를 비방했다는 데에서 시작되었지만 처벌의 경과를 살펴보면 그 무리 자체에 대한 반감이 근본적인 이유였음을 알 수 있다. '붕당죄'를 엮은 것이다. 그 무리는 성종이 키워낸 젊은 학자 대부분을 포함하고 있다. 이렇게까지 해야 했을까. 죽이고 싶을 만큼 미웠다는 말인데, 왜?

연산군이 신하들 앞에서 내세울 거라곤 성종의 장자이자 세조의 적손이라는 사실뿐이다. 그 이유 때문인지 열등감에 적잖이 시달렸던 것 같다. 마음속으로 가장 미워했던 인물이 바로 부왕 성종 아니었을까. 신하들이 성군의 예로 드는 임금이 세종인데, 이 위대한 임금 뒤로 성종이 이따금 거론되기도 한다. '예전에 세종께서는, 그리고 성종께서는 이렇게 하셨습니다' 라는 식의 상소다.

하지만 누구보다도 그 말을 듣기 싫어하는 인물이 연산군이었다. 부지런히 학문을 닦으라는 다그침도 지긋지긋한데, 부왕에 미치지 못하는 자신을 멸시하듯 '성종께서는' 운운하는 신하들이라니. 군주에 대한 능멸이야말로 가장 큰 죄가 아니랴. 이처럼 뒤틀린 마음으로 처단할 기회를 노리던 차에 마침, 정말 때마침 문제의 사초가 길을 열어주었다. 치워버리고 싶은 이들을 줄줄이 엮기 시작했다. 김종직의 제자라는 이름으로 그들 모두를 한칼에 제거해버린 것이다.

1504년을 피로 물들인 갑자사화甲子士禍라 해서 다르지 않다. 이 또한 마침 친모인 폐비 윤씨를 내세웠을 뿐이다. 임사홍의 부추김에 힘을 얻어 윤씨 폐위에 관여한 이들을 색출하기 시작했다. 하지만 그 사건은 성종의 결정 때문이었다. 누가 거역할 수 있었겠는가. 조정의 관료라면 정도의 차이가 있을 뿐, 그 일과 무관할 수는 없었다.

연산군을 위한 변명으로 폐비 사건이 거론되기도 하지만 그의 인격 파탄의 원인이 친모의 부재 때문은 아니다. 어차피 정현왕후를 친모로 여기며 자랐는데 왕후의 보육은 그렇게 여길 만큼 따뜻했다고 전해진다. 할머니 인수대비를 핍박하고 부왕의 후궁들을 때려죽인 연산군이지만 정현왕후와 그 아들인 진성대군에겐 큰 위협을 가하지 않았을 정도다. 어린 시절의 결핍 때문이라니 핑계로도 구차하다.

피해 정도로 보자면 무오사화보다도 처참한 비극이었다. 무오사화가 사림들에게 미친 화였다면 갑자사화는 훈척으로 불리던 조정 중신들에게까지 죄를 물어온 사건이다. 헤아리기 어려울 정도로 많은 이가 처벌되었는데 무오사화 당시의 일까지 다시 한번 파헤쳐 그 죄를 더했다. 유배 중이던 김굉필은 참형에 처해졌으며 이미 세상을 떠난 남효온, 정여창은 부관참시되었다.

〈화개현구장도〉,
사화의 주인공을 기억하다

죽음 뒤에 세상이 바뀌고 그제야 제 이름을 되찾는 이들이 있다. 역사에서 드물지 않은 일이다. 노래로, 문장으로, 그리고 그림으로 이름을 기념하는 방식도 여러 가지다. 그림의 경우라면 초상화로 인물을 기리는 예가 많다. 그런데 이런 그림은 어떤가. 그의 흔적이 어린 장소를 추억하는 방식.

　　이 그림 〈화개현구장도花開縣舊莊圖〉가 그랬다. 정여창을 기리기 위해 그의 은거지를 그림으로 남긴 것이다. 그것도 죽음 이후 한 세기 반이 지난 뒤의 그림이니 여간한 존경이 아니다. 두드러진 업적이라도 있었을까. 빼어난 학행學行으로 주목받기는 했다. 굳이 특이한 이력이라면 국왕의 세자 시절 스승이라는 점. 세자 시절의 스승이었으나 인연에 연연할 연산군이 아니다.

> 왕이 동궁에 있을 적부터 이미 학문의 강독을 즐겨하지 아니하였고, 간언을 듣지 않고 자기 생각대로 처리하는 조짐이 말씨와 얼굴에 나타났다. 요속들 중에 강정자지剛正自持한 이가 바로잡아 풍간諷諫하면 곧 얼굴을 찌푸렸다. 조지서·황계옥·이거·정여창 등을 늘 좋아하지 않았다. 《연산군일기》 1499. 1. 11.

〈화개현구장도花開縣舊莊圖〉

어차피 그때부터 마음에 들지 않았다고 했다. 정여창의 은거지가 그림으로 남겨진 데는 이 두 번의 끔찍한 사화가 배경처럼 둘러 있었던 것이다.

〈화개현구장도〉는 제목 그대로 정여창이 작은 정자를 지어놓고 은거를 꿈꾸던 화개 땅을 담아낸 작품이다. 1643년, 정여창의 삶을 기리고 싶다는 유생들이 뜻을 모아 당시 최고 화원으로 꼽히는 이징에게 작품을 의뢰한 것이다. 정여창이 죽은 지 140년이 지난 때다. 그림 위에 제목을 써넣은 이는 신익성. 선조의 부마로서, 평소 글과 그림에 능했던 만큼 직접 제목을 쓰고 제작 배경까지 발문으로 남겨두었다.

그림을 살펴보자. 크게 두드러지는 장면도 아닌 것이, 우리가 숱하게 보아온 여느 산수화와 다르지 않다. 화면 대부분을 채우고 있는 것은 말 그대로 산과 물이다. 근경의 너른 강물이 화면 위로 이어지면서 점차 높은 산세로 시선을 이끈다. 그리고 연이은 산봉우리와 그 사이사이로 쏟아지는 폭포. 주인공의 정자는 근경 물가에 아주 자그마하게 그려져 있다. 화려하거나 요란하지 않게, 수묵과 담채만으로 담담하게 표현한 화면이다. 고매한 선비의 삶을 기린다는, 작품의 주제를 생각하면 당연한 선택이다. 평소 화려한 궁중화에 능했던 이징이지만 의뢰인들의 의도를 고려하여 필묵을 골랐을 것이다.

그림 하단에 옮겨 적어놓은 정여창의 〈악양岳陽〉은 1489년 봄, 친구 김일손과 함께 두류산을 여행하면서 지은 시다. 보리 익는 사월의 화개. 자신의 터전을 돌아보는 따스한 눈길이 담겨 있다. 김일손이라면 무오사화의 발단이 된 그 사초의 주인공. 고향에 머물며 학문에 전념하고 있던 정여창을 방문한 때였다. 아직 성종의 치세가 한창이던 시절, 두 사람은 시를 주고받으며 깊은 우정을 나누는 중이었다.

창포 사이 바람은 부드럽게 흩날리고	風蒲獵獵弄輕柔
사월의 화개 땅 이미 보리 익어간다.	四月花開麥已秋
첩첩 쌓인 두류산 남김없이 둘러보니	看盡頭流千萬疊
외로운 배 큰 강으로 흘러내리는구나.	孤舟又下大江流

그런데 그림에 담아낸 이곳, 화개의 실제 모습일까. 화가 이징이 직접 화개를 방문하고 그 모습을 화면에 담은 것일까. 그렇지는 않다. 이징은 화개를 보고 그린 것이 아니라 그 장소에 대한 기록을 읽고 작품을 구성했다. 그림을 요청한 이들도 흔쾌히 합의한 사항이었다. 실경實景과의 닮음 여부가 문제는 아니었으니까. 정여창의 정신세계를 추앙하고자 한 것이었으므로 화가가 직접 화개의 실경을 살필 필요는 없었던 것이다. 옛 산수화에 나오는, 이상적인 공간으로 그려져도 무방했기 때문이다.

이 작품은 회화사 쪽에서 보아도 의미 있는 작품이다. 앞서 언급했듯이, 일반적으로 누군가를 기념하기 위한 그림은 초상화로 제작되기 마련이다. 〈태조 어진〉이나 〈신숙주 초상〉의 경우도 그랬다. 〈화개현구장도〉는 결이 다른 그림이다. 그림의 주인공은 한 나라의 국왕도 아니었으며 공신으로 책봉되어 부귀영화를 누리지도 않았다. 그림을 제작한 이유도 그렇다. 주인공의 공훈을 기록하여 자랑하기 위해서가 아니라, 그의 학문과 인품을 따르고자 함이었다.

지금까지의 '위인'들과는 다른 유형의 '스승'이다. 드러나 보이는 공을 세운 이가 아니라 정신적 스승으로 기억되는 사람. 정여창 한 사람에 머물지도 않는다. 그와 그의 벗들이 함께한 시대를 기억하고 싶다는 뜻이다. 그 기상과 학문이 죄가 되어 처참한 죽음을 맞았지만 역사는 그 이름을 잊지 않을 것이라고.

연산의 시대,
모든 것이 죄가 되다

앞 시대에도 태종이나 세조처럼 피바람을 일으킨 군주가 있었지만 그들의 행동은 이유라도 확실했다. 권력을 얻기 위한 거사(나야말로 왕이 되어야할 사람이다!)였으며 통치의 성과도 없지 않았다. 그 명분에 대해서는 찬반토론의 여지가 있다는 말이다.

연산군은 명분 자체가 없었다. 그가 죽인 이들은 정적이 아니라 자신의 신하들이다. 그래 봐야 학문에 몰두하는 선비들로서 왕위를 위협하여반란을 도모할 세력도 아니다. 선비의 화를 뜻하는 사화士禍라는 말도 이시대에 시작되었다. 물론 군주라 해서 모두 성군이 될 수는 없다. 세습제의 특성상 신하들의 기대에 미치지 못하는 군주도 나오게 마련이다.

안타까운 일이지만, 그저 무능한 정도에서 그친다면 관료 체제에 나라 운영을 기댈 수 있다. 중앙집권 체제를 갖춘 조선의 장점이기도 하다(심지어 성종 시대에 종합 법전《경국대전》이 완성되었다). 그런데 그 무능함을넘어, 국법 자체를 부정하고 자신만의 향락을 추구하기 위해 폭압을 행사한다면 이야기가 좀 달라진다. 그야말로 나라가 위험에 처하게 된다.

연산군 치세 후반기에 이르면 바른말을 하던 선비들만 죽어나간 것도 아니다. 그 상상력이 놀라울 정도로 새로운 '죄'가 많이 등장한다. 잔치에서 열심히 노래 부르지 않았다는 죄목으로 기생이 국문을 당하는가하면, 날랜 말을 준비하지 못해 사냥터에서 뒤처진 이에게는 참형이 기다리고 있었다. 효도가 지나친 것도 괴이하다며, 성종의 상을 당한 뒤 3년을 칩거한 선비를 잡아와 사형에 처하기도 했다.

시를 한 수 지으라고 했는데 두 수를 지어 바친 신하도 국문의 대상이었으며, 혼숫감 마련이 어려워 혼기를 늦추는 것도 죄가 되었다. 때 아닌 봄날에 눈이 내린 사실을 말한 대간도 다른 뜻을 품은 것이라는 이유로 처벌을 면치 못했다. 그야말로 숨 쉬고 말하는 것 모두, 언제 죄목이 붙여질지 모르는 일이었다.

예정된 결말,
반정과 폐위

《연산군일기》의 하루하루는 온갖 탐문과 형벌 집행으로 가득하다. '아무개를 국문하라.' '아무개에게 벌주는 것이 어떻겠는가.' 이에 대한 측근들의 답도 한결같다. '성상의 하교가 지당하십니다.' 폭군에게는 그의 손발이 되어줄 간신이 있게 마련이다. 두 번의 사화 끝에 말을 할 만한 이들은 죽거나, 조정을 떠난 뒤였다. 제도적으로도 홍문관과 사간원을 혁파하고 사헌부를 축소하여 언로를 막아버렸다.

의심의 눈초리로 신하들을 끊임없이 다그치던 연산군. 자신에 대한 평가는 어땠을까. 주변의 이목을 신경 쓰는 건 그만둔 지 오래다. 조선 국왕들이, 그래도 최후까지 두르고 있던 겸양의 외피마저도 걷어버렸다.

나의 학문이 이미 이루어졌으니, 비록 경연에 나가더라도 어찌 더 배울 것이 있겠는가? 나는 조회받는 등의 일은 반드시 해야 하나, 경연에는 반드시 나가야 할 것이 없다고 여긴다. 《연산군일기》 1504. 8. 15.

더 이상 배울 것이 없다는 임금에게 그 자리도 더 이상 허락되지 않았다. 갑자사화가 일어난 지 2년 뒤인 1506년 9월, 반정군反正軍이 창덕궁을 접수했다. 그들이 내놓은 패는 진성대군. 성종의 또 다른 적자였으니 명분으로도 그럴싸하다. 폐위당한 연산군은 강화 교동으로 유배되고, 두 달 뒤인 11월에 숨을 거둔다. 역질에 걸려 명을 다했다는 보고가 있었으나 누군가 알아서 손을 쓴 것이 아닐까. 마지막 순간에도 자신을 위해 목숨 바칠 신하 하나 두지 못했으니 한때의 국왕으로서 서글픈 일이다. 사관의 평가도 냉정하다. '예로부터 난폭한 임금이 비록 많았으나 연산과 같이 심한 자는 아직 있지 않았다.'

폭군으로 폐위되어 묘호도 받지 못한 제자와는 달리, 부관참시로 두 번 죽어야 했던 〈화개현구장도〉의 주인공은 이후 문묘文廟에 종사되어 유학자로서 최고 명예를 얻게 된다. 어두운 밤일수록 별은 더욱 빛나지 않던가. 오현五賢으로 추앙된 다섯 가운데 두 사람이 바로 정여창과 그의 벗인 김굉필이다.

다시 열아홉 살 왕자가 보위에 올랐다. 예상치 못한 등판에 준비할 시간도 없었다. 반정군의 손에 모든 것을 내맡긴 채 하루아침에 지존이 되어버린 왕자. 어리둥절했을까. 두려움도 없지 않았으리라.

9장

중종, 왕권과 신권의
팽팽한 대립
언론의 자유를 꿈꾼 〈미원계회도〉

아무도 묻지 않았다. 어차피 그의 의사는 상관없었다. 빈 용상의 주인이 되라는 신하들의 말을 거역할, 그 힘마저도 없었다. 1506년, 연산군을 폐위하고 진성대군이 국왕으로 추대된 이 사건은 중종반정中宗反正이라 불리지만 중종이 주도한 일은 아니었다. 미약한 힘이나마 보태지도 않았다. 어서 왕위에 오르라는 느닷없는 부름을 거절하지 못했을 뿐이다.

　박원종, 성희안, 유순정을 필두로 한, 조정 관료 대부분이 합류한 반정이었으나 진성대군 본인은 거사의 그날까지 아무것도 모른 채였다. 역대 임금의 즉위 교서마다 등장하는, 사양하다가 왕위에 올랐다는 겸양의 표현이 중종의 경우만큼은 사실 그대로다.

근년에 임금이 그 도리를 잃어 형정刑政이 번거롭고 가혹해졌으며 민심이 궁축窮蹙하여도 구제할 바를 알지 못하였는데, 다행히도 종척宗戚과 문무의 신료들이 종사와 백성들에 대한 중책을 생각하여 대비의 분부를 받들고 같은 말로 추대해서 나에게 즉위할 것을 권하므로, 사양하여도 되지 않아 금월 초 2일에 경복궁에서 대위에 올랐노라… 근년에 옛 법도를 고쳐서 새로운 조항을 만든 것은 아울러 모두 탕제蕩除하고, 한결같이 조종이 이루어놓은 법을 준수할 것이다.《중종실록》 1506. 9. 2.

연산군이 함부로 만든 조항을 모두 없애고 조종의 옛 법을 준수하겠다고 했다. 무엇부터 정리해야 했을까. 망가진 것이 한둘이 아니었지만 특히 엉망이 되어버린 분야는 연산군이 몹시도 싫어한 학문과 언론. 반정으로 새 시대를 연 이들이라면 당연히 그 부분부터 신경 써서 바로잡는 편이 옳겠다. 조선식으로 말하자면 성균관을 수습하고 삼사三司의 기능을 회복하는 일이다.

어지간하면 새 임금이 신민의 지지를 받을 만한 상황이었다. 어땠을까. 다짐이 잘 지켜진 결과일까. 중종 재위 26년인 1531년, 사간원 관료들의 모임을 그린 작품이 전해진다. 사간원은 사헌부, 홍문관과 함께 삼사로 불리는 언론 및 감찰 기관으로서 임금에 대한 간쟁을 주로 맡았다. 그들이 공공연히 모임을 갖다니, 연산군 시대와는 확실히 달라진 분위기다.

〈미원계회도〉,
언관들의 어느 하루

제목은 〈미원계회도薇院契會圖〉. 미원은 사간원의 별칭이니 그 소속 관리들의 계회를 그린 작품이다. 〈미원계회도〉 이외에도 〈하관계회도〉, 〈추관계회도〉 등 많은 작품이 그려진 16세기는 계회도의 시대라 해도 좋을 정도다. 직장 회식이 마냥 즐겁기만 했을까? 그런데도 굳이 그림으로 남겼다면? 자부심 쪽에서 이유를 찾게 된다. 내가 사간원 관리로서 기개가 좀 있었지. 우리 동료들도 얼마나 대단했는지 이름 좀 들어볼래? 이런 식의 자랑인 셈이다.

일반적으로 계회도는 3단으로 구성된다. 상단에 제목, 중간에 그림을 배치한 뒤, 하단에 좌목座目, 즉 참가자의 이름을 적었다. 이름이라 하지만 품계와 관직, 본관은 물론 부친에 대한 사항까지 밝히고 있다. 어느 집안 아무개의 아들 아무개가 이런 관직에 올랐음을 알려주는 부분이니, 조선 사회의 한 단면을 보는 듯하다.

모임의 성격도 그랬겠지만 그림 또한 조졸한 편이다. 계회도의 속성상 모임을 기록한다는 의미가 컸던 만큼 그림에 큰 공을 들이지는 않았다. 여느 계회도와 마찬가지로 화가의 이름은 전해지지 않는다. 아마 도화서의 어느 화원이 그렸을 것이다. 계회도의 주인공은 좌목에 등장한 그들이었으니 화가의 이름을 기억할 틈도 없지 않았을까. 이 또한 당시 사회의 씁쓸한 단면이다.

그림 위쪽부터 살펴보자. 왼편 우뚝한 봉우리를 중심으로, 먹의 농담을 조절하며 저 멀리 제법 아득한 산세까지 담백하게 담아내었다. 그런데 중심의 저 봉우리는 어딘가 낯이 익지 않은가. 도성을 지키는 백악白岳의 모습이다. 멀리 나들이 떠날 만큼 한가한 사람들은 아니었으니 도성 인근의 맑은 물가를 골랐을 것이다.

시선을 아래쪽으로 내리면 주인공들의 모임 장면이 보인다. 조금 더운 날이었을까. 참석자들은 계곡을 중심으로 모여 있다. 바위에 걸터앉아 계곡에 발을 담근 이들이 있는가 하면 한 사람은 아예 옷자락을 걷으며 물속으로 들어섰다. 화면 왼편 끝 쪽에는 모임 장소로 향하고 있는 인물도

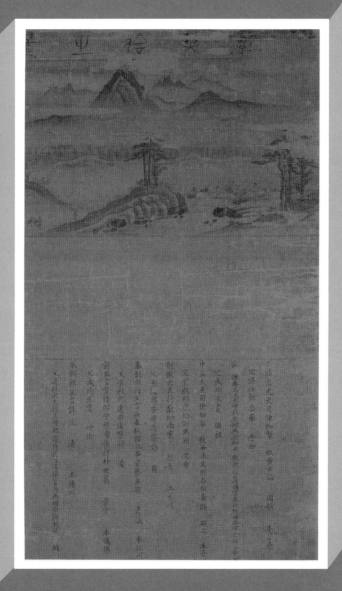

〈미원계회도薇院契會圖〉

그려 넣었다. 모임 시간에 다소 늦은 이도 있었던가 보다.

계곡 양편에 배치된 바위 위로는 소나무들이 우뚝한데, 당시 산수화에서 사랑받던 구도다. 의미도 좋지 않은가. 독야청청獨也靑靑. 사간원의 임무와도 어울리는 소재다. 계회도라는 제목을 달고 있긴 하지만 화면 대부분을 차지하는 것은 모임 장면이 아니라 주변 풍광이다. 이 또한 16세기 산수화의 한 특징이다. 주제가 계회도라 하더라도 산수를 배경으로 한 이상, 당시 산수화의 법칙을 따르기 마련이었다.

좌목을 보면 사간원 수장인 대사간 황사우를 시작으로 전현직 사간원 관리 일곱 명의 이름이 이어진다. 전직 관리들까지 함께 자리를 즐겼다는 점도 따뜻하게 느껴지는데 직언으로 간해야 하는 삼사의 특성상 대부분이 젊은 관료다. 사간원은 사헌부, 홍문관으로 상호 이직 발령이 많았던 부서이니 전직 관리라 해도 옆 부서에, 여전히 가깝게 지내고 있었을 것이다.

양사를 파직하여
언로를 여소서

재위 26년이라면 한 임금의 통치가 제법 무르익었을 때다. 연산군으로부터 이 정도 시간이 지났으니 언론의 지위도 어느 정도 회복되었고. 하지만 이처럼 사간원 관리들이 자신들의 계회를 그림으로 남기는 시대가 되기까지 어려움이 없지는 않았다. 연산군 시대에 그 기능이 마비되었던 삼사가 중종 대에 기세를 되찾아가는 과정 가운데, 몇 차례 굴곡이 있었던 것이다. 〈미원계회도〉에 이르기까지, 중종 재위 중에 가장 중요한 사건이

라 할 수 있는 그 이야기는 16년 전, 바로 이 부서에 발령받은 한 대간의
상소에서 시작된다.

중종 재위 10년인 1515년. 사간원 정언 벼슬을 제수받은 신임 관료
하나가 첫 출근과 함께 충격적인 상소를 올린다. 대간으로서 임무를 다하
지 못한 선배들과 함께 일할 수 없으니 양사, 즉 사간원과 사헌부의 대간
전원을 파직하라는 내용이었다.

> (간관에게는 언책言責이 있으니) 그 말이 지나치더라도 마음을 비워 너그러이 받
> 아들이는 것은 언로가 막힐까 염려하기 때문입니다. 근자에 박상·김정 등
> 이 구언에 따라 진언하였는데, 그 말이 지나치더라도 쓰지 않으면 그만이거
> 니와, 어찌하여 죄를 주십니까?… 재상이 죄주기를 청하더라도 대간은 구제
> 하여 풀어주어 언로를 넓혀야 할 터인데, 도리어 스스로 언로를 훼손하여 그
> 직분을 잃었으니, 신이 이제 정언正言이 되어 어찌 직분을 잃은 대간과 일을
> 같이하겠습니까? 서로 용납할 수 없으니 양사兩司를 파직하여 다시 언로를
> 여소서. 《중종실록》 1515. 11. 22.

상소를 정리하기는 어렵지 않다. 자유로운 언론의 중요성과 간관의 존
재 이유를 되새긴 뒤, 그 역할을 다하지 못하고 (국왕의 심기를 살피느라) 오
히려 언론 탄압에 앞장선 양사 전원을 파직하라는 줄거리다. 구언에 따
라 진언한 신하들에게 벌을 내리는 군주 또한 책임이 없지 않음을 함께
논하고 있다. 이 무슨 막말이냐며 불호령이 떨어졌을까. 하지만 황당해 보
이는 이 사안은 임금과 상소 당사자, 그리고 관료들 사이의 격한 토론으
로 이어지고 그 결과 양사의 대간 전원이 파직되었다. 무슨 일이 있었던
걸까.

파격의 상소,
중종을 흔들다

이 사건의 전말을 살피려면 중종 즉위 당시로 거슬러 올라가야 한다. 자, 열아홉 살 왕자가 반정군의 추대로 임금이 되었다. 문제는 그에게 아무런 준비가 없었다는 것. 제왕 수업을 받기는커녕 폭군인 형 아래서 숨죽이며 살아야 했다. 권력은 국왕이 아닌 반정 세력에게 있었으니 젊은 국왕은 이름뿐인 왕이었다. 공신들의 '명'에 따라 왕후 신씨를 폐위시켜야 할 정도였으니까.

왕자 시절 혼인한 신씨는 중종 즉위 후 왕후에 책봉되었으나, 연산군의 측근인 아버지 신수근은 반정군에게 피살된다. 후일을 걱정한 공신들은 왕후의 폐위를 결정했고, 즉위 7일 후 왕후는 궁을 떠나야 했다. 강제 이혼을 종용받은 중종은 묵묵히 따를 수밖에 없었다. 문제는 이뿐만이 아니었다. 반정으로 임금은 바뀌었으나 조정의 어지러움이 일신되지는 못했다. 어차피 반정공신 가운데 많은 이들이 연산군 곁에서 부귀를 누리던 자들이다.

이런 시절이 10년. 그사이 삼대장三大將으로 불리며 권력을 휘두르던 (그들이 입시할 때, 국왕이 자리에서 일어나 예를 갖추기까지 했다) 박원종, 유순정, 성희안이 차례로 세상을 떠나 그나마 중종이 숨이라도 편히 쉴 수 있게 되었다. 이제라도 국왕 노릇을 제대로 해보고 싶지 않았을까. 그 공신들을 대신할 '내 사람'이 간절하지 않았을까. 그때 조광조가 등장했다. 사간원 정언으로 임명되어 전 대간을 파직하라는 파격의 상소를 들고.

다시 조광조의 상소 몇 달 전인 1515년 8월로 돌아가 보자. 심한 재해에 대한 구언의 명에 답하여 박상과 김정, 두 사람의 상소가 올라왔는데 재해의 이유가 바로 죄 없이 폐위된 왕후 신씨 때문이라는 것. 어서 신씨를 복위시켜 정의를 세우라는 내용이었다(신씨 폐위 이후 책봉된 계비 장경왕후 윤씨가 승하한 때였으니, 마침 왕후 자리가 빈 참이었다). 중종으로서는 가장 아픈 곳을 찔린 셈이었으나 오히려 그랬기에 당시의 일을 돌이킬 수는 없었다. 하지만 구언이 무엇이던가. 아무리 과한 상소라도 처벌하지 않는 것이 원칙이다. 그런데도 중종은 그 둘을 유배에 처하고 만다.

조광조는 이 문제를 지적한 것이다. 정연한 논리와 강직한 태도가 돋보이는 승부였다. 이 사건으로 그가 젊은 사림의 영수로 추앙받게 된 것도 당연한 일. 이미 10대 나이에 유배지의 김굉필을 찾아가 배움을 청하기도 했던, 빼어난 학문과 반듯한 행실로 주목받던 인물이었다. 중종의 눈에는 어떻게 보였을까. 감히 초임 간관이 군주에게! 노여움이 가라앉자 그의 인물됨을 눈여겨보게 되었으리라. 이런 신하라면 자신의 진정한 치세를 함께해 볼 수 있겠다고.

젊은 사림,
조광조의 존재감

중종으로서는 훈구 세력을 억누르고 국왕의 위엄을 세울 기회를 잡은 것이었으며, 조광조로서는 조정에 새로운 바람을 일으켜 민본의 가치를 회복하기 좋은 때를 만난 셈이었다. 어떤 일을 펼쳐나갔을까.

연산군 시대에서 중종반정 이후까지 이어진 조정의 어지러움을 바로잡는 것이 우선순위. 앞의 탄핵 상소도 언관의 기강에 대한 문제 제기였다. 언로를 열어 세상의 소리에 귀 기울여보라는 국왕에 대한 충고도 함께 담아서 말이다.

권력의 눈치를 보는 신하들이 독선에 갇힌 군주를 만났을 때 벌어질 비극을, 이미 연산군 시대에 경험하지 않았던가. 실력뿐만 아니라 청렴한 행실 또한 관리라면 의당 갖추어야 할 덕목임을 강조했다. 비리와 추문에 엄정하게 대처하여 조정의 도덕성을 회복하자는 주장에도 힘을 기울였는데, 양사의 주요 임무가 바로 부패 관료에 대한 탄핵에 있었으니 이에 충실한 활동이기도 했다.

이어 국왕과 왕실에 대해서도 바른 생활을 요구했다. 먼저, 왕실 재산을 관리하는 내수사內需司가 논의 대상이 되었다. 민본의 나라 조선의 국왕으로서 백성과 이익을 다툼은 옳지 않으니 내수사를 폐지해야 한다는 것이다. 왕실에서 정성을 쏟는 기신재 같은 제사도 폐지하라 했다. 유교를 따르기로 했으면서 어찌 사교에 흔들리는가. 임금이라면 더욱 원칙대로 살아야 한다는 요구다. 국왕과의 긴 공방전 끝에 소격서 혁파를 이끌기도 했는데 간언의 강도가 아슬아슬하다.

이제 소격서를 설치한 것은 도교를 펴서 백성에게 사도邪道를 가르치는 것입니다… 도교를 신봉하는 것이 민간에서 성행한다 하더라도 임금된 이로서는 진실로 예를 밝히고 의리를 보여 대도大道를 천명하여 바른 방향으로 나아가 끝까지 정도를 보전해야 하는데, 도리어 사도를 존숭하여 관사를 두어 받들고 초제醮祭를 거행하여 섬기며, 마치 당연히 제향祭享해야 할 신처럼 공경히고, 축수와 기도가 더욱 빈번하여 음귀陰鬼가 간악을 빚어냅니다. 이는 곧 임금의 계책에 법이 없어서이니 하민들이 어디에서 본받겠습니까? 《중종실록》1518. 8. 1.

워낙에 자질이 남다르다는 평이 있었듯, 조광조의 존재감은 그야말로 날과 달이 다르게 두드러진다. 출사한 지 3년 만에 언관 최고 관직인 대사헌 자리에 올랐을 정도다. 중종의 절대적인 신뢰로 가능한 일이었지만 삼사를 중심으로 한 언론의 지지도 큰 힘이 되었다. 조광조 자신 또한 삼사를 두루 돌며 중직을 맡고 있었다. 조광조는 나라의 근본을 바로잡으면 남은 문제들은 순리를 따르리라 생각했다. 마침 국왕이 뜻을 기울인, 이 기회를 놓쳐서는 안 된다는 조급함도 없지 않았을 것이다.

기묘사화,
개혁의 꿈이 멈추던 날

그렇게 4년이 지난 1519년. 바로 그 정국공신靖國功臣 개정 문제가 화두로 떠올랐다. 중종반정으로 책봉된 공신은 무려 100명이 넘었는데, 태조의 건국이나 세조의 정변 때보다도 많은 수다. 문제는 아무런 공도 없이 인맥 등을 이용하여 공신으로 선정된 이가 너무 많았다는 사실. 이에 조광조 측에서 가짜 공신을 정리해야 한다는 주장을 내놓은 것이다. 권리를 빼앗길 자 모두를 적으로 돌리게 될 위험한 사안이었으나 조광조로서는 반드시 해야 할 일이었다. 조선의 공신은 부는 물론, 자손의 출사 등에서도 엄청난 혜택을 누리는 집단으로서, 그 존재 자체가 나라의 큰 부담이다.

정국공신 117명 가운데 76명이 개정 대상이었으니 개정 논의가 나올 만하기는 했다. 눈치를 보며 머뭇거리던 중종은 공세에 밀려 공신 개정을 허락하긴 했으나 이 사건으로 조광조와 영원히 갈라서게 된다. 중종 입장에서는 어쨌든, 공신들은 자신을 보위에 올려준 세력이다. 돌아가기로 결심한 것이다.

공신 개정을 허락한 지 겨우 이틀 뒤였다. 중종은 깊은 밤을 틈타 이 무리를 잡아들였는데 대사헌 조광조를 비롯하여 형조 판서 김정, 부제학 김구, 대사성 김식, 승지 윤자임 등 국왕의 최측근 십여 명이었다. 죄명은 붕당죄. 무리의 우두머리인 조광조는 사사되었고, 그의 동지들은 유배지에서 비극적인 결말을 맞았다. 조광조의 나이 서른여덟. 함께했던 이들 또한 이삼십 대의 젊은 선비들이었다.

마치 정변이라도 일으키듯, 국왕이 자신의 측근을 제거한 이 기이한 사건을 기묘사화己卯士禍라 부른다. 연산군 시대 사화와도 성격이 달랐다. 연산군은 제멋대로 살겠다고 대놓고 포악을 부린 임금이다. 중종으로 보자면 성군의 치세를 이루겠다며 나름 애를 쓰고 있지 않았던가.

국왕보다 더 두드러지는 신하에 대한 부담 때문이었는지, 조광조의 유교적 원칙을 따르기가 힘에 부쳤는지, 아니면 서로의 지향이 달랐기 때문일 수도 있다. 중종은 국왕의 권위를 세워줄 새로운 세력으로 조광조를 발탁했는데, 조광조가 추구한 이상 국가에서는 국왕 또한 유교의 근본을 따라야 할 존재 가운데 하나다. 중종은 이 지점에서 돌아선 것이 아니었을까. 죄명은 붙이기 나름이었고.

조광조의 죽음 이후 중종은 모든 제도를 조광조 이전으로 되돌렸다. 남곤, 심온 같은 이들이 중종을 도와 기묘사화를 지휘하고 조정을 장악해나갔다. 중종 시대만큼 삼사의 성쇠가 두드러졌던 때도 없었을 텐데, 일명 '기묘 사림' 시절 삼사의 위상은 최고조에 달했으나 조광조 실각 이후 그 기세가 수그러들 수밖에 없었다.

그렇다면 어떻게 삼사가 다시 일어설 수 있었을까. 비록 군주의 변덕으로 큰 희생을 치렀으나 선배들의 큰 걸음이 있었던 덕이다. 이미 언론의 자유, 언관의 기개가 지니는 힘을 깊이 체험한 뒤였으니까. 언관의 소임은 무엇인지, 그리고 그 힘으로 무엇을 바꿀 수 있는지 조광조의 삶이 충분히 보여주지 않았던가. 기준을 세워준 이가 있다면 그 길을 따르면 될 일이었다. 삼사가 기운을 차리기까지는 시간이 필요했지만 첫걸음만큼 어려운 일은 아니었다.

중종과 조광조, 역사 앞에 서다

1544년, 57세의 중종이 세상을 떠났다. 워낙에 권신들 사이에서 흔들리던 임금이었다. 인재를 등용하여 함께 통치한다기보다는, 권신에게 의지하여 그 뒤로 숨어버린 뒤 실정의 책임조차 피해 간다는 느낌이 크다. 사관의 평을 옮겨본다.

> 사신은 논한다. 상은 인자하고 유순한 면은 남음이 있었으나 결단성이 부족하여 비록 일을 할 뜻은 있었으나 일을 한 실상이 없었다. 좋아하고 싫어함이 분명하지 않고 어진 사람과 간사한 무리를 뒤섞어 등용했기 때문에 재위 40년 동안에 다스려진 때는 적었고 혼란한 때가 많아 끝내 소강小康의 효과도 보지 못했으니 슬프다. 《중종실록》 1544. 11. 15.

조광조에 대한 평가는 기준에 따라 조금씩 다르겠지만 이미 중종 시대 말년에 이르러 그의 신원에 대한 호소가 공공연히 거론되기 시작했다. 그의 과격함이 문제였을지라도 오직 나라를 위한 충정이었으니 그 죄로 죽음을 내릴 수는 없었다고.

> 우리 도道가 동방으로 온 지 오래인데 그 전승이 있었습니다. 조광조는 김굉
> 필에게서 받고, 김굉필은 김종직에게서 받고, 김종직은 전조前朝의 신하 길
> 재에게서 받고, 길재는 정몽주에게서 받았습니다… 진실로 정몽주 이후에
> 이 사람 하나뿐입니다. 재질은 본시 왕좌王佐인 사람이고 도학道學은 족히
> 사람들의 스승이 될 수 있었습니다. 《중종실록》 1544. 5. 29.

이처럼 조선 유학의 종통을 이은 인물로 추앙되기까지 하는데, 이후의
조선 역사는 조광조의 손을 확실히 들어주는 쪽으로 방향을 잡았다. 스
승인 김굉필과 함께 오현의 한 명으로 문묘에 종사되는 영광까지 누린 것
이다. 기묘 사림 대부분의 복관을 허락했으나 '조광조는 다르다'며, 죽는
순간까지 그를 용서하지 않았던 중종 입장에서는 조금 멋쩍지 않았을까.

〈미원계회도〉에 등장했던 젊은 간관들도 조광조를 남다른 인물로 받
아들였을 것이다. 임금 앞에서도 뜻을 굽히지 않던 그 선배를 화제 삼아
대간의 기개를 되새겨보았을지도 모른다. 이 그림을 보았다면 조광조는
무어라 말했을까. 사간원으로 출근하던 그날을 떠올리며, 다시 좋은 시
절이 왔나보다, 작은 웃음이라도 지었을까.

하지만 안심하기엔 일러 보인다. 중종에 이어 12대 국왕으로 등극한
인종이 즉위 8개월 만에 급서하는 비극이 벌어졌기 때문이다. 다시 조선
은 어린 국왕의 시대를 맞아야 했다.

10장

명종, 임금의 자리는 어디에
궁궐 너머 사람들이 보이지 않는
〈서총대친림사연도〉

좀처럼 선명하게 떠오르지 않는 임금이 있다. 재위가 한두 해에 그쳤다면 (정종이나 예종, 인종처럼) 그럴 수도 있겠으나 10년, 20년 넘도록 왕위에 앉아서도 그 색채가 모호하다면 문제 아닐까. 명종 같은 임금이 그렇다. 그가 무슨 일을 했었지? 모후인 문정왕후의 간섭이 지나쳐 좀처럼 기를 펴지 못했다는 점을 이유로도 들지만, 그래도 한 나라의 군주인데.

중종의 맏아들 인종이 즉위 8개월 만에 후사 없이 승하했을 때, 비록 열두 살이었지만 중종의 둘째 아들 경원대군이 뒤를 이은 것은 당연한 일이었다. 인종은 중종의 1계비 장경왕후 윤씨의 아들이고, 명종은 중종의 2계비 문정왕후 윤씨의 아들이다. 나이 차가 꽤 나는 형제였는데 모후는 달랐으나 경원대군 또한 정비 소생이니 자격으로는 충분했다. 하지만 두 왕자의 외가는 이미 중종 시대부터 권력 다툼을 벌이고 있었다(인종 측을 대윤大尹, 명종 측을 소윤小尹이라 부른다). 문정왕후 측에서 틈틈이 세자 자리까지 노리고 있었으니까.

문정왕후,
수렴청정의 시대

인종은 성종의 자질에 비견되는 호학 군주로 부왕인 중종 시대의 잘못을 바로잡고 새로운 조정을 구성하던 중이었다. 하지만 조정의 기강이 맑아지리라는 기대도 허무하게 즉위 8개월 만에 승하해버리고 만다. 뒤를 이은 명종이 그 뜻을 받들면 좋았겠지만 세상일, 생각 같지 않다. 인종의 외숙 윤임과 달리, 명종의 외숙 윤원형은 탐욕과 비리로 가득 찬 외척이었다.

어린 국왕의 모후로서 문정왕후의 수렴청정이 시작되었다. 이들이 벌인 첫 번째 사건이 바로 즉위 한 달 뒤의 을사사화乙巳士禍. 대윤 측의 윤임, 유관, 유인숙 등을 겨냥한 사건으로 그 죄명도 여러 가지다. 결국 '모반대역조謀反大逆條'가 적용되어 관련자 전원이 사형에 처해졌으며 그 주변인들 또한 유배형 등을 받았다. 인종의 대상大喪을 마무리 짓기도 전이었다. 사건 배경을 정리한 사관의 말을 옮겨보자.

정유년 이후부터 조정에 대윤·소윤이란 말이 있었는데 일을 만들어내기 좋아하는 뭇 소인들이 부회해서 말들이 많은 가운데 당류黨類를 지적하여 구분하였다. 이기·임백령·정순붕·최보한 등은 남몰래 윤원형 형제와 결탁하여 중종을 동요, 세자를 바꿔 세울 뜻이 많았었다. 당시 유관이 유악帷幄의 중신으로서 큰소리로 그 뜻을 꺾어버리자 윤원형의 무리들이 그 흉계를 시행하지 못한 것을 분하게 여겨 마침내 틈이 벌어져 원수같이 되었다… 인종이 승하한 뒤에 윤원형은 자기가 때를 얻은 것을 기뻐하여 은밀히 보복할 생각을 품고 유언비어를 위에 아뢰어 없는 죄를 꾸며서 공동恐動시켰다. 그러자 자전이 윤원형에게 밀지를 내려 위구스럽다는 뜻으로 효유하였다. 이에 이기·임백령·정순붕·허자 등이 고변하였다. 《명종실록》 1545. 9. 11.

'고변告變'이라는 것이 그렇다. 그 사실 여부가 중요한 게 아니다. 이름이 오른 이상 올가미에서 빠져나갈 수는 없다. 심지어 을사년의 이 고변 사건은 그 목적이 명확한 조작 아니던가. 대윤에 대한 소윤의 보복이었는데 최고 결정권자가 뜻을 함께했으므로 더욱 거칠 것이 없었다. 그야말로 유유상종, 간신 동아리가 형성되는 장면이다.

이런 공포 분위기는 을사사화에서 멈추지 않았다. 대윤 측에 대한 처벌이 가혹하다며 그들을 구원하려 했던 인물들에게까지 화가 미쳤다. '살리기를 좋아하고 죽이기를 싫어하는 것이 임금의 아름다운 덕'이라며 중벌을 만류했던 이언적, 역시 응원군으로 나선 권벌 같은 이가 그 대상이었다.

을사사화 2년 뒤인 1547년의 '양재 벽서 사건'이 그 역할을 담당했다. 양재역에 조정을 비난하는 벽서가 나붙었다며, 이를 조정에 알린 것이 사건의 시작이다. 이에 윤원형은 을사사화 때의 처벌이 미흡했기에 불순한 무리가 다시 요동치는 것이라며 사건을 키워나간다. 결국 소윤 측에게 눈엣가시 같았던 송인수, 이약빙이 사사되었고 이언적, 유희춘, 권벌 등 수십 명이 유배에 처해졌다. 당대를 대표하는 학자들이 '주인에게 짖는 음모를 기르는 미친개'로 전락한 순간이다. 사림들이 화를 당한 정미년의 이 사건을 정미사화丁未士禍라 부른다.

이런 식으로 틀어쥔 권력, 당연히 좋은 정치로 이어질 수 없었다. 문정왕후의 섭정이 신통했더라면 그나마 다행이었을 텐데 사익 추구 이상의 무엇도 보여주지 못했다. 앞 시대 정희왕후나 인수대비의 경우는 시각에 따라 호오는 있겠으나 적어도 왕실 어른으로서 국왕을 성군으로 만들기 위해 나름대로 최선을 다했다. 사욕을 위해 어린 국왕을 이용하지는 않앉다는 얘기다.

재위 9년째인 1553년 7월, 드디어 명종의 친정이 시작되었다. 하지만 몇 해가 지나도 윤씨 집안의 권력 행사는 멈추지 않았다. '정사政事에 두 문이 있다'는 성균관 유생들의 상소가 말해주듯 문정왕후는 겉으로만 환정還政했을 뿐 여전히 국왕 위에 군림하고 있었던 것이다.

〈서총대친림사연도〉,
서총대에서 함께 놀던 날

1560년, 명종이 조촐한 연회를 베풀었다. 즉위 15년, 친정이 시작된 지도 어느새 7년이 지나고 있었다. 스물일곱의 나이 또한 젊은 의욕으로 가득할 시절이다. 하지만 그는 여전히 모후의 '명' 아래 놓여 있었다. 외숙인 윤원형의 행태가 못마땅하긴 했겠으나 그래도 외가 덕에 이 자리를 지키는 것이라, 조금은 체념하는 마음이 들었는지도 모르겠다. 대놓고 윤씨들에게 맞설 자신도, 윤씨들 손 안에 든 조정 세력을 흔들어놓을 배포도 없었겠고.

그래도 국왕으로서 신하들에게 술 한 잔 나눠주며 모처럼 기분을 내고 싶었음일까. 마침 날도 좋은 가을, 창덕궁 뒤뜰 서총대로 문무 관료들을 불러 모은 것이다. 실록은 그 광경을 이렇게 전한다.

상이 서총대에서 곡연曲宴을 행하고, 어제御題(율시律詩이다)로 좌우에게 명하여 지어 올리게 하고 또 무신에게 명하여 과녁을 쏘게 하여 차등 있게 상을 내렸다. 좌우에게 명하여 국화를 꽂게 하고(이미 취한 뒤라서 신하들 중에 갓을 바르게 쓰지 않은 자가 많았는데 그중에도 우의정 심통원이 더욱 오만 방자하고 불공스러웠

〈서총대친림사연도瑞蔥臺親臨賜宴圖〉

다) 이어서 술 잘 마시는 사람 몇 명을 가려서 큰 잔으로 마시게 하였다… 저녁이 되자 각기 초를 받고 물러났다. 《명종실록》 1560. 9. 19.

자리는 즐겁게 진행되었고 군주의 넉넉한 보살핌에 선물까지 잘 받고 돌아갔다는 얘기다. 머리에 국화를 꽂고 즐겼다는 것을 보면 깊어가는 가을, 중양절의 풍류를 떠올렸던가 보다. 국왕이 친림한 행사이다 보니 그림으로까지 제작되어 그날의 모임을 생생히 전해주고 있다.

그림의 제목은 내용 그대로 〈서총대친림사연도瑞葱臺親臨賜宴圖〉. 그림은 4년 뒤에 제작되었다. 지나친 채색을 피하고 먹선을 기본으로 푸른색, 붉은색을 깔끔하게 표현하여 내용에 집중해야 할 본래의 제작 목적을 잘 살렸다. 모임을 기록한 여느 작품처럼 그림은 상단, 글은 하단에 배치하였다. 당시 좌찬성인 홍섬이 연회 상황을 글로 정리하였고, 다시 그 아랫단에는 참석자들의 명단이 빼곡한데, 이름을 올린 이는 모두 74명이다.

화려하고 치밀한 궁중 연회도도 없지 않지만, 이 작품은 작은 규모의 잔치를 담은 것이니만큼 비교적 단순하게 그려졌다. 감상보다는 기록에 치중한 까닭이다. 먼저 화면 중앙에는 높고 커다란 차일이 중심을 잡고 있다. 차일 안을 살펴보면, 제일 위쪽의 붉은 단상은 당연히 명종의 자리. 차일로 슬쩍 가려 어차피 그 자리는 잘 보이지도 않지만 전면이 드러났다 해도 그곳에는 빈 용상만이 그려져 있을 것이다. 봉안하기 위해 제작한 어진 이외에, 그 어떤 장면에도 감히 지존의 용안을 그려서는 안 되었기 때문이다. 심지어 본인의 결혼식 그림인 가례도에서도 국왕의 자리는 텅 비어 있었을 정도니까.

그리고 그 아래로 초대받은 신하들의 모습이 펼쳐진다. 실록의 기록 그대로 문신들은 시를 짓기 위해, 무신들은 활솜씨를 뽐내기 위해 자세를 갖추고 있다. 가지런히 앉거나 서 있는 그들 외에도 춤을 추거나 술잔을 주고받는 이들도 보인다. 아무리 국왕이 함께했다 해도 어차피 술자리였으니까. 이미 취해서 갓을 똑바로 쓰지 못한 자도 있을 정도였다니 노는 자리에서는 군신 사이의 엄격함도 잠시 접어두었다는 뜻인가 싶지만. 사관의 쓴소리가 더해진 걸 보면 어느 자리에나 지나친 자들이 있게 마련인 게다.

화면 하단에 뒷모습으로 줄지어 그려진 이들은 잔치의 흥을 북돋기 위해 불려온 악공과 기녀들이다. 차일 양편으로는 커다란 나무를 배치하여 화면 전체가 대칭을 이루도록 신경을 썼다. 나무 아래편에 매여 있는 말과 호표피虎豹皮 등은 신하들에게 내릴 선물을 그려 넣은 것이다. 시를 짓고 활을 쏘며 실력을 겨루었으니 의당 군주의 치하가 있어야 했을 터. 이렇게 국화 향 사이에서 잔치가 이어지고 있었다.

임금보다 유명한 이름,
임꺽정

이런 대접을 받았으면 정말 잘 놀았다, 이튿날 술이 깬 맑은 정신으로 인사를 전함이 마땅하지 않을까. 하물며 친구 사이도 아니고 군신의 도리가 있다. 역시나, 잔치 다음 날 성은에 감사하며 영의정을 비롯한 신하들이 전箋을 올렸다는 기록이 이어진다.

어제 서총대에 나아가 따로 잔치를 베푸시고 신들에게 명하여 잔을 올리게 하고 시를 짓게 하였습니다. 이어서 국화를 하사하고 또 초를 내려서 총영寵

쑦을 누리게 하였으니 은총의 융숭함이 넘쳤기에 삼가 전을 받들어 사은합니다… 주상 전하께서는 다재다능하신 하늘이 내리신 성인으로서 대덕을 날로 새롭게 하시니, 크게 나타내고 크게 이어받음을 조종의 법도를 따라 하셨습니다. 그런데도 신들이 감히 길이 평소의 절개를 다하며 더욱 충성을 다하지 않겠습니까.《명종실록》 1560. 9. 20.

하지만 당시 실록의 앞뒤를 살펴보면 의아한 생각이 든다. 하늘이 내린 성인의 시대라니, 우리가 알기엔 희희낙락할 만큼 좋은 시절은 아니었을 텐데? 자잘하게 흩어진 문제들이야 끝이 없겠지만 1560년을 전후로 한 몇 년 사이, 조정을 긴장시킨 사건이 진행 중이었다. 명종보다도 더 유명한 도적이 등장했으니 바로 임꺽정林居叱正. 한자 표기도 똑 떨어지지 않는, 저 낮고 낮은 자리의 이름이다. 명종과 그의 조정은 이 신출귀몰한 황해도 출신 도적 때문에 초조해하고 있었다. 이미 한 해 전인 1559년부터 군사를 풀어 행방을 추적했으나 한 해를 훌쩍 넘기고도 진척이 없었기 때문이다.

문제는 도적 하나에 있지 않다. 오래도록 관군과 맞설 정도로 그 세력 자체가 대단했을 리는 없다. 관군과 도적 사이에서, 차라리 도적 쪽에 동질감을 느꼈을 백성들의 마음이 사태의 본질이다. 왜 대도가 세상에 나타나고 의적이라는 이름으로 은근한 응원까지 받게 되는 걸까.

임금 3대에 걸쳐 사화가 끊이질 않고 있었다. 무오사화가 일어난 1498년부터 1547년 정미사화까지 50년. 그 사이에 사화만 다섯 차례다. 기록을 읽는 우리도 또 사화야? 한숨이 나오는데 당대를 살아간 사람들은 어땠을까. 사화는 선비에게 끼친 화를 뜻하지만 그 여파는 온 나라에 미치게 마련이다. 명종 시대 사화의 성격은 더욱 그랬다.

훈척 집단의 득세는 결국 국가를 어려움으로 몰고 가기 마련이다. 비정상적인 경로로 권력을 잡은 집단일수록 일하는 방식도 그럴 수밖에 없다. 실력이 아닌 인맥을 따져 관직을 내리고, 공론 대신 사심으로 정책을 결정하게 된다.

그들의 권력은 이권을 얻기 위한 통로일 뿐이다. 그들의 부귀영화를 지탱해줄 재원은 어디에서 나오는가. 당연히 백성들의 부담이다. 혼란스러운 사회에서 가장 먼저 고통을 받는 이들은 가장 낮은 자리에서 살아가야 할 백성들이었으니, 임꺽정은 바로 이런 시대의 산물이었다. 어지러운 정치 속에서 민심까지 흔들렸다는 얘기다. 오죽했으면 사관조차 이렇게 지적했을까.

> 사신은 논한다. 도적이 성행하는 것은 수령의 가렴주구 탓이며, 수령의 가렴주구는 재상이 청렴하지 못한 탓이다. 지금 재상들의 탐오가 풍습을 이루어 한이 없기 때문에 수령은 백성의 고혈을 짜내어 권요權要를 섬기고 돼지와 닭을 마구 잡는 등 못 하는 짓이 없다. 그런데도 곤궁한 백성들은 하소연할 곳이 없으니, 도적이 되지 않으면 살아갈 길이 없는 형편이다… 진실로 조정이 청명하여 재물만을 좋아하는 마음이 없고, 수령을 모두 공·황龔黃과 같은 사람을 가려 차임한다면, 검劒을 잡은 도적이 송아지를 사서 농촌으로 돌아갈 것이다. 어찌 이토록 심하게 기탄없이 살생을 하겠는가. 그렇게 하지 않고, 군사를 거느리고 추적 포착하기만 하려 한다면 아마 포착하는 대로 또 뒤따라 일어나, 장차 다 포착하지 못할 지경에 이르게 될 것이다. 《명종실록》 1559. 3. 27.

도적의 성행은 백성의 잘못이 아니요, 정치의 무도함 때문이라는 얘기다. 정치를 바로잡지 못한다면 결국 도적을 다 잡지 못할 지경에 이르도록 백성들의 이탈이 심해질 것이라고. '모이면 도적이요, 흩어지면 백성'이라는 사관의 평이 당시의 인식이었다. 결국 관군의 추격을 피하지 못하고 3년 뒤인 1562년 1월 임꺽정은 체포되었지만 근본적인 문제가 해결된 것은 아니다.

백성의 삶이 고단하지 않은 날이 얼마나 있을까마는, 역사에 오래도록 남은 대도가 출현했던 시대라면 더 말할 것도 없지 않을까. 연회를 열어 취하도록 즐겼을 군신들. 은혜를 내리고 충성으로 답하는 그들의 자리는 몹시도 흥겨워 보인다. 하지만 궁궐 담장 너머에서는 임꺽정으로 살아가야 할 이들의 고통이 끝없이 이어지고 있었다. 성인의 시대라니 가당키나 한가. 임금 앞에 사은하며 맡은 바 임무를 다하겠다는 조정 관료들의 다짐은 연회 전에도, 그리고 그 후에도 백성의 삶과는 무관해 보이는 자신들만의 메아리로 들린다.

비어 있는
임금의 자리

임꺽정 사건 이후 3년, 1565년에 문정왕후가 세상을 떠났다. 하지만 명종이 모후의 그림자에서 벗어난 시절도 겨우 2년으로 끝이었다. 외숙부 윤원형 등을 처벌하며 일신을 꿈꾼 것도 잠시, 서른넷 젊은 나이로 승하하고 말았다.

사신은 논한다. 아, 상께서는 총명하고 예지의 덕이 있었는데도 국가에 베풀지 못했다. 아, 상께서는 어둡거나 탐혹 잔인한 잘못이 없었는데도 백성들에게 해를 끼쳤다. 상이 군자를 쓰려고 하면 소인이 자기를 해칠까 두려워 죽여 버리고, 상이 소인을 제거하려고 하면 소인이 자기에게 붙좇는 것을 이롭게 여겨 서로 이끌어 나왔다… 문정왕후를 어머니로 두었고 윤원형을 신하로 두어 어머니는 불선不善을 가르치고 신하는 그 가르침에 순순히 따랐다. 아, 상이 요순처럼 훌륭한 임금이 되지 못한 것은 상하의 보익과 교도가 없었기 때문이니 아, 슬픈 일이다. 《명종실록》 1567. 6. 28.

명종에 대한 평가와 관련하여 흥미로운 점은 그의 신위神位가 불천위 不遷位로 모셔지지 못했다는 것. 조선 국왕 가운데 불천위로 모셔지는 임금은 종묘宗廟 정전正殿, 그렇지 못한 임금은 정전 곁의 영녕전永寧殿에 모셔진다. 어떤 임금들이 불천위에 오르지 못했을까. 정종이나 예종, 인종처럼 재위 기간이 아주 짧거나, 정변으로 그 지위가 취약해진 문종, 단종 같은 임금들이다.

이런 예외 사항에 해당되지 않는 임금으로는 명종이 유일하다. 무려 20년을 넘게 국왕 자리를 지켰으며, 정변으로 물러난 것도 아니었다. 그런데도 정전에 그의 자리는 없었다. 신위를 영원히 옮기지 않고 제사를 지내야 할, 그런 공훈은 없지 않느냐고. 안타깝게도, 그 정도로 존재감이 없었다는 얘기다.

서총대에서 연회를 열던 날을 떠올려본다. 명종의 속마음은 어땠을까. 재위 기간 내내 영향력이라곤 없던 국왕이 모처럼 신하들을 거느리고 주인 노릇을 하는 날이다. 이 그림을 보면 명종의 삐걱거리는 속마음이랄까, 그런 기운도 없지 않다. 임금의 자리는 비어 있다. 너무 존귀해서 그릴 수 없는 존재였지만 명종의 빈자리는 그냥, 그의 무게를 의미하는 것만 같다.

2부 **수성** 체제를 완성하고 사화로 얼룩지다

3부

혼란
변화의 길목에 서다

역사

1567. 선조 즉위
1575. 사림, 동인과 서인으로 당파 나뉨. 붕당의 시작
1589. 기축옥사(정여립 모반 사건)
1591. 건저사건. 동인, 남인과 북인으로 분당
1592. 임진왜란. 류성룡을 수상으로 한 남·북·서인의 연립 전시 내각
1608. 광해군 즉위. 경기도에서 대동법 첫 시행
1613. 계축옥사

1560~1570   1580~1590   1600~1610

미술사

1572. 〈독서당계회도〉 제작
1592. 이성길 〈무이구곡도〉
16세기 말. 선조 〈난죽도〉
1604. 공신 초상 제작
17세기 초. 이정 〈묵죽〉
17세기 초. 이신흠 〈사천장팔경도〉

1621. 김응하 《충렬록》 간행
1623. 인조반정. 광해군 폐위, 인조 즉위. 서인 집권
1627. 정묘호란
1636. 병자호란. 소현세자와 봉림대군이 심양에 인질로 잡혀감
1645. 소현세자 귀국, 훙서
1649. 효종 즉위
1659. 현종 즉위. 기해예송
1664. 함경도에서 특별 과거시험 실시
1670. 경신대기근

1620~1630   1640~1650   1660~1670

1643. 이징 〈화개현구장도〉

17세기. 오달제 〈묵매도〉
1636. 조속 〈금궤도〉

1664. 한시각 〈북새선은도〉

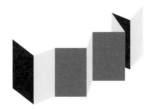

16세기 후반에서 17세기 후반에 이르는 100년. 조선은 몇 차례의 큰 전란으로 국가적 위기를 맞게 된다. 먼저 선조 재위 시인 1592년(임진년), 일본이 조선을 침략했다. 7년 동안 이어진 이 전쟁으로 조선은 엄청난 인명 피해에, 전 국토가 황폐화되는 비극을 겪게 된다. 게다가 원군으로 참전한 명나라에 대한 보은 문제는, 북방의 새로운 강국으로 등장한 후금(청)과의 관계를 어렵게 만든다.

선조의 뒤를 이은 광해군 시대에는 양측 모두와 적절한 관계를 유지하는 합리적인 외교 정책으로 두 대국 사이에서 균형을 지킬 수 있었다. 하지만 1623년, 대내적으로 폐모살제의 부담을 지고 있던 광해군이 반정을 일으킨 인조에 의해 폐위됨으로써 광해군의 외교 정책 또한 폐기되고 만다. 인조가 택한 숭명배금 노선은 결국 청의 침략을 부르게 되니, 1627년의 정묘호란과 1636년의 병자호란이 그것이다. 그 결과 인조는 청 태조 앞에 무릎 꿇는 수모를 겪었으며 소현세자는 인질로, 수많은 백성들은 포로로 끌려가는 등, 패전의 대가를 혹독하게 치러야 했다.

이 과정에서 김상헌의 척화파와 최명길의 화친파가 대결하게 되는바, 이 명분론과 현실론은 다음 세대, 전란을 수습할 책임이 주어진 효종과 현종 시대에까지 영향을 미치게 된다. 송시열은 복수설치의 명분으로 조선을 다잡으려 했고, 김육 등은 대동법 실시에 온 힘을 기울이며 내실을 다지고자 했다.

복수설치의 때를 기다린다는 조선의 계획은 사실상 실현되기 어려운 꿈이었다. 조선의 기대와는 달리 청은 중국 전 왕조를 통틀어 가장 화려한 제국의 시대를 맞고 있었다. 조선도 이런 현실을 받아들여 전란의 피해를 돌아보고, 내치에 국력을 집중해야 했다. 임진왜란에서 인조반정을 거쳐 정묘호란과 병자호란, 경신대기근 등의 재해에 이르기까지, 여러 차례 그 존망을 위협받으면서도 조선은 다음 시대를 준비하고 있었다. 나라의 명운이 흔들릴 정도의 시련이었으나, 용케도 이겨낸 것이다.

11장

선조, 붕당정치가 시작되다
좋았던 시절을 꿈꾸며 〈독서당계회도〉

강변 한적한 곳, 글을 읽는 공간이 있다. 이름도 솔직하다. 독서당讀書堂. 하지만 아무나 들어갈 수는 없다. 임금이 특별히 허락한, 번듯한 출신의 문과 급제자 가운데서도 고르고 고른 인재들에게만 열린 집이다. 연원으로 보자면 예상대로, 세종 시대 사가독서賜暇讀書에서 비롯되었다. 재능 있는 젊은 관료들에게 학문에 전념할 '독서 휴가'를 주었던 것. 광해군 시대 기록에서 간단한 연혁을 살필 수 있다.

대제학 유근이 아뢰기를, "사가독서의 규정은 세종조에 시작되었는데, 산사山寺에서 글을 읽도록 허락한 것입니다… 그 뒤 성묘조에 이르러 유신儒臣이 중들과 섞이어 지내서는 안 된다고 허여 용산애 있는 황폐한 절을 글 읽는 곳으로 삼았으며, 홍치 임자년에 조위의 건의에 의해 그 절을 수리하도록 명하고 이어 독서당이란 편액을 내렸습니다. 연산조에 이르러서는 이 선당選堂을 없애 마침내 궁인들이 차지하였고, 중묘가 중흥하자 맨 먼저 옛 법규들을 회복시키면서 정업원 자리를 독서당 터로 삼았고, 을해년에는 독서당이 조정과 저자에 바싹 붙어 있어서 글을 읽는 아늑한 장소로 적합하지 못하다고 하여 동호東湖에 서당을 마련했습니다. 이것이 사가賜暇에 대한 대강의 연혁입니다." 《광해군일기》 1608. 11. 21.

사가독서의 영광, 독서당

세종 시대에 시작된 제도가 이후 성종과 중종 시절을 거치며 전용 공간까지 마련하게 되었다는 얘기다. 본격적인 건물로 조성된 것이 바로 중종 시대에 동호東湖, 즉 한강 두모포 근처에 건립한 독서당인데 호당湖堂으로도 불린다. 조광조를 비롯하여 이황, 주세붕 같은 유명 학자들이 이곳에서 독서 휴가를 가졌다. 휴가라곤 하지만 마냥 가볍게 책장이나 넘기는 시간일 리 없으니, 월제月製로 달마다 글을 지어 올리고 평가도 받아야 했는데 수준도 만만치 않았던가 보다. 이이 같은 인물은 (이 독특한 천재의 행적을 평균으로 생각하면 곤란하겠지만) '독서당에서의 월제를 계기로 문답체로 임금의 학문하는 방법과 정치하는 도리를 진술하였'고 했을 정도다. 하여 글의 제목도 《동호문답東湖問答》.

진지한 학문의 요람이었을 그곳, 어떤 모습이었을까. 그 운치를 담아낸 그림이 남아 있다. 그런데 제목이 〈독서당계회도讀書堂契會圖〉. 책을 읽으며 학문을 연마하는 곳에서 계회라니? 직장 동료 모임 위주였던 앞의 계회와는 달리 이곳에서는 '수료자' 모임이 있었던 것이다. 명예로운 경력을 기리는 자리이니 참가자 입장에서는 의미가 더욱 크지 않았을까?

참석자들의 사가독서 시기와 이력을 맞추어볼 때 그림이 제작된 시기는 1572년 정도로 보인다. 어떤 사람들이 참석하고 있는가. 모두 아홉 명이 좌목에 등장하는데 우리에게 익숙한 이름이 여럿이다. 게다가 그 가운데는 경연에서 젊은 국왕을 이끌었던 스승들도 포함되어 있다. 하긴, 그렇게 열심히 공부하여 국왕을 보좌하라고 사가독서의 특혜를 준 것이었으니까. 당시의 국왕은 선조. 보위에 오른 지 몇 해 지나지 않은 때였다.

열심히 공부하고
부지런히 다스리리

역대 임금 가운데 선조처럼 스승의 면면이 화려한 국왕이 있을까. 앞 세대로는 이황과 유희춘, 기대승이 있었고, 그 뒤를 이은 젊은 세대로는 〈독서당계회도〉에 이름을 남긴 이이와 류성룡이 있다. 스승만으로 보자면 그야말로 요순시대 성군이라도 만들어낼 기세다. 수업 내용이나 담당자들을 보면 신하들의 조바심이 느껴진다. 대학자 이황과 이이가 군주를 위한 공부 과목을 선정하고 교재를 맞춤 제작했을 정도니까. 이 임금을 제대로 보좌하지 않으면 안 된다는, 절박한 결의라 해도 좋겠다. 무엇 때문일까. 즉위 과정을 돌아보자.

외아들인 세자가 요절한 뒤, 왕위를 물려줄 아들을 얻지 못한 채 명종이 승하하고 말았다. 명종의 조카들 가운데 후사를 정해야 했는데, 명종 자신도 동모제同母弟가 없었기에 조카들이라고 해야 모두 중종의 서손庶孫들뿐. 조선 초기에는 왕자가 너무 많아 왕위 쟁탈전까지 벌어졌으나 이제는 적서를 따질 입장도 아니었다. 왕실로서는 황당한 사태에 직면한 셈이다. 결국 중종과 창빈 안씨 사이에서 태어난 덕흥군의 셋째 아들 하성군이 대통을 잇게 되었으니, 14대 국왕 선조다.

왕실에는 인종비 인성왕후와 명종비 인순왕후가 생존해 있었고, 형식상 인순왕후가 잠시 수렴청정을 맡았으나 친모도 아닌 대비가 실권을 행사하기는 어차피 어려운 일이다. 인순왕후 자신도 정치적 욕심이 있는 인물이 아니었고. 조정 관료들로서는 모처럼 왕실의 압박 없이 뜻을 펼칠 때를 만났다고 들떠 있었을 것이다. 국왕의 경연 시간이 헐렁할 수 없는 이유다. 군주로 모신 선조의 나이는 열여섯. 제왕 교육을 시작하기에는 조금 늦었지만 아주 늦지는 않았다. 옳은 방향으로 잘 가르쳐 인도한다면 (스승의 말을 잘 따른다면) 좋은 군왕이 될 수도 있다. 외척이 없는 것도 장점으로 받아들여졌다.

선조로서도 열심히 공부해야 했다. 부모가 모두 세상을 떠난 뒤였으니, 외로운 처지에 즉위한 그가 기댈 곳은 신하들이었다. 그 가운데서도 경연에서 마주하는 스승들에게 의지하는 바가 컸으리라. 방계傍系 출신이라는 부담도 털어내야 했다. 왕자가 아닌 신분, 그것도 서손으로 보위에 오른 첫 임금이다. 성종도 왕자는 아니었지만 부친이 세조의 적장자인 세자였고, 모친 또한 세자빈이었으니 선조와는 경우가 다르다. 여하튼 꿈꾸기 어려운 행운이었다. 시비에 시달리지 않으려면 좋은 임금이 되어야 한다고, 다짐으로 시작하지 않았을까. 즉위 기사에서부터 그 조심스러운 마음이 역력하다.

상이 근정전에서 즉위하였다. 그날 성복成服을 마친 후 백관들이 예절을 갖출 것을 청하였으나, 상이 굳이 사양하며 상차에서 나오지 않았다. 대신들이 간청하고 왕비 역시 굳이 청하자 상차에서 나오기는 하였으나, 또 감히 어상

3부 혼란 변화의 길목에 서다

御床에는 오르려 하지 않아 대신 이하 모두가 두세 번 권한 다음에야 자리에 올라 백관들로부터 하례를 받았다… 상이 즉위하자 모든 것을 법제에 따랐다. 종전에 너무 많았던 내번內番 환관 수를 절반으로 줄이도록 명하고 언제나 문을 닫고 묵묵히 앉아 환시들과 접촉을 않았으므로, 조야朝野에서는 성덕聖德이 성취되기를 기대하였다. 《선조수정실록》 1567. 7. 3.

목릉성세, 넘치는 인재들의 시대

모든 것을 법제에 따라 시작한 선조. '성덕이 성취되기를 기대했다'는 조야에서, 그의 즉위를 기다렸다는 듯 주청한 첫 번째 안건은 지난 시대의 잘못을 바로잡아달라는 것이었다. 을사사화 피해자에 대한 신원 요청이었는데 물론 선조는 흔쾌히 받아들인다.

을사년 이후에 죄를 받은 사람들은 뜻밖에 허물이 없는데도 죄에 걸려 대악의 이름에 빠진 자들이 매우 많다. 당시 조정의 선비들 중에 어찌 거개가 반역의 무리들이었겠는가. 모두들 그 당시의 공신인 이기와 윤원형의 무리들이 오랫동안 분심을 품고 있다가 선왕께서 어리신 것을 틈타 아주 작은 원망이나 터럭만 한 혐의만 있어도 반드시 그 기회에 터뜨린 데 연유했던 것이다… 원통함을 씻고 막힌 것을 펴는 일은 바로 신정의 처음에 하여야 한다는 전교를 내리자마자 하늘의 뜻이나 사람들의 마음이 단번에 일신하니 실로 신정에 있어서 가장 먼저 해야 될 일이다. 《선조실록》 1567. 10. 15.

당시 억울하게 죽은 이들의 직첩을 돌려주고, 유배에 처한 이들은 서용敍用하라는 명을 덧붙였다. 열여섯 어린 임금이, 궁에서 자라지도 않은 그가 어찌 정치의 내막을 속속들이 알겠는가. 신하들의 뜻을 전적으로 따르겠다는 표현이다.

조정의 목소리가 거의 일치하는 것은 이들의 정치적 입장이 대략 비슷했던 까닭이다. 당시 조정에는 이미 훈척 대부분이 밀려난 뒤였다. 구신이든, 새롭게 출사한 이들이든 본능적으로 사화와 외척에 대한 거부감이 있었다. 신구 관료 모두가 자신들을 사림으로 규정하였던 만큼 사화 희생자들의 명예를 회복하고 올바른 정치를 구현하겠다는 포부로 가득했던 것이다. 이렇게 한마음으로 나가면 될 것 같았다. 이후 목릉성세穆陵盛世(선조의 치세는 빼어난 인재가 두루 배출되어 학문과 문화가 융성한 시기로서, 선조의 능인 목릉穆陵에 기대어 목릉성세라 일컫는다)라 불릴 만큼 뛰어난 인재들이 등장했던 시대가 아닌가.

무엇보다도 조선이 통치 이념으로 내세운 성리학 분야의 성취가 두드러졌다. 이황과 기대승, 그리고 이이와 성혼의 학문적 논쟁으로 널리 알려져 있듯이, 이제 조선의 성리학도 독자적인 학설을 세우고 이를 토대로 치열하게 논쟁하는 단계로까지 나아간 것이다. 명종 후반에서 선조 대에 걸친 이 시대야말로 조선 성리학이 진정한 꽃을 피운 때였다. 명망 있는 학자에게 조정의 중요한 자리를 맡겼던 조선의 특성상 이런 인물들이 정치 일선에서 활동했으니, 좋게 보자면 인재군이 넓은 것이고, 달리 보자면 경쟁이 치열하다는 뜻이겠다. 공정함만 갖춘다면 그것은 그것대로 괜찮은 일이다.

그런데 기록을 읽어가면서 묘하게 신경 쓰이는 부분이 있다. 선조 시대 실록의 제목을 살펴보자니, 을사사화 신원 전교는 《선조실록》, 즉위

기사는 《선조수정실록》. 실록이 실록이면 되었지 수정실록이라니? 감히 누가, 국왕도 함부로 그 내용을 볼 수 없는 실록에 손을 댄다는 말인가.

붕당의 흔적,
두 편의 실록

두 개의 실록은 선조 시대에 시작된 붕당정치의 흔적이다. 물론 선조 이전에도 정쟁이 없지 않았으나 대부분 훈척과 신진의 대립이었다. 공신이나 외척, 총신의 권력 남용에 대해 젊은 선비들이 비판으로 각을 세운 경우다. 실록을 기록하는 사관의 의견이 각자의 시각에 따라 다른 경우도 있었는데, 사관 1은 칭찬을, 사관 2는 비판을 했다면 그 견해를 모두 실어두는 식으로 균형을 잡았다. 물론 정변 등의 민감한 사안에 대한 기록처럼, 읽는 이가 판단해야 할 대목이 없지는 않다.

하지만 선조 시대 이후의 당쟁은 이와는 다른 차원의 문제를 불러왔다. 사건을 보는 시각 자체가 편향되었던 것이다. 사관들은 직필을 한다고 자임했을지 모르지만 이미 자신이 속한 당파적 논리에서 자유롭지 못했다. 두 개의 선조실록이 탄생한 이유도 이 때문이다.

《선조실록》이 편찬된 것은 1610년(광해군 2)으로, 당시 광해군의 조정은 북인들 세력 아래 있었다. 때문에 《선조실록》의 기사 내용을 자신들 당파에 유리하도록 선정하여 남인과 서인에 대한 부정적 내용이 가득하다는 혐의를 받게 되었고, 다음 임금인 인조 시대에 권력을 쥔 서인 측에서 이를 용인하지 않았다. 역사를 바로잡아야 한다는 명분 아래 또 하나의 실록인 《선조수정실록》 편찬을 주장하여 1657년(효종 8)에 완성하게 되었다. 다행히, 수정실록을 편찬한 이들이 원본인 《선조실록》을 폐기하지는 않았다. 두 개의 실록을 나란히 남겨 그 평가는 후대에 맡기겠다는 뜻이다.

붕당의 시작,
동인과 서인

실록에 손을 대야 할 만큼 깊었던 갈등이다. 선조 즉위 당시만 해도 조정이 한마음으로 새로운 시대를 염원하고 있었는데 어디에서 틈이 벌어진 걸까. 1575년, 선조 즉위 9년이 되던 해였다. 붕당의 시초가 된 '동서東西'의 다툼은 심의겸과 김효원, 두 사람의 갈등에서 촉발되었다. 그들의 집이 각기 도성 동쪽과 서쪽에 있었던 까닭에 동인, 서인이라 불리게 되었다.

> 처음에 심의겸이 외척으로 용사用事하여 한때의 명류名流들이 모두 붙좇았는데 김효원이 전랑이 되자 비로소 배척하기 시작했으므로 심의겸에게 출입하던 시배時輩들이 미워하여 붕당朋黨이 점점 나뉘더니 비로소 동서東西의 설説이 생겼다. 이이가 대신들에게 말하여 둘 다 내쳐서 화단이 생길 빌미를 막아야 한다고 청함에 따라 김효원은 삼척 부사에 제수하고 심의겸도 감사에 제수하였는데, 용사하는 무리들이 사당私黨을 끌어들이고 정사正士를 배척하였으므로 이로부터 조정에 문제가 많아졌다. 《선조실록》 1577. 5. 27.

인순왕후의 동생인 심의겸은 비록 외척이었으나 사림을 보호하는 등, 나름대로 신망이 있는 중진으로서 관료들과 무리 없이 지내고 있었다. 하지만 김효원은 훈척은 모두 배척해야 한다는 입장을 내세웠고, 이에 심의겸이 (젊은 한때, 윤원형의 식객 노릇을 한) 김효원의 이력을 비난하면서 양측의 대립이 시작되었다. 심의겸은 비교적 연배가 높은 구신들의 지지를, 김효원은 신진 측의 지지를 받는 중이었다. 이황이 1570년, 이준경이 1572년에 사망한 뒤 사림 전체를 어우를 만한 어른이 부재한 상황에서 벌어진 일이다.

양쪽이 주거니 받거니 등용과 실각을 반복하면서, 결국 모든 신료가 싫든 좋든, 어느 한 편에 몸을 담을 수밖에 없는 상황으로 이어졌다. 사림의 분열을 막기 위해 애썼던 이이가 결국 서인 측으로 방향을 정하고, 유연한 태도로 동인 내의 대화 창구가 되어주던 류성룡, 김우옹 등이 동인 쪽으로 깊이 가담하게 되었던 것.

기축옥사,
남인과 북인

1584년 이이의 사망으로 조정의 중재자가 사라져버린 와중에, 1589년 정여립 모반 사건, 즉 기축옥사己丑獄事로 양측은 그야말로 원수가 되어버린다. 동인 출신인 정여립이 빌미가 되었다. 옥사를 주관한 서인의 영수 정철이 그 범위를 동인 전체로 확대하여 무고한 이들의 죽음을 불러왔던 것이다. 그리고 두 해 뒤인 1591년에는 건저사건建儲事件이 터졌다(왕세자 책봉을 주청한 정철에게 선조가 크게 분노하여 결국 서인이 실각하게 되는 사건으로, 동인 측의 기획, 또는 조력으로 진행되었다). 하지만 동인들 사이에도 균열이 시작되고 있었다. 서인에 대해 강력한 대응을 주장하는 강경파 이산해 등은 북인으로, 처벌 범위를 너무 넓히지 말아야 한다는 온건파 류성룡 등은 남인으로 갈라졌다.

16세기 후반 붕당의 전체적인 양상은 이처럼 세 개의 당파로 나뉘게 되는데 지역을 기반으로 한 학맥과도 관련이 깊다. 이황 학파는 남인, 조식과 서경덕 계열은 북인으로 결집했고, 학문적 구심점이 될 인물이 없던 서인은 이이가 합류하면서 본격적인 학맥을 갖출 수 있었다.

이후 조선 정치에 미친 영향도 그렇지만, 붕당의 성립은 그 자체로도 의미가 있는 사건이다. 정치 파트너로서의 붕당이 형성되어 군신 간의 공동 정치가 가능해진 만큼, 정치 체제의 변화라 볼 수 있겠다. 파트너를 기용하는 국왕의 자질도 중요한 요소가 된다. 붕당이 형성되는 시기의 국왕인 선조는 어땠을까. 귀가 얇아 이편저편으로 흔들리는 임금이었으니 때론 국왕의 입지를 강화하기 위해 당쟁을 은근히 부추긴 면도 없지 않다. 아무리 신권이 강했다 해도 조선은 국왕이 다스리는 나라다. 국왕의 지지 없이 어찌 집권에 성공할 수 있으랴.

우리는 군자,
너희는 소인

사실 붕당정치 자체가 문제는 아니다. 물론 조선에서는 오직 임금에게 충성해야 할 관리들이 사사로이 당을 짓는 행위를 대죄로 규정, 조광조에게 이 붕당죄를 씌워 사형에 처했을 정도였다. 하지만 명목상으로 그렇다는 얘기고, 운용만 잘 한다면 경쟁을 통해 더 나은 정책을 펼칠 수 있다. 오직 반대를 위해 편을 가르고 그 분열이 복수로 이어지는 경우가 문제일

터, 그리되면 무엇보다도 국가 운영에 차질이 생긴다. 당시 식견 있는 이들의 근심도 그에서 비롯되었다.

정책을 둘러싼 의견 대립이 아니라 우리 편이 군자君子, 반대편이 소인小人이라는 주장으로까지 나가게 되었으니 화해할 길은 이미 멀어진 것이다. 군자, 소인이기 이전에 그들은 고위 공무원이다. 백성들의 삶에 보탬이 되지 못하는 정쟁이 다 무슨 소용인가. 정치 체제 변화에 따른 진통이기도 했으나 안타깝고 답답한 장면이 이어진 것도 사실이다. 새로운 시대, 사림의 밝은 뜻으로 군주와 함께하자던 한때의 동료들이 이렇게 멀어져버리다니, 오히려 동료로 어울리던 그 시절이 까마득하게 느껴졌을지도 모른다.

〈독서당계회도〉,
마지막 추억을 담다

그 시절, 계회가 열리던 독서당으로 돌아가 보자. 붕당의 흐름 속에서 만난 이들 가운데 이 그림 〈독서당계회도〉의 주인공도 여럿 보인다. 작품 형식은 여느 계회도처럼 제목, 그림, 좌목의 순서를 지키고 있다. 하지만 한 폭의 감상용 산수화로서도 부족함이 없다. 기록의 의의를 둔 여느 계회도와 달리 화가는 꽤 공을 들이고 있다. 독서당에 담긴 의미, 그리고 좌목에 등장하는 이름들의 무게 앞에서 여느 계회도와는 조금 다르게 대접하고 싶다는 마음이 들었던 걸까. 업무로 주어진 기록화라 해서 단순한 업무로만 받아들이지는 않았던, 이름 모를 한 화원의 진심이 느껴진다.

산수 자체에 중심을 두었던 앞 시대 〈독서당계회도〉와도 접근 방식이

〈독서당계회도讀書堂契會圖〉

다르다. 멀리서 조망하는 산수에만 의존하지 않고 제목을 강조하듯, 독서당의 자태를 제대로 살려낸 구성이다. 화면은 왼쪽에 무게를 두어, 크게 솟구친 봉우리 아래로 독서당을 그려 넣었다. 학문에 열중하기에 더없이 좋았을 풍광이다. 독서당 앞쪽으로는 시원스럽게 강이 펼쳐져 있다. 한강변 두모포에 지었다고 했으니까.

독서당의 모습이니 실경이라 볼 수 있겠고, 강변의 위치도 관련 기록과 맞아떨어지는 구도다. 하지만 뒤편 산세는 어떤가. 물론 원경에서 근경까지 차곡차곡 봉우리를 겹쳐 그리는, 동시대 산수화의 흔한 표현 방식을 따르지는 않았다. 그렇다고 실경이라 보기도 어렵다. 이처럼 다소 도식화된 산세 표현은 이미 15세기부터 보아온 것들인 데다, 실제로 두모포에서 바라본 독서당 터의 뒷산과도 닮지 않았다. 구체적인 지명을 담은 계회도라 해서 실경 그대로를 그릴 필요는 없다. 그 주제에 어울리게, 독서당이라면 학문에 열중할 만한 이상적인 공간으로 그리면 족한 것이다.

그림 아래쪽 좌목에는 윤근수, 정철, 이이, 류성룡 등 아홉 명의 이름이 적혀 있다. 결국 이이와 정철, 윤근수는 서인으로, 류성룡은 동인-남인으로 당색을 정한 뒤, 이후 붕당정치에서 핵심적인 인물로 떠오르게 된다. 몇 해 뒤에는 정적으로 등을 돌릴 사이가 되건만, 아직 그들은 아무것도 모른 채다. 상상도 하지 못했으리라. 독서당에 모였던 1570년 전후라면 아직 붕당 자체가 생기기 전이었으니 이 그림은 당쟁 이전, 그 마지막 추억을 간직한 작품인 셈이다.

1569년에 독서당에서 사가독서를 하고, 이 계회도에 이름을 올렸던 이이의 시 한 수를 들어본다. 독서당의 가을 밤 운치가 가득하다.

호당에서 이슥토록 잠 못 이루니　　　　　　湖堂久不寐

밤기운이 품에 산산하게 스며드는구나.　夜氣著人淸

나뭇잎 다 떨어지니 가을 가는 줄 알겠고　葉盡知秋老

강물이 훤해지니 달 뜨는 것을 보겠네.　江明見月生

엉성한 솔 그림자 탑에 걸려 흔들리고　疎松搖榻影

변방 기러기 모래밭에 내리는 소리로다.　塞鴈落沙聲

부끄럽구나 속세의 나그네는　自愧紅塵客

물가에 와서도 갓끈을 못 씻누나.　臨流未濯纓

좋았던 시절은 지나가버렸다. 사림으로 불리며 학문과 시대의 방향을 이끌던 이들이 한자리에 어울려 글을 읽는 일은 지난날의 꿈으로 남게 되었다. 동호의 독서당은 불타버리고 독서당의 계회를 담은 작품도 이 그림을 끝으로 더 이상 전해지지 않는다. 이제 독서당도, 그날의 모임도 그림과 시구로만 기억될 뿐이다.

하긴 계회 운운할 때가 아니다. 그림이 그려진 뒤 겨우 20년. 동인과 서인, 남인과 북인 사이의 앙금으로 조정 분위기가 여전히 날카로웠던 그때, 조선 최대의 국난이 눈앞에 닥쳐왔다. 독서당을 불태운 그 전쟁이 시작되는, 임진년 첫 해가 떠올랐다.

12장

선조, 조선 최대의 전쟁이 벌어지다

조선의 지배층은 전쟁을
어떻게 생각했을까 〈무이구곡도〉

시대마다 그에 어울리는 기호가 있다. 임진년壬辰年이라면 어떤가. 서기 1592년이라는 기호로는 담아내기 어려운 사건이 떠오른다. 임진년, 병자년, 기미년. 이런 간지干支는 그 자체로 고유한 사건명이 되어버렸을 정도다. 임진년, 그 끔찍한 전쟁이 일어난 해는 바로 만력 이십년 임진萬曆二十年壬辰이라 불린다. 연호를 만력이라 칭하는 명나라 황제의 재위 스무 해째인 임진년이라는 뜻이다.

공식 기록이라면 연호 사용에 민감하게 반응했던 중국을 염두에 두어야 했으나 개인 창작물에 굳이 연호까지 사용할 필요는 없다. 그림의 경우, 그해 겨울에 붓을 들었다면 '임진년 겨울에 그리다壬辰冬寫' 정도가 일반적이다. 그런데 '만력 이십년 임진'이라고, 또박또박 정자체 느낌으로 관지款識를 적은 그림이 있다.

임진년 당시의 그림이라면 전쟁 영웅을 주인공으로 삼거나 전투 의지를 고취, 혹은 국토 수호를 호소하는 장면 등을 생각하게 된다(이런 그림들은 전쟁이 끝난 뒤에 주로 제작되었다). 또는 그림 자체를 그리지 않는 상황도 가능하다. 그럴 여유가 어디 있겠는가. 그런데 의외의 주제가 그려졌다. 제작 시기는 임진년 11월.

그림의 제목은 〈무이구곡도武夷九曲圖〉. 이 주제를 알고 있는 이라면 의아해하고, 모르는 이라면 궁금해할 것이다. 제목을 풀어보면, 무이산 아홉 굽이를 그리다. 작품 규모나 필치가 만만치 않으니 전문 화가의 그림으로 생각할 수도 있겠으나 그렇지 않다는 데 난감함이 더해진다. 화가는 이성길. 후일 벼슬이 종2품 참판에까지 오르는 관료다. 전쟁이 한창이던 때, 진중陣中에서 그렸다고 한다.

사대부들은 왜
〈무이구곡도〉를 좋아했을까

무이산이 무엇이던가. 성리학을 흔히 주자학朱子學이라고도 하거니와, 바로 그 주자의 강학 공간을 상징하는 곳이 아닌가. 때문에 조선 사대부들은 그 아홉 굽이를 그림에 담아두고 '우리 주자 선생'을 따르겠다고 다짐했던 것이다. 중국에서는 물론 조선으로 건너온 뒤에도 꽤 오랜 기간 사랑받은 그림 주제다. 대학자 이황 또한 이 주제를 좋아했던 듯, 친구 이담(이중구)이 보내온 그림에 발문을 남긴 바 있다.

세상에 전하는 무이도는 참으로 다양하다. 나 또한 여러 본을 구하여 화사로 하여금 모사하게 하였으나 그 원본이 소략한 까닭에 모사본 또한 미진하였다. 벗 이중구가 보낸 이 그림은 눈앞에 가득한 운연이 정묘하고 곡진하여 깃

3부 **혼란** 변화의 길목에 서다

가에서 마치 무이도가武夷櫂歌가 들리는 듯하구나…

이미 여러 본을 구해서 모사까지 시킬 정도였다. 무이도가가 귓가에 들릴 만큼 그림에 흠뻑 빠져든 광경인데, 당시 사대부들의 〈무이구곡도〉 애호 경향을 알 만하다. 전쟁 중이라 해서 모든 이들이 종일 전투에 전념하지는 않는다. 밥도 먹고 잠도 자면서, 생명은 또 그렇게 살아가야 한다. 그사이 간혹 웃을 일도 아주 없지는 않았겠다. 그러니 그림을 그리거나 노래를 부른다 해서 의아할 일은 아니다.

그렇다 해도 〈무이구곡도〉라니, 한가롭게 그림에 몰두할 만한 시절이 아니지 않은가. 하지만 그렇기에 이 그림만큼 임진년 전후 조선 상황을 상징적으로 보여주는 작품도 없을 것 같다. 무이구곡을 꿈꾸던 이들이 국정을 맡았던 조선, 그 임진년으로 돌아가 본다.

1592년,
전쟁이 시작되다

1592년 4월 13일. 부산 앞바다가 일본군의 전선戰船으로 뒤덮이며 전쟁이 시작되었다. 적군은 놀라운 속도로 북상했다. 불과 이십 일 만에 도성이 함락되고, 의주로 파천한 국왕 선조는 명나라에 원군을 요청하게 된다. 다행히 연승으로 제해권을 장악한 이순신의 놀라운 활약과 명나라 원군의 가세로, 이듬해인 1593년 4월 도성 수복에 성공했다. 하지만 명나라 원군의 참전으로 국제전 양상을 띠게 되면서 오히려 전쟁은 전투와 강화 협상 사이에서 하염없이 길어져만 간다. 몇 년을 끌던 강화 협상이 결렬되자 일본이 다시 대군을 파견하여 또 한 번의 전쟁이 시작되니, 바로 정유재란丁酉再亂(1597)이다.

다시 전투와 협상이 진행되던 중인 1598년 8월, 전쟁을 일으킨 도요토미 히데요시의 갑작스러운 죽음으로 일본은 전쟁 동력을 잃게 된다. 이미 엄청난 전쟁 비용을 치른 명나라 또한 전쟁을 계속할 이유가 없었던 만큼 전쟁은 급격히 강화 분위기로 흐른다. 결국 1598년 11월 19일, 마지막 격전인 노량해전에서 자신의 목숨을 승리에 바친 이순신의 죽음과 함께 전쟁은 막을 내린다.

1592년 4월 13일부터 1598년 11월 19일까지, 무려 7년 가까운 시간이었다. 피해 병력은 조선군이 26만, 명군 3만, 일본군 17만 명이었는데 전쟁터가 되어버린 조선의 피해는 병력만으로 따질 일이 아니다. 전쟁으로 인해 조선 백성 수백만 명이 목숨을 잃었으며, 토지의 황폐화 또한 헤아리기 어려울 정도였다.

선조, 도성을 버리고 피난을 떠나다

이 간단한 개요만으로도 조선이 '망하지' 않았다는 사실이 놀랍다. 망하지 않은 정도도 아니어서, 참전국 가운데 정권을 지킨 나라는 조선뿐이다. 이미 내리막길에 접어든 명은 국력이 더욱 고갈되어 결국 신흥강국 청에게 중원을 내주었으며, 일본은 도요토미 히데요시의 막부가 무너지고 도쿠가와 이에야스의 에도 막부 시대가 열린다. 그런데 정작 국토가 전쟁터였던 조선은 왕조를 유지하며 300년을 더 이어가게 된다.

조선의 국왕과 신민들은 각기 어떤 상황에서 임진년을 맞이했을까. 당시 국왕 선조는 재위 25년, 어느새 40대에 들어섰다. 학문을 멀리하지도 않았고 시문과 서화에도 소질을 보였으며 특별히 사치와 향락을 즐긴 것도 아니었으니, 한 사람의 교양인으로는 괜찮은 수준이었다.

하지만 그는 조선의 통수권자로서 강토와 백성을 지킬 책임이 있다. 평화로운 시대의 국왕이었다면 무난했을 인물이었으나 국난을 주도적으로 극복할 만한 그릇은 아니었다. 스스로도 이 사실을 알고 있었던 듯하다. 결국 도성이 함락되는 위험 앞에서 그가 택한 길은 재빨리 파천을 단행하여 중국 국경을 코앞에 둔 의주까지 피난을 떠나는 것이었다. 한 술 더 떠서 중국 요동 땅으로 넘어가 내부內附를 청하겠다는 의지를 피력함으로써 신하들을 경악하게 만든다.

> 세자에게 종묘사직을 받들고 분조分朝하도록 명하였다. 상이 밤에 종신從臣을 불러 의논하기를, "나는 내부를 청하겠다. 세자는 당연히 종묘사직을 받들고 감무監撫하면서 나라에 머물러야 할 것이다. 누가 나를 따라 요동으로 건너가겠는가" 하니, 이항복이 아뢰기를, "신은 부모가 돌아가셨으며 나이도 젊고 병이 없으니 죽기를 각오하고 어려움을 따르겠습니다" 하였는데, 나머지는 대답하는 사람이 없었다. 《선조수정실록》 1592. 6. 1.

요동행은 실현되지 않았으나 이 장면은 선조의 많은 것을 이야기해준다. 세자에게 진란 수습을 맡기고 본인은 중국으로 망명하겠다는 선언 앞에서, 도승지로서 끝까지 국왕을 수행할 수밖에 없는 이항복 외에는 선조를 따르겠다고 자원하는 신하가 없었으니까. 정유재란 때에도 파천을 거론하며 '늘 나를 겁쟁이로 여기지만 서둘러 조처하지 않을 수 없다'

던, 그런 임금이었던 것이다.

선조와 광해군,
그리고 조선의 관료들

분조 얘기가 나왔으니 세자의 입장을 살펴봐야겠다. 광해군은 전쟁이 터지고 파천이 결정된 뒤 민심 수습을 위해 급조된 세자다. 나이 열일곱. 선조의 둘째 아들로, 적자가 없는 왕실에서 여러 왕자 가운데 가장 명망이 있었기에 선조는 그를 급히 세자로 세운 것이다. 분조를 이끌며 (말 그대로 조정을 나눈, 작은 조정이다) 꽤 애를 쓴 광해군이지만 부왕에게 그 공을 치하받기는커녕, 권력을 위협할 존재로 오히려 경계의 대상이 되어야 했다. 요동행이 좌절되고 나니 세자에게 나누어준 권력이 아깝게 느껴졌는지도 모른다. 세자 자리에 오른 그날부터, 이 부자 사이는 좋은 날이 없었다.

이런 임금과 함께 전란을 수습해야 했던 그 신하들의 면면을 보면. 1592년 4월 전쟁 발발 당시 북인 이산해가 영의정, 남인 류성룡이 좌의정 자리에 올라 두 세력을 형성하는 가운데, 오성과 한음으로 유명한 이항복과 이덕형이 각기 도승지와 대사헌을 맡고 있었다. 서인의 거두 정철과 윤두수는 좌천된 상태였으나 서인인 이항복에게 도승지를 맡기는 등, 각 당파를 두루 기용한 연립 내각이었다. 어느 한 편에 전적으로 힘을 실어주지는 않겠다는 국왕의 마음이 엿보인다.

피난길 위에서, 전쟁을 대비하지 못했다는 죄에다 파천을 막지 못했다는 죄가 더해져 영의정 이산해와 좌의정 류성룡이 탄핵을 받고 자리에서 물러난다. 빈자리는 누군가에겐 기회가 되니, 실각했던 서인들에게 그랬다. 재상군의 부족이 불안했던 선조는 윤두수와 정철을 불러 올려 중직을 맡기게 되는데, 평소 언행에 절도가 없던 정철은 얼마 뒤 다시 유배에 처해져 그곳에서 삶을 마감한다. 윤두수는 정승 자리에서 계속 선조를 보필하지만, 조정을 총괄할 만한 역량은 아니었다.

전쟁 중에도
당쟁은 계속되고

누가 남았을까. 유배형을 받은 이산해와 달리 류성룡은 관직 없이 여전히 조정 업무와 전선을 돌보던 중이었다. 모양새가 어색하긴 했으나 그를 대신할 만한 인물이 없었기 때문이다. 결국 1593년 서울 수복 후 영의정에 임명된 류성룡은 전쟁이 끝나는 1598년까지 수상 자리를 지킨다. 붕당 시비 속에서 비교적 온건한 입장을 보인 류성룡과 이원익 등이 서인인 윤두수 형제와 이항복, 그리고 이산해의 사위인 이덕형 등과 함께 조정을 이끄는 구도로 전쟁을 치르게 된 것이다. 전쟁 중반을 넘어서면 이산해 등 북인이 복귀하여 초당파적인 내각이 형성된다. 국난 수습을 위해 힘을 모으기는 했으나, 전쟁 중이라 해서 탄핵과 다툼이 없지는 않았다.

전선으로 눈을 돌리면 상황은 조금 더 복잡해진다. 전공戰功을 둘러싼 갈등에, 전선의 장수들 또한 붕당과 무관할 수 없었던 까닭이다. 일례로 류성룡의 천거로 전라 좌수사에 임명된 이순신의 경우를 떠올려보라. 반대파의 모함으로 (물론 선조의 의심과 시기가 더해져) 무려 해군 최고 지휘관에서 백의종군하는 처지로 떨어지기까지 했다. 독보적인 전투력으로, 그야말로 나라를 구해낸 그 어마어마한 공훈도 그를 지키지 못했다.

나라가 망하지 않은 데는 의병들의 공도 적지 않다. 곽재우나 김덕령 등, 각 지역의 명망 있는 이들이 의병장으로 활약했는데, 이들을 따라 떨쳐 일어난 백성들이 있었기에 의병이 의병으로 존재할 수 있었다. 사실 당시 조선 백성들의 삶은 지옥 그대로였다. 말이 쉬워 7년이지, 그 하루하루를 버텨내는 일이 어떠했을까. 그런 백성들에게 조선은 여전히 사랑하는 내 조국이었을까. 피난길에 오른 선조의 어가를 보며 '나라가 우리를 버리니 누굴 믿고 살라는 말입니까'라며 울부짖는 그들에게, 적어도 종전 다음 세대의 조선은 무언가 답했어야 한다.

임진왜란,
어떻게 마무리되었을까

마무리가 궁금하다. 전쟁 이후의 국가가 나아갈 방향을 가늠할 만한 대목이기 때문이다. 이순신이 전사한 노량해전의 대승을 마지막으로 전쟁이 끝났다. 남은 것은 논공행상. 각자의 공훈에 따라 상급이 내려질 일이다. 그리고 누군가는 책임을 져야 했다. 무슨 책임?

이런 얘기다. 선조는 이 치욕적인 전쟁을 어떻게든 미화하고 싶었다. '명나라의 은혜'로 일본군을 물리친, '이긴' 전쟁이라는 것이다. 국호를 유지하고 국토를 빼앗기지 않았으니 조선이 패전국이 아님은 분명하다.

하지만 7년 동안의 피해는 고스란히 이 나라 백성의 몫이었다. 이긴 전쟁이라 해도 누군가는 책임지는 모습을 보여야 했다. 따지자면 가장 큰 책임은 국왕에게 있다. 전쟁을 피할 수는 없었지만 (이건 일본의 결정이었으니까) 대응하는 과정에서 선조가 보여준 모습은 실망스럽다 못해 분노까

　　　　　　　　　　　3부 **혼란** 변화의 길목에 서다

지 불러일으키지 않았던가. 하지만 항상 그래왔듯, 국왕에게 책임을 묻는 이는 없었다.

선조 자신도 은근슬쩍 책임을 떠넘길 자리가 필요하던 차에 마침 영의정의 이름이 오르내렸다. 결국 전시 내각의 수상으로 나름 최선을 다해 파국을 막아낸 류성룡에게 삭탈관작削奪官爵의 명이 떨어진다. 그의 죄명은 주화오국主和誤國. 강화講和를 주장하여 나라를 치욕스럽게 만들었다는 것이다. 류성룡의 실각을 주도한 북인들은 종전 후 조정의 주도권을 잡게 되었고, 선조는 이들의 요구에 적극 답함으로써 면죄부를 얻고자 했다. 강경파 북인들의 뜻과 맞아떨어진 셈이다.

전장에서는 어떻게 마무리가 되었을까. 만약 이순신이 살아 있었다면 이 전쟁 영웅에 대한 처리로 선조가 머리깨나 굴렸겠으나, 이순신은 전사한 장군으로 그에 적합한 치하를 받았다. 그렇다고 구국의 신으로 추켜 세워주는 일은 하지 않았고, 딱 그만큼만. 의병장들의 경우를 보더라도, 지나친 전공과 대중적인 인기가 좋은 일만은 아니다. 김덕령 같은 이는 전쟁이 끝나기도 전인 1596년, 역모죄로 몰려 죽음을 맞았다. 삭탈관작으로 끝나는 문신들과 달리 덕망 있는 장수의 운명은 목숨을 장담할 수 없는 법이다. 전쟁에 너무 깊이 관여한 이름들은 이렇게 정리되었다.

조선의 사대부,
전쟁도 그들을 바꾸지 못했다

'버텨낸' 백성들이 있었기에 나라가 유지되었지만 전쟁이 끝난 뒤 세상은 옛 법칙으로 돌아갔다. 전쟁 당시, 도성을 버린 국왕에 대한 백성들의 분노는 이렇게 표출되었거늘.

> 이윽고 거가가 떠나자 난민이 크게 일어나 먼저 장례원과 형조를 불태웠으
> 니 이는 두 곳의 관서에 공사 노비公私奴婢의 문적文籍이 있기 때문이었다.
> 그러고는 마침내 궁성의 창고를 크게 노략하고 인하여 불을 질러 흔적을 없
> 앴다… 임해군의 집과 병조 판서 홍여순의 집도 불에 탔는데, 이 두 집은 평
> 상시 많은 재물을 모았다고 소문이 났기 때문이었다. 《선조수정실록》 1592. 4. 14.

노비의 문적과 궁궐, 평소 부당하게 재물을 모은 이들의 집이 불에 탔
다. 하지만 국정을 맡은 이들은 이런 행동 뒤에 자리한 백성들의 마음을
외면해버린다. 지배층의 뼈아픈 반성으로 새 시대를 준비하는 일은, 벌어
지지 않았다. 오히려 더 보수화되는 경향이 느껴진다. 명에 대한 사대는
물론 신분제도와 붕당정치, 그리고 성리학에 대한 절대적인 추종까지도
그랬다. 주자에 대한 존숭을 담은 〈무이구곡도〉에 대한 사랑 또한 변치
않았다.

이쯤에서 '만력 이십년 임진'에 그려진 그 작품을 읽어보자. 가로 4미
터의 긴 두루마리에 그려졌는데, 이런 주제는 보통 중국에서 들여온 작
품을 기준으로 삼는 경우가 많다. 조선 화가들이 무이산에 직접 가볼 수
는 없었으니까.

크고 작은 봉우리들 사이로 반듯한 건물들이 자리 잡고 있으니, 주자
가 학문에 전념하던 공간이다. 두루마리를 한 장면씩 펼칠 때마다 무이
산 아홉 굽이가 차례차례 모습을 드러내는 구도다. 제작 목적이 '그곳'을
그림으로 체험하자는 의도였으니 이렇게 굽이굽이를 하나씩 짚어가며
감상하지 않았을까.

화려한 색채 없이 차분한 먹색에 의지하여 풀어낸 것도 주제와 잘 어울리는 선택이다. 그림만으로는 현전하는 〈무이구곡도〉 가운데서도 단연 수작이라 할 만하다. 묘사에 꽤 정성을 기울인 작품으로서, 사대부 화가가 자신의 이상향을 그렸다는 느낌이 적지 않다.

주제의 성격상 이성길 개인의 성향을 반영한 그림이라 보기는 어렵다. 그가 속한 계층의 보편적 시각으로 받아들여도 무방할 터. 화가에게

〈무이구곡도武夷九曲圖〉(부분)

의아함을 묻자는 뜻보다는 그 거리감에 대해 생각해보고 싶다. 지옥 같은 전쟁터와 학문의 향기가 넘치는 무이산까지, 너무도 까마득한 거리다. 〈무이구곡도〉는 참담한 현실을 증언하지도, 통렬한 반성을 요구하지도 않는다. 그 태생 자체가 전쟁과는 무관한 그림이기 때문이다. 이 지점, 이 이질감이 바로 당시 지배층과 백성들 사이의 거리감인지도 모른다. 우리 땅을 지키겠다는 간절함으로 조선 강토를 화폭에 담기는커녕 이상 속의

무이산을 그리워하는 이들이라니, 백성들의 눈에 어떻게 보였겠는가.

화가의 관지에는 임진년을, 만력 이십년으로 강조하고 싶다는 마음이 드러나 보인다. 때는 임진년 11월, 명나라 원군에 대한 조선의 기대가 간절하던 시기다. 그리고 종전 뒤 선조가 주도한 명나라 존숭은 그 어느 때보다도 높아졌고 중국에서 전해 받은 주자학에 대한 신봉 또한 그러했다. 전란 전에도, 그리고 그 후에도 무이구곡을 꿈꾸는 이들의 지향점은 달라지지 않았다고나 할까.

조선은 전쟁을 견뎌냈지만 진중에서 무이산 구곡을 꿈꾸던 지배층의 시각은 안타깝게도, 아직 거기까지였던 것 같다. 구곡에 대한 꿈은 이후 〈고산구곡도〉, 〈곡운구곡도〉 같은 '조선식 구곡도'로 이어지며 하나의 장르를 형성한다. 주자와 성리학은 7년 전쟁 속에서도 살아남았을 뿐 아니라 '유일' 학문의 지위를 누리며 조선과 그 운명을 함께하게 된다.

덕이 있는 임금일까,
공이 있는 임금일까

종전 10년인 1608년, 선조가 승하했다. 그 공과를 평가하여 묘호를 정할 때가 온 것이다. 조와 종 사이에서 약간의 뒤척임은 있었으나 결국 조를 바쳐야 한다는 의견이 채택되었다. 의아하지 않은가. 무슨 공으로 이런 묘호를 받는다는 말인지.

> 빈청에서 대신이 아뢰기를, "대행 대왕의 묘호를 지금 바야흐로 의정議定하고 있는데 신들의 의견은 모두 '대행 대왕께서는 나라를 빛내고 난을 다스린

전고에 없던 큰 공렬이 있으니, 진실로 조祖라고 일컫는 것이 마땅하다'고 하였습니다. 예로부터 제왕이 공을 세운 경우에는 조祖라고 일컫고, 덕이 있는 경우에는 종宗이라고 일컫는 뜻이 이 때문인 것입니다. 지금 묘호를 조라고 일컫는 것이 온당할 것 같습니다. 감히 여쭙니다" 하니, 답하기를, "나의 뜻도 이와 같으니 아뢴 내용대로 조라고 일컫는 것이 매우 온당하겠다" 하였다. 《광해군일기》 1608. 2. 8.

'난을 다스린, 전고에 없던 큰 공렬'이 그 이유라 했다. 맥락 없이 읽다 보면 선조 스스로 대단한 군사라도 이끌어 온 강토에 태평성대를 불러온 줄 오해하기 십상이다. 묘호를 바치는 일이야 조정 대신들의 이해관계를 따랐을 테고, 광해군이 신하들의 주청을 받아들이지 않기도 난처했겠다 싶다. 선왕의 대신들과 새 임금 사이의 긴장은 이미 숨길 수 없는 정도였다. 선조가 마지막 순간까지 분란의 불씨 하나를 더 키워낸 까닭이다.

조정의 분란이 다시 절정을 향해 치닫고 있었으며, 나라 밖으로는 바야흐로 대륙의 패권을 두고 명과 후금 사이에 혈전이 벌어지는 때였다. 안팎으로 모두 쉽지 않아 보이는 과제가 놓였다. 하지만 광해군은 서러웠던 15년 세자 시절보다는 차라리 힘든 과제를 떠맡는 쪽이 마음 편했는지도 모른다. 험한 시절 분조를 이끌며 정치 경험도 쌓은 데다, 그 자신의 능력도 없어 보이지 않는 인물이다. 무이구곡의 이상향이 아니라, 이 땅의 현실을 돌아보며 부왕과는 다른 길을 도모하겠다는 결심을 기대해도 좋지 않을까. 새로운 기분으로 분위기를 바꾸기에도 적절한 시점이다.

어땠을까. 17세기 초반 조선은 어떤 길을 찾았을까. 찾았을까?

13장

광해군, 흔들리는 내치와
실리적인 외교 사이에서

명과 후금 사이에서 현명하게 처신하라 〈파진대적도〉

어쩔 수 없는 선택이었으나 더 나은 길을 찾기도 어려웠다. 고래 싸움에 숨은 쉬어야 했으니까. 광해군 11년인 1619년, 중국 심하深河에서 치열한 전투가 벌어졌다. 대륙의 주인을 자처하는 명과, 그 질서에 도전한 후금의 대결이다. 그리고 어째서인지 그들 사이에 조선군이 끼어 있었다. 당시 평안 감사가 광해군에게 올린 전투의 정황이다.

> 평안 감사가 치계하기를, "중국 대군과 우리 삼영三營의 군대가 4일 심하에서 크게 패전하였습니다… 좌영의 장수 김응하는 혼자서 큰 나무에 의지하여 큰 활 3개를 번갈아 쏘았는데, 시위를 당기는 족족 명중시켜 죽은 자가 매우 많았습니다. 적은 감히 다가갈 수가 없자 뒤쪽에서 찔렀는데, 철창이 가슴을 관통했는데도 그는 잡은 활을 놓지 않아 오랑캐조차도 감탄하고 애석해하면서 '의류장군依柳將軍'이라고 불렀습니다… 적이 우리나라의 오랑캐말 역관인 하서국을 불러 강화를 하고 무장을 풀자는 뜻으로 말하였습니다…" 하

였다. 이 싸움에 개철 총병 두송이 공을 탐내어 경솔히 전진하는 바람에 전군이 패몰함으로써 적병이 동쪽 방면에 전념하게 되어 끝내는 사방의 군대가 모두 패하는 결과를 초래하였다. 《광해군일기》 1619. 3. 12.

명과 후금이라는 두 대국 사이에 놓인 조선의 현실이었다. 조선이 참전한 쪽은 패전국인 명. 삼영의 장수 가운데 좌영을 이끈 김응하는 전사했고, 도원수 강홍립과 부원수 김경서 등은 청군과 강화하고 그들의 포로가 된다. 기사 말미의 평가처럼 명나라 장수들의 전투 능력이 문제였다. 조선이 양측의 전력에 대해 전혀 모르지는 않았을 것이다. 그럼에도 명의 한 축을 이루어 패배할지도 모를 전투에 나서야 했다. 피하지 못할 배경이 있음이 분명하다. 더욱 의아한 것은 바로 이 '패전'을 기록한 그림이 남아있다는 점이다.

〈파진대적도〉,
충절을 기록하다

그림은 《충렬록忠烈錄》의 삽화로 제작되었다. 김응하의 전공을 치하하기 위한 책으로 심하전투 2년 후인 1621년에 제작되었다. 삽화의 특성상 구성은 간략하지만, 나름 구도를 잘 잡아 현장의 생생함을 전해주고 있다.

이 가운데 〈파진대적도擺陳對賊圖〉는 조선군과 적군의 대치를 사선 구도에 담아내었는데, 특히 각 열마다 다른 무기를 들고 적을 향해 선 조선군의 모습을 강조했다. 그런데 이 다급한 현장에서 다소 의외의 소재가 등장한다. 조선군 앞쪽에 그려진 버드나무 한 그루. 실록에서 김응하를 지칭한 '의류장군', 버드나무에 기대어 적을 물리쳤다는 부분을 불러온 것이다. 하긴 그림이 실린 《충렬록》이 김응하의 장렬한 죽음에 대한 헌사였으니까.

《충렬록》의 서문은 당대를 대표하는 문장가 이정구가 지었다. 그 내용을 보면 이런 그림까지 실어 책을 편찬한 의도를 넉넉히 알 만하다.

> 아, 기미년의 전투에서 천자가 검劍을 잡았고 유 도독과 교 유격이 일대의 명장으로서 거느린 군사는 모두 사천·파촉의 뛰어난 인재요, 연주·요동의 씩씩한 건아들이었으나, 하늘이 선한 쪽을 돕지 않고 군사가 경솔히 전진했다가 마침내 스스로 분신하고 목을 매어 죽고 말았다. 저 강홍립과 김경서가 군사를 거느린 채 구원하지 않다가 갑옷을 벗고 적에게 투항한 것이야 차마 말할 수조차 있겠는가. 이러한 때 장군의 죽음이 없었다면 적을 정벌하기 위해 군사를 모두 동원했던 우리나라의 의리를 어떻게 드러낼 수 있었으리요. 장군의 죽음은 사직을 지킨 공을 세운 것이라 할 만하다… 장군을 높이 포장한 은전이 더할 나위 없자 장군의 충절이 더욱 세상에 드러났으며, 장군의 충절이 더욱 세상에 드러나자 적을 토벌한 우리나라의 의리와 대국大國을 섬기는 성상의 충성이 천하 후세에 더욱 높이 빛나게 되었으니, 이 어찌 훌륭한 일이 아니겠는가.

김응하의 전사가 사직을 지킨 공이라 추켜세우고 있다. 포상 또한 적지 않아서, 광해군은 그에게 영의정을 추증하고 사당을 세워 직접 예관을 보내 제사를 올리기까지 한다. 한 영웅에 대한 포상으로 넘치다 싶은 정도다. 무엇 때문인가. 서문 말미에 보이듯 포상을 통해 충절이 드러나고, 그 충절이 드러남으로써 조선이 명나라에 대해 의리와 충성을 다했음을 알리게 되었기 때문이다. 이렇게 널리 알려야 했을까. 물론이다. 전투가 벌어진 1619년 3월을 전후로, 파병에서 그 이후 패전 수습과 공훈에 대한 포상에 이르기까지 조선은 꽤 까다로운 문제들을 처리해야 했다.

물론 김응하의 충절을 칭송하는 사대부들의 마음은 드러난 그대로일 수 있다. 하지만 광해군의 사정은 그리 간단할 수 없다. 명과 후금 사이에서 괴로운 처지였다. 후금의 세력이 날로 커지던 1618년, 명나라는 본격적으로 조선에 군사를 요구한다. 황제에 대한 충성을 다하라고. 하물며 임진년에 우리가 조선을 구원해주지 않았느냐고. 이미 부왕인 선조가 '나라를 살려준 명의 은혜'를 소리 높여 칭송한 다음이니, 광해군으로서는 부인할 수도 없는 일이다.

〈파진대적도擺陳對賊圖〉, 《충렬록忠烈錄》 중

3부 **혼란** 변화의 길목에 서다

명나라의 파병 요청을
둘러싼 갈등

파병이 쉬운 일인가. 임진왜란이 끝난 지 겨우 20년. 나라는 아직 전란의 피해를 극복하지도 못한 때다. 또다시 백성의 목숨을 내걸어야 하는 데다, 이로 인해 후금과 원수지간이 된다면 그다음 문제가 더 커져버린다. 광해군은 명의 징병 요구에 이리저리 핑계를 대며 버티는 중이었으나, 더 이상 거절하기도 어려웠다. 조정 신료들 또한 명의 은혜를 갚아야 한다며 군주를 압박했다. 결국 광해군은 파병을 결정한다. 강홍립을 도원수로 임명하여 1만 3천의 병력을 파견한 것이다. 하지만 명은 후금의 상대가 되지 못했다. 무능한 명장의 지휘를 받아야 했던 조선군 또한 심하에서 대패를 당하여 수천의 군사를 잃게 된다.

패전 직후, 도원수 강홍립의 항복에 분노하는 목소리가 적지 않았다. 멀쩡히 후금 진영에 살아남아 있다는 사실이 분노를 부추겼으니 명나라와 조선 조정의 반응은 그야말로 뜨거웠다. 강홍립 가족에게 죄를 물어야 한다는 상소가 빗발치기 시작했다. 광해군으로서는 명과 후금, 모두를 염두에 두어야 한다. 이미 심하전투가 많은 것을 이야기해주지 않았던가. 그렇다고 대놓고 명의 심기를 거스르기도 어렵다. 광해군은 우선 명에 대해 조선의 진심을 '보여야' 했다. 심하전투 두 달 뒤, 김응하를 위한 사당을 세우라는 전교를 내린다. 그것도 명나라 장수가 지나는 곳에, 아주 잘 보이도록.

> 상이 전교하였다. "김응하가 힘껏 싸워 순국한 것은 옛날 사람에 비해 손색이 없다. 급히 중국 장수가 지나는 곳에 사당을 세워 충혼忠魂을 표창하라."
> 《광해군일기》 1619. 5. 6.

이런 말을 하고 싶은 것이다. 우리 장수가 이처럼 용감하게 싸우다 전사한 거 보셨지요? 조정에서 사당까지 세우고 온 백성이 그 충성을 칭송하고 있습니다. 명나라의 은혜를 잊지 않겠다는 뜻이지요. 우리 군이 약해서 전투에 보탬이 되지 못하겠기에 군사를 보내지 못한다고, 누누이 말씀드리지 않았습니까. 그러니 우리에게 병력 요구는 이제 그만… 우리는 할 만큼 충분히 했습니다.

입장을 정리하라는
후금의 압박

명나라 쪽은 이렇게 넘어간다고 치자. 새로운 강자로 떠오른 후금은 어떻게 할 것인가. 일단 명보다도 후금과의 관계가 더 다급한 면도 있었다. 심하전투 바로 다음 달인 4월에 후금 측에서 자신들의 뜻을 전달해왔기 때문이다. 후금은 '원수진 일도 없는' 조선이 명을 도와 참전한 사실에 분노하고 있었다. 이쪽은 강홍립이 맡아줘야 했다. 강화 제안을 받아들여 남은 군사를 이끌고 항복했으니, 어느 정도 설득할 분위기는 형성된 셈이다. 게다가 '명과 조선의 특별한 관계'는 후금도 모르지 않았다. 임진년의 은혜 때문에 파병 요구를 거절할 수 없었던 조선의 상황을 전달한 것이다. 이에 후금 측에서는 '귀국의 과거를 묻지는 않겠다', '앞으로의 입장을 다시 정하라'는 서신을 강홍립에게 들려 조선으로 보낸다. 이것이 다시 광해군과 신료들 사이의 갈등을 낳았다. 의심을 낳기도 했다.

의아하긴 하다. 강홍립에 대한 '처분' 말이다. 일개 장수도 아니다. 조선군 전체를 통솔하는 도원수의 지위로 투항을 하지 않았던가. 하지만 광해군은 처벌하라고 주장하는 신하들에 맞서 강홍립과 그의 가족을 보호했을 뿐 아니라 적진에 머물고 있는 강홍립과 밀서까지 주고받는다.

이후 역사에서도 다양하게 해석하는 장면이다. 광해군이 강홍립에게 항복의 밀지를 내렸다고 보는 이들도 있다. 즉 명의 압박으로 참전은 하되 적당히 후금에게 항복하여 조선군 피해를 줄이라고 명했다는 것이다. 후일 광해군 폐위를 주도한 서인 측에서는 이를 명나라에 대한 불충의 명분으로 내세웠고, 반대로 광해군의 '중립 외교'를 칭찬하는 후대의 역사가들 쪽에서는 이야말로 현실적인 선택이었다며 그 판단을 높이 평가한다.

진실은 당사자들만이 알겠으나, 당시의 정황으로 보아 광해군이 강홍립에게 특별한 당부는 했을 법하다. '관형향배觀形向背'라는 말은, 조선군의 피해를 최소화하고 명과 후금 양측 사이에서 현명하게 처신하라는 지시가 아니었을까. 도원수 자리에 문관 출신 강홍립을 임명한 데에도 광해군의 뜻이 담겼을 법하다. 강홍립이 투항하지 않았다 해서 조선에 득이 될 일은 없다. 남은 군사들마저 잃은 뒤, 이후의 상황을 더 어렵게 만들었을 테니까. 어차피 후금과 원수가 되자는 전투가 아니었다.

현실을 모르는
조선의 조정

조선 조정의 의견은 어땠을까. '이미 노적에게 항복하고 노추의 서신을 가지고 의기양양하게 역마를 타고 도성의 문으로 곧장 들어온' 강홍립을 규탄하느라 후금에 대한 답신 따위는 염두에도 없었다. 답을 마련하라는 국왕의 명을 미루며, 명나라에게 변명할 일만을 걱정하고 있다. 그런 신하들을 향한 광해군의 어조에는 답답함, 그리고 비웃음이 담겨 있다.

경들은 이 적을 어떻게 보는가? 우리나라의 병력을 가지고 추호라도 막을 형세가 있다고 여기는가?… 적의 용병用兵하는 지혜와 계략을 실로 당해내기 어려우니 앞으로의 화환을 예측할 수 없다. 오늘날 우리나라를 위한 계책으로는 군신 상하가 마땅히 잡다한 일은 버리고 오로지 부강에만 힘써야 할 것이다… 강홍립 등의 사건에 있어서도 비록 적에게 항복하였다고 하나 이처럼 급하게 다스릴 것이 뭐가 있겠는가. 강홍립 등이 불행히 적진 중에 함몰되었으나 보고 들은 것들을 밀서로 계문하는 일이 안 될 것이 무엇인가… 대국 섬기는 성의를 더욱 다하여 붙들어 잡는 계책을 조금도 해이하게 하지 말고 한창 기세가 왕성한 적을 잘 미봉하는 것이 바로 오늘날 국가를 보전할 수 있는 좋은 계책이다. 그런데 이것을 버려두고 생각지 않은 채 번번이 강홍립 등의 처자를 구금하는 일만 가지고 줄곧 계문하여 번거롭게 하고 있으니, 나는 마음속으로 웃음이 나온다. 《광해군일기》 1619. 4. 8.

명을 잘 섬겨야 하지만 조선의 병력으로 대적할 수 없는 후금 또한 잘 살펴야 할 것이라고. 그런데도 부국의 대책은 강구하지 않고 강홍립의 죄만을 따지는 (광해군에게 밀서를 보낸 것도 포함되었다) 신하들에게 광해군은 어서 답서를 마련하라며 독촉하고 있다. 어떠어떠한 내용을 담으라는 상세한 지침도 잊지 않았다.

심하전투 전후의 줄거리로 보자면 광해군의 외교는 국제 정세를 제대로 읽은 현실적인 대응이라 하겠다. 이후 조선이 중립에서 벗어났을 때 벌어진 결과를 생각해보면, 광해군의 노선이 당시 조선으로서는 최선의 선택이었다. 하물며 천명은 서서히 명을 떠나는 중이었다.

선조의 유지로
야기된 갈등

천명을 듣지 못할 수는 있겠으나 그렇다 해도 조선 사대부들의 숭명 의식은 의아할 정도다. 더욱 의아한 것은 광해군을 도와 이 어려운 정국을 풀어나갈 재상이 없었다는 점이다. 그리고 또 하나. 외교 문제에는 효율적으로 대처해나간 이 임금이 어째서 내치에서는 실패한 임금으로, 심지어 폭군으로 비난받고 있는지도 궁금해진다.

조선 15대 국왕 광해군이 즉위한 1608년 2월로 돌아가 본다. 장자도 아닌 광해군이 위급한 전란 중에 세자로 뽑힌 것은 달리 경쟁할 만한 왕자가 없어서였지 선조의 신뢰 때문은 아니었다. 그런데 의인왕후 박씨의 승하 뒤 계비로 맞은 인목왕후 김씨가 왕자(영창대군)를 낳았다. 선조의 나이 55세, 승하하기 2년 전인 1606년의 일이다. 유일한 적자를 너무나도 사랑한 선조. 그렇다고 광해군을 폐위하고 영창대군을 세자로 삼을 강단도 없었다(아무나 하는 일이 아니다. 폐세자 결단은 태종 정도의 권력이 있어야 뒤탈이 없다). 깔끔하게 광해군을 인정하는 편이 현명했겠으나 이 유약한 아버지의 갈등은 두 아들 모두를 불행으로 몰아넣고 만다.

선조 후반기 조정은 임진왜란 마무리 과정에서 정권을 잡은 북인을 중심으로 중도 색채의 남인과 서인 일부가 보조하는 상황이었는데, 후계 문제로 북인 내에서 분화가 일어난다. 정인홍, 이이첨 등의 대북파는 광해군을, 유영경을 영수로 한 소북파는 영창대군을 지지했던 것. 이 와중에 선조는 양위 소동을 벌여 광해군 지지파인 정인홍 등을 유배에 처해 버린다. 심지어 명에서 책봉도 받지 못했으니 광해군을 세자로 칭하기도 어렵다는 발언까지 더했으나, 양위 소동 한 달 뒤에 승하하고 만다. 그리고 떠나는 길에 선조가 지펴놓은 불씨 하나가 더 있었다. 영창대군을 걱정하는 유지가 전해졌던 것이다.

> 내전內殿이 유교遺教 1봉을 내렸는데 외면에 쓰기를 '유영경·한응인·박동량·서성·신흠·허성·한준겸 등 제공諸公에게 유교한다'고 하였다. 유교의 내용은, "…대군이 어린데 미처 장성하는 것을 보지 못하게 되었으니, 이 때문에 걱정스럽다. 내가 불행하게 된 뒤에는 사람의 마음을 헤아리기 어려운 것이니, 만일 사설邪說이 있게 되면 원컨대 제공들이 애호하고 부지扶持하기 바란다. 감히 이를 부탁한다." 《광해군일기》 1608. 2. 2.

광해군에게서 영창대군을 지켜달라는 노골적인 당부다. 이처럼 명백하게 이름이 오른 이들이 광해군 아래에서 권력을 유지하기는 어려운 일. 영의정 유영경을 비롯한 소북 핵심 인물들은 사형되고, 그 주위에 둘러섰던 이들은 유배와 파직으로 조정을 떠나게 된다.

계축옥사,
그리고 이어진 실정들

생각도 많았을 광해군이 초대 영의정으로 임명한 이는 이원익이다. 그리고 부왕의 조정에서 수상을 역임했던 이덕형과 이항복 등을 함께 부른

3부 **혼란** 변화의 길목에 서다

다. 세 사람은 임진왜란 이전부터 줄기차게 실록에 오르내리던 이름들이고, 세상을 떠난 류성룡이 더해졌다면 전시 내각을 구성할 정도의 관록이다. 제대로 시작해보자고, 실전 경험 풍부한 '중간 지대'의 대신들을 불렀으리라. 대북파로는 어려웠다. 충심만으로 재상의 자리를 감당할 수는 없지 않은가.

영의정 이원익이 광해군의 뜻을 받들어 내놓은 첫 안건은 바로 대동법 실시다. 공물을 쌀로 대납하게 함으로써 백성들의 부담을 대폭 덜어주는, 조선 최고의 개혁으로 꼽히는 정책이다. 이후, 임금이 바뀔 때마다 시행 범위를 놓고 논란을 벌이게 될 정도로 백성들 입장에서는 절실한 정책이었는데, 광해군의 즉위와 함께 첫걸음을 딛게 된 것이다. 이어 2년 후인 1610년에는 그 유명한 허준의 《동의보감東醫寶鑑》이 편찬된다. 이런 식으로 광해군과 연립 정부는 발을 맞춰가는 중이었다.

여기까지는 괜찮았다. 하지만 1613년의 계축옥사癸丑獄事로 광해군의 도덕성은 치명상을 입는다. 사안은 역모. 인목대비의 부친 김제남 주변의 모든 인물들, 그리고 어린 영창대군까지 죽음을 면치 못했다. 광해군 즉위 직후 동모형인 임해군에게 죄를 내린 예도 있었으나, 이는 임해군의 처신에 기인한 바가 컸기에 광해군의 비정함이 크게 거론되지는 않았다.

임해군은 선조의 장자이자 광해군의 동모형이다. 어지간만 했어도 장자로서 세자 책봉을 받았을 테지만 부정하게 재물을 모으는 등, 워낙에 평판이 좋지 못했다. 임진왜란 당시에는 분노한 백성들이 그의 집을 불태웠을 정도였는데, 피난처에서도 그 폐해가 막심하여 백성들의 호소가 줄을 이었다. 광해군이 즉위한 이후로는 적자도 장자도 아닌 동생의 약점을 물고 늘어져, 명의 책봉을 받아야 할 광해군에게 큰 짐이 되기도 했다.

가택 연금 명령을 여러 차례 어기더니, 기어이 유배형을 받은 뒤 죽음에 이른 것이다.

하지만 계축옥사는 경우가 다르다. 이이첨 등을 중심으로 한 대북 강경파의 그릇된 욕망이 만들어낸 사건이었는데, 5년 뒤인 1618년에는 인목대비 폐위로까지 이어진다. 조정은 이미 균형을 잃어버린 것이다. 결국 이 '폐모살제廢母殺弟'로 이원익, 이덕형, 이항복 등 중간 지대의 재상들 모두가 광해군을 등지게 된다. 그들의 운명은 파직과 유배, 그리고 유배지에서의 죽음으로 이어졌다.

방향을 잘못 들어서고 난 뒤 광해군의 내치는 더욱 길을 잃고 헤매는 모양새다. 대동법도 더 이상 확대되지 못했고, 새 궁궐을 짓느라 토목 공사를 벌여 백성들의 원망을 사기도 했다. 몇몇 총신에게 의지하는 바가 커지다 보니 그들의 부패와 탐욕도 그만큼의 무게로 쌓여갔다. 자질이 부족한 임금은 아니었는데 권력 강화 과정에서 너무 많은 것을 잃고 말았다. 흔드는 이들이 어찌 없겠는가마는, 스스로 중심을 잡았더라면 중간파 관료들을 충분히 활용할 수 있지 않았을까. 하지만 그는 자신의 불안을 다스리지 못했다. 고만고만한 벼슬자리를 지키는 이들이 아니라 국운이 걸린 대사 앞에서 경륜 있는 재상이 필요했으나 이미 주변은 너무 삭막해진 상태였다.

광해군,
누구와 함께 일할 것인가

명나라의 징병 요구가 있던 1618년부터 심하전투가 벌어진 이듬해 3월

사이, 영의정을 맡은 이는 정인홍이다. 조식의 수제자로 남명학파를 이끌며 남인, 서인과의 싸움에서 대북을 지켜낸 이였다. 광해군의 정신적 스승이라 할 만했는데, 실제로 광해군은 큰 고비의 순간마다 그의 자문을 구하곤 한다. 하지만 그는 고향인 합천에 머물고 있었으니 이른바 산림정승山林政丞. 그렇다면 수상 노릇은 어떻게 한다는 말인가. 도성에서 합천까지, 국왕과 수상 사이의 문답을 실어 날라야 했다. 명나라 징병 요구에 대해서는 이런 정도의 문답이 오고갔다.

> 검열 이점이 서계하기를, "신이 이달 3일에 합천 땅에 이르러 영의정 정인홍에게 전유傳諭했습니다… 그가 신에게 말하기를, '상국에 일이 있으면 바삐 움직이며 정성을 다해 만분의 일이라도 보답할 것을 생각해야 마땅한데 하물며 징병하는 일이 있음이겠는가. 그러나 병사兵事는 멀리서 헤아리기 어려운 법이니, 무엇보다도 먼저 체찰사를 파견해 국경에 가서 머물게 한 뒤 분부를 듣고 급히 병사를 조발하게 하는 것이 좋겠다. 군병의 수를 약속대로 다 채우지 못한다 하더라도 성의를 가지고 서로 통하면서 나라의 피폐한 상황을 두루 개진한다면 중국 장수 역시 이와 같은 우리나라의 사정을 필시 양해할 테니 어쩌면 징병의 숫자를 감해줄 가능성도 있을 것이다' 하였습니다" 하니, 알았다고 전교하였다. 《광해군일기》 1618. 5. 16.

3일에 합천에 도착하여 국왕의 유지를 전한 뒤, 다시 영의정의 답이 서울에 도착한 때가 16일이다. 급박했던 당시 상황을 생각해보라. 답답한 장면이다. 광해군으로서는 믿고 의논할 다른 대안이 없었다는 뜻이겠다. 국왕이 뜻을 펼치려면 조정에서 받쳐주는 힘이 있어야 했건만, 그 정도의 안목과 경륜을 갖춘 이를 얻지 못했던 것이다. 정인홍의 인물됨이 어떠했든, 이런 식으로 혼란기의 정치를 이끌 수는 없다. 광해군이 조정을 확실히 장악하고 현신을 등용하는 데 성공했더라면, 제아무리 명에 대한 사대를 뼈에 새기고 태어난 조선 사대부들이라 해도 무작정 막아서지는 못했을 것이다.

이 무렵의 광해군을 보면 안타깝긴 하다. 제가齊家를 하지 못해 치국治國이 어렵게 되어버린 형국이다. 조선의 몇 년 후를 생각해보면 더욱 안타깝다. 광해군의 외교 노선이 계속 이어지지 못함으로써 결국 조선은 큰 대가를 치르게 된다. 1619년의 심하전투는 명과 후금의 운명을 가르는 (힘의 차이를 보여주는) 전투였는데, 광해군의 통치에도 하나의 분기점으로 기록될 만하다. 반대편 사람들에게 좋은 명분이 되어주었던 것이다.

묘호도 시호도 없이
폐위되다

우리가 아는 그대로 광해군은 조, 종의 묘호를 받지 못한 임금으로 남았다. 1623년, 선조의 손자로 광해군에게는 조카가 되는 능양군이 정변에 성공한 뒤, 광해군의 모든 행적을 부정하고 나섰다. 인목대비의 폐위 교지를 보면, 특히 기미년의 심하전투를 광해군을 폐위한 하나의 근거로 내세우고 있다.

> 광해는 은덕을 저버리고 천자의 명을 두려워하지 않았으며 배반하는 마음을 품고 오랑캐와 화친하였다. 이리하여 기미년에 중국이 오랑캐를 정벌할 때 장수에게 사태를 관망하여 향배를 결정하라고 은밀히 지시하여 끝내 우

리 군사 모두를 오랑캐에게 투항하게 하여 추악한 명성이 온 천하에 전파되게 하였다. 《인조실록》 1623. 3. 14.

광해군은 결국 강화, 교동을 거쳐 제주에 유배된 채 마지막 날들을 보낸다. 제주로 옮겨갈 때 심경을 읊은 시 한 구절을 읽어본다.

돌아가고픈 마음에 왕손초를 신물나게 보건만	歸心厭見王孫草,
나그네의 꿈 어지러이 제자주에 깨는구나.	客夢頻驚帝子洲。
고국의 존망은 소식마저 끊어지고	故國存亡消息斷,
안개 자욱한 강물 위 외로운 배에 누웠구나.	烟波江上臥孤舟。

폐위된 그는 생각보다 더 오래 명을 이었다. 1641년까지 살았으니, 외교 실패로 벌어진 참사를 모두 듣고 있었던 셈이다. 일국의 군주가 바다 너머로 버림을 받았다면 화병이라도 나서 명을 재촉했을 것 같은데 의외로 다혈질은 아니었던 모양이다. 유배된 그 섬에서 어떻게 살았을까. '이렇게 사는 편이 나았겠다' 하며 오히려 마음이 편했을까. 가끔은 진심을 다해 상소하던 옛 신하들을 떠올리며 쓸쓸한 후회에 젖었을지도 모르겠다.

폐위된 임금이 제주에서 세찬 바람 맞으며 회한에 젖어 있을 때, 그를 대신한 새 임금은 여전히 해결되지 않은 그 문제 앞에 섰다. 종묘사직을 지키고자 보위에 올랐다는 이 왕손은, 조선이 두 중국과 한자리에서 만났던 심하전투를 어떻게 바라보았을까. 균형을 잘 잡아야 했다. 버드나무에 의지하며 혈전을 벌인 장수도, 양국의 정세를 판단하여 투항을 결정한 장수도, 모두 쉽지 않은 길이었으리라. 하지만 조선의 새 국왕은 이 중요한 역사 현장에서 교훈을 얻지 못했던 것 같다.《충렬록》에 실린 그림의 뜻을, 표면적인 의미 그대로만 받아들였던가 보다.

14장

인조, 병자호란과 삼전도의 치욕을 겪다

임금이라는 사실을 인정받고 싶다 〈금궤도〉

옛날이야기라도 그려 넣은 것일까. 화면 속에는 두 사람, 자세로 보아 한쪽은 곁의 인물을 시중드는 역할이다. 그들의 눈길이 닿은 곳에는 커다란 나무에 매달린 금빛 궤짝 하나. 이것만으로도 흥미로운데 그 금궤 아래 하얀 닭 한 마리가 목청껏 울고 있다. 수수께끼처럼 재미나다. 채색도 그렇다. 먹색에 많이 의존했던 앞의 그림들과는 달리 짙은 색채로 거침없이 온 화면을 채워 넣었다.

그림 위편에 화제畫題가 보인다. 단정한 해서체로 적은 것을 보면 그림의 첫인상과는 달리 격식을 갖추려 한 듯도 한데, 화제의 시작 또한 어제御製. 임금이 지은 글이다.

어제.
이분은 신라 경순왕 김부金傅의 시조로서, 금궤 안에서 그를 얻었기에 성을 김씨라 하였다. 금궤는 나무 위에 걸려 있고, 그 아래 흰 닭이 울고 있어서 보고 가져와 보니 금궤 안에는 남자아이가 있는데, 석씨의 뒤를 이어서 신라의 임금이 되었다. 그의 후손인 경순왕이 고려에 들어오매 순순히 온 것을 가상히 여겨 경순이라는 시호를 내렸다. 을해乙亥 다음 해 봄 삼국사를 보고 그리라고 명령하였다.

이조 판서 김익희가 교시를 받들어 쓰고, 장령 조속이 교시를 받들어 그렸다.

역시 옛날이야기 맞다. 경주 김씨의 시조 이야기니까 때는 신라 초기. 몹시도 오래된 일이다. 그림 제작을 명한 내막이 궁금한데, 그보다도 그 명을 내린 시기를 지칭하는 부분이 눈에 띈다. '을해乙亥 다음 해 봄'에 명을 내렸다고 했는데, 을해 다음 해라니? 간지로 따지면 병자丙子. 그렇다. 병자호란丙子胡亂으로 기억되는 1636년이다.

차마 병자년을 병자년이라 부르지 못하고 있다는 얘기다. 병자년을 입에 담고 싶지 않았던 당시의 국왕은 인조. 사실 병자년에 이르기까지도 인조의 임금 노릇은 쉽지 않았다. 누구를 탓하랴. 본인 뜻과는 무관하게 왕위를 이었던 여느 임금과 달리 그는 스스로 반정을 주도하여 그 자리를 차지한 이다.

반정을 주도적으로 이끌다

상이 의병을 일으켜 왕대비를 받들어 복위시킨 다음 대비의 명으로 경운궁에서 즉위하였다. 광해군을 폐위시켜 강화로 내쫓고 이이첨 등을 처형한 다음 전국에 대사령을 내렸다. 상은 선조 대왕의 손자이며 원종대왕의 (정원군으로 휘는 이부인데, 추존되어 원종이 되었다) 장자이다… 상이 윤리와 기강이 이미 무너져 종묘사직이 망해가는 것을 보고 개연히 난을 제거하고 반정反正할 뜻을 두었다. 《인조실록》 1623. 3. 13.

병자년으로부터 13년 전인 1623년 3월, 능양군 이종이 광해군을 폐하고 왕위에 올랐으니 조선 16대 국왕 인조다. 반정 직후 광해군 조정의 핵심을 이루던 이이첨, 정인홍 등은 모두 처형됨으로써 대북 세력은 완전히 붕괴되었다. 인조를 도와 반정에 참여한 이들은 김류, 신경진, 이귀, 최명길, 장유, 김자점 등 서인에 속하는 문무관들. 느닷없이 불려 나와 용상에 앉은 중종과는 경우가 다르다. 찬탈이 아니라 반정이라 내세우려면 그 뜻한 바가 무엇인지, 광해군 시대의 잘못을 어떻게 바로잡아 더 나은 길을 찾을 것인지, 앞일에 대한 계책을 보여주어야 한다.

인조와 서인 세력은 어디에서 시작했을까. 일단 그들의 명분이 '종묘사직이 망해가는 것을 막기 위함'에 있었으니 광해군과는 선명하게 구분되는, 눈에 보이는 무언가가 있어야 했다. 안으로는 다시 이원익을 수상으로 내세워 흐트러진 민심을 모으고자 했다. 반정공신인 서인 세력이 주축을 이룬 가운데 남인인 이원익에게 영의정 자리를 준 것은, 백성을 위한 실용적인 정책에 앞장서는 인물이었던 점이 크게 작용했으리라. 백성 앞에 내세울 얼굴로 적합했다는 얘기다. 명망 있는 노대신의 경륜을 사겠다는 뜻에, 서인들만의 정부라는 이미지를 희석할 필요도 있었겠고.

일단 '비상한 조치가 있어야 민심을 감복시킬 것'이라는 이원익의 건의를 받아들여 다시 대동법 시행을 논의하는 등 일신하는 모습을 보이고자 했다. 새로운 정책을 시행하는 것이 쉬울 수는 없다. 당장 대동법만 해도 그렇다. 광해군 즉위년인 1608년 경기도에 한정적으로 시행된 대동법은, 이처럼 인조 즉위와 함께 재논의되었으나 집권당인 서인 내에서도 찬반 의견이 팽팽하게 대립하며 좀처럼 진전되지 못했다.

반정의 명분을 위해
국익을 희생하다

그보다도 인조가 당장 해결해야 할 다급한 일이 바로 외교 문제다. 중국의 두 나라 사이에서 조선의 입장을 정해야 했다. 잘못된 판단이 그야말로 '종묘사직을 망하게 할' 수도 있다. 광해군의 중립 외교로 조선은 그나마 양측 사이에서 상황을 지켜볼 시간을 버는 중이었는데, 어땠을까. 인조가 그 길을 따랐을까.

그럴 수 없었다. 당장 반정의 명분으로 무엇보다도 이 부분을 강조했기 때문이다. 즉위 교서에서도 '부모와 같은 중국 조정의 은혜를 저버리고 우리 동방 예의의 풍속을 무너뜨린' 광해군의 악행을 소리 높여 꾸짖었으니, 그를 처단한 인조로서는 당연히 명나라의 은혜를 갚는 노선으로 갈아타야 했다.

하지만 인조의 일편단심을 정작 명나라 측에서는 활용하기 좋은 협상 카드로 받아들이게 된다. 반정 사실을 고하며 책봉을 요청하는 인조의 사신을 향한 명나라의 반응인즉, 이는 왕위 찬탈이 아니냐는 것이었다. 하지만 길이 없지는 않다고 했다. 반정의 명분이 사실이라면, 명에 대한 충성을 확실하게 증명해 보이라고. 어떻게? 후금과의 관계를 제대로 정리하고 명을 위해 군사와 군비를 보태라는 얘기다. 일이 이렇게 흘러가니 인조는 더욱 명나라의 무리한 요구를 착실히 따라야 하는 처지로 몰리게 되고, 2년이 지난 1625년 6월에서야 겨우 명의 책봉을 받게 되었다.

　노선 정리의 대가는 가혹했다. 인조 정권이 이런 사태를 예측하지 못했을까 싶을 정도로 당시 힘의 균형은 후금 쪽으로 기울고 있었다. 중원을 염두에 두고 명과의 결전을 결심한 후금으로서는 조선을 곱게 놓아두려 하지 않았다. 1627년의 정묘호란丁卯胡亂은 현실을 직시하라는 후금 측의 거친 통보였다. 형제의 의를 맺으며 겉으로는 몸을 낮춘 조선이었지만 이런 눈속임을 지속하기는 어려운 일. 결국 1636년, 자신의 나라를 '청제국'으로 선포한 청 태종 홍타이지는 해를 넘기지 않고 대대적인 조선 침략을 감행한다.

가장 치욕적인 전쟁,
병자호란

한달음에 국경을 넘은 청군이 이미 평안도 안주까지 내려왔다는 도원수 김자점의 급보가 전해진 것은 12월 13일. 도성까지는 숨 한 번만 들이쉬면 들이닥칠 거리다. 조선군 총사령관인 도원수 자신의, 그야말로 놀라울 정도의 나태와 무능이 아니었다면 제아무리 청군이라 해도 그 속도로 진격하지는 못했을 것이다. 정묘호란 때의 경험을 되살려 인조 조정은 강화도 파천을 생각했으나 (위기 때마다 조선 국왕들이 가장 먼저 떠올리는 대안이다) 그 정도의 시간도 없었다. 결국 남한산성이 국왕의 피난처가 되었다.

　대가大駕가 숭례문에 도착했을 때 적이 이미 양철평까지 왔다는 소식을 접했으므로, 상이 남대문 루樓에 올라가 신경진에게 문밖에 진을 치도록 명하였다. 최명길이 노진虜陣으로 가서 변동하는 사태를 살피겠다고 청하니, 드디어 명길을 보내어 오랑캐에게 강화를 청하면서 그들의 진격을 늦추게 하도록 하였다. 상이 돌아와 수구문을 통해 남한산성으로 향했다. 이때 변란이 창졸 간에 일어났으므로 시신侍臣 중에는 간혹 도보로 따르는 자도 있었으며, 성안 백성은 부자·형제·부부가 서로 흩어져 그들의 통곡소리가 하늘을 뒤흔들었다. 초경이 지나서 대가가 남한산성에 도착하였다. 《인조실록》 1636. 12. 14.

그나마도 협상으로 시간을 벌어준 최명길 덕에 가능한 파천이었다. 남한산성에 도착한 뒤에도 길어질 전쟁에 대비하여 강화도로 옮기고자 했으나 적군을 뚫을 방도가 없어 그대로 남한산성에서 청군과 대치하게 된다. 그렇게 병자년의 마지막 달은 저물어갔다.

어차피 적수가 되지 못했다. 작은 산성에 틀어박힌 국왕에게는 싸울 군사도, 버틸 식량도 없었다. 남은 길은 하나. 하지만 조정에서는 여전히 오랑캐와 화친할 수 없다는 이들의 소리가 줄어들지 않았다. 이미 정묘호란을 전후하여 양편으로 갈라졌던 조정 세력이 더욱 선명하게 대립하는 중이었다. 최명길과 장유를 중심으로 한 주화파와, 김상헌으로 대표되는 척화파가 그들이다. 나라를 위하는 마음이 다르지 않다 할지라도 충정만으로 나라와 백성을 지키지는 못하는 법이다.

조선의 국왕,
오랑캐 앞에 무릎 꿇다

인조에게 다른 선택지는 없었다. 종묘와 사직이 완전히 망하기 전에, 그들의 요구가 더 가혹해지기 전에 청 측의 무지막지한 조건을 받아들여야 했다. 남한산성으로 들어온 지 한 달 보름. 더 이상 버틸 힘이 없었던 것도 사실이다. 조선 역사상 가장 치욕적인 장면 가운데 하나로 꼽힐 삼배구고두례三拜九叩頭禮는 병자년 이듬해인 1637년 1월 30일에 행해졌다.

> 상이 단지 삼공 및 판서·승지 각 5인, 한림·주서 각 1인을 거느렸으며, 세자는 시강원·익위사의 제관을 거느리고 삼전도三田渡에 따라 나아갔다. 멀리 바라보니 한汗(청 태종)이 황옥黃屋을 펼치고 앉아 있었다… 상이 세 번 절하고 아홉 번 머리를 조아리는 예를 행하였다… 상이 밭 가운데 앉아 진퇴를 기다렸는데 해질 무렵이 된 뒤에야 비로소 도성으로 돌아가게 하였다. 왕세자와 빈궁 및 두 대군과 부인은 모두 머물러 두도록 하였는데, 이는 대체로 장차 북쪽으로 데리고 가려는 목적에서였다… 상이 소파진을 경유하여 배를 타고 건넜다. 당시 진졸津卒은 거의 모두 죽고 빈 배 두 척만이 있었는데, 백관들이 다투어 건너려고 어의御衣를 잡아당기기까지 하면서 배에 오르기도 하였다… 사로잡힌 자녀들이 바라보고 울부짖으며 모두 말하기를, "우리 임금이시여, 우리 임금이시여. 우리를 버리고 가십니까" 하였는데, 길을 끼고 울며 부르짖는 자가 만 명을 헤아렸다. 인정人定 때가 되어서야 비로소 서울에 도달하여 창경궁 양화당으로 나아갔다. 《인조실록》 1637. 1. 30.

처참한 장면이다. 도성을 떠날 때와 마찬가지로 다시 돌아가는 길 위에서도, 인조는 백성들의 울부짖음에 답할 수 없었다.

〈금궤도〉,
인조의 마음속 이야기

인조가 그림 제작을 명한 것은 병자년 봄이었으니, 이 비참한 환도 길로부터 일 년도 채 되기 전의 일이다. 화제를 쓴 시기는 김익희가 이조 판서, 조속이 장령으로 재직하던 때라 했으니 인조 사후인 1656년 무렵이다. 그렇다면 그림이 그려진 시기는 언제일까. 병자년 당시에 제작한 뒤 후일에 화제를 더한 것일 수도 있고, 인조의 명령을 간직했다가 후일에 그림을 제작하고 화제를 얹은 것일 수도 있다. 그림 제작 시기보다는 인조가 명을 내린 시점이 그림 읽기를 위해 더욱 중요해 보이는데, 작품 주제까지 콕 짚어준 것을 보면 하고픈 얘기가 있다는 뜻이다.

그림을 그린 조속은 장령 벼슬에 오른 문인 화가다. 격조 높은 그림으로 이름 높았지만 문인 화가가 국왕의 명으로 작품을 제작하는 일은 매우 드문 경우다. 이 작품의 화풍 또한 평소 소슬한 먹빛이 일품인 조속의 필치라 믿기 어려울 정도다. 문인 화가들이 즐겨 사용하는 수묵 위주의 조촐한 화면과는 거리가 멀어 보이는데 달리 이유라도 있었을까. 이처럼 짙은 채색으로 산수를 표현하는 청록산수화법靑綠山水畵法은 고식古式, 즉 복고적인 경향의 화풍이다. 그림의 주제가 멀고 먼 시절의 신화를 담아내는 것이었으니, 그 형식 또한 이를 잘 살려내기 위한 화법을 선택했던가 보다.

인조는 무슨 이야기를 하고 싶었을까. 나라 안팎으로 힘겨운 시절이었다. 반정으로 임금 자리에 올랐으나 병자년 봄에 이르기까지 이미 두 차례 피난 전력이 있다. 반정 이듬해인 1624년, 이괄의 반란군이 도성을 점령하여 인조는 공주까지 피신해야 했다. 1627년에는 정묘호란으로 강화도 피난길에 올랐다. 조정 내의 분위기도 좋지 않았다. 반정 후 논공행

〈금궤도金櫃圖〉

상으로 인한 분란에 외교 노선에 대한 입장 차이까지 더해져 중신들 사이에서도 다툼이 없지 않았다.

자신을 지키려다
백성을 잃다

병자년 봄의 인조는 이런 처지였다. 하지만 이 해 봄에는 모처럼 왕실에 후손을 얻는 경사가 있었다. 소현세자의 가례 후 무려 9년 만에, 첫아들인 원손이 태어났다. 인조로서는 왕실의 권위에 대해 하고픈 말이 있었을 것 같다. 옛 왕조의 기이한 고사를 떠올리며, 조선 왕실에도 상서로운 징조가 나타나길 기원하고 싶지 않았을까. 이쯤에서 앞서 인조반정 기사에 등장한 인조의 탄생 장면이 겹쳐진다.

> 탄강할 때 붉은 광채가 빛나고 이상한 향내가 진동하였으며, 그 외모가 비범하고 오른쪽 넓적다리에 검은 점이 무수히 많았다. 선묘宣廟께서는 이것이 한고조漢高祖의 상이니 누설하지 말라고 하면서 크게 애중하여 궁중에서 길렀다. 《인조실록》 1623. 3. 13.

물론 반정 주인공의 남다름을 강조하려는 설정이겠으나, 전설 속 영웅의 탄생 장면처럼 예스러운 색채가 없지 않다. 인조는 이런 유의 기이한 '징조'에라도 기대고 싶었을까. 옛 신라 시대의 신비한 탄생 이야기를 그림으로 제작하여 '왕권신수王權神授'를 환기함으로써 국왕의 위엄을 되찾고 싶은 마음이었으리라.

인조가 그 봄, 옛 고사에 기대어 그림을 명하는 대신 현실적인 눈으로 조선의 앞날을 설계했더라면, 그랬다면 말이다. 병자년의 그 비극을 피해 갈 수 있었을까. 명이든 청이든, 어차피 조선을 헤아려줄 이유 따윈 없었다. 그 사이에서 살아남는 일이 쉽지는 않았겠지만, 적어도 병자년 겨울이 그처럼 처참한 전란보다는 나은 시절로 기록될 수 있지 않았을까.

임진왜란을 치른 지 아직 50년도 되지 않은 때다. 전란의 상처가 아물기도 전에 더한 상처를 입은 것이다. 전투 기간은 두 달도 채 되지 않았으나 7년 동안 이어진 왜란 때보다도, 피해 정도로 보자면 결코 덜하지 않은 전란이었다. 치욕의 예를 행한 뒤 인조는 무사히 궁으로 돌아갔으나 세자와 봉림대군 부부는 국왕을 대신할 볼모로 청의 수도 심양으로 끌려가야 했다. 척화신斥和臣을 묶어 보내라는 청의 요구로 잡혀간 홍익한, 윤집, 오달제는 자신의 신념을 굽히지 않고 처형을 달게 받아들였다. 무엇보다도 50만 명에 달하는 조선 백성이 포로로 잡혀갔다고 전해지고 있으니, 인조는 백성을 지키지 못한 군주로 남게 된 셈이다.

최명길, 주화파로 낙인 찍힌
시대의 명재상

전란 뒤에는 의당 책임론이 등장하게 된다. 철저하게 짓밟힌 뒤 화친(실상은 항복)으로 마무리된 전쟁이다. 이른바 척화파와 주화파, 조정의 두 세력에 대한 평가는 어땠을까. 그들에 대한 평가에 따라 조선의 내일이 설계되는 만큼, 이는 당사자 개개인의 인물평에 그칠 문제가 아니다. 다음 세대의 역사는 어느 쪽의 손을 들어주었을까. 실리보다는 체면 쪽에 조선의 가치를 두었던 것으로 보인다. 나라와 백성을 보존하는 일이 최우선이라 생각했던 최명길은 소인으로, 최명길이 쓴 화친 문서를 찢으며 울분을 토했던 김상헌은 충의의 화신으로 평가했다.

병자호란을 그나마 그 선에서 마무리한 데에는 최명길의 공이 적지 않다. 인조의 피난을 위해 시간을 벌어주고, 청 측의 모욕을 견디며 교섭을 진행하면서, 심지어 주화론으로 나라를 그르쳤다는 탄핵과 욕설을 감내하며 제 임무에 충실했던 인물이다. 전란 과정, 그리고 그 이후의 크고 작은 일들을 수습하는 자리에는 언제나 그의 이름이 등장한다. 하지만 그의 졸기를 보자.

> 완성 부원군 최명길이 졸하였다. 명길은 사람됨이 기민하고 권모술수가 많았는데, 자기의 재능에 대해 자부심을 가지고 일찍부터 세상일을 담당하겠다는 생각을 가졌다. 광해 때에 배척을 받아 쓰이지 않다가 반정할 때에 대계大計를 협찬하였는데 명길의 공이 많아 드디어 정사 원훈靖社元勳에 녹훈되었고, 몇 년이 안 되어 차서를 뛰어넘어 경상卿相의 지위에 이르렀다. 그러나 추숭追崇과 화의론을 힘써 주장함으로써 청의淸議에 버림을 받았다… 그러나 위급한 경우를 만나면 앞장서서 피하지 않았고 일에 임하면 칼로 쪼개듯 분명히 처리하여 미칠 사람이 없었으니, 역시 한 시대를 구제한 재상이라 하겠다. 《인조실록》 1647. 5. 17.

현대의 시각으로 보자면 최고위 공무원에게 요구되는 자질을 두루 갖춘 인물이다. 위급한 상황을 앞장서 해결하고 일 처리는 누구보다도 분명하다고 했다. 선비로서 자신의 신념을 위해 죽음을 택할 수는 있겠으나, 그 지위가 재상이 되어 일신의 명분과 일국의 명운을 저울질할 수는 없지 않은가. 하지만 당시의 평가는 그렇지 못했으니 다음 세대 조선의 방향을 가늠케 하는 장면이다.

병자년을
병자년이라 부르지 못한 채

자신들의 군주가 오랑캐 추장에게 무릎 꿇고 천은이 망극하다, 머리를 조아리다니 스스로 중화 질서의 당당한 일원이라 자부하던 조선 사대부들에겐 받아들일 수 없는 현실이었다. 심지어 이런 치욕을 당한 임금 섬기기를 부끄러워하며 출사를 꺼리는 경향까지 있었을 정도다. 1644년, 청은 드디어 북경을 접수하고 명을 무너뜨려 대륙의 주인이 되었다. 하지만 조선의 사대부들에게 그들은 여전히 한낱 오랑캐일 뿐이었다.

인조 입장이야 더 말할 것도 없다. 신하들의 은근한 경멸에 청의 위협까지 더해지면서 국왕의 지위마저도 불안하다고 느꼈던 것이다. 설욕을 하기는커녕 청이 명을 멸망시키는, 하늘이 무너지는 사건을 지켜본 인조였다. 뒤를 이을 임금에게 어떤 기대를 품었을까. 병자년을 병자년이라 부르지 못하는 과인의 치욕을 씻어달라, 염원하며 마지막 날을 맞았을까.

1649년 인조가 승하했다. 왕후에게 얻은 적자 넷이 있었다. 아니, 심양의 볼모 생활을 마치고 돌아온 아들 가운데 하나가 이미 세상을 떠난 뒤였다. 하필이면 그 아들이 바로 소현세자. 후사야 문제될 일 아니다. 병자년 그 봄에 태어난 세자의 아들, 인조의 적장손이 있었으니까. 하지만 인조의 생각은 우리와 달랐던 것 같다. 병자년의 상처로, 가뜩이나 편협한 그의 생각이 더욱 뒤틀려버렸던 모양이다.

15장

효종, 복수설치의 꿈을 품다

어쩌면 기회였을지도 〈심관구지도〉

조선 17대 국왕 즉위식에 도착하기 전에 꼭 들러보아야 할 공간이 있다. 심양관瀋陽館. 심양에 잡혀간 조선 인질들의 공식 관소館所로 조선의 두 왕자가 8년 동안 생활한 곳인데, 왕자들의 심양 체류가 이후 조선에 미친 영향을 따져보자면 반드시 짚고 가야 한다.

임금의 자질이 중요하지 않은 시대는 없겠으나 17세기 중엽의 조선은 더욱 그랬다. 불과 50년 사이에 한 차례 왜란과 반정, 그리고 두 차례 호란을 겪었다. 소현세자가 귀국한 1645년이면 조선이 건국된 지 250년. 어지간한 나라 같았으면 왕조가 바뀔 만한 기간이다. 중국만 보더라도 300년 가까이 이어가던 명이 청에게 자리를 내주었다. 조선은 그야말로 나라를 다시 세운다는 각오와 쇄신이 필요한 때였다. 인조 대에는 어려웠던 일, 다음 임금 시대에 기대해야 했다.

조선의 인질들이 머물던 곳,
심양관

다시 끄집어내자니 고통스럽지만 시간을 병자년 무렵으로 되돌려, 1637
년에서 1644년 사이의 심양관으로 건너가 보자. 명목상으로는 인질들의
생활공간이었으나 실제로 심양관은 일종의 외교 관저로 기능했다. 단지
주청 조선대사관이라 부르기도 어려웠으니 그 대표가 왕위 계승자인 세
자였기 때문이다. 청에서는 '작은 조선 정부'로 대접했던 듯하다. 하긴 청
과 조선 사이에서, 양측의 요구를 서로에게 전해주며 조정하는 일까지
떠맡았으니까.

　이렇다 보니 '인질들'이 머물 집도 새로 지어야 했는데 이곳이 바로 심
양관이다. 마침 심양관의 하루하루를 보여주는 《심양장계瀋陽狀啓》가 전
해진다. 첫 문장이 주로 '왕세자와 빈궁께서는 안녕하시며 대군께서도 평
안하십니다'로 시작되는, 소현세자를 수행하는 시강원 관료가 본국인 조
선으로 보낸 장계다. 당시의 정황을 알려주는 귀한 사료로 그 가운데 이
런 기록이 보인다.

> 여기서는 왕세자와 대군 일행을 위하여 따로 집을 짓는 공사를 시작하고 있
> 는데, 높고 큰 두 개의 궁을 짓고 담장 가운데에는 문을 만들었습니다. 그리
> 고 따라온 신하들은 궁문 밖에 빙 둘러 집을 짓고 머물러 살도록 했습니다.
> 아직 공사가 마무리되지 않아서 전날 우리나라 사신을 접대하던 곳을 고치
> 고 수리하여 임시로 들어가 거처하게 했습니다. 1637. 4. 13.

> …새로 집 짓는 일은 다 끝나서 이달 7일에 이사를 했습니다. 1637. 5. 20.

어찌 될지 모르는 국제 정세인 만큼 청에서도 장기 체류를 염두에 두었을 것이다. 흥미롭게도 이 심양관을 그린 《심양관도첩瀋陽館圖帖》이 전해지는데, 영조 시대인 1761년 작품이다. 당시의 일상을 알려주는 기록과 함께 그림으로도 남겨졌으니 역사적 장소로서의 의미가 남다르다.

소현세자,
열린 눈으로 세상을 보다

자, 이런 곳에서 소현세자와 봉림대군 일행이 8년을 보냈다. 그런데 그 기간 동안, 심양의 공기와 색채를 조선의 두 왕자는 전혀 다르게 받아들였던 것 같다. 다행이라면 형인 세자 쪽의 시야가 더 열려 있었다는 점이고, 불행이라면 다음에 이어질 이야기가 바로 그것이다.

소현세자는 조선의 미래를 누구보다도 더 깊게 고민해야 할 위치에 있었다. 당장의 치욕이 문제가 아니라 그 이후 조선이 살아남을 수 있는 현실을 직시해야 했으니까. 심양에서 그가 체감한 청은 그저 그렇게 사라져버릴 여느 오랑캐 국가가 아니었던 것이다. 원한은 원한이고, 배울 것은 배워야 한다. 그것이 두 번째 치욕을 당하지 않는 길이라고 마음을 다잡지 않았을까. 실제로 소현세자와 강빈 부부는 조선 안에서는 상상하기 어려운 이런저런 일들을 도모했으니, 이를테면 그들이 직접 경제활동에 종사하는 낯선 모습을 보여주었던 것. 왕세자 부부는 이렇게 마련한 재물로 어려운 조선인들을 돕고 청과의 외교 자금으로도 사용했다고 한다.

하지만 국왕 인조와 보수적인 조정 관료들이 그런 모습을 곱게 볼 리 없다. '포로로 잡혀간 조선 사람들을 모집하여 둔전屯田을 경작해서 곡식을 쌓아두고는 그것으로 진기한 물품과 무역을 하느라 관소의 문이 마치 시장 같았으므로, 상이 그 사실을 듣고 불평스럽게 여겼다'는 실록 기사가 많은 이야기를 대신해준다.

게다가 소현세자는 청나라 조정에 들어와 있던 선교사 아담 샬을 만나 교제를 나누며, 서양 문물에 깊은 관심을 보이기도 했다. 대제국으로 자리를 잡아가는 청, 서양에도 열린 태도를 보이는 그들에 대해 여러 생각이 오가지 않았을까. 부강한 나라로 일신해야 할 조선의 내일을 겹쳐 보면서 말이다. 하지만 이 또한 조선 조정에서 좋아할 만한 일은 아니다.

심양 생활 8년 만인 1645년 2월, 세자 부부가 환국했다. 하지만 세자를 기다리고 있는 것은 부왕의 의심과 냉대. 그리고 두 달 뒤인 4월 26일, 서른셋 나이로 세상을 떠나고 만다. 세인의 의혹을 사기에 충분한 죽음이었다.

소현세자의 졸곡제를 행하였다… 상의 행희후姬 조소용趙昭容은 전일부터 세자 및 세자빈과 본디 서로 좋지 않았던 터라, 밤낮으로 상의 앞에서 참소하여 세자 내외에게 죄악을 얽어 만들어서, 저주를 했다느니 대역부도의 행위를 했다느니 하는 말로 빈궁을 무함하였다. 세자는 본국에 돌아온 지 얼마 안 되어 병을 얻었고 병이 난 지 수일 만에 죽었는데, 온몸이 전부 검은 빛이었고 이목구비의 일곱 구멍에서는 모두 선혈이 흘러나오므로, 검은 멱목幎目으로 그 얼굴 반쪽만 덮어 놓았으나, 곁에 있는 사람도 그 얼굴빛을 분변할 수 없어서 마치 약물에 중독되어 죽은 사람과 같았다. 《인조실록》 1645. 6. 27.

인조의 총희인 조소용에게 책임을 돌리고 있지만 일개 후궁이 세자 내외를 무함하다니, 인조의 동조가 없다면 불가능한 일이다. 일국의 세자가 약물 중독의 징후를 보였으나 의원은 아무런 처벌도 받지 않았다. 책임을 추궁하라는 신하들 앞에서 인조는 오히려 의원을 감싸기까지 한다. 독살의 배후로 인조가 의심받기에 넉넉한 정황인데 이어지는 사태로 심증은 더욱 굳어진다.

급서한 소현세자의 뒤를 이어 원손이 아닌, 둘째 왕자 봉림대군을 세자로 책봉했던 것이다. '원손을 세자로 책봉하고, 강빈이 조문을 받을 수 있도록 허락해달라'는 상소에 대해 인조는 '이 같은 소인의 행태는 내가 차마 똑바로 볼 수 없다'며 분노하고 있다. 그뿐인가. 이듬해인 1646년에는 국왕을 독살하려 했다는 죄를 뒤집어씌워 강빈을 사사했다. 더욱 놀랍게도, 소현세자의 세 아들을 강빈의 죄에 엮어 제주도로 유배 처분을 내렸으며 그 가운데 둘은 의문의 죽음을 맞았다. 신하들의 반대도 소용없었다. 왕실 여성이 국왕의 정적으로서 사형을 당한 예는 일찍이 없던 일인 데다가, 현 국왕의 원손이 유배지에서 사망한 경우 또한 초유의 사태다.

속된 말로, 속 좁기로 말하면 겨룰 이가 없어 보이는 선조였으나 인조에 비하자면 그 정도가 어디냐 싶다. 미래 권력인 세자에 대한 태도로 보자면 정말 그렇다. 어쩌다가 이런 지경에 이르렀을까.

인조는 그들의 존재가 불안했던 것이다. 청의 세력을 업고 세력을 키워 자신을 내몰고 국왕 자리에 오르기라도 할까 봐. 때때로 청 측에서 '국왕 입조'를 거론하며 인조에게 더 많은 대가를 요구하기도 했던 까닭인데, 그 조종술에 흔들린 인조는 세자에게서 의심의 눈길을 거두지 않았다. 심지어 심양에서 모은 재물로 권력을 얻지 않을까, 치졸한 걱정까지 가득하던 참이었다. 차마 아들을 미워했다고 말하지 못하는 인조였지만 며느리에 대해서만큼은 제법 솔직하게 속내를 털어놓고 있다.

"강씨가 소시에는 별로 불순한 일이 없었는데 심양을 왕래한 뒤로부터 갑자기 전과 달라졌다… 이것은 반드시 후원하는 당이 너무나 성하여 마음에 믿는 바가 있는 데서 연유하였을 것이다. 오늘날 심지어 이 사람을 위해 죽기를 원하는 자도 있으니 홍무적洪茂績을 말한 것이다… 이 사람이 귀국할 때에 금백金帛을 많이 싣고 왔으니, 이것을 뿌린다면 무슨 일인들 못하겠는가… 예전에 진나라가 육국을 멸망시킬 적에 제후들에게 수많은 돈을 뿌려 정권을 잡은 자가 결국은 대업을 성취하였으니, 어찌 이 일과 다르겠는가… 이 사람이 이처럼 착하지 않으니 후일에 반드시 걱정거리가 될 것이기 때문에 기필코 제거하고자 하는 것이다." 《인조실록》 1646. 2. 7.

그래서 기필코 죽여야겠다고. 호칭마저도 강씨, 이 사람. 남편의 죽음에 의혹을 지닌 며느리를, 그것도 아들이 셋이나 되는, 대범한 성정과 일처리로 심양에서 세자에게 큰 힘이 되었던, 그렇기에 자신에게 위협이 될지도 모를 강빈을 살려둘 수 없겠다는 마음이다. 새로운 세상을 접하면서 더 나은 조선을 꿈꾸었을 세자 부부는 그렇게 명을 다했다.

효종 시대,
이상과 현실 사이

자신의 잘못은 아니었으나 어쨌든 주변의 불편한 시선이 섞인 가운데 세자에 책봉된 봉림대군은 4년 뒤 왕위에 올랐다. 조선 17대 임금인 효종이다. 열아홉 나이에 심양 생활을 시작한 그는 형인 소현세자와는 다른 시각으로 세상을 바라보았던 것 같다. 이미 스물여섯 청년인 소현세자는 개인의 설욕보다는 국가의 실익을 우선시해야 했으나, 봉림대군의 입장은 그에 비해 자유로웠을 터. 골치 아픈 외교에서 한 발 떨어져 현실보다는 이상, 즉 오랑캐에게 당한 치욕을 갚겠다는 꿈을 품었을 법하다. 그 뜻이야 듣기만 해도 시원스럽다. 하지만 듣기 좋은 얘기란 마음의 상처를 달래주는 것일 뿐. 개인이 아닌 국가 간의 관계라면 더 그렇지 않을까.

그가 조카인 원손을 제치고 왕위를 이은 것은 전적으로 부왕인 인조의 선택이었다. 그만큼 부자 사이는 원만했다는 얘기고, 청과의 관계에 있어 봉림대군 쪽 처신이 아버지 마음에 들었다는 뜻이기도 하다. '세자로 있던 4년 동안 양궁兩宮 사이에 화기가 넘쳤다'는 실록의 기록대로 봉림대군을 향한 인조의 눈길은 맏아들을 대하던 것과는 전혀 달랐다.

문제는 이웃의 대국을 바라보는 새 임금의 태도가 국익에는 그다지 보탬이 되지 않았다는 사실이다. 효종과 함께한 신하들의 태도는 어땠을까. 국왕의 강한 의지 앞에, 지난날의 치욕을 씻어야 한다며 온 조정이 마음을 모았을 것 같지만 무엇이 나라를 위한 길인가를 두고 다시 조정의 논의가 갈린다.

몇 대를 두고 이어온 대동법 시행 문제가 주요 기준이 되었다. 김육을 주축으로 한 찬성파를 한당漢黨, 그에 맞선 김집 등의 반대파를 산당山黨이라 부른다. 산당은 실리적 정책보다는 근본적인 원리를 내세우는 이들이었으니 대동법 시행에 대해서도 '임금에게 공물을 진상한다'는 본래의 뜻에 맞지 않는다며 반대하는 식이었다. 결국 두 파는 이 문제로 크게 다투다가 김집이 벼슬을 그만두고 낙향하는 사태까지 벌어졌다. 찬성파인 김육 또한 자신의 정책이 받아들여지지 않자 사퇴를 불사하며 뜻을 굽히지 않았다.

김육은 끝장을 보기로 작정한 듯 대동법 시행에 온 힘을 다했다. 광해군과 인조 시대 영의정으로서 대동법을 추진한 이원익은 집권당에 속한 인물이 아니었기에 지원 세력이 약할 수밖에 없었다. 하지만 김육은 자신의 정치적 세력을 바탕으로 정책을 밀고 나갈 수 있었다.

17세기 중반 효종 시대는 대동법 시행 이외에도 제법 새로운 정책들이 제안되는 때였다. 특히 김육이 주도한 정책들이 눈에 띄는데 새로운 역법인 시헌력時憲曆의 시행, 화폐 통용, 수차水車 보급 등에 힘을 쏟고 있다. '민본'의 가치가 생활 속에서 실현되어야 한다는 뜻이겠다. '평소에 백성을 잘 다스리는 것을 자신의 임무로 여겼는데 정승이 되자 새로 시행한 것이 많았다'는 사관의 평가가 괜한 말이 아니다. 복수설치復讐雪恥를 염두에 둔 효종의 군사 정책에 반대하는 이유도 같은 맥락이다.

> 영의정 김육이 상소하였다. "… 동남東南은 백성의 힘이 고갈되었습니다. 겨울과 봄에는 제영諸營의 군사 훈련에 분주하고 여름과 가을에는 각 읍의 점쇄點刷에 어수선하니 원통해하는 소리가 하늘에 사무치고 있습니다. 비록 비와 바람이 적절하다 하더라도 농사지을 여가가 없을 터인데, 더구나 전에 없는 극심한 한발을 만났으니 말해 무엇하겠습니까…" 김육이 매양 여러 일들을 정지하여 백성과 더불어 휴식하고자 하였지만, 상의 뜻이 그렇지 않은 것을 알았기 때문에 그 말이 이와 같았다. 《효종실록》 1655. 7. 18.

재해를 만난 와중에 군사 훈련으로 농사지을 여유까지 없으니 훈련을 중지하자는 내용이다. 누구를 위한 군사 훈련인가. 무엇을 위한 군비 확충인가. 백성을 먼저 돌아보자는 호소다.

효종은 김육의 말을 다 들어주지는 않았지만, 자신의 의지를 막아서는 이 재상을 끝까지 중용했다. 김육의 죽음 앞에서 '어떻게 하면 국사를 담당하여 김육과 같이 확고하여 흔들리지 않는 사람을 얻을 수 있겠는 가'라며 탄식했듯, 국왕에게 직언하며 정책을 밀고 나가는 그 성품은 효종에게도 든든하게 여겨졌던가 보다.

이처럼 대신들과의 관계에서 크게 어긋남 없는 임금이었는데, 김집과 그의 제자인 송시열 측에 대한 태도는 말할 것도 없다. 대군 시절 스승이 기도 했던 송시열 등을 이른바 현자로 대접했으니, 비록 국왕이라 해도 산림으로 불리는 그들의 진퇴를 마음대로 하지 못했을 정도다. 송시열의 경우, 입대를 청하였으나 효종이 병으로 만나주지 않자 그대로 사직서를 남긴 채 낙향해버린 일까지 있었다. 효종의 반응을 보자.

상이 정원에 전교하기를, "현자를 대우하는 나의 마음이 정성스럽지 못하다 고 이를 만하다. 평소 존경하여 예우하는 뜻을 스스로 드러낼 방법이 없으 니, 승지는 나를 대신해서 교서를 짓되 나의 지극한 뜻을 효유하여 산림에 있는 세상에서 높이 뛰어난 선비들로 하여금 조정을 멀리하는 마음을 조금 이나마 돌리게 하라" 하고, 특별히 예조 낭관을 보내어 시열에게 유지를 전 하게 하였으나 시열은 이미 상소하고서 떠나버렸다. 《효종실록》 1649. 6. 26.

송시열은 이후 효종과의 독대 자리에서 북벌에 의기투합한 것으로 전 해지는 인물로, 다음 시대 국정을 좌우하게 된다. 그렇다면 이들의 지지 에 힘입어 효종의 꿈이 얼마나 탄력을 받았을까. 사실 성공하기엔 너무도 어려운 꿈이었다. 시도하기에도 쉽지 않은 일이었다. 김육의 상소처럼, 백 성의 원망이 가득한 때였다. 이미 몇 차례 전란으로 나라 살림과 백성의 삶이 피폐해지지 않았던가. 비록 그 기개는 높이 샀겠지만, 어땠을까. 송 시열을 비롯한 명분파 내에서도 실제로 그 꿈이 가능하다고 생각한 이는 드물지 않았을까.

그 꿈을 꿈으로만 남긴 채 재위 10년이 지난 1659년, 효종이 승하했다. 보령 41세. 효종이라는 묘호가 말해주듯 부왕에 대한 효가 지극했던 것으로 전해진다. 국왕 개인의 탐욕으로 국고를 축내지도 않았고, 대신들과의 불화로 국정 공백을 초래하지도 않았다. 때가 때인지라, 열심히 그 책무를 다하고자 나름 노력했던 임금이다.

하지만 건국 250년을 넘어선 조선, 국가 재건의 기치를 내걸어야 할 시대에 적합한 인물은 아니었던 듯하다. 명청 교체기 중국 땅에서 생생한 역사의 현장을 직접 체험한 임금이었으나, 거기까지였다. 그 치욕을 부국富國으로 승화하여 백성을 위한 정치에 중심을 두었다면 좋았겠지만, 적국을 향한 울분 앞에서 그의 심양 생활은 더 원대한 꿈으로 이어지지 못했던가 보다. 대동법과 화폐 유통 같은 개혁적인 정책을 시행하며 심기일전하기에 나쁘지 않은 때였는데, 아쉬움이 깊다. 효종의 뒤를 이은 세자의 뜻이 궁금하다. 부왕의 꿈을 어찌 받아들였을지.

《심양관도첩》, 누구를 위한 그림인가

《심양관도첩》의 남은 이야기를 꺼낼 때가 되었다. 소현세자 부부는 효종과 그의 직계 후손들에게는 아무래도 껄끄러운 이름이다. 그런데 영조 시대에 이런 그림이 제작된 이유는 무엇일까.

효종의 즉위식으로 향하는 길 위에 무겁게 자리했던 심양관에서 1641년, 한 아이가 태어났다. 봉림대군의 첫아들이다. 귀한 왕손의 신분이었으나 왕위 계승과는 제법 떨어진 자리였다. 하지만 역시 세상사 알 수 없는 일. 왕위 계승 서열 1위인 세자가 급서하더니, 그 아들들이 유배와 죽임을 당하는 일이 벌어졌다. 그 결과 심양관에서 태어난 아이가 이 의외의 바람을 타고 부왕인 효종의 뒤를 잇게 되니, 외국에서 출생한 유일한 조선 국왕 현종이다.

《심양관도첩》을 제작한 이유도 여기에 있다. 영조가 조부인 현종의 탄생 120주년을 기념하기 위해서였다. 동지사 일행에게 화원 이필성을 동행시켜 현종의 탄생지인 심양관 현장을 직접 보고 그려 오라는 명을 내린 것이다. 영조 당시에는 이미 심양관 건물이 사라진 뒤였기에 중수된 건물 등을 중심으로 심양관 구지舊址를 그렸다고 한다. 여기에 산해관山海關, 문묘文廟, 이륜당彝倫堂 등, 심양과 그 길목의 주요한 다른 장소들도 각각의 폭에 담아 도첩 형식으로 제작했다.

심양관의 주인을 기억하다

도첩 가운데서도 영조가 특히 궁금해했을 장면은 〈심관구지도瀋館舊址圖〉. 반듯한 건물터에 자리 잡은 주요 관소를 중심으로, 여러 건물들이 사방을 에워싼 구도다. 회화적인 멋을 뽐내기보다는 그 현장을 궁금해하는 국왕의 뜻을 받들어 단정한 필치로 담아낸 작품이다. 당시 사신단 정사로서 도첩을 제작해 바친 홍계희의 발문은 이렇게 마무리된다.

이에 엎드려 생각해보니, 우리 효묘께서 이곳에서 오래도록 우환을 겪으심으로 험난함이 이미 갖추어져 있었는데, 일찍이 우리 현묘께서 이곳에서 탄강하셨으니 영광과 상서로움이 우연이 아닌 듯합니다. 선왕의 뜻하신 바는 아직 성취되지 않았건만, 인간의 세월은 덧없이 바뀌어만 갑니다. 신 등이 120년이 지난 신사년 2월에 이곳을 다시 찾아와 부앙하며 탄식하니 만감이 교차하는지라, 이 심회를 어찌해야 할지 모르겠습니다.

만감이 교차하는 이가 어디 홍계희뿐이겠는가. 그의 발문에서도 알 수 있듯 이 도첩의 제작 목적은 (영조의 소망을 반영하여) 효종의 고난과 현

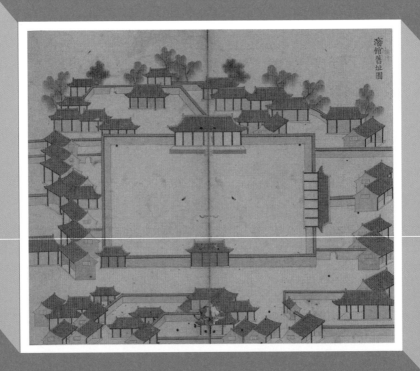

〈심관구지도瀋館舊址圖〉, 《심양관도첩瀋陽館圖帖》 중

종의 탄생을 기리기 위한 것이다. 당시 심양관의 주인인 소현세자 입장에서는 쓸쓸하게 들릴 만한 이야기다.

영조의 뜻은 그렇게 읽으면 될 일. 왕실의 후계 구도와 무관한 우리에겐, 여전히 심양관은 소현세자와 함께 기억되는 곳이다. 패전국의 세자로, 그 치욕을 견디면서 조선의 더 나은 내일을 꿈꾸었던, 그 꿈을 이루기위해 노력했으나 허망한 죽음으로 자신의 뜻을 펼치지 못했던 이름. 심양에서 돌아와 왕위에 오른 이가 이 왕자였다면, 어쩌면 조선이 새로운 기회를 맞을 수 있지 않았을까.

조금은 답답한 마음으로 조선 18대 국왕 현종의 즉위식을 바라본다. 그에게 심양에 대한 기억은 거의 없겠지만 기억이 체험으로만 각인되는것은 아니니까. 심양에서 크게 꺾인 물줄기가 어느 방향으로 흐르게 될지, 열아홉 젊은 국왕의 뜻만으로 끌어갈 수도 없는 일이다. 그보다도 당장 국상을 치르며 해결해야 할 문제가 생겼다. 대비의 복상服喪 기간을 두고 논란이 일었던 것이다. 해결해야 할 무거운 과제를 피하고 싶어 괜한일에 목숨 건다는 느낌을 주는, 그 유명한 예송禮訟의 시작이다.

16장

현종, 역사상 최악의
기근을 넘긴 임금

은혜가 필요한 시절 〈북새선은도〉

이처럼 깔끔한 왕위 계승이 얼마 만인가. 선왕의 적장자로 동궁의 지위를 거쳐 모처럼 잡음 없이 보위에 올랐다. 위협이 될 형제조차 없는 외아들이다. 하지만 조선 18대 국왕 현종의 즉위 전후 장면은 다소 의외의 논쟁으로 부산하다.

현종 스스로 처리하기는 어려웠다. 그가 부왕을 잃은 슬픔으로 '대신 죽기를 원하는 간절한' 마음 상태가 아니었다 해도, 사안의 특성상 정승과 원로들의 자문을 구하는 쪽이 자연스럽다. 역사에서 '예송'이라 부르는 이 길고 긴 다툼은 그리 중요해 보이지 않은 사건에서 시작되었다. 효종이 승하한 다음 날, 즉위식도 치르기 전인 왕세자에게 신하들이 물어왔다.

예조가 또 주달하기를, "자의 왕대비가 대행 대왕을 위하여 입을 복제服制가
《오례의》에는 기록되어 있는 곳이 없습니다. 혹자는 당연히 3년을 입어야

한다고 하고, 혹자는 1년을 입어야 한다고 하는데, 상고할 만한 근거가 없습니다. 대신들에게 의논하소서" 하니, 왕세자가 영을 내리기를, "두 찬선贊善에게 모든 것을 문의하라" 하였다. 《현종실록》 1659. 5. 5.

인조의 계비로 효종에게 계모가 되는 자의대비의 복상 기간에 대한 논란이다. 이는 결국 '효종의 자리'를 묻는 일과 다르지 않다. 즉 왕가의 특수성을 인정할 것인가, 사대부의 예법을 따를 것인가의 문제다. 효종을 장자로 인정한다면 참최斬衰인 3년복을, 차자로 생각한다면 기년복朞年服을 입게 된다(참최는 상례 때 입는 오복五服 가운데 가장 무거운 상복으로, 3년간 입는다. 기년복은 그다음 긴 기간인 1년간 입는다).

예송의 시작
효종의 지위를 묻다

효종은 둘째 아들이지만 장자인 소현세자 자리를 대신하여 인조의 왕위를 이었으니, 이를 장자로 인정해야 한다고 주장할 수 있다. 남인계 산림인 윤휴 등의 의견이다.

서인인 영의정 정태화와 송시열(위 실록에서 모든 것을 문의하라고 한 두 찬선이 송시열과 송준길이다)은 기년복이 옳다고 했다. 왕위를 이었다 해도 한 가문으로 보자면 분명히 차자이고, 자의대비는 이미 소현세자를 위해 참최를 입음으로써 장자에 대한 예를 치르지 않았느냐고. 결국 이 기해예송己亥禮訟은 조정의 주축을 이룬 서인의 승리로 끝났다.

하지만 이듬해 자의대비의 복상이 끝나갈 무렵 남인 측에서 문제를

〈길주과시도吉州科試圖〉, 〈북새선은도北塞宣恩圖〉 중

〈함흥방방도咸興放榜圖〉, 〈북새선은도北塞宣恩圖〉 중

제기한다. 기해년의 결정이 잘못된 것이므로 이를 바로잡아 3년복으로 돌아가야 한다는 허목의 주장이었다. 이어 윤선도가 가세, 기년복 주장은 효종의 적통을 인정하지 않는 것이라는 과격한 상소를 올리기까지 한다.

다시 논란이 거세지자 일단 조정의 뜻을 받아들인 현종은 윤선도를 유배에 처한 뒤, 이 문제는 더 이상 거론하지 말라는 명을 내린다. 하지만 왕명으로 가라앉힐 성질의 논의가 아니었다.

현종의 속마음은 어땠을까. 슬슬 지쳤을 것이다. 국정에 보탬이 되지도 않는 '선생님들'의 현란한 논쟁 속에서 어느새 즉위 5년. 국왕의 권위, 국왕의 다스림에 대해 고민할 만한 때가 되지 않았을까. 그 한가운데를 지키듯 선명한 그림 한 폭이 있다.

〈북새선은도〉,
변방에 미친 임금의 은혜

가로 6미터가 넘는 긴 두루마리 그림이다. 제목은 〈북새선은도北塞宣恩圖〉. 북쪽 변경 지역에 임금의 은혜를 베푼다고 했다. 어떤 은혜일까.

> 함경도 취재取才 때의 성적 순위, 합격자 발표 등의 일을 품의하여 정하고자
> 하였다… 문과는 3인만 취하고 무과는 남북도를 합쳐 3백 인을 취하되, 문과
> 는 시험 답안지와 성적 순위를 올려 보낸 후, 김수항은 그대로 머물러 무재武
> 才를 시취하고, 합격자 발표가 내려오기를 기다려 함흥에서 합격자 발표를
> 하는데, 사화賜花와 홍패紅牌는 선전관으로 하여금 유지有旨를 가지고 내려
> 보냄으로써 사기를 고무시켜 주자고 청하니, 상이 따랐다. 《현종실록》 1664. 7. 21.

북과北科를 길주에서 실시하였다. 문과에 한기백 등 3인과, 무과에 염우단 등 3백 인을 뽑았다. 《현종실록》 1664. 8. 20.

함경도 길주에서 문·무과 과거시험을 실시했던 것이다. 이 시험만으로 본과 합격의 자격을 주는 파격적인 행사다. 합격자 발표 또한 함흥 관아에서 하도록 했다. 국왕의 유지를 받든 선전관이 직접 내려가 어사화와 홍패를 전해주었으니 조정의 기대대로 사기를 북돋울 만한 일이다. 시험을 주관하러 간 이는 김수항. 현종은 그에게 이 모든 과정이 마무리될 때까지 그곳에 머물며 민심을 살피도록 했다.

〈북새선은도〉는 바로 이 행사를 담아낸 기록화다. 두루마리 우측에 큼직하게 적어 넣은 제목이 보인다. 그 옆으로 두 장면의 그림, 다시 그 뒤로는 여느 기록화와 마찬가지로 시험관 명단과 시험 문제, 합격자 명단 등이 길게 이어진다. 이 그림 자체로 온전한 기록물이 되는 셈이다.

그림 중 첫 장면은 과거시험 현장으로 흔히 〈길주과시도吉州科試圖〉라 부른다. 건물 안에서는 문과 시험이, 그 바깥에서는 무과 시험이 한창인데 모두가 최선을 다하는 모습이다. 역시 무과 응시자가 많은 것은 지역의 특성일 텐데, 어차피 이 시험에선 문과 3명에, 무과는 3백 명을 뽑기로 되어 있었으니까.

응시자들의 소망은 하나다. 합격하여 입신양명의 꿈을 실현하는 것. 이에 응답하듯 과거시험 그림 뒤로는 합격자 발표 장면인 〈함흥방방도咸興放榜圖〉가 이어진다. 국왕의 명에 따라 함흥 관아에 합격자 명단을 내걸고 축하 의식을 치르는 장면이다. 그 먼 땅으로 어사화와 홍패를 보냈으니 그야말로 선은宣恩의 광경이라 하겠다.

현장의 생생함과 회화적인 멋의 조화가 돋보이는 그림이다. 화가의 솜씨가 예사롭지 않음을 알 수 있는데, 국왕의 명으로 치른 특별 행사인 만큼 그림 또한 지방 화사가 아닌 도화서 화원 한시각에게 맡겼다.

특히 이 그림은 단순한 기록화가 아닌, 당시 함경도의 실경을 살필 수 있는 실경산수화로 주목받는다. 길주의 과장과 함흥 관아의 뒤편으로 줄 세우듯 나란한 (두루마리에 그려야 했으니까) 산세가 눈길을 끈다. 청록산수의 기법으로 선명하게 채색된 이 산들은 상상 속의 산수가 아니다. 칠보산을 비롯한 함경도 지방의 실경을 표현한 것이다. 여전히 관념적인 주제의 산수화가 주를 이루던 17세기 중반에 이처럼 조선의 실제 경치를 그려 넣었으니, 조선 산수화의 흐름 가운데서도 그 의미가 가볍지 않다.

그런데 그림 배경을 두루 읽고 나니 좀 의아하지 않은가. 과거시험은 조선 시대 내내 이어지던 일로서 특별한 사건이랄 것도 없다. 급제자 개인의 자랑을 담은 기록이라면 모를까, 국가에서 화원까지 파견하여 그림으로 남길 일인지. 도성으로 올라와 치르는 본과를 면제해주는 특별 시험을 시행한 점도 그렇다. 그 먼 북쪽 땅에 국왕의 은혜를 내려 '사기를 고무시켜야' 할 이유는 무엇일까.

기근으로 고통받는
백성을 돌아보다

국왕이 은혜를 베풀겠다는 데 이유가 꼭 필요하지는 않겠지만 아무런 이유 없는 특별 행사라니, 그건 또 아니지 싶다. 정치적 의도 없는 정책이라면 그쪽이 더 미심쩍지 않을까. 국왕 현종의 마음을 따라가 보면. 과거가 치러진 그해의 조선은 '임금 노릇 하기 어렵다' 하며 탄식이라도 나왔을 것 같다.

인간사를 자연에 의존하는 바가 현대와 비할 수 없이 컸던 17세기다. 재해로 백성의 삶이 무너지는 일이 어느 시대인들 없었으랴만, 현종 5년인 1664년은 매일의 실록 기사가 백성의 피눈물로 가득하다. 조선 팔도 전체가 재해로 신음하고 있었다. 수해로 사람이 죽고, 농사를 망쳐 굶주림이 심한 와중에 전염병까지 번져 그 피해가 더욱 커졌다. 〈북새선은도〉의 배경인 함경도만 하더라도, 과거가 열리기 두 달 전의 상황이 이랬다.

함경도에 굶주린 백성이 1만 1천 8백 43인, 여역으로 사망한 자가 65인, 병으로 죽은 소와 말이 50여 마리였다. 《현종실록》 1664. 5. 3.

재해가 아니더라도 함경도는 삶의 터전으로서 여러모로 힘겨운 곳이다. 말 그대로 북새. 묘한 이중성이 있는 지역이기도 했다. 앞의 그림에도 등장한 함흥은 태조 이성계의 근거지로, 조선 왕실에서는 가볍게 대할 수 없는 곳이다. 하지만 워낙 도성에서 멀리 떨어져 있다 보니 중앙정부의 다스림, 또는 보살핌이 느슨해지게 마련이다.

세조 시대, 이 지역에 대한 차별에 반발하여 난을 일으킨 이시애의 고향이 바로 길주였으니 함경도는 반역의 땅이기도 했다. 그래서 변경 지대의 팍팍한 삶에 차별까지 감내해야 했던 지역이다. 특히 문과 급제자를 배출하기에는 너무도 어려운 환경이었다.

그런 곳에 특전을 베푼 것이다. 국왕의 마음, 일국의 군주로서 만백성의 고통을 보듬어주겠다는, 그런 뜻을 널리 알리고 싶었음이 아닐까. 그림으로 남긴 이유도 같은 맥락이다. 국왕의 위엄을 세우는 기회이기도 했다. 실질적 이유도 없지 않다. 북쪽 국경은 국방의 중요성이 큰 지역이다.

그들을 위로하고 독려하지 않는다면 누가 국가를 위해 나서겠는가. 과거 시험에서도 문과는 3명인데 비해 무과는 무려 300명을 뽑았다. 기대하는 바를 숨기지 않았다는 얘기다.

그 기대의 배경도 궁금하다. 군사력에 신경 쓰는 이유가 나라의 안위 때문인지, 아니면 적극적인 전쟁을 염두에 둔 것인지. 이미 청나라에 조공을 바친 지도 수십 년. 조선은 청에 대한 복수심으로, 언젠가는 크게 치욕을 씻겠다는 포부를 여전히 간직하고 있었을까. 명분으로 보자면 당연히 그랬다. 하지만 이제 청에 대한 복수에서 국가 방위로 눈을 돌려야 할 때다.

중국 상황이 달라지고 있었다. 조선의 생각은 남명南明을 도와 청을 몰아내고 다시 중국에 중화 질서를 되찾는다는 것이었다(명나라 멸망 후, 명 황실 후손이 남경에 도읍을 정하고 국호를 '남명'이라 부르며, 명의 계승자임을 자처하고 있었다). 하지만 현종 3년인 1662년, 남명마저 멸망하고 말았으니 조선으로서는 기대의 근거 자체가 사라진 셈이다. 오랑캐라고 무시했던 청이었으나 군사력은 물론 국가 경영에서도 조선의 예상(또는 소망)과는 다른 방향으로 나아가고 있었다.

함경도 과거시험이 치러지기 한 달 전인 6월, 청나라 사행길에서 돌아온 우의정 홍명하와 현종의 대화를 들어본다.

상이 홍명하에게 청나라 소식을 물으니, 대답하며 아뢰기를, "어린 황제가 재용을 절약하여 창고가 가득 찼으며, 해마다 풍년이 들어 인물이 번성하며, 수레에 말을 매는 것을 금지하여 말로 짐을 실어나르지 못하게 하며, 바야흐로 과거를 베풀어 선비를 취한다고 합니다" 하였다. 상이 명하가 올린 방목榜 目을 영상에게 내어주며 이르기를, "저들이 거짓으로 방목을 만들어 우리나

라에 자랑하려는 것이 아닌가?" 하니, 명하가 아뢰기를, "운남과 복건 사람들
도 그 방목 안에 들어 있으니, 통일된 것을 이에 근거해 알 수 있습니다… 이
로써 살펴본다면 빈말이 아닌 듯합니다" 하였다. 《현종실록》 1664. 6. 13.

대화만으로도 대륙 전역을 통일한 청의 국가 운영이 안정되어간다는
느낌이다. 현종은 혹시나 하는 마음으로 거짓 자랑이 아니냐고 했지만, 이
미 맥 빠진 물음이다. 홍명하가 언급한 당시 청나라의 어린 황제는 강희
제. 강희·옹정·건륭으로 이어지는, 청의 화려한 시대가 시작되는 때였다.

조선도 이제 내실을 다져 몸을 추슬러야 한다. 그런데 온 나라가 수해
에 굶주림, 전염병으로 신음하고 있었으니. 함경도 특별 과거시험에는 국
내외 정세에 대한 국왕의 복잡한 심경이 담겨 있었으리라.

15년 후,
다시 효종의 지위를 묻다

재해와 선은 사이로, 설치와 내실 사이로, 현종 시대는 흐르고 있었다. 그
렇게 현종 재위 15년이 되던 해. 즉위 당시의 그 문제가 다시 불거졌다.
1674년 2월, 현종의 모후인 효종비 인선왕후가 승하한 것이다. 자, 이제
대왕대비인 자의대비는 며느리를 위해 얼마 동안 상복을 입어야 하는가
(열다섯 살에 인조의 계비로 들어와 스물여섯 나이에 이미 대비로 불리게 된 자의대
비는 국상만 무려 여섯 번을 치른다). 맏며느리의 상에는 기년복, 둘째 며느리
에 대해서는 대공복大功服(9개월)을 입게 된다.

조정의 논의는 15년 전의 예에 따라 대공복으로 결정되었다. 이번에

도 효종이 왕위는 이었으나 장자는 아니라는, '체이부정體而不正'을 따랐던 것이다. 당시 영의정은 김상헌의 손자인 김수흥으로, 송시열과 학통을 같이하는 서인의 핵심 인물이다. 앞서 함경도에 시험관으로 파견된 김수항의 형이었으니, 형제가 나란히 조정의 중책을 맡을 정도의 세력이었다. 조정의 대세가 그들을 따를 만한 상황이다.

하지만 국왕인 현종이 '논의를 납득하지 못하겠다'며 신하들에게 도전장을 내민다. 15년 전을 되돌아보며 국왕의 권위를 지켜야겠다고 다짐했던 듯하다. 인선왕후의 예장을 마친 뒤, 사흘간의 열띤 공방 끝에 현종은 기년복을 '명'한다.

> "경들은 모두 선왕의 은혜를 입은 자들인데 이제 와서는 감히 정체正體가 아니라는 것으로써 오늘날 예법을 단정 지으려 한단 말인가… 아버지가 장자를 위해서라는 대목 밑에 풀이하기를 '둘째를 세우면 또한 장자라고 부른다' 하였고 그 밑의 전傳에도 '정체로 위를 계승한다'고 하였는데 정체가 아니라고 할 수 있겠는가… 경들이 이와 같이 근리하지도 않는 어긋난 말로 예법이라고 정하여 선왕께 정체가 아니라고 하였다. 이는 임금에게 박하게 하였다고 할 만한 일인데 어디에 후하게 하려고 한 것인가… 애당초 국가 전례에 정해진 기년복의 제도에 따라 정하여 행하라." 《현종실록》 1674. 7. 15.

신하들의 계사啓事에 대한 서운함과 분노를 숨기지 않은 거친 어조다. 효종에게 감히 '부정'이니 '차자'니 하였으니 좌시하지 않겠다고. 그랬다. 명을 내린 이틀 뒤 영의정 김수흥을 유배에 처했으니까. 이어 남인 출신인 허적을 영의정으로 불러 올린다. '예법 논쟁'으로 수상을 갈아치운 것이다. 물론 남인만으로 조정을 채우지는 않았다. 김수흥의 동생 김수항을 좌의정에 임명하여, 국왕의 권위는 세우되 국정 공백은 막겠다는 뜻을 보인다.

현종 즉위년의 사건을 기해예송, 15년 뒤의 논쟁을 갑인예송甲寅禮訟이라 부르는데, 잠시 생각해보자. 아무리 예법을 중시했다 해도 복상 문제가 그리도 중요했을까. 정치 생명을 걸어야 할 정도로 소중한 가치였을까. 적어도 이 시대가 전쟁 같은 극도의 상황은 아니었기에 가능한 일이었다. 국가 절명의 위기 앞에서는 일단 연립 정부가 구성될 수밖에 없다. 현종 시대의 예송은 외부의 적이 사라진 상태에서 (복수를 꿈꾸었으나 실질적으로 전쟁을 벌일 대상은 아니었기에) 정치 다툼을 벌이기에 적절한, 학자들 입장에서는 꽤 폼도 나는 논쟁거리가 되어주었던 것이다. 학자가 곧 정치가인 조선에서, 특히 산림으로 존중받던 이들까지 대거 논쟁에 가담했으니까. 신하들 사이의 다툼만도 아니었다. 어차피 국왕의 자격을 둘러싼 논의였던 만큼 왕권과 신권 사이의 미묘한 긴장을 내포한 것이었다.

현종은 이 혼란 가운데 국왕 자리를 지켰던 이다. 그리고 이쯤에서 깔끔하게 마무리를 해야겠다고 느꼈을 법하다. 저 남쪽 바다에서 북쪽 변경까지 군주의 은혜를 가득 펼쳐야 마땅할 때에, 더 이상 국왕의 권위에 시비를 거는 예송 따위에 휘둘릴 수 없었을 터. 국왕은 사가의 법을 따르지 않는다는, 그 점을 분명히 밝히고자 했다.

경신대기근,
그래도 조선은 살아남았다

국왕으로서 현종은 15년 내내 쉬운 날이 없어 보인다. 예송 문제도 그랬지만 무엇보다도 재위 기간 내내 이어진 재해들 때문이다. 앞서 1664년의 재해 기록들도 참혹했지만, 흔히 '경신대기근庚辛大飢饉'으로 알려진 1670년의 재해는 전쟁보다도 끔찍했다고 할 정도다. 경술년과 신해년, 두 해에 걸친 대기근 다음 해, 현종은 자책의 교서를 반포한다.

> 슬프도다. …어미로서 자식을 잡아먹는 자가 있고 아내로서 지아비를 죽이는 자가 있었으며, 좀도둑과 간사한 무리들이 제멋대로 설치어, 한 말의 곡식을 노려 분탕질을 해대고 한 소쿠리 밥을 탐내 사람을 해쳤다. 이는 모두 굶주림과 추위를 견디다 못해 그 본심을 잃은 것이나, 우리 백성들을 그렇게 만든 것은 모두 나의 허물이지 저들이야 무슨 죄가 있는가. 《현종실록》 1672. 3. 16.

국왕에게 없는 말을 지어 올리지는 않았을 텐데, 정말 그 지경에 이르렀을까 싶은 참담함이다. 조선 최악의 기근이었으나 그래도 조선은 살아남았다. 현종 또한 앞서의 함경도 지역에 대동법을 확대 실시하고 권력 분산과 부패 방지를 위해 상피법相避法을 제정하는 등, 내치를 위해 애쓴 흔적들이 보인다. 국방 문제도 자국 방위를 위한 방향을 고민하고 있었고. 이제 호흡 한번 가다듬고 무언가 새롭게 도모하고 싶지 않았을까. 하지만 화려한 그림 속, 북방의 산들은 여전히 푸르기만 한데 젊은 국왕의 시대는 막을 내렸다.

갑인예송이 한창이던 당시 현종 자신의 건강이 몹시 좋지 못한 때였다. 가뜩이나 편치 않은 와중에 예법 논쟁을 벌이느라 기력이 쇠했다는 느낌마저 든다. 현종은 한 달 뒤인 8월 18일에 승하한다. 보령 서른넷.

죽음 뒤에도 예송의 여파에 시달려야 했다. 앞서 선조처럼, 이 시대의 실록도 《현종실록顯宗實錄》과 《현종개수실록顯宗改修實錄》의 2종이 편찬되었다. 앞의 것은 숙종 초기 집권한 남인의 입장이, 뒤의 것은 다시 권력을 찾은 서인의 입장이 반영된 기록이다. 하긴, 15년 동안 예송으로 쉴 날이 없었는데 어느 쪽이든 그저 물러설 수는 없었으리라. 자신들의 죽음 이후에도 기록은 영원히 남겨질 테니까.

현종의 삶을 보면 예송에서 신하들을 제압하는 것으로 마지막 불꽃을 태운 듯한, 그렇게 여겨질 만한 줄거리다. 누구보다도 그 이미지를 선명하게 받아들였을 인물은 바로 왕세자. 부왕의 마지막 모습은 국왕의 권위가 무엇인가를 확실히 환기시키지 않았을까.

그 뜻을 어떻게 이었을까. 먼저, 책임을 묻기로 했다. 그럴 수밖에 없었다. 효종의 적통 문제는 현종, 그리고 새 임금의 권위를 위해서도 반드시 지켜내야 할 주요한 사안이다. 모처럼 양대에 걸쳐 적장자가 즉위하는 조선이다. 열네 살의 왕세자는 이 점을 분명히 알고 있었다. 그리고 어린 나이가 믿기지 않을 만큼, 그 권위를 이용하는 방법 또한 매우 잘 알고 있었다. 조부나 부친과는 달리 꽤 긴 치세를 이어나갈 조선 19대 국왕 숙종이 등극했다.

4부

경장
새 시대를 향해 도약하다

역사

1674. 숙종 즉위. 갑인예송
1675. 송시열 삭탈관작

1684. 회니시비. 서인, 노론(송시열)과 소론(윤증)으로 나뉨
1689. 기사환국
1694. 갑술환국
1698. 노산군, 단종으로 추봉
1720. 경종 즉위
1724. 영조 즉위

1670

1680~1690

1710~1720

미술사

17세기 후반. 〈송시열 초상〉 제작(후대 이모)

1682. 조세걸 《곡운구곡도첩》

1711. 〈윤증 초상〉 제작(후대 이모)
1710년대. 윤두서 〈자화상〉

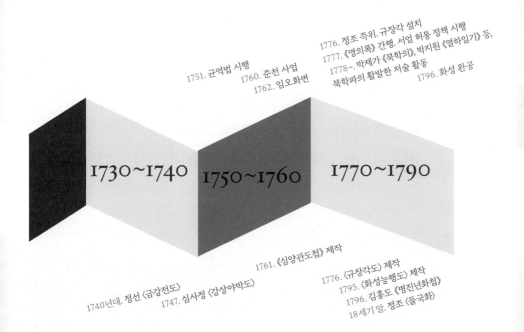

1776. 정조 즉위. 규장각 설치
1777.《명의록》간행. 서얼 허통 정책 시행
1778~. 박제가《북학의》, 박지원《열하일기》등,
북학파의 활발한 저술 활동
1796. 화성 완공

1751. 균역법 시행
1760. 준천 사업
1762. 임오화변

1730~1740   1750~1760   1770~1790

1761.《심양관도첩》제작

1776. 〈규장각도〉 제작
1795. 〈화성능행도〉 제작
1796. 김홍도《병진년화첩》
18세기 말. 정조 〈들국화〉

1740년대. 정선 〈금강전도〉
1747. 심사정 〈강상야박도〉

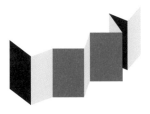

한 세기에 걸친 전란과 재해를 견뎌낸 뒤, 국가 재건의 임무를 안고 1674년 숙종이 즉위했다. 숙종의 치세는 대동법의 전국적 실시와 상평통보의 발행 같은 백성의 삶과 직결된 정책을 시행해나간 시기다. 정치권으로 보자면 집권당인 서인이 노론과 소론으로 분화되는 등 그 파동이 심했다. 수차례의 환국으로 국정 파트너를 바꾸어나간 숙종의 통치 스타일이 그 주요 원인이었다. 남인과 노론, 소론의 삼당은 실각의 대가가 죽음에 이를 정도로 대립의 골이 깊어졌으니, 그 관계는 다음 대인 경종의 짧은 치세와 그를 이은 영조 대에 이르도록 회복되지 못한다.

1724년, 그 극심한 당쟁 한가운데서 즉위한 영조였으니, 가장 먼저 꺼내든 과제가 바로 탕평책이었다. 조정의 화합 없이는 자신이 계획한 국가사업을 효율적으로 완수하기 어렵다는 판단에 따른 것이다. 실제로 영조는 이인좌의 난을 거치는 등, 여전히 반대파들의 지지를 얻지 못하고 있었는데, 이들 붕당을 아울러가며 균역법과 준천 사업을 비롯한 굵직한 국가사업을 완수해나간다.

정적들과의 험난한 투쟁 끝에 왕위에 오른 정조는 영조의 뜻을 이어 탕평에 바탕을 둔 내각을 구성하고, 서얼 허통과 통공 정책으로 지배층 너머의 삶을 돌아보는 뜻깊은 정책들을 펼쳐나갔다. 영정 시대에는 학문 분야에서도 새로운 움직임이 두드러졌다. 완고한 성리학자들을 중심으로 사문난적 시비가 이어지는 가운데서도, 일군의 학자들은 양명학으로 학문의 폭을 넓혀나갔다. 또 다른 한편에서는 학문과 현실의 괴리를 좁히고자 한 실학파에, 서학을 받아들이는 이들까지 등장할 정도로 그 색채가 다양해졌다.

숙종의 왕권 강화를 바탕으로 영조와 정조의 통치가 이어진 18세기는 의미 있는 정책 실현에 문화의 융성이 더해져, 이른바 조선의 르네상스로 불리기도 한다. 세종 시대를 모범으로 삼아 군주로서의 자질을 갖춘 임금들이 연이어 즉위함으로써 시대의 변화와 그에 따른 요청을 외면하지 않은 덕이었다. 하지만 1800년, 정조의 사망으로 조선은 그 앞날을 예측하기 어려운 19세기를 맞이하게 된다.

17장

숙종, 붕당정치 속에서 왕권을 강화하다
사제에서 정적으로 〈송시열 초상〉과 〈윤증 초상〉

전쟁과 정쟁으로 고단했던 17세기가 이제 후반에 이르렀다. 조선이 건국된 지도 어언 300년. 잠시 숨을 고르고 정신을 가다듬었으면, 싶어질 시간이다. 지난 시절을 돌아보고 앞일을 계획하면서 말이다.

19대 국왕으로 즉위한 숙종의 생각도 그랬던 것 같다. 일신하겠다는 다짐으로 보위에 올랐으니까. 다만 그가 선택한 일신의 첫걸음은 주변의 생각과 조금 다르기는 하다. 국왕의 권위를 세우는 일에서 시작한 것이다. 어린 국왕은 신하들의 예상을 뛰어넘는 과격한 행보로 즉위 첫해를 출발했다. 문제의 예송에 대해 자신의 의사를 확실히 밝혔는데 부왕이 그랬듯, 좋은 말로만 끝내지도 않았다. 부왕 현종의 행장에 복제 문제를 제대로 기록하라며 몇 차례 수정 지시까지 했던바, 이를 제대로 따르지 않고 '변명'을 늘어놓은 신하들의 죄를 추궁했으니.

이단하가 감히 이미 정해진 의례를 가지고 소장 가득히 장황하게 늘어놓은

것이 교묘하게 꾸미지 않은 것이 없다… 한갓 사표師表만을 알고 군명君命이
있음은 알지 못한 것이니, 인신으로서 임금을 섬기는 도리가 이와 같아서야
되겠느냐… 심유는 심지어 '효묘를 위하여 복제에 마음을 다한 것은 신명에
게 물을 만하다'고 말하였다… 그 공公을 등지고 당黨만을 위하는 죄는 응징
하지 아니할 수 없다. 《숙종실록》 1674. 12. 18.

숙종,
삼종혈맥의 권위로 군림하다

숙종이 이들을 엄벌에 처한 이유는 '사표를 군명보다 우위에 두고', '공을
등지고 당을 위했기' 때문이다. 그 '당'이 추종하는 '사'로 말하자면 바로
송시열. 비록 마음에 들지 않은 점이 있더라도 이 정도의 인물은 국왕도
함부로 대하지 못한다(효종 시절, 서운한 마음에 사직서 한 장 달랑 남겨둔 채 조
정을 떠난 송시열에게, 오히려 효종이 거듭 사람을 보냈던 일을 떠올려보라).

조정의 지위로 따질 일이 아닌 것이, 이미 수 대에 걸친 산림으로서
영향력이 막강했다. 그런데도 숙종은 주저 없이 다음 달인 1675년 1월,
송시열을 유배에 처해버린다. 온 조정과 성균관이 들끓었으나 숙종의 뜻
을 꺾지는 못했다. 오히려 김수항 등의 서인 지도자들까지 함께 유배형을
받게 되었다. 조정의 남은 자리는 밀려났던 남인들로 채워졌다. 예송에서
효종의 장자설을 주장한 남인 산림 허목과 윤휴 등이다.

열네 살의 소년 국왕. 보통의 경우라면 대비의 수렴청정과 원상들의
보좌로 국정이 운영될 만한 상황이다. 여덟 살에 왕위를 이은 명종이나
열두 살 단종은 말할 것도 없고, 열세 살의 성종도 할머니의 수렴청정이

7년간 이어졌다. 열여섯 선조는 재위 초기 국정을 거의 대신들에게 의존했었고. 그런데 숙종은 수렴청정은커녕 원상들에게도 전적으로 의지하지 않았다. 효종으로부터 3대에 걸쳐 '순수하게' 이어진 적통의 자신감은 노대신들 앞에서도 국왕의 권위를 당당히 내세울 만큼 대단했던 것이다.

과격한 행보 뒤에 이어진 다음 걸음도 평탄할 리 없다. 남인에게 기울인 마음도 오래가지 않았다. 5년 후인 1680년, 역모 사건에 연루된 영의정 허적과 윤휴 등에 사사를 명한 것이다. 숙종은 다시 서인들에게 기회를 주었다. 유배지의 송시열과 김수항, 김수흥이 돌아왔으니 '경신환국庚申換局'으로 불리는 내각 교체 사건이다. 그렇다고 숙종이 서인들에게 온 힘을 실어줄 리가 있겠는가. 신하들의 충성 경쟁을 부추기며 국왕의 눈치를 보게끔, 신하들 사이에서 권력 게임을 즐기는 모양새다. 숙종 시대 유독 두드러지는 '경쟁 구도'는 (대중적으로도 널리 알려진 인현왕후와 장희빈의 예를 포함하여) 국왕의 성향과 무관치 않아 보인다. 물론 그 경쟁의 최종 심판자는 국왕이었다.

환국의 시대,
초상화를 제작하다

숙종 시대의 정치라면 '환국'을 먼저 떠올릴 만큼 내각 교체가 잦았는데 그 용어도 이 시대의 산물이다. 실각과 집권의 순환이야 정치권에서 늘 있어온 일이지만 숙종 시대처럼 그 진퇴의 파도가 거센 시절도 드물 것이다. 고만고만한 물결이 아니었다. 여차하면 목숨을 잃게 되는, 제법 위험한 현장이었으니까.

그 파도 사이에서도 단연 눈에 띄는 두 사람이 있다. 유명세를 반영하듯 그들을 기리는 초상화도 전해지는데 한두 점이 아니다. 국왕의 어진이라면 모를까 한 개인에 대한 대접으로 과하다 싶을 정도다. 유독 초상화의 주인공으로 사랑받을 만한 이유라도 있었을까.

두 사람의 이름은 송시열과 윤증. 이 둘은 각별한 사제지간이었으나 정적政敵으로 등을 돌리게 되는, 얽힌 사연이 많은 이들이다. 서인이 노론老論과 소론少論으로 분화되던 무렵 각 당을 이끌었던 영수로, 그들의 만남과 결별은 숙종 시대, 그리고 그 이후 조선 정치의 큰 흐름을 좌우하는 결정적인 사건으로 남게 된다. 그렇다면 초상화 제작 배경도 여간치 않았을 터. 앞 시대의 대유인 이황이나 이이조차도 초상을 남기지 않았음을 생각하면 더욱 그렇다.

먼저 스승 송시열을 보자. 화면 속에는 우람한 체구의 한 노인이 보인다. 주름진 얼굴에 흰 수염이 무성한 것으로 보아 꽤 나이가 들었음이 분명한데, 그 기세는 조금도 꺾이지 않은 모습이다. 한 시대를 흔든 정치가로서의 관록이 느껴지건만 정작 차림새는 그렇지 않다. 흔히 재야 학자의 정체성을 상징하는 심의深衣를 입고 그에 맞추어 복건幅巾을 썼다. 그 자신 '산림'의 지위를 의식한 까닭도 있겠지만 후학들이 내세우고픈 이미지 때문이기도 하겠다.

흥미로운 것은 송시열의 초상화에 그의 자경문自警文이 더해져 있다는 사실이다. 그가 생각한 자신은 어떤 모습이었을까.

사슴들과 무리 짓고 초가를 집으로 삼아
창문은 밝고 인경이 고요한데, 주림을 참고 서책을 보노라.
네 모습 볼품없고 네 학문은 공소하다.

〈송시열 초상宋時烈肖像〉

〈윤증 초상尹拯肖像〉

천제의 마음을 저버리고 성인의 말씀을 업신여겼으니

단연코 너는, 책벌레 대오에 두어야 하리.

진심일까. 때로 겸손은 자부심의 다른 이름이기도 할 터. 자경문이 담긴 이 초상화 외에도 하나의 초본을 바탕으로 많은 작품이 태어났다. 그 형식도 얼굴만 그린 것에서부터 반신상, 전신상에 이르기까지 다양하다. 송시열에 대한 추앙이 한 시대에서 멈추지 않았다는 얘기다.

이처럼 자경문까지 남긴 송시열과는 달리 윤증은 초상화 제작 자체를 거부했던 인물이다. 남겨진 초상화는 그의 제자와 후손들이 몰래 화사를 잠입시켜 그려내게 한 작품[잠사潛寫]으로, 실제로 윤증 생전에는 이 초상화를 공개하지 않았다.

초상 속의 윤증은 이미 80대의 노인이다. 하지만 나이가 들었다 하여 성정이 변하지는 않는가 보다. 깐깐하면서도 결벽증이 심했을 그 인물이 그대로 느껴진다. 이후 사대부 초상의 전형이 된 〈송시열 초상〉의 심의와 복건 차림을 따르지 않은 점 또한 의도적 선택이라는 해석도 있는바, 이 사제 사이는 그만큼 서로에게 부담이었던 것이다.

윤증의 초상화 또한 송시열의 경우와 마찬가지로 후대에 여러 형식으로 이모되었다. 1711년에 제작된 원본은 남아 있지 않으나 1744년의 장경주, 1788년의 이명기 등 전문 초상화가들이 참여한 이모본을 통해 그 원형을 넉넉히 짐작할 수 있다.

이미 소론의 영수로 학자로서의 명망 또한 높았던 윤증이다. 초상화는 곧 그 인물을 대신하지 않던가. 노론 측에서는 송시열의 초상화를 여럿 제작하여 그에 대한 숭모의 열기를 널리 전하고 있던 차였다. 소론 쪽에서도 스승의 얼굴을 내세우고 싶었음은 당연한 일. 후학들로서는 그의 초상화가 절실했을 법도 하다. 그런데도 윤증은 초상화 남기기를 거부했다. 무슨 까닭일까. 시간을 돌려 두 사람이 결별하던 경신환국 즈음으로 돌아가 본다.

회니시비,
사제의 다툼에서 서인의 분열로

윤증에게 송시열은 스승이자, 부친 윤선거의 친구이기도 했다. 윤증은 송시열 외에도 여러 스승을 모셨는데 그 면면이 대단하다. 윤선거가 성혼의 외손이었으니 이를 통해 성혼의 학통을 계승했고, 송시열의 스승 김집에게도 가르침을 받아 이이의 학문을 이어받았다. 그 외에도 유계, 송준길, 조익 등에게서 학문을 익혔으니, 그야말로 서인의 차세대 영수에 걸맞을 인물로 성장했던 것이다.

이런 두 사람이 갈라서며 서인이 노론과 소론으로 나뉜 사건은 일명 '회니시비懷尼是非(둘의 집이 회덕과 이산에 있었다)' 때문이다. 신유의서辛酉擬書 논란이 결정타를 날린 것으로 알려져 있다. 사건의 개요는 이렇다. 회니시비가 있기 여러 해 전, 윤증은 작고한 부친에 대한 묘비명을 송시열에게 요청했다. 스승이자 부친의 친구였으니 당연한 일이었다. 하지만 송시열은 성의 없는 문장으로 답했고, 윤증의 거듭된 요청에도 내용을 고쳐주지 않았다. 병자호란 당시에 윤선거가 강화도에서 순국하지 않고 탈출한 사건을 새삼 끄집어내어 비난했던 것이다. 윤증으로서는 크게 섭섭할 만한 일이었다.

하지만 두 사람의 결별이 개인감정 때문만은 아니다. 정적에 대한 처벌 수위와 학자로서의 출처관 등을 두루 내포한 갈등이었다. 즉, 1682년 임술고변 사건 처리 과정에서 훈척 김익훈을 비호하는 서인 노장파에 대한 소장파의 비판으로 양측 사이가 벌어지기 시작했다. 더하여 정적인 남인에 대한 처벌 수위로 의견이 나뉘었다. 강한 처벌을 주장하는 송시열 중심의 노장파와 지나친 처벌을 반대하는 윤증 측 소장파가 대립하면서 결국 노론과 소론으로 갈라서게 된 것이다.

남인과의 관계로 보자면 송시열과 윤선거 모두 처음에는 남인인 윤휴와 잘 지내는 사이였다. 서로의 재능을 아끼며 학문 성취를 위한 교류도 이어갔으니까. 하지만 윤휴와 송시열 사이에 학문적 견해 차이가 생기면서 (그 결과의 한 예가 앞서의 예송이다) 송시열은 윤휴를 사문난적斯文亂賊으로 규정하게 된다. 교류해서는 안 될 이단이라는, 학문적 사망선고를 내린 셈인데 많은 서인들이 이 '지침'을 따랐다.

윤선거 또한 송시열의 강요로 윤휴와 거리를 두게 되지만 진심은 아니었던 듯하다. 송시열에게 윤휴와의 화해를 권유하는 편지를 쓴 뒤 이를 아들에게 남겨두었으니까. 이에 1669년 부친의 장례를 치르게 된 윤증은 윤휴의 조문을 거절하지 않았고, 이것이 송시열의 분노를 부채질하면서 윤선거의 행적을 비난하는 묘비명 사건으로 이어졌던 것이다.

윤증이 송시열과 어긋나게 된 것은 스승에 대한 실망감 때문이기도 하다. 윤증은 강화도 사건 후 평생을 자숙하며 포의로 지냈던 부친의 뜻을 이어, 그 자신 또한 숙종의 부름을 사양하고 고향에서 학문에 열중하고 있었다. 정계에서 큰 벼슬을 지내던 송시열과는 다른 처신이었다. 이처럼 삶의 태도가 다른 두 사람에게 앞의 사건들이 더해졌으니 예전의 그 사제지간으로 지내기는 어렵지 않았을까.

신유년인 1681년, 송시열이 정계로 복귀한 이듬해. 윤증은 작심한 듯 스승에게 길고 긴 편지를 쓴다. 전하지는 못했다. 하지만 다른 경로로 송시열이 알게 됨으로써 절연으로 이어지게 된다. 이것이 바로 부치지 못한 신유년의 편지, 신유의서 사건이다. 편지의 몇 구절을 읽어본다.

제가 선생님께 배운 것은 회옹晦翁(주자)의 글뿐입니다. 그런데 (선생님의 삶이) 회옹의 글과 이다지도 다른 것은 무슨 까닭입니까… 선생님이 조정에 나온 초기에는 진실로 해이했던 인심을 깨우치고 사람들의 마음을 진작시키는 효과는 있었습니다. 하지만 시간이 흘러가도 실제로 하는 일은 없었습니다. 내치를 잘하여 외적을 물리치고 부국강병을 이루어 복수설치를 도모한다는 말씀처럼 우뚝하고 실질적인 업적은 끝내 볼 수 없었고, 다만 볼 수 있었던 것은 많은 녹봉과 높은 지위, 그리고 세상에 가득한 명성뿐이었습니다… 제 생각에 (선생님 내면의) 문제의 하나는 기질을 능히 변화시키지 못하신 것이며, 다른 하나는 학문을 성실하게 하지 않으신 것입니다.

이런 강도의 언사를 용서할 수 있는 스승이 몇이나 될까 싶은데, 하물며 송시열로 말하자면 그에게서 가장 찾기 어려운 덕목이 포용력이라 해도 좋을 정도다. 결국 1684년 송시열이 윤증에게 절연을 고하는 마지막 편지를 보냄으로써 두 사람은 사제의 연을 끊는다. 그 둘을 영수로 내세운 노론과 소론의 대립이 더욱 날카로워진 것은 당연한 순서. 상황이야 어찌 되었든 윤증은 배사背師의 멍에까지 지게 되었다. 그래서 초상화를 거부했던 것일까. 초상화 제작을 권유하는 후학들에게는, 부친도 남기지 못한 초상화를 자신이 허락할 수는 없다고 답했다는데. 부친의 명예를 지키지도 못한 채 스승에게 등을 돌렸다는, 그 아픈 자책이 이유일지도 모르겠다.

누가 옳고,
누가 그른가

두 사람은 생전에 화해하지 못했다. 1689년, 다시 한번 환국의 파도가 일었다. 기사환국己巳換局으로 불리는 이 사건의 시작은 원자元子의 정호定號 문제였다. 소의 장씨(후일의 장희빈) 소생의, 출생 백일도 되지 않은 첫아들을 원자로 정하겠다는 숙종에게 송시열 등이 반대의 뜻을 표한바, 숙종은 이를 왕실 후계 문제에 개입하는 월권으로 받아들인 것이다.

> 임금이 말하기를, "송시열은 산림의 영수로서 나라의 형세가 고단하고 약하여 인심이 물결처럼 험난한 때에 감히 송末의 철종을 끌어대어 오늘날의 정호를 너무 이르다고 하였다. 이를 그대로 두면 무장無將의 무리들이 장차 연달아 일어날 것이니, 마땅히 원찬遠竄하여야 할 것이다." 《숙종실록》 1689. 2. 1.

산림의 영수로서, 송시열의 말 한마디가 온 조정에 미칠 여파를 알고 있었다는 얘기다. 결국 송시열과 그를 변호하던 김수항 등이 사사의 명을 받았다. 숨죽이고 있던 남인들에게 기회가 돌아갔으니, 허적 등이 사사당한 지 9년 만의 집권이다.

스승의 죽음을 옛 제자는 어떻게 받아들였을까. 이미 정적이 되어버린 사이. 윤증은 제문도 짓지 않았다. 그저 심복心服으로 복잡한 마음을 거두었을 뿐이다. 하긴 스승의 불명예는 오래가지 않았다. 5년 뒤인 1694년, 다시 마음을 바꾼 숙종은 갑술환국甲戌換局으로 남인 조정을 내친 뒤 송시열의 이름을 회복시켜 주었으니까.

이미 두 사람은 개인의 이름으로 살기엔 너무 무거운 존재였다. 누가 옳고 누가 그른가. 온 조정과 성균관 유생까지 합세한 논쟁이 그치지 않았다. 윤증이 사망한 1714년 이후에도 다툼이 여전했으니 참으로 길고도 끈질기다.

흥미로운 점은 둘의 다툼에 국왕이 직접 나서 '판결'을 내렸다는 사실이다. 숙종으로 보자면 산림이든 정승이든, 자신의 뜻에 어긋난 이들에게 사사를 주저하지 않는 임금이었다. 국왕이 그들의 윗자리에 앉아, 조선 사대부들이 스승으로 모시는 거유들의 잘잘못을 가릴 정도의 힘을 지니게 되었던 것이다. 어느 당에게 국정을 맡길 것인가는 전적으로 국왕의 재량이다. 정치가 이외의 직업을 적극적으로 도모하기 어려운 조선 사대부들이었으니, 국왕의 뜻을 살피며 기회를 기다릴 수밖에 없지 않았을까.

노론과 소론, 끝나지 않는 시비

회니시비에 대한 숙종의 판결이 궁금하다. 역시 그답게 초지일관하지는 않았다. 처음에는 노론 대신들의 뜻에 따라 윤증의 잘못을 탓하며 송시열을 위로했으나, 송시열을 사사한 뒤에는 아버지가 스승보다 중하다는 논리로 윤증을 옹호했다. 하지만 이것으로 끝나지 않았다. 말년에 이르러 다시 윤증의 죄를 논하여 삭탈관작한 뒤, 윤선거의 문집을 소각하라 명한다. 그러고는 송시열의 《주자대전朱子大全》을 간행함으로써 노론의 손을 확실하게 들어주었다. 두 사람에 대한 호감도의 문제가 아니다. 노론과 소론, 두 당의 부침에 따라 그들에 대한 시비가 엇갈렸던 것이다.

노론과 소론의 뿌리를 거슬러보자면 인조 시대부터 그럴 만한 여지가 없지 않았다. 노론 측 산림은 송시열, 정치 현장의 핵심은 척화파의 수장 김상헌의 후손인 안동 김문金門이다. 김수흥과 김수항 형제가 모두 영의정을 역임했을 정도로 대단한 세력이다. 송시열이 내세운 조선 재건 이념인 '조선중화'의 근간이라 하겠다.

소론 측 산림은 윤증, 조정에서 재상으로 활동한 이들은 최석정, 남구만 등인데 최석정이 바로 병자호란 당시 주화파로 지탄받았던 최명길의 손자다. 최명길은 양명학에도 관심을 기울인 인물로 실용주의자의 면모가 강했던 만큼, 사문난적으로 몰린 윤후 등에 대해 소론 측에서 너그러운 태도를 보인 것도 까닭이 없지 않다.

이 역사적인 절교 사건에 대해 역사는 무어라 평했을까. 노론이 주도하여 편찬한 《숙종실록肅宗實錄》과 소론 측이 첨가한 《숙종보궐정오肅宗補闕正誤》의 평가는 극과 극을 달리는데, 좋은 쪽으로 골라보자면.

송시열은… 일찍이 꿈에 공자가 여러 제자를 거느리고 집에 이르는 것을 보고 송시열을 낳았기 때문에 소자小字를 성뢰聖賚라고 하였다. 천자天資가 엄의강대嚴毅剛大하여 어려서부터 이미 성학에 뜻을 두었고, 자라서는 김장생에게 배웠다. 뜻이 독실하고 힘써 실천하여 더욱 채우고 밝힘을 가하니, 마침내 동방 이학理學의 적전嫡傳이 되었다. 《숙종실록》 1689. 6. 3.

윤증은… 천부의 자질이 화수和粹하고 깊고 중후하였으며 어려서부터 가정의 학문을 이어받아 한 번도 외부의 유혹에 빠지는 일이 없었다… 그 진실한 심지와 독실한 공부는 이 문순공 이후 오직 한 사람뿐이었으며, 문장은 온후하고 간측하여 중화中和의 명성이 있었으니, 후세에 덕을 아는 자는 이에서 고징考徵할 바가 있을 것이다. 《숙종보궐정오》 1714. 1. 13.

'동방 이학의 적전'이라는 송시열과, '이황 이후 오직 한 사람'이라는 윤증. 양측 모두 조선 성리학의 적통을 주장하고 있으니 그들에 대한 상찬은 같은 결말에 이른 셈이다. 초상화 속 두 사람과 겹쳐 읽어본다. 과연 예사롭지 않은 두 인물의 대결이 여간 아니다. 전신사조傳神寫照를 생명으로 한다는 조선 초상화. 이 정도라면 그 인물의 정신까지 너끈히 담아내었다고 말해도 좋을 듯하다.

이처럼 사선을 오가는 정쟁 가운데 평생을 보낸 이들도 있었지만 그 현기증 나는 시대가 버거웠던 이들도 있었을 법하다. 자의든 타의든, 권력 바깥에서 살아가야 할 이름들도 없지 않았겠고.

소중화小中華를 꿈꾸며, 순전한 주자주의를 바탕으로 조선을 재건하고자 했던 주류 건너편에는 조금 다른 방식으로 지식인으로서의 존재 의미를 고민하는 이들이 생겨났다. 권력에서 멀어진 이름들에겐 소중화의 꿈마저도 그야말로 꿈처럼 느껴졌을지도 모른다. 때는 여전히 강력한 왕권이 작동되던 숙종 시대다. 국왕의 눈길이 비껴간 자리에서 국왕만을 바라볼 수는 없는 일. 그들은 무엇을 바라보았을까.

18장

숙종, 시대가 남긴 또 하나의 얼굴

나는 누구인가 〈윤두서 자화상〉

그가 바라본 것은 자신의 모습이었다. 그게 무어 별난 일인가. 자기 수양을 중시하는 조선 지식인들에게 그리 남다를 일도 아니다. 놀라운 점은 자신의 모습을 자화상自畵像으로 남겼다는 사실인데, 전례 없는 파격적인 구도로 놀라움을 더한다. 〈윤증 초상〉과 동시대 작품이라니 믿기지 않을 정도다.

앞의 두 초상화는 제작 배경부터 꽤 정치적인 색을 띠고 있었다. 스승의 정신을 기리고 그 이름을 남김으로써 자신들 학파의 정체성을 확고히 하고자 함이었다. 학파가 곧 정파로 이어지던 시대였으니 그렇게 힘을 모으지 않는다면 다음 세대의 권력을 장담하지 못한다. 자경문을 남긴 인물이든 초상화를 거부했던 인물이든 그들의 삶은 공적인 영역에서 기억되고, 그 초상화 또한 정치적인 의미로 해석될 수밖에 없다. 〈송시열 초상〉 제작 이후 사대부 초상이 유행하게 되었다는 사실도 많은 이야기를 대신해준다.

자화상도 조선 초상화와 그 역사를 함께했을까. 아니다. 이 놀라운 작품이 조선 최초의 자화상이다. 의아하다 싶지만 오히려 그럴 법하다. 기본적으로 초상화는 한 인물을 기념하기 위해 제작된다. 어진이나 공신 초상, 심지어 사대부 초상의 전형이 된 송시열, 윤증 초상까지 모두 그랬다. 이런 시대에 자화상을 그린다? 초상화의 목적 자체를 바꾸지 않는 한 조선 사대부에게 기대하기 어려운 일이다.

그 목적을 바꾼 인물이 등장했다는 얘기다. 현전하는 조선 최초 자화상의 주인공은 윤두서. 1668년에 태어나 1715년에까지 살았으니 현종 시대에 유년기를 지낸 뒤 숙종 치세에 남은 40년을 보낸 인물이다. 정치권이 잠잠할 날 없었던 이 시절에 그는 무슨 까닭으로 자화상을 남기게 된 것일까. 윤두서가 자화상을 그렸을 1710년대. 숙종의 나이도 어느덧 50대, 치세 말년에 들어서고 있었다.

숙종의 치적,
대동법 완성에서 과거사 정리까지

즉위 첫해부터 시작된 과격한 내각 교체(환국)는 재위 기간 내내 이어지는 중이었다. 왕후들과의 관계도 평탄하지 않았다. 성종 이후 처음으로 왕후 폐위를 단행하고 세자의 생모에게 죽음을 명한 임금인데, 그 과정의 변덕스러움은 성종에 비할 바가 아니다.

1689년, 멀쩡히 중궁전을 지키던 왕후 민씨(인현왕후)를 폐한 뒤 후궁인 희빈 장씨를 그 자리에 앉힌 사건으로 이 유명한 이야기가 시작된다. 하지만 불과 5년 뒤인 1694년, 마음을 바꾼 숙종은 민씨를 복위시키고 장씨를 다시 빈으로 강등시킨다. 그리고 1701년 10월, 세자의 생모인 희빈 장씨에게 자진自盡을 명한다. 갖은 악행에, 두 달 전 승하한 인현왕후의 죽음 뒤에 장씨의 저주가 있었다는 죄목이 추가되었다. 실제로 저주 따위가 생명을 해치는지는 알 수 없으나, 그 이전에 인현왕후를 앓게 만든 그 병환의 근원을 찾아보자.

마음병에 시달렸을 인현왕후를 가장 힘들게 했던 사람이 정말 장희빈이었을까. 하지만 정작 숙종은 그사이 왕자(연잉군)를 낳은 최씨를 숙빈으로 봉하여 후계 구도에 긴장감을 불러오기까지 했으니, 이처럼 중궁전이 시끄러운 때도 없었다.

인현왕후 집안이 속한 서인과 희빈 장씨를 지지하는 남인의 경쟁이 낳은 결과이기도 하다. 1689년의 기사환국, 1694년의 갑술환국으로 두 왕후의 운명이 갈렸다. 장씨 사사 뒤 조정은 세자를 지지하는 소론과 연잉군을 지지하는 노론의 대결로 재편되었다. 중궁전도 조정도, 모두가 국왕의 판결만을 바라보는 형세였으니 그야말로 지존의 권위라 할 만하다.

이처럼 당당한 왕권으로 숙종은 어떤 일을 했을까. 재위 기간도 무려 46년으로 조선 국왕 평균치인 19년을 훌쩍 뛰어넘는다. 제법 많은 일을 이룰 수 있는 시간이다. 인간관계를 살피자면 도무지 호감이 가지 않는 인물이지만, 당대의 여러 문제를 정리하여 18세기 영정英正 시대의 밑바탕을 마련해준 임금으로 평가받기도 한다. 왕위 다툼 같은 소요 없이, 유독 재해가 심했던 17세기를 무사히 넘어선 것도 숙종과 국가 모두에게 다행스러운 일이었다.

숙종이 시행한 백성의 삶과 직접 관련된 대표적인 정책으로는 화폐 유통이 있다. 바로 상평통보常平通寶를 대량으로 주조하여 화폐 사용을 본격화한 것이다.

돈은 천하에 통행하는 재화인데 우리나라에서는 조종조부터 누차 행하려고 하였으되 할 수 없었던 것은, 동전이 토산土産이 아닌 데다 또 민속이 중국과 달라 막히고 방해되어 행하기 어려웠기 때문이다. 이에 이르러 대신 허적·권대운 등이 시행하기를 청하매 임금이 군신群臣에게 물으니, 입시한 자가 모두 그 편리함을 말하였다… 상평통보를 주조하여 돈 4백 문文을 은 1냥兩의 값으로 정하여 시중에 유통하게 하였다. 《숙종실록》 1678. 1. 23.

기록에서 알 수 있듯 화폐가 숙종 대에 처음 사용된 것은 아니다. 여러 이유로 널리 쓰이지 못하다가 1678년에 비로소 시장 경제에서 제 몫을 담당하게 되었다. 화폐 유통은 대동법 시행과도 관련이 있다. 쌀을 대신할 교환수단으로서 화폐가 더욱 요긴했음은 당연한 일. 광해군 즉위 직후인 1608년 경기도에서 첫발을 뗀 대동법은 숙종 후반기인 1708년, 드디어 전국 팔도에 실시되기에 이르렀다. 100년에 걸쳐 이룬 사업이다.

이와 함께 숙종은 왕실 내에서 미뤄둔 숙제를 꺼내 든다. 왕위 계승 과정에서 빚어진 껄끄러운 그 사건들, 계유정난과 단종 복위 운동, 그리고 소현세자빈 강씨의 역모 사건까지. 해결할 때가 온 것이다. 적어도 신하들 위에 '군림하는' 임금이 나서야 했다.

이미 성종 시대부터 신원伸寃이 거론되었던 사육신이 복작된 것은 1691년, 그들이 충성을 바쳤던 단종의 복위는 1698년에 실현되었다. 사건 당시로부터 200년 이상이 흘렀으니 역사 속 사건으로 정리하기에 큰 무리는 없었을 것이다. 보다 부담스러운 일은 바로 강빈 역모 사건이다. 증조부인 인조의 과오인 데다가, 사실 숙종 자신도 그 사건의 수혜자가 아닌가. 하지만 망설이지 않았다. 1718년 강빈을 복위시켜 민회빈愍懷嬪이라는 시호를 내린 뒤 직접 그 혼을 위로하는 제문까지 짓는다. 사관의 평가도 긍정적이었음은 물론이다.

> 강빈의 일은 나라 사람들이 지금까지 불쌍히 여기는데, 일이 궁궐에서 나왔으므로 자취가 분명하지 않고, 세상에서 꺼려 하는 바가 되었으므로 감히 말하는 자가 없었다. 다행스럽게도 성상께서 스스로 마음속에 결단하여 위호位號를 빨리 회복시켰으니, 그 지극한 원통을 씻게 하고 빠뜨려진 전례를 가다듬은 것이 극진히 하지 않음이 없었다… 이승과 저승 사이에 양편에서 모두 유감이 없다고 말할 만하다. 《숙종실록》 1718. 윤 8. 7.

재위 40년을 넘어서며 건강도 좋지 못한 지 여러 해째였다. 더 늦기 전에 해결하겠다고 마음먹었는지도 모른다. 묵은 문제를 모두 털어내고 다음 시대는 구김 없이 열어보자는 뜻이었으리라.

사문난적, 용서받지 못한 이름들

국왕은 자신의 뜻을 펼쳐나가기에 괜찮은 환경이었으나 그와 보조를 맞추어야 할 신하들의 운명은 편치 못했다. 붕당정치의 여파는 학문의 영역으로 이어졌는데 붕당이 학파에 근간을 둔 조선에서는 너무도 당연한 결과다. 주자학 입장에서 이단을 일컫는 사문난적이라는 용어가 실록에 처음 등장하는 장면도 바로 송시열이 윤후와 윤선거를 거론하는 상소에서다. 자신이 윤선거에게 보냈던 글의 한 대목을 인용하던 중이었다.

신이 (윤선거에게)… '윤휴는 곧 사문난적이고, 공(윤선거)은 당여黨與로서 주자를 배반한 사람이다. 춘추의 법에 난신적자亂臣賊子를 다스리려면 반드시 먼저 당여부터 다스렸으니, 왕자王者가 나오게 된다면 마땅히 공이 윤휴보다 먼저 법에 걸리게 될 것이다' 했었습니다. 《숙종실록》 1687. 2. 4.

송시열은 윤휴는 사문난적이고, 윤선거 또한 주자를 배반한 사람이라 성토하고 있다. 노론 내에서 송시열의 발언은 하나의 규율이다. 오랜 적수인 남인이야 그렇다 쳐도 이제 소론마저 이단으로 배척했던 것이다. 정치권의 다툼이란 게 그렇다. 어느 정도 시간이 흐른 뒤엔 아무리 삭탈관작에 사사까지 당했다 해도 명예를 회복하게 마련이다. 하지만 사문난적에 대한 처분만큼은 조선이 끝나도록 뒤집히지 않았다.

성리학으로 조선을 다스린 지 300년. 건국 초기부터 그 지위가 흔들린 때는 없었지만 이 정도의 절대 기준은 아니었다. 극단적 이단 시비는 근본주의자들의 초조함이 불러온 현상이기도 할 텐데, 17세기 후반의 조선 상황으로 보면 성리학 국가의 소멸을 막아야 한다는, 우리가 그 마지막 국가라는 묘한 자부심이 더해져 있다.

그렇다면 사문난적으로 낙인찍힌 이들이 성리학을 흔드는 대단히 파격적인 이론이라도 들고 나왔던 걸까? 일반인의 시각으로는 좀 자유롭게 해석해보자는 말이로구나, 그럴 수 있겠다 정도로 읽힌다. 하지만 당시 주자 신봉자들에겐 신성모독처럼 여겨졌던가 보다. 주자 선생 말씀 앞에서 감히 제 해석 운운하다니! 게다가 학문과 정치가 따로 놀 수 없었던 조선이고 보면 그 자유로움을 죄로 엮는 것은 어려운 일도 아니다.

어쨌든 권력 다툼도 살아남은 자들의 것이다. 숙종 시대 후반기에 이르면 노론과 소론이 주거니 받거니 국정을 운영하게 된다. 그들 뒤쪽으로

〈윤두서 자화상尹斗緒自畵像〉

는 결승전에 이르지 못하고 탈락한 이들이 밀려나 있었으니, 1694년 갑술환국으로 실각한 남인 세력이다. 이제 구경꾼이 되어버렸다고나 할까. 한가롭다면 한가롭고 쓸쓸하다면 쓸쓸한 처지다.

자화상의 주인공 윤두서의 고민도 이 지점이었으리라. 출신은 남인에 속하는 해남 윤씨. 그의 증조부가 바로 첫 예송인 기해예송 때 격한 상소로 유배에 처해진 윤선도다. 조선 최고의 시조 시인으로 평가받는 인물이지만 예술은 예술일 뿐, 저 홀로 당쟁에서 빠져나와 예술에 몰두할 수는 없다(역시 조선 최고 가사 작가로, 당쟁에 온 힘을 다했던 선조 시대의 정철과 비교해보아도 흥미롭다). 윤선도는 사후에까지 삭탈관작과 복관이 반복되었던바, 윤두서가 한창 과거 공부에 열중해야 할 무렵에는 이미 권력과 먼 집안이 되었다. 윤두서는 그런 집안의 종손으로서 평생을 포의로 지내게 된다. 이런 사람이 어떤 꿈을 꾸며 살았을까. 윤두서의 자화상을 만나본다.

윤두서,
나를 바라보다

거두절미하고 속마음을 털어놓겠다는 뜻일까. 한 남자의 얼굴이 화면을 가득 채우고 있다. 이런 구도 앞에서 당황했다면 옛 초상화에 대한 선행 지식 때문이기도 할 텐데, 지금까지 우리가 보아온 초상화들과는 간극이 너무 크다. 조선의 어떤 초상화도 이처럼 얼굴만으로 그 존재를 이야기하지 않았다.

화면 속 주인공은 정면을 바라보고 있다. 이 또한 여느 초상화와 다른 점으로, 보통은 7~8분면, 살짝 고개를 튼 각도로 그려지곤 한다. 하지만 이보다도 우리를 더욱 놀라게 한 것은 의관을 정제하지 않은 모습으로 등장했다는 점이다. 차림새를 중시하는 그 시대에 어엿한 사대부로서 가당키나 한 일인가. 흉상 정도의 초상화라 해도 관모와 상의는 제대로 갖추는 것이 당연했다. 무언가 기이함을 추구하는 인물이었을까.

하지만 외모만으로는 그런 성품으로 보이지 않는다. 적당히 살집 있는 얼굴에 균형 갖춘 이목구비. 정면을 응시하는 두 눈은 깊고도 진지하다. 굳게 다문 입매 또한 그렇다. 단단하지만 딱딱한 건조함은 아니다. 어느 한 곳 허술함 없이 섬세하면서도 힘 있는 묘사가 일품인데, 사방으로 뻗은 수염마저도 한 올, 한 올 정밀함을 놓치지 않았다. 일필휘지의 흥에 취하기보다는 차분한 작업을 추구했을 인물이다. 형식과 내용이 잘 어우러졌다고나 할까. 한 번 보면 잊히지 않을, 긴장감 넘치는 작품이다.

사대부 출신 화가가 드문 것은 아니지만 이처럼 전문 화가를 훌쩍 넘어설 기량을 보인 이는 흔치 않다. 문인 화가들이 즐겨 그리던 담담한 산수화라면 모를까. 대상을 꼭 닮게 그려내야 하는 초상화는 훈련받은 전문 화가가 아니면 도전하기 어려운 장르다. 이 정도의 회화적 성취라면 취미 생활을 넘긴 지 한참인 경지다. 물론 그 자신의 재능이 우선되어야 하겠지만 그 재능을 갈고닦을 시간이 주어졌다는 얘기다.

그림만이 아니었다. 윤두서의 삶을 따라가 보자면 다방면의 학문을 탐구한 흔적이 역력하다. 어차피 관직으로 나갈 수 없는 상황. 다양한 서책들 사이에서 새로운 세계를 만나보겠다는 마음이었을 것이다. 아들 윤덕희가 쓴 〈공재공행장恭齋公行狀〉에 윤두서의 학문적 특성을 '실득'이라 밝힌 부분이 있어 눈길을 끈다.

공은 제가의 서적을 연구하되 다만 문자만 강구하여 귀로 듣고 입으로 말하는 천박한 학문의 재료로 삼는 데 그치지 않았다. 반드시 정확히 연구, 조사하여 옛사람의 입언立言의 뜻을 파악하여 스스로의 몸으로 체득하고 실사實事에 비추어 증험했다. 그러므로 배운 바는 모두 실득實得이 있었다.

〈윤두서 자화상〉에도 이런 학문적 태도가 고스란히 담겨 있다. 진지한 관찰과 사실적 묘사. 실존 인물을 마주하는 듯한 생생함은 바로 이런 작업 정신이 빚어낸 결과가 아니었을까. 덧붙여 살펴보자면 〈윤두서 자화상〉 외에도 윤두서 회화 세계의 기본이 이 사실성에 있다. 다음 세대에 유행하게 될 '현실 속 생활 그림'인 풍속화를 하나의 독립 장르로 시도한 인물이 윤두서다. 현실 정치에서 벗어나 있음으로써 도리어 현실 그 자체를 바라보게 되었던 걸까. 그의 새로운 시각은 다른 분야로도 이어졌다. 학문적 동반자이자 평생의 지기였던 이서와 함께 서체書體를 연구하였으니 이른바 '동국진체東國眞體'의 출발이다. 이후 이광사가 이를 이어받아 우리 고유 서체를 완성하게 되었다.

재야의 지식인,
시대의 또 다른 얼굴

'실實'을 중시하는 학문을 보통 실학이라 부르거니와, 실제로 조선 후기 이 새로운 경향의 학문이 권력에서 소외된 지식인들로부터 본격화된 것도 자연스러운 일이다. 일군의 지식인 집단이 정치가 아닌, 지식 세계로 '돌아온' 것이다. 자의는 아니었을지라도 이들 잉여 독서인의 존재는 다음 시대의 자산이 되기에 충분했다. 이를테면 이서의 동생이 바로 실학의 대가로 평가받는 이익이다. 그리고 윤두서의 외증손이 정약용. 학풍이라 하지 않던가. 윤두서를 비롯한 앞 세대 지식인들의 고민과 학문이 이들의 성취에 든든한 바탕이 되어주었으리라.

하지만 후대 인물들의 업적은 시간이 흐른 뒤의 이야기이고. 정작 당시의 윤두서가 마냥 즐거운 독서 시간을 가진 것은 아닐 터다. 윤두서와 그의 벗들이 관직으로 나가기는 이미 어려워 보였는데, 조정에서는 이들의 존재가 그리 아쉽지 않았던 것이다. 그들에게는 좋지 않은 소식이지만, 당시 조선은 붕당 하나쯤 제쳐두고도 국정 운영이 가능할 정도의 인재군을 갖추게 되었다는 뜻도 된다. 후일 이익이 《붕당론朋黨論》에서 이야기하듯, 밥그릇 수에 비해 사람이 너무 많았다.

그래서 윤두서는 묻게 되지 않았을까. 그렇다면 나는 누구냐고. 자화상은 그 물음에 대한 답이었으리라. 때문에 그는 정면을 바라보는 얼굴만으로 화면을 채웠다. 관직도 없는 포의의 몸. 어떤 의관을 선택한다는 말인가. 그렇다고 양반이라는 신분만을 덩그러니 드러내기도 씁쓸했을 터. 하여 자화상 속에는 무어라 스스로의 자리를 규정하기 어려웠던, 어떤 관직이나 신분으로 이야기할 수 없는 자연인 윤두서가 존재할 뿐이다.

세상에서 쓰이지 못한다 해서, 고관대작의 의관을 갖추지 못한다 해서 그 삶이 가치 없는 것은 아닐 것이라고. 오히려 자신의 하루하루를 성실히 채우며 새로운 학문을 도모하는, 그런 삶을 살아낼 수도 있으리라고. 그래도 어찌할 수 없는 씁쓸함이 남아 있다면, 그것은 그것대로 받아들여야 하지 않겠느냐고.

육안으로는 보이지 않지만, 〈윤두서 자화상〉의 1930년대 사진 촬영본에는 상의의 깃을 그린 흔적이 남아 있다. 이에 대한 학계의 여러 의견

가운데, 종이 뒷면에 초를 잡은 흔적이라는 견해가 타당해 보인다. 이를 따른다면 윤두서가 초를 잡을 때는 상의를 그려 넣으려 했다가, 완성 시에 이를 생략했다는 얘기가 된다. 화가가 마음을 바꾼 이유가 회화의 완성도 때문이었을까? 흥미로운 일이다.

실록에 오르내리며 한 시대를 흔들지는 않았을지라도 저만치 자신의 자리에서 저마다의 존재 의미를 고민하는 이름들이 있었다. 〈윤두서 자화상〉은 그 독백을 담은 그림이다. 치열한 권력 다툼으로 어지러웠던 숙종 치세. 같은 시대를 다른 자리에서 살아갔던 또 하나의 얼굴이다.

환국의 달인,
당쟁을 남겨둔 채

즉위년의 갑인예송으로부터 연이은 환국에 환국. 파란만장한 정치 이력을 밟아온 숙종에게도 죽음의 날이 다가왔다. 1720년, 보령 60세. 제법 긴 병환 끝이었는데 실록의 기사는 그 마지막 순간의 고통까지도 제법 상세히 묘사하고 있다. 만백성 위에 군림했던 국왕도 생사의 이치 앞에서는 여느 생명과 다를 것 없음을 새삼 깨닫게 된다.

18세기로 들어서며 정리할 일들은 제법 정리해둔 뒤였지만 숙종의 '환국' 기획이 낳은 부작용도 작지 않다. 당장 숙종 자신의 죽음을 기록하는 문제만 해도 그렇다. '대절大節'을 제대로 기록하지 않았다며, 노론 측 《숙종실록》에 대해 소론 측 《숙종보궐정오》가 분개하고 있는 장면인즉.

임금이 승하하였다. 이날 밤 반함飯含할 때 중궁이 원상으로 하여금 세자를 도와 행례하도록 하였다… 반함을 행하게 되자 세자가 내시를 물리치고 조용히 예를 다하여 끝내 김창집이 옆에서 도와주는 데 힘입은 바가 없었다. 초사初史가… 이러한 대절은 전혀 기록하지 않고 대점大漸 때 동궁이 체읍한 일까지 빼버렸다. 한 가지를 삭제하고 한 가지를 가필하는 사이에 심장心腸을 숨기기 어려우니, 통탄스러운 마음을 금할 수 있겠는가?《숙종보궐정오》 1720. 6. 8.

원상인 영의정 김창집의 도움에 기대지 않고, 조용히 예를 행하는 세자의 의연함이 돋보이지 않는가. 이런 중요한 일을 기록하지 않은 데에는 분명 다른 속내가 있었기 때문이라는 주장이다. 실제로《숙종실록》은 위 기사와는 분위기가 제법 다르다. 노론과 소론은 숙종 승하 이후에도 여전히 화해할 수 없었던 것이다. 결국 숙종은 자신의 아들들에게 그 짐을 물려주는 결과를 불러오고 말았다. 삼종혈맥三宗血脈의 당당함으로 등극했던 본인과는 달리 그의 두 왕자는 적장자의 권위도 없이, 다시 경쟁으로 내몰리게 될 상황이다.

극심한 정치 갈등을 풀지 못한 채 새로운 시대를 기대하기는 어려운 일이다. 재야의 구경꾼들에게도 다시 꿈꿀 수 있는 기회를 주어야 했고. 다행히 숙종에게는 그럴 만한 자질을 지닌 왕자가 있었다. 하지만 위의 기록에 등장한, 그 세자는 아니었다. 다시 한 차례 큰 바람이 지나가려나 보다.

19장

경종에서 영조로, 소중화 의식의 탄생
우리 땅의 아름다움을 인정하기까지 〈금강전도〉

때가 되지 않았을까. 그럴싸한 배경도 갖추어졌다. 이쯤에서 시대의 이름에 어울리는 새로운 장르가 태어나고 그 장르를 최고로 끌어올릴 대작이 나와야 할 것 같다. 18세기 중엽, 조선은 바야흐로 문화가 융성하는 시기를 맞고 있었다.

민중의 고단한 삶을 떠올리자면 문화의 시대, 운운하기 조심스러운 것도 사실이다. 하지만 왕조 시대라는 한계 안에서나마 더 나은 정책을 펼쳐 백성들의 삶을 보듬고, 보다 멋진 예술로 시대를 아름답게 채워준 이들이 없지는 않을 것이다. 왕조 시대 국왕이었다는 이유로 세종과 연산군을 같은 이름으로 묶는다면, 아무래도 한쪽이 너무 억울하지 않을까.

개인적인 호감 정도를 떠나, 그 치적을 기준으로 조선의 국왕들을 줄 세워보자. 세종이 독보적으로 저 앞자리를 차지하겠고, 연산군 정도의 폭군은 아예 열외로 둔다면 전란에 효율적으로 대처하지 못한 선조나 인조 등이 뒷자리에서 질책을 받게 될 텐데. 세종에 근접할 만한 임금이라면 누가 있을까. 건국 시기 기초를 다진 태종이나 통치 지침을 마련한 성종도 괜찮은 점수를 받을 만하다. 그리고 두 사람, 18세기 조선 중흥의 군주로 평가받는 영조와 정조를 꼽을 수 있겠다.

바로 그 영조, 조선 21대 국왕이 다스리던 18세기에 도착했다. 정치나 사회 전반에 걸쳐 할 말이 가득하지만, 먼저 이 시대를 이야기해줄 그림을 만나보고 싶다. 한 시대를 선명하게 밝혀줄 그림 한 점 없이 어찌 문화의 중흥을 이야기할 수 있을까. 익숙한 이름, 더 익숙한 화면이 등장한다. 진경산수화眞景山水畵의 세계를 활짝 열어젖힌 금강산으로 들어가 본다.

〈금강전도〉,
진경산수화의 시대를 열다

한눈에 들어온다, 금강산. 역시나 제목도 〈금강전도金剛全圖〉. 일만 이천봉, 그 수려한 봉우리를 모두 보여주겠다는 화가의 의지가 역력하다. 구도로 보자면 금강산 전체가 둥글게, 원형을 그리듯 담겨 있다. 아래쪽에서 천천히 올라가 보자. 왼쪽 하단에 자리한 장안사를 시작으로 금강산 일주가 시작된다. 골짜기를 따라 산을 오르면 그 봉우리 하나하나를 만나게 되는데, 화면 가장 높은 곳에는 일렬로 늘어선 중향성의 호위를 받으며 금강산 최고봉인 비로봉이 우뚝하다.

빈틈이 없을 정도로 빽빽한 화면이지만 골짜기 사이사이 흐르는 바람결에 청량감마저 느껴진다. 무엇보다도 암산과 토산을 적절히 배치하여 생동감을 살려낸 점이 두드러진다. 왼편에는 녹음 푸르른 울창한 숲으로, 오른편에는 시원하게 솟아오른 바위산으로. 만폭동, 사자봉, 향로봉

〈금강전도金剛全圖〉

등 널리 알려진 절경을 찾아보는 재미도 쏠쏠한 것이, 금강산의 다양한 얼굴을 마주하는 듯하다.

비로봉 위쪽으로는 푸른색을 슬쩍 풀어 아스라한 하늘을 표현했는데, 화면 하단에도 역시 같은 색을 물들여 공간감을 강조했다. 마침 비로봉 위 여백에 작품의 관지와 화제畵題가 보인다. 화제로 삼은 시구의 배열마저도 화면 구도를 의식하듯, 중앙의 '간間' 자를 중심으로 대칭을 이루고 있다.

설령 지금 걸으며 두루 살핀다 해도	縱令脚踏須今遍
머리맡에 놓아두고 맘껏 보는 것과 같을까.	爭似枕邊看不慳

시의 끝 구절이다. 흥미롭지 않은가. 직접 금강산을 걸으며 두루 살펴보는 것보다 이 그림을 걸어두고 마음껏 즐기는 쪽이 더 낫다고까지 했다. 그만큼 금강산의 진면목을 잘 담아냈다는 뜻이겠다.

화제 왼편의 관지를 보자. 〈금강전도〉라는 제목과 화가 자신의 호인 겸재謙齋, 그리고 인장도 잊지 않았다. 금강산을 이처럼 멋지게 펼쳐낸 화가는 정선. 조선 화가 가운데 몇 손가락 안에 든다는 이름이다. 더 잘 그리는 화가가 어찌 없겠는가마는 정선의 위대함은 빼어난 필력이 아닌, 창조적인 시각에 있다. 진경산수화라는 장르를 완성해낸 것이다.

옛 산수화 속 산수는, 대부분의 경우 실재하는 공간이 아니다. 실경實景을 그린 것이 아니라는 얘기다. 산수화라는 장르 자체가 이상화된 공간에 대한 대리 체험을 목적으로 탄생했기 때문인데, 이런 그림을 실경산수화에 대비되는 개념으로 관념산수화觀念山水畵라 부르기도 한다. 그렇다면 실경산수화의 등장 배경도 짐작할 만하지 않은가. 이상화된 공간 대신 실재하는 장소를 그려 넣어야 할 이유가 생겼다는 뜻이다.

지금까지 살펴본 산수화들은 어느 쪽이었을까. 〈몽유도원도〉 속 산수는 작품의 배경에서 알 수 있듯, 꿈처럼 아름다운 선경을 표현한 것이다. 실경이 끼어들 여지가 없다. 〈화개현구장도〉로 보자면 화개라는 실제 지명을 내세우고 있지만 화가가 직접 보고 그린 것은 아니었으니, 그림 속 산수 역시 실경은 아니다. 〈무이구곡도〉야말로 주자의 학문 세계를 상징적으로 보여준 그림이니 더 말할 것도 없다. 중요한 것은 무이산의 실제 모습이 아니었으니까.

소중화 의식,
문화적 자신감

〈북새선은도〉에 이르면 실경으로 납득할 만한 산수가 등장한다. 작품 제작 목적을 생각해보라. 국왕의 은혜가 펼쳐지는 그 지역의 모습을 분명히 담아내야 했다. 그림의 중심은 과거시험 현장이다. 하지만 그 현장을 실경으로 알려주는 장치가 칠보산 등, 그 지역 함경도의 산수인 만큼 이 작품에서 실경의 의미는 결코 작지 않다. 실경산수화는 이처럼 그 장소를 직접 그려 넣어야 할 실질적인 목적으로 본격화되기 시작한 것이다.

그리고 18세기, 정선의 금강산 그림이 등장한다. 실제로 금강산을 여행하고 그렸을까. 당연히 그렇게 했다. 실경산수화라 부를 수 있을까. 물론이다. 그렇다면 정선 자신이 완성했다는 진경산수화와의 관계는 어찌 되는 걸까. 크게 보자면 실제 경치를 보고 그렸으니 이들 모두 실경산수화로 불러도 무방하다. 하지만 진경산수화라는 명칭이 따로 생겨난 데는

(화가가 의도적으로 장르를 창조한 것은 아닐지라도) 까닭이 없지 않을 터다.

〈북새선은도〉와 비교해보면 좋겠다. 이 작품에 실경을 그려 넣은 까닭은 그 장소를 증명하기 위해서였지 그 아름다움을 보여주고자 함은 아니었다. 정선의 〈금강전도〉는 금강산에서 벌어진 어떤 사건에 대한 기록이 아니다. 금강산, 그 자체를 주인공으로 불러낸 그림이다. 진경산수화의 탄생은 미술사 분야의 환호를 넘어, 한 시대를 이해하는 데 중요한 열쇠가 된다. 새로운 장르 탄생이 화가 혼자의 힘으로 가능할 리 없지 않은가. 우리 땅을 새롭게 바라보고 그 아름다움을 그림으로 남기기까지, 정선 주변을 둘러보자.

〈금강전도〉는 화제 하단의 '갑인년 겨울에 짓다甲寅冬題'에 근거하여, 정선의 나이 50대 후반인 1734년 작품으로 알려져 왔다. 하지만 화제가 정선의 글이 아닐 가능성 등, 여러 정황으로 미루어 1734년 이후 작품으로 보아야 한다는 견해도 있다. 어느 쪽이든 영조 시대, 정선 전성기 작품이라는 데에는 이론의 여지가 없다.

당시 조선은 열풍이라 부를 정도로 금강산 유람이 인기를 끌었다. 정선이 첫 금강산 여행에 동참한 것은 1711년으로 스승인 김창흡을 따라나선 길이었는데, 그 이후에도 재차 금강산을 방문했다는 기록이 보인다.

김창흡은 노론 권력의 핵심인 안동 김문金門 출신인데, 이 집안은 유독 실경산수화와 인연이 깊다. 앞서 〈북새선은도〉의 시험관으로 이름을 올린 김수항, 17세기 실경산수화를 대표하는 〈곡운구곡도谷雲九曲圖〉(김수증이 강원도 곡운에 은거하며 그곳의 아홉 굽이를 구곡이라 명명한 데서 출발한 그림으로, 조선식 구곡도의 한 전형이다. 화가 조세걸이 직접 곡운 지역을 찾아, 보고 그린 작품이다)의 주인공 김수증(김수항, 김수흥 형제의 맏형) 등을 들 수 있다. 그리고 김수항의 유명한 여섯 아들 가운데 하나가 김창흡, 형제의 맏이가 아버지의 뒤를 이어 영의정에 오른 김창집이다. 이들 형제는 누대에 걸친 권력을 바탕으로 문화 쪽에서도 두각을 나타냈다. 김창흡 그 자신 또한 이름난 문장가였는데, 그가 주도한 금강산 기행단은 화가인 정선과 시인 이병연이 함께한 차세대 문화 대표팀이라 할 만하다.

금강산은 이미 건국 초기부터 중국 사신들까지도 유람하고 싶어 하던 조선 최고의 명산이다. 아울러 금강산 그림에 대한 요청도 많았고.

> 도승지 신숙주가 (명나라 사신) 고보 등에게 문안하고, 화원 안귀생을 시켜 금강산 그림을 정통에게 보이며 말하기를, "대인이 전날 수양군에게 (그림을) 청하였으므로, 전하께서 화공에게 명하여 그려 온 것입니다" 하니, 정통이 찬탄하여 마지않았다. 《단종실록》 1455. 윤 6. 3.

이들에게 전해진 그림이 생생한 실경산수화는 아닐 수도 있다. 조선 초기 회화 상황을 미루어보자면 지도식 그림에 가까웠을지도 모른다. 다만 확실한 것은 금강산 사랑이 18세기 이전부터 오래도록 이어졌다는 사실이다. 그렇다면 18세기 진경산수화가 금강산에서 시작된 데에도 까닭이 있지 않을까.

이는 집권층의 정치 철학과도 어울리는 일이었다. 조선은 효종에서 현종, 숙종을 거치면서 복수설치의 꿈을 꾸어왔던바, 이룰 수 없는 그 꿈을 소중화 의식으로 대체했던 것이다. 다분히 강박적이었던 것도 사실이다. 영조 시대는 그 강박적인 꿈에서 조금 자유로워졌다고 할까. 우리 땅을 새로운 눈으로 바라볼 여유를 가지게 되었다. 조선에도 이렇게 아름다운 산수가 있다는, 자각이라 해도 좋을 정도다. 문화적 자신감이기도 하다.

우리 땅을 우리 식으로
그리겠다는 선언

특히 안동 김문이라면 이 소중화 의식의 본거지가 아닌가. 그들 주변에서 실경산수가 발전하고 다시 진경산수까지 이어진 것도 어찌 보면 당연한 일이었다. 권력에서 멀어진 남인이 스스로를 돌아보며 실학을 고민했던 것과 좋은 비교가 된다. 윤두서는 성찰의 결과물로 자화상을 남겼는데, 집권층의 후원을 받던 정선이 시도한 분야는 진경산수였다. 깊이 바라본 대상이 달랐던 까닭일까.

우리 땅을 우리 식으로 그리겠다는 선언이다. 당시에도 정선의 그림을 그렇게 평가했을까. 동시대 문인 화가인 조영석의 말을 들어본다.

> 내금강과 외금강을 두루 드나들었을 뿐 아니라 영남 지방의 승경을 유람하며 산수의 형세를 파악하였다. 그림에 대한 그의 노력은 참으로 대단하여 사용한 붓이 무덤을 이룰 정도로 많았다. 이에 스스로 새로운 화격을 창출하였으며, 우리나라 화가들의 누습을 벗어났다. 진정 우리나라의 산수화는 바로 정선에게서 개벽한 것이다. 〈구학첩발丘壑帖跋〉

'개벽'이라 했다. 옛 산수화의 길을 떠나 새로운 장르를 창조했다는 말이니, 당대인들의 반응 또한 우리의 감상과 다르지 않았다.

중국을 우러르던 시선을 돌려 조선 땅을 긍정하게 되기까지, 문화 쪽 분위기는 괜찮아 보인다. 정치 현장은 어땠을까. 숙종 조정의 최후 승자인 노론이 그 권력을 유지하고 있었을까. 유유자적하는 김창흡의 행적을 보면 그랬을 것 같지만, 그럴 리가. 심지어 영조는 숙종의 장자가 아니다.

보위에 오르기까지 산 하나를 더 넘어야 한다.

두 차례 옥사로 마감된
경종의 4년

19대 국왕 숙종이 승하한 뒤 희빈 장씨 소생인 왕세자가 즉위했다. 20대 국왕 경종이다. 영의정은 숙종 후반기에 확실하게 세를 굳힌 노론 김창집. 하지만 세자 시절의 경종은 소론의 지지를 받고 있었다. 여기까지는 괜찮았다. 새삼 파란을 일으킬 만큼 경종이 의욕에 넘치는 임금은 아니었던 듯하다. 그는 부왕의 재상들을 그대로 중용하며 즉위 첫해를 보냈다. 그러나 이듬해인 1721년, 조정의 대립이 서서히 격화되기 시작했다.

영의정 김창집의 운명이야말로 노론과 소론 세력의 부침을 보여주는 기준이 될 것이다. 1721년 8월, 김창집을 필두로 한 노론 세력은 경종에게 동생인 연잉군을 후계자로 삼을 것을 제안하고, 이를 관철시킨다. 경종으로서도 염두에 둔 일이었으리라. 안타깝게도 경종은 건강이 좋지 못했고, 대를 이을 왕자마저 없었으니까. '효종대왕의 혈맥과 선대왕의 골육으로는 다만 주상과 연잉군뿐이니, 어찌 딴 뜻이 있겠느냐'는 대비 인원왕후의 말대로, 다른 대안이 없기도 했다.

그런데 노론은 왕세제 책봉에 만족하지 못하고 왕세제의 대리청정을 요구하기에 이른다. 결국 이 사건을 계기로 신축옥사辛丑獄事가 벌어져, 영의정 김창집과 이이명, 이건명, 조태채 등 이른바 노론 4대신이 유배에 처해진다. 이것으로 끝이 아니었다. 이듬해인 1722년, 소론 과격파(급소急少) 김일경 등의 주도로 노론을 역모에 엮어 넣은 임인옥사壬寅獄事가 이어진다. 이 사건으로 유배 중이던 노론 4대신은 물론 왕세제 연잉군의 궁인들까지 죽음을 면치 못했다.

> 조태구·최석항이 차자를 올려 김창집·이이명에게 사사를 명할 것을 청하니, 임금이 그대로 따랐다… 다음 해 3월에 무옥誣獄이 일어났는데, 김창집이 체포되어 성주에 이르자 사사하라는 명이 있게 되었다. 김창집이 "내가 세제 世弟의 안위를 알 수가 없으니, 이것이 한이 될 뿐이다" 하고, 뜰 아래로 내려가 북쪽을 향하여 네 번 절하였다. 《경종수정실록》 1722. 4. 18.

김창집이 걱정한 것은 자신의 목숨이 아니라 왕세제 연잉군의 안위라 강조하고 있다. (《경종수정실록》은 노론 측 견해가 반영된 기록이다. 《경종실록》 또한 소론과 노론의 입장에 따라 2종으로 편찬되었다.) 이쯤에서 연잉군의 운명이 위태로웠던 것도 사실이다. 어쨌든 옥사의 겉모양은 연잉군을 추대하기로 한 역모였기 때문이다. 하지만 경종은 연잉군을 아끼는 마음과, 왕세제를 내세워 국왕의 권위에 도전하는 신하들을 처벌하는 일은 별개의 문제라 여겼던 듯하다. 소론 내에서도 비교적 연잉군에게 우호적이었던 이광좌, 최석항 등이 정승 자리를 지킨 것도 도움이 되었고.

그리고 2년 뒤인 1724년, 왕권을 둘러싼 피바람도 무색하게 경종은 즉위 4년 만에 승하하고 만다. 긴 치세를 이어간 부왕과 더 긴 치세를 이어갈 동생 사이에서, 경종의 4년은 두 차례 옥사로 당쟁을 격화시킨 것 외에는 달리 한 일도 없이 지나가고 말았다. 하지만 신하들의 대립 속에서도 동생에 대한 신의를 지켜 왕위를 전해주었으니 조선으로서는 다행스러운 일이다.

영조,
어디에서 시작할 것인가

적장자의 권위가 모든 상황에 앞서는 조선에서 형제 왕위 계승은 그 자체로 정상적인 과정으로 받아들여지기 어렵다. 영조 또한 이를 의식할 수밖에 없었다. 즉위 교서에 나타난 그의 마음인즉.

> 윤리로는 형제이고 의리로는 부자이니, 진실로 지극히 애통함이 끝이 없다… 환규桓圭를 잡고서 오동잎桐葉의 희롱을 생각하며, 법전法殿에 임하여 동기 간의 쓸쓸함을 슬퍼하노라… 조종께서 잇따라 멀리 떠남을 슬퍼하니 나라를 장차 어떻게 다스릴 것이며, 인종·명종처럼 서로 계승하기를 내가 어찌 감히 본받을 수 있겠는가. 《영조실록》 1724. 8. 30.

환규를 잡고서 오동잎의 희롱을 생각하며 (주周나라 성왕成王이 오동잎으로 규圭를 만들어 동생인 당숙唐叔에게 주면서, "너를 임금으로 봉하겠다"고 말한 고사를 인용한 것이다) 인종과 명종의 순조로운 형제 왕위 계승을 언급하는 영조. 그 마음이 그대로 느껴진다. 영조 이전, 조선에서는 형제가 연이어 등극한 경우가 세 차례 있었다. 자발적 양위가 아니었던 정종-태종이나, 반정으로 임금이 뒤바뀐 연산군-중종의 경우는 떠올리고 싶지 않았을 것이다. 가뜩이나 2년 전 임인옥사에 대한 부담을 안고 즉위한 영조였다. 그나마 형의 배려가 없었다면 이런 날을 맞기도 어렵지 않았을까. 수많은 감정이 뒤섞였을 즉위식이다.

숙종은 삼종혈맥의 정통성으로 군림한 경우다. 오랜 기간 동궁을 지켰으나 죄인의 아들로서 그 처지가 고단했을 경종은 물론이요, 영조 또한 든든한 배경으로 내세울 만한 모계를 갖지 못했다. 즉위식 전후의 영조로 보자면 상황이 녹록치 않았을 듯하다.

우리 땅의 아름다움을 당당하게 긍정하던 시대, 새로운 장르를 탄생시켜 그 아름다움을 노래하던 시대. 그런 문화적 자부심이 충만한 시대라면 정치와 사회의 안정이 그 뒤를 받쳐주었음이 분명하다. 당장 진경산수화의 절정을 뽐내던 정선만 하더라도, 어느새 노소를 가리지 않고 두루 깊은 교제를 나누고 있었다. 조정 상황이 영조 즉위 초기와는 달라지고 있었다는 얘기다. 영조는 그 어려운 환경을 딛고 어디에서 시작했을까.

이제 왕자가 아닌 국왕이다. 언제까지 당쟁에 얽매여 국정을 소홀히 할 수는 없는 일. 노론에 대해 고마움은 느꼈으나 그들에게 전적으로 의존하지는 않았다. 남은 이름들을 버려두고 싶지 않았을 것이다. 탕평蕩平 군주를 자임하며 조선 재건을 꿈꾸었던 영조다. 그 꿈에 어울리는, 어떤 정책들을 펼쳐나갔을까. 마침 시간도 그의 편이었다. 무려 50년 넘도록 왕위를 지킨 최장수 임금으로 기록되었으니까. 방향만 잘 잡는다면, 일할 시간은 충분했다.

20장

영조, 백성들의 이야기를 듣다

조선 최대의 공공 근로 사업 〈수문상친림관역도〉

통해야 할 것이 어디 물길뿐일까. 걷어내야 할 것이 강바닥에 쌓인 시간의 흔적만은 아니었으리라. 그날 국왕의 음성은 아프게 가라앉아 있었음이 분명하다. 국왕의 밝은 다스림이 살아 있는 시대라 말하기에도 미안하지 않았을까.

> 하교하기를, "준천濬川할 때에 오래된 잔해殘骸가 흙에 섞여 나오는 것이 있거든 베로 싸서 지대가 높고 깨끗한 곳에 묻어주고 준천을 마친 뒤 수문 밖에 제단을 설치하여 사제賜祭토록 하라… 굶주림 끝에 구렁텅이에 쓰러져 죽어서 거두어 묻히지 못한 자야말로 어찌 여기에 견줄 수 있겠는가? 이를 생각하니 나도 모르게 측은하여진다" 하였다. 《영조실록》 1760. 2. 27.

특이한 기사다. 무슨 까닭으로 인골人骨이 흩어져 있는가. 또한 무슨 까닭으로 세상에 드러나게 되었을까. 임금의 말을 옮기자면 '굶주림 끝에 구렁텅이에 쓰러져 죽었으나 거두어 묻히지 못한' 이들이 많았던 모양이다. 1760년이면 영조 36년. 그 유명한 준천 사업이 진행되던 때의 기사다.

사업의 규모를 반영하듯 '준천濬川'을 기념했다는 그림도 여러 본으로 전하고 있다. 준천이란 강바닥에 쌓인 토사를 파내는 일이다. 그토록 중요했을까. 그렇다고 한다. 영조 치세 62년 동안 3대 치적으로 꼽히는 업적이 바로 탕평蕩平·균역均役·준천이다. 영조 스스로 '사업이라고 이를 만하다'고 자부한 치적이었다. 영조의 뒤를 이은 정조도 '선대왕의 사업과 실적은 곧 탕평·균역·준천'이라 말하는 것을 보면 당시 이 세 가지 업적이 매우 선명하게 각인되었음을 알 수 있다. 후대 사가들의 의견도 다르지 않다. 백성들의 삶을 지탱해준, 대동법 이후 최고 정책이라는 평가다.

탕평,
화합의 정치를 고민하다

이 세 가지 치적 가운데 영조가 가장 먼저 손을 댄 것은 탕평이다. 다른 두 사업이 백성의 삶과 직결된 것이었음을 생각해보면 당연한 순서다. 정치의 안정 없이, 조정을 장악하지 않고 어찌 큰 사업을 도모할 수 있으랴. 군림하기만 해서 될 일이 아니다. 신하들 사이가 좋지 않다면 그 사이를 조정하는 일까지 떠맡아야 했다. 제아무리 삼대三代의 성군이 나더라도 혼자서 무얼 하겠는가. 영조의 생각도 그랬다.

즉위 전후 영조가 처한 상황은 앞서 살핀 바와 같은데, 영조 치세 내내 노론과 소론의 대립은 가라앉지 않았다. 그때마다, 영조가 밀고 당기며 국정을 이끌었던 것이다. 워낙 영조의 치세가 길다 보니 이들 세력의 부침도 일일이 짚어보기에 벅찰 정도다.

우선 영조는 두 세력 사이에서 탕평 군주인 자신의 위상을 세우느라 애쓰는 중이었다. 왕세제 시절 자신을 지지해준 노론의 죄(신임옥사辛壬獄事에 연루된 노론 4대신 등)에 대해서는 신원을 허락했으나, 지나치게 소론을 몰아붙이는 그들의 요구를 모두 들어주지는 않는 식이었다. 그리고 그사이사이, 이따금 터져 나오는 역모로 조정에 한바탕 피바람이 지나가기도 했고. 특히 큰 파장을 몰고 온 것은 즉위 5년째인 1728년의 무신란戊申亂, 일명 이인좌의 난으로 불리는 사건이다. 정권에서 소외된 남인과 소론 과격파가 힘을 모아, 경종에 대한 영조의 불충을 문제 삼아 난을 일으킨 것이다.

그런데 난을 진압하고 사건을 수습한 것은 의외로, 같은 소론에 속하는 이들이었다. 한 해 전의 정미환국丁未換局으로 조정에 돌아온 소론 강경파(준소峻少) 영의정 이광좌 등에게 영조가 책임을 맡긴 것이다. 노론 측의 반대를 막아준 영조의 신임으로 가능한 일이었다. 역적의 무리와 한때의 동료였다 해도, 영조는 조정의 어느 세력도 완전히 버리지는 않았다. 그들을 모두 끌어안지 않고서는, 구상 중인 조선 재건 사업을 완수할 수 없었기 때문이리라.

노·소의 화합을 위해 고민하는 영조의 모습이 생생히 담긴, 꽤 흥미로운 기록이 보인다. 이미 영조 재위 10년이 되어가는 시기. 노론과 소론 안에서도 각기 강경파와 온건파가 대립하고 있었다. 국왕의 탕평 의지에 함께하는 이들(탕평파)이 있는가 하면, 도저히 예전의 원수들과 같은 조정에서 일할 수는 없다는 이들도 적지 않았다. 단지 노·소의 겨룸이 아니라, 네다섯으로 조정 세력이 갈라지는 중이었다. 어느 날, 영조가 조촐한 무대를 마련한다. 효과적인 소품과 눈물 연기도 잊지 않았다.

깊은 밤, 국왕이 두 대신을 궁으로 불렀다. 각기 소론과 노론의 영수인 이광좌와 민진원. 도저히 함께하지 못할 정도로 틀어진 사이였으나 국왕의 부름을 거역할 수는 없었을 터. 그 둘 앞에서 영조의 이야기가 시작된다. 즉위 전후의 옥사에서 몇 해 전 무신란과 그 정리 과정에 이르기까지, 그사이 너희들 노·소에 남인까지 더한 삼당三黨이 얼마나 조정을 어지럽게 했는지, 구구절절 힘든 마음을 털어놓은 것이다. 그러니 제발 노·소 간에 화합하여 조정을 바로 세워가자고, 내 심정을 헤아려달라며 눈물까지 보인다. 국왕의 호소가 무르익을 무렵, 적절한 대사가 더해진다. 탕제를 올리겠다는 약방의 청. 영조는 이즈음, 일종의 시위로 탕제를 거부하는 중이었다.

하교를 마친 뒤 약방에서 탕제湯劑를 올리겠다고 거듭 청하니, 임금이 비로소 윤허하고 가져오라고 명하였다. 그러고서 임금이 오른손으로는 이광좌의 손을 잡고 왼손으로는 민진원의 손을 잡고서 이대로 머물러 있고 가지 말라고 권하였다. 《영조실록》 1733. 1. 19.

속마음을 털어놓은 뒤 비로소 탕제를 들이라 윤허했으니, 탕제를 거부한 까닭이 무엇 때문이었겠느냐는 은근한 압박이다. 세심한 연출이 아닐 수 없다. 어쨌든 이날의 눈물 이후 일단 연립 정부를 이루는 데 성공했다. 물론 사관의 평은 혹독했다. '다른 의견을 억지로 합쳐서 탕평을 단단히 이루려는 뜻이었으나 옳고 그른 것이 모두 뒤섞이고 의리義理가 마침내 명백해지지 아니했다'는 것이다. '한밤중에 전석前席에서 눈물을 흘리며 은밀하게 말하는' 국왕에 대한 불편함을 숨기지 않았다.

억지로 합치든 저절로 합쳐지든, 영조로서는 사관의 평 하나하나를 따지고들 여유가 없었다. 남은 길이 천 리 아닌가. 한 손에는 노론을, 다른 한 손에는 소론을 잡고 함께 가야 했다. 영조가 이토록 줄기차게 탕평을 입에 달고 살았던 것은 백성들의 삶을 위해서였다. '탕평이 이룩된 후에 화기和氣를 부를 수 있고, 화기를 부른 연후에 조정이 안정될 수 있으며, 조정이 안정된 뒤에야 백성이 평안함을 얻을 수 있다'는 것이다.

백성의 평안함은 물론, 국왕 자신을 위해서이기도 했다. 이미 부왕인 숙종의 통치를 보며 자란 영조다. 하물며 당쟁으로 인해 왕세제 지위의 자신마저도 역모에 휘말릴 뻔하지 않았는가. 어느 한쪽으로 치우치는 순간, 국왕보다 더 큰 권력을 신하들에게 주게 될 수도 있다. 영조는 어리석은 임금이 아니었다. 자, 이렇게 밀고 당기며 그들 모두 위에 군림하게 되었다. 본격적으로 백성을 위한 일을 시작할 시간이다.

균역,
조세 의무를 균등하게 나누다

영조는 백성들 앞에 나서길 주저하지 않는 임금이었다. 실록만 보더라도 왕이 친림하는 사건이 이따금 등장하는데, 이를테면 백성들을 모아놓고 정책 추진의 가부를 묻는 것이다. 예전 세종 시대에도 설문조사로 백성들의 뜻을 정책에 반영한 일은 있었으나 국왕이 직접 궐문 앞으로 나가 대면하는 형식은 아니었다. 군주의 존재를 모르는 시절이 진정한 태평성대라지만, 때는 이미 18세기 중엽. 그런 고대의 낭만을 이야기할 상황이 아니다. 국왕은 백성 앞에서 자신의 정책을 설명하여 의견을 구하고, 더 나은 길을 모색하는 모습을 보여줘야 했다. 정치적 효과를 고려한 것이다.

현실적으로도 그렇다. 조선이 살아남으려면 지도자의 깊은 고민과 대책이 있어야 했다. 앞서 17세기를 고통스럽게 몰아붙였던 기근은 영조 초기까지 이어지고 있었다. 그리고 그동안 쌓인, 엄청난 문제들을 마주해야 했다. 건국 350년이 넘었다. 아무리 좋은 제도라도 문제가 생기게 마련이다. 해결해야 할 때가 온 것이다. 군주의 다급한 마음을 신하들도 알았을까. 아는 자도 알지 못하는 자도, 외면하겠다는 자도 있었는데 그들 모두가 동의할 수밖에 없는 현실은 하나다. 이대로 가다가는 조선이 무너져버린다는 것. 재위 30년이 되어갈 무렵, 영조가 '균역법均役法'을 밀어붙인 배경에는 그런 절박감도 없지 않았다.

균역이란 말 그대로 역役을 고르게 한다는 뜻이다. 조선의 조세 체계를 간단히 살펴보자. 토지에 대한 전세田稅, 특산물을 바치는 공납貢納, 군역軍役 등 노동력을 제공하는 양역良役(실제로는 금납화金納化)의 3대 조세 의무가 있다. 이 가운데 백성들에게 부담이 큰 것은 당연히 공납과 양역이다. 공납 문제를 해결한 것이 바로 대동법으로, 특산물 대신 토지 소유에 따라 쌀(또는 포布나 전錢)로 대신하게 하였다. 백성들 삶에 큰 힘이 되어준 이 획기적인 정책은 온전한 시행을 보기까지 무려 100년이 걸렸다. 그만큼 지주들의 반발이 컸다는 얘기다.

그리고 이제 남은 것이 양역. 원칙대로라면 양반 또한 양인에 포함되었지만, 이런저런 사유로 이들은 그 의무를 면제받게 되고, 모자란 액수를 채우느라 일반 백성들에게 부당한 세금을 더하면서 사회적 문제로 떠올랐던 것이다. 이미 영조 이전에도 그 대책을 논의하긴 했으나, 쉽지 않은 일이었다. 백성들의 부담을 덜어준다면 줄어든 만큼의 세금을 누군가에게 걷어야 한다. 단순하면서도 당연한 이치다. 그렇다면 그 누군가가 누구이겠는가. 정책을 만들어야 할 조정 관료들이 양역 문제를 외면해온 이유다.

영조는 더 이상 미룰 수 없다고 판단했다. 먼저 자신의 뜻을 따르는 탕평파 신하들을 밀어붙여 사전 조사를 한 뒤, 사민士民을 모아놓고 그 의견을 묻기로 한다. 영조가 직접 '지금의 고질적인 폐단은 양역보다 더함이 없기 때문에 궐문에 임하여 묻게 된 것'이라 밝히며 시작된 순문詢問은 무려 세 차례.

균역이라는 말 자체부터, 양반들 귀에 거슬렸을 터. 당연히 가진 자들의 반발을 예상할 만한 일이다. 이에 영조는 2차 순문 때는 아예 그들을 향해 자신의 뜻을 확실히 밝히고 있다. 어차피 너희 양반들도, 일반 백성들도 모두 나의 신민일 뿐이라고.

> 위로 삼공三公에서부터 아래로 사서인士庶人에 이르기까지 부역은 고르게 해야 한다. 너희들 처지에서 백성을 볼 때에는 너와 나의 구별이 있을지 모르나, 내가 볼 때에는 모두가 나의 적자赤子이다… 양민은 오래도록 고역에 시달려왔으니 나는 기어코 부역을 고르게 하고자 한다. 이번에 변통하려고 한 것은 실로 백성을 위하려는 데서 나온 것이지 나 자신을 위해서가 아님을 너희는 이해하겠는가? 《영조실록》 1750. 7. 3.

그동안의 불평등을 생각해보라는 얘기다. 이후의 진행 과정을 보면 양반들을 향한 영조의 논리는 이런 정도다. 백성들만 쥐어짠다면 어차피 백성들이 무너져 내리겠지. 그러면 너희 양반들끼리 어떻게 살아갈 건데? 그냥 이쯤에서 짐 나눠지고 같이 사는 게 낫지 않을까? 내가 먼저 통 크게 왕실 수입을 국고로 돌리는 시범을 보이지. 백성들 모두 찬성하고 있잖아. 나는 절대로 백성을 저버린 임금이 되지는 않을 생각이니, 이제 그만 내 뜻을 따르자. 균역법은 대략 이런 줄거리로 진행되었던 것이다.

1750년 3월과 7월에 각기 한 차례씩 순문을 거친 뒤, 영조는 균역청을 설치하여 이 사업을 본격적으로 추진한다. 먼저 양역 부담을 절반으로 줄여준다. 세금을 포 2필에서 1필로, 감필滅疋을 선언한 것이다. 그렇다면 부족해진 세수는 어떻게 할 것인가. 박문수의 제안에 따라 어염세魚鹽稅가 대안으로 떠올랐다. 그동안 왕실과 궁방의 수익이었던 어염세를 국고로 전환함으로써, 국왕 스스로 왕실 수익을 나라에 내놓는 모범을 보였다. 결국 1751년 세 번째 순문이 열린 뒤, 균역은 '모두가 수세의 대상'이 되는 쪽으로 결정되었다. 당시에 시행되던 구전口錢(사람 수만큼 세금을 부과하던 방식. 구포口布)을 개혁하고자 했던바, 남은 선택지는 신분에 관계없이 모든 가호를 대상으로 한 호전戶錢, 그리고 토지 자체에 세금을 부과하는 결전結錢이다.

이에 2차 순문 뒤에는 호전을, 3차 뒤에는 아예 결전으로 결정하게 된다. 결국 지주인 양반들에게도 그 경제적 능력만큼 세금을 걷기로 한 것이니, 그야말로 균역이라는 말에 어울리는 개혁이다.

물론 국왕의 특별한 하유에도 불구하고 양반층이 잠잠히 수용할 리는 없었다. 호전에 대해서는 '성상의 뜻은 비록 백골白骨의 징포를 없애려 하시지만 앞으로의 폐단은 자못 더 심한 바가 있을 것'이라고 반대하던 이들이었다. 다시 결전으로 결정되자 '대동세는 본시 추가로 부세賦稅한 것인데, 다시 거기에 더 보탠다면 이것은 추가로 부세하는 가운데 또 추가로 부세를 하는 것'이라며 토지에 대해 전세, 대동세, 그리고 다시 균역세까지 부과하는 것은 부당하다며 반대하고 나섰다.

당장 조정 관료 내부에서도 의견이 갈리고 있었다. 균역법을 주관한 이는 소론 박문수와 노론 홍계희인데(둘의 개인적인 관계는 좋지 않았으나, 영조의 개혁 정책에는 뜻을 모았다), 그들을 향한 비난이 어찌나 심했던지 홍계희가 영조에게 상소를 올려 하소연할 정도였다. '균역의 일로 오랫동안 곤경을 치르며, 몸으로 과녁을 삼아 아침저녁으로 화살을 받고 있습니다.'

그래도 영조는 뜻을 굽히지 않았다. 정책을 일관되게 밀어붙일 만큼 장수한 것도 다행이라면 다행이다. 애써 만들어낸 이 제도가 오래도록 시행될 수 있을지 걱정이 없지는 않았던가 보다. 10년이 지난 뒤에도 거듭 균역이 잘 유지되어야 함을 강조하고 있다.

특히 스스로 세 차례의 순문을 거친 일을 강조하면서, '다시 과거의 법으로 돌아간다면 조선이 없어지게 될 것'이라고까지 이야기한다. 이처럼 양역 문제를 균역으로 풀어나간 이후, 국왕의 시선은 노비들에게 미치게 되었다. 노비의 역을 덜어주는 정책이 시행되었으니, 1755년에 공노비의 신공身貢을 절반으로 줄인 뒤 1774년에는 여자 공노비의 신공을 폐지하기에 이른다. 하긴 노비도 조선의 백성이 아닌가.

청계천 정비,
수해의 근원을 해결하다

이쯤에서 앞의 그 장면으로 돌아가 보자. 인골이 드러나 군주의 마음을 아프게 했던 문제의 그 장소는 도성 한양의 중심을 흐르는 개천開川, 우리가 청계천이라 부르는 곳이다. 하층 빈민들의 삶을 단적으로 보여주는 현장이다. 굶주림 끝에 죽음을 맞고 그 시신마저도 수습되지 못했던 이들. 국왕이 거하는 도성 안이라 해서 가난이 죽음으로 이어지는 참담함을 피해갈 수는 없었다.

그런데 이 준천은 어떻게 국가사업으로 시작된 것일까. 개천은 도성의 가장 주요한 물길이다. 늘어나는 도성 인구를 감당해야 할 하수구로서의 역할도 중요했는데, 세월의 흐름과 함께 강바닥에 토사가 쌓여가니, 비가 내릴 때마다 범람해 수해가 이어지게 된 것이다. 영조 시대에 이르면 더 이상 미뤄둘 수 없을 만큼 사태가 심각했다. 오래된 인골들마저 그 사이에 섞여 있을 정도였으니 상황을 알 만하다.

그렇다면 강바닥을 파내면(준천) 될 일 아닌가. 물론 알고는 있었으나 말처럼 간단한 문제가 아니다. 개천가에는 가난한 백성들이 깃들어 살고 있었다. 물이 넘칠 때마다 이들에게 가장 큰 피해가 돌아갔으나, 당장 준천을 하게 되면 살 곳마저 잃게 되고 만다. 이 모든 문제를 해결하자면 국가적 예산이 필요했다.

영조는 이 일을 해치우기로 마음먹었다. 자신의 마지막 사업이라 생각하며 결심을 굳혔을 것이다. 균역법 때와 마찬가지로 신료들과 백성들을 두루 불러 그 의견을 묻기로 했다. 여론을 등에 업고 사업을 추진하겠다는 의지다. 준비 기간도 짧지 않았다.

1758년 5월 준천에 대한 의견을 수렴한 뒤, 이듬해인 1759년 10월이 되어서야 전체 계획을 내놓을 수 있었다. 이에 탕평파의 영수 홍봉한 등을 준천 당상濬川堂上으로 임명한 뒤 다시 신민 앞에서 자신의 뜻을 알리기에 이른다.

임금이 명정전 월대에 나아가 준천 당상과 오부 방민을 소견하고 하교하기를, "(준천처럼) 큰 역사는 즉위한 뒤 처음 있는 일이다… (일할 뜻이 있다면 자원하고) 만약 불편한 마음을 가졌다면 각기 생각한 바를 진달하고 억지로 따르거나 물러가지 말도록 하라" 하니, 백성들이 대답하기를, "어찌 불편한 마음이 있겠습니까? 자원하여 성책하도록 하겠습니다" 하였다. 《영조실록》 1759. 10. 15.

너희 백성들을 위한 일이니 자원하여 일할 것이며, 혹여 불편함이 있으면 즉시 말하라고. 백성들의 답은 예상대로다. 기사에 언급된 대로 백성들의 자원을 받는 형식을 취했으나, 과거처럼 강제로 동원한 것은 아니었다. 일하는 이들에게 임금을 지급하여 생계를 돕도록 했다. 막힌 물길을 뚫어 도성의 숨통을 열어준다는 의미와 함께 천변에 기거하는 하층민의 주거 환경을 개선하고 준천 역사에 그들을 노동자로 고용하는, 공공근로 사업의 성격을 띠게 된 것이다.

〈수문상친림관역도〉,
왕의 권위로 가득한 빈자리

사업은 이듬해 봄인 1760년 2월 18일에서 4월 15일까지 두 달에 걸쳐 진행되었다. 시행 이전부터 반대 의견이 거셌는데 준천이 끝난 뒤에도 '준천의 역사에 역민役民이 여러 십만 명이나 동원되고 경비도 십만여 전錢이나 소모되었다', '준천한 곳을 보건대 하나의 시내를 소통한 것에 불과한데도, 공사를 주관한 사람이 아첨하기에 급급하여 지나친 과장을 하였다'는 등 부정적인 평가가 없지 않았다. 하지만 영조는 이를 100년의 근심을 덜어준 사업이라 자부하고 있다. 이에 준천 역사를 기록한 책《준천사실濬川事實》을 만들도록 명한 데 이어, 사업이 마무리된 다음 날인 4월 16일에는 시사를 열어 참여한 이들의 노고를 치하했다.

임금이 춘당대에 나아가 준천소의 당상과 낭청에게 시사試射를 행한 뒤에
잔치를 베풀어주고 이어 친정親政을 명하였다. 《영조실록》 1760. 4. 16.

임금이 친림한 행사에 그림이 빠질 수 있겠는가. 이날의 행사는 〈준천
시사열무도濬川試射閱武圖〉로 남겼는데, 이 그림을 비롯하여 준천 사업 과
정을 총 넉 점의 그림에 담아 《준천계첩濬川稧帖》을 제작했다. 당일의 시
사는 물론 준천 과정에서 영조가 직접 그 역사를 지켜보는 장면까지 기록
한 점이 흥미롭다. 그 가운데 〈수문상친림관역도水門上親臨觀役圖〉를 보자.

화면은 오간수문五間水門을 중심으로 크게 상하로 나뉘어 있는데 아
래쪽에는 한창 작업을 진행하고 있는 사람들이, 위쪽에는 이를 지켜보는
국왕의 행차가 그려졌다. 사람들의 힘만으로 강바닥을 치워내는 일이 쉽
지 않았던 듯, 소 여러 마리가 작업에 동원되었다. 그들 주변으로는 푸른
빛 가득한 나무들을 배치하여 봄날의 생동감을 더해주고 있다. 강바닥
은 오물로 가득하지만, 이 사업이 끝난 뒤에는 밝은 계절을 누릴 수 있으
리라는 소망의 표현일까.

국왕의 자리는 차일 아래 마련되어 있으나 역시 옛 그림의 규칙에 따
라 국왕의 모습은 그려질 수 없었다. 홍산紅傘 아래 붉은빛 의자로 그 존
재를 상징적으로 드러낼 뿐이다. 비어 있는 국왕의 자리. 하지만 영조의
빈자리는 빈자리로 느껴지지 않는다. 앞서 서총대에서 보았던 명종의 빈
자리와는 거리가 멀다. 그림에 담긴 이야기가 이렇게나 달랐으니까.

하루하루를 잘 다스리는 일도 중요하지만 이처럼 역사를 크게 한 걸
음 전진시키는 사업들도 필요하다. 생각해보자면 영조의 3대 치적은 개
별적인 것이 아니다. 잘못된 과거를 걷어내는 작업이었다. 쌓인 것들은 치
우고, 막힌 것들은 뚫어내는 일이었다. 18세기가 주는 활력이랄까. 모처

럼 실록도 수정본이 따라붙지 않는 《영조실록》 하나다.

1776년. 영조가 승하했다. 재위 53년. 보령 83세. 실록도 이 부지런한
임금에 대해 마음을 다해 칭송하고 있다.

> (영조의 치세는) 지극히 크고 지극히 넓은 천지와 같아서 한 사신史臣이 그 만
> 분의 일이라도 그려낼 수 있는 것이 아니다. 《영조실록》 1776. 3. 5.

사신이 그 만분의 일도 기록하기 어렵다는 영조 시대가 막을 내렸다.
이대로 영정 시대 다음 임금이 보위를 이을 일만 남았다 싶지만, 두 임금
의 관계가 벌써 예사롭지 않은 문제를 안고 있다. 영조의 뒤를 이은 정조
는, 아들이 아닌 손자가 아닌가. 영조의 치적을 살피느라 미처 읽지 못한
사건이 있다.

〈수문상친림관역도水門上親臨觀役圖〉, 《어제준천제명첩御製濬川題名帖》 중

영조를 국왕으로서가 아니라 한 인간으로 이야기할 때, 도무지 받아들이기 어려운 일이기도 하다. 1762년의 임오화변壬午禍變. 영조가 후계자인 세자를 뒤주에 가두어 굶겨 죽인 뒤, 세자의 아들인 세손에게 그 지위를 넘겨준 것이다. 영조가 진정 지키고 싶은 것이 무엇이었는지를 알려주는 사건이다. 물론 영조의 결단 뒤에는 여전히 복잡한 조정 내의 세력다툼이 자리하고 있었으리라.

우리가 아는 대로, 열한 살에 부친의 죽음을 목도한 세손은 수많은 어려움을 딛고 보위에 올랐다. 한 사람의 성정을 망치기에 충분한 사건이었지만, 다행히 그는 조부만큼이나 심지가 단단했던 듯하다. 어떻게 출발했을까. 탕평의 유지를 받들고 과거를 묻지 않겠다는, 온 세상을 비추는 밝은 달(만천명월주인)의 마음으로 즉위식을 맞았을까. 조정 신료 모두가 그의 즉위를 기뻐했을 리는 없다. 누구보다도 새 임금이 잘 알고 있는 일이다.

21장

정조, 온 세상을 비추는 달처럼

사도세자의 아들 그리고 만천명월주인옹 〈들국화〉

만천명월주인옹萬川明月主人翁. 예사롭지 않다. 하긴 일국의 군주가 아니라면 쉬이 쓰기 어려운 호다. 만 갈래 강물을 비추는 밝은 달의 주인. 어울리는 이름이라 생각했던지 직접 자호自號의 배경을 글로 밝혀두었음은 물론, 인장印章으로 새겨 자신의 그림 위에 남겨두기까지 한다. 주인공의 이력을 생각하자면 그림의 함의가 여간치 않았으리라 싶다.

그는 게으른 날이라곤 없었다. 조부를 닮았음일까. 영조는 어록을 편찬해도 될 만큼 많은 일을 벌인 인물이다. 물론 말로만 일하는 유형은 아니어서 스스로 으쓱할 만한 업적을 쌓아올렸다. 뒤를 이은 손자 정조는 실제로 자신의 어록을 펴냈다. 조선 국왕 가운데 최초로 문집 《홍재전서弘齋全書》를 간행했던 것이다. 게다가 회화 목록을 추가해도 될 정도다. 서화를 몹시 좋아해서 직접 그림도 그렸는데, 격무에 시달리지 않았더라면 (왕이 솔선수범하여 초과 근무를 마다않는 스타일이다) 창작품이 꽤 쌓였을 것이다. 그리고 그 그림 위로 선명하게 찍힌 인장, 만천명월주인옹.

임오화변을 둘러싼
정치적 갈등

하지만 조선 22대 국왕 정조가 스스로 만천명월주인옹이라 선언하기까지는 제법 힘든 과정을 겪어야 했다. 국왕의 손자였으나 사연 많은 세자의 아들이기도 했으니까. 그는 즉위식 바로 그날, 두 이름 사이에 처한 자신의 정체성을 밝히며 국왕으로서의 업무를 시작했다.

아! 과인은 사도세자의 아들이다. 선대왕께서 종통의 중요함을 위하여 나에게 효장세자를 이어받도록 명하셨거니와, 아! 전일에 선대왕께 올린 글에서 '근본을 둘로 하지 않음不貳本'에 관한 나의 뜻을 크게 볼 수 있었을 것이다⋯ (사도세자를) 추숭하자는 의논을 한다면 선대왕의 유언이 있으니, 마땅히 형률로 논죄하고 선왕의 영령께도 고하겠다. 《정조실록》 1776. 3. 10.

아버지의 아들이라고 선언했다. 하지만 국왕의 공식적인 아버지로 받들지는 않겠다고. 자신을 요절한 효장세자(사도세자의 형)의 후계자로 삼는다는 영조의 뜻을 지켜나가겠다는 다짐이다. 사도세자를 추숭하자는 이가 있다면 그 죄를 묻겠다는 말도 잊지 않았다. 복잡했을 심경이다. 그리고 더 복잡한 것은 당시 조정의 상황이었다. 즉위 첫날 이런 하교를 내려야 할 만큼 사도세자의 죽음은 그들 모두에게 중요한 문제였다. 1762년 윤 5월, 임오화변 즈음으로 돌아가 보자.

당시 영조는 3대 치적이라 불리는 탕평, 균역, 준천을 성공적으로 진행시키는 중이었다. 일흔을 바라보는 나이였으나 건강에 큰 이상 징후는 없었으며, 세 해 전인 1759년에는 열다섯 살짜리 신부(정순왕후)를 계비로 맞기까지 했다. 국왕의 결혼은 권력 구도에 변화를 가져오게 마련. 새로운 외척으로 등장한 경주 김문은, 국구 김한구를 중심으로 왕후의 형제인 김귀주 등이 하나의 세력을 이루게 된다. 이들과 각을 세운 대표 세력은 탕평당의 영수인 홍봉한이다. 세자의 장인이었으니 두 외척 사이가 좋을 리 있겠는가.

외척들만의 대립은 아니었다. 당시 조정은 세자에 대한 지지 여부로 세력이 갈린 상태다. 세자 지지파로는 장인인 홍봉한(노론 완론-북당)과 세자의 궁료宮僚를 받쳐주던 소론 강경파(준소) 이종성, 그리고 이천보(노론 준론-동당), 영조의 부름으로 다시 국정에 참여하게 된 남인 채제공 등이 있다. 반대파의 구성도 복잡하다. 새로운 외척이 된 노론 준론(남당)의 김귀주와 김상로, 소론 온건파(완론)의 정휘량과 정후겸, 그리고 홍봉한과 같은 북당의 홍계희와 홍인한 등이다. 이제 정책이나 학문적 견해 차이가 대결의 기준이 아니었다. 같은 붕당에, 심지어 같은 가문 안에서도 균열이 생겼던 것이다.

임오화변 당시 세자의 나이는 28세. 왕비 소생 적자는 아니었으나 영조에게 남은 단 한 명의 왕자다. 여덟 살에 세자에 책봉되고 열한 살에 가례를 올린 후, 열다섯 살이 되는 1749년부터 대리청정의 명목으로 영조의 통치를 돕고 있었다. 1752년에는 세손까지 얻었으니 후계자로서의 입지는 탄탄해 보인다. 그런데도 반세자파가 적지 않았던 까닭은 무엇일까.

특별한 사건이 없다 해도 신료들의 경쟁이 심한 조정이다. 친세자파인 홍봉한과의 세력 다툼 때문에라도 세자를 끌어내리고 싶은 이들이 한가득인 상황. 그러던 차에 1755년의 을해옥사乙亥獄事, 즉 나주 괘서 사건羅州掛書事件이 터졌다. 영조에게 경종 독살 혐의를 두면서, 신임옥사 때 영조를 해치려 했던 김일경 등의 충절을 칭송하는 내용이었다. 그런데 소론이 중심이 되어 일으킨 이 사건에 친세자파인 준소 세력도 영향을 받을 수밖에 없었다. 이에 세자가 이들에게 온정적인 태도를 보인 것이 문제였다. 영조의 마음도 마음이려니와, 반대파에게 좋은 공격 기회를 준 셈이다. 결국 소론과 남인 계열의 많은 인물이 처형되었으며, 특히 준소 계열은 회복 불능의 타격을 입고 정국에서 배제된다.

아버지의 죽음으로
살아남은 아들

이보다 더 큰 문제는 세자 자신의 언행에 있었다. 궁을 몰래 빠져나가 놀이를 일삼는 정도는 애교다. 온갖 비행 끝에 자신의 아이를 낳은 후궁을 죽이는 일까지 발생했다. 영조의 추궁을 옮겨보자. '왕손의 어미를 때려 죽이고 여승을 궁으로 들였으며, 서로西路에 행역하고 북성北城으로 나가 유람했는데, 이것이 어찌 세자로서 행할 일이냐.'

그 이유가 '화를 참지 못하는' 질환 때문이든, 대리청정 수행 과정의 극심한 스트레스 때문이든 영조 입장에서는 그대로 보아 넘기기 어려웠을 법하다. 신하들의 집요한 공격이 아니더라도, 이러다가 왕권이 추락할지도 모른다는 위기감이 들지 않았을까.

결국 폐세자 처분을 받고 뒤주에 갇힌 세자. 그의 폐위 뒤 온 조정의 관심은 세손의 거취로 쏠렸다. 세자 폐위를 적극 지지했을 반대파 입장에서는 세손도 함께 치워버리고 싶었을 터. 하지만 영조가 이렇게까지 큰 일을 벌인 배경을 헤아려보라. 그 운명이 얄궂긴 하지만 이를테면 세손은, 이 끔찍한 사건을 가능케 한 주요한 조건은 아니었을까. 여분의 더 나은 패라고나 할까. 학문에 정진하는 자세며 그 성취가 놀라워 조부의 사랑을 한껏 받고 있던 열한 살의 세손. 영조에게 세손은 상황을 전환시킬 좋은 대안이었을 것이다.

1762년이면 영조 나이 일흔이 되기 전이다. 사람의 명이야 어찌 될지 모르지만 적어도 세손이 성인이 될 때까지는 끄떡없다는 자신이 있었는지도 모른다. 뒤주에 갇힌 지 8일 만에 세자가 숨을 거두었다. 그러자 영조는 이해하지 못할, 아니 그의 속마음을 오히려 확실히 보여주는 명을 내린다. 다시 세자의 이름을 회복시켜주겠다고.

> 어찌 30년 가까운 부자간의 은의를 생각하지 않겠는가? 세손의 마음을 생각하고 대신의 뜻을 헤아려 단지 그 호號를 회복하고, 겸하여 시호를 사도세자思悼世子라 한다. 《영조실록》 1762. 윤 5. 21.

왕위를 물려줄 수 없었을 뿐, 죄인으로 보내지는 않겠다고. 슬픔을 담아 사도思悼라는 시호까지 내렸다. 그리고 두 달 뒤인 7월, 영조는 세손에게 동궁의 지위를 부여한다. 감히 내 손자에게 시비 걸지 말라는 명령인 셈이다.

불과 몇 달 사이 부친을 잃고 동궁 저하가 된 세손. 스스로를 어떻게 세워나갔을까. 몇 해 전부터 세손은 일기 쓰기를 시작했다. 후일 《일성록日省錄》으로 편찬되는 이 기록물은, 정조가 세손 시절부터 쓰기 시작하여 이후 임금 대에까지 이어진, 실록을 보좌할 만한 소중한 자료다. 국왕의 일기가 사사로울 수는 없겠으나 임금 스스로 '나余'로 지칭하고 있는 데다가, 즉위 이전의 모습이 담겼다는 면에서 가치가 작지 않다.

그해, 임오화변 당시에도 일기를 쓰고 있었을까. 일기가 멈춘 날은 임오화변 한 달 전인 1762년 5월 2일. 마마를 앓고 난 세손이 무사히 건강을 되찾았다는 이야기를 나누는 조부 영조와 외조부 홍봉한의 대화 장면이 실려 있다. 그리고 일기장은 몇 달 동안 공백이다. 멈추었던 일기가 다시 시작된 때는 임오화변 두 달 뒤, 세손에게 동궁의 지위를 더한다는 영조의 하교가 있던 날부터다. 그 이후로 세손과 영조의 만남이 가끔 그려지고 있는데《일성록》에 등장하는 조손의 모습은 따뜻하기 그지없다.

> 상께서 탕제를 받고 나를 돌아보며 "이 약은 쓰고 맵다. 마셔야겠느냐, 말아야 겠느냐?" 하시기에, 내가 대답하기를 "드시길 원합니다" 하니 상께서 웃고 드셨다… '우음석촌禹陰惜寸' 4자에 이르러 상께서 "무엇을 말하는 것이냐?" 하시기에, 대답하기를 《소학》에 도간陶侃이 말한 것이 있습니다" 하니, 상께서 "내가 일찍이《소학》을 숙독했는데 지금 너에게 졌다" 하셨다. 1762. 8. 11.

조부를 모시고 탕제를 권하는 세손. 조부의 질문에 막힘없이 대답하여 기쁨을 더해주는 세손. 영조의 유일한 희망처럼 보인다. 자신의 학문이 세손보다 못하다며 웃는 영조라니, 그 냉정한 국왕은 어디로 갔는가. 그래 봐야 열한 살 소년이다. 손자의 입지를 굳혀주겠다는, 신하들 앞에서 내가 이 아이를 얼마나 사랑하는가를 보여주겠다는 마음이다.

어린 소년이 의당 지녔을 속마음을 덮어둔 채, 세손은 왕위를 이을 동궁으로서 공부하고 또 공부하며 후일을 대비했던 것 같다. 조부에 대한 원망 같은 건 당연히 기록할 수 없었겠는데, 실제로도 대단한 원망을 품었다고 보기는 어렵지 않을까. 소년이 마음에 담은 복수의 대상은 조부가 아니라, 자신의 앞날까지 막으려 했던 반대파 신료들이다.

사도세자의 죽음 직후 영조는 세손에게 '단지 나와 너뿐이니, 인사人事를 닦아 너를 돕겠다는 자를 물리치고 네 할아버지를 생각하여 마음을 편히 해 잘 조처하라'는 말을 전하는데, 주변에 모여드는 신하들을 경계하라는 뜻을 담고 있다. 믿을 건 우리 두 사람. 왕실을 지켜야 할 우리 두 사람. 그러니 나만 믿으면 된다는 말이다.

세손은 조부의 뜻을 충분히 헤아릴 정도의 판단력은 갖추고 있었다. 물론 스스로 조심한다 해서 주변이 마냥 조용할 리는 없다. 임오화변에서 즉위까지 14년. 그 사이에도 조정은 수많은 사건으로 들썩였다. 한때의 정승이 파직되고 일국의 세력가가 유배를 면치 못하는 상황이 반복되었으니까. 어쨌든 그 긴장 속에서 몇 달간의 대리청정을 거쳐 즉위한 세손. 싸움을 하더라도 내 방식으로 해나가겠다고 마음먹었을 터. 탕평의 뜻을 이어 신하들을 등용하는 문제도, 자신의 방식대로 해나갈 생각이었다. 정조 자신의 말을 빌자면 '혼돈의 탕평이 아닌 의리의 탕평'을 세우겠다고 했으니까. 물론 그 의리는 새 임금을 중심으로 규정될 터였다.

제대로 기록하고, 영원히 기억하겠다

즉위 직후 정리 작업이 시작되었다. 자신을 모욕하고 음해한, 도저히 용서할 수 없는 이들이 조정 안팎에 남아 있었기 때문이다. 아울러 즉위를 도운 충신을 기억해야 했고. 죄와 공을 밝혀 그에 합당한 상벌을 내렸다. 흥미로운 점은 상벌을 명확히 한 데서 멈추지 않고, 그 과정을 세세히 밝혀 책으로 편찬했다는 것이다. 영조 즉위 과정과 그 이후의 옥사들을 기록한 《천의소감闡義昭鑑》(1755)이 좋은 전범이 되었다. 정조 즉위 직후인 1776년 8월에 찬술한 《명의록明義錄》은 이듬해 3월에 간행되었다.

《명의록》에 역도로 기록된 이는 홍인한, 홍계희, 정후겸 등으로 이미 유배 끝에 사사를 당한 뒤였다. 세손 시절의 정조를 위험에 처하게 했음은 물론, 반세자파로서 사도세자와도 악연이 깊은 이들이다. 하지만 이들 세력이 순순히 상황을 받아들이지는 않았다. 책이 출간된 1777년, 이들의 후손이 궁궐 안으로 자객을 들여보내는 일이 벌어졌다. 이에 정조는 이 사건까지 추가로 정리한 《속명의록續明義錄》을 만들게 한다.

충신은 홍봉한과 정순왕후, 혜경궁 등 자신을 보호해준 왕실 인사들, 동궁의 궁료로 충성을 다한 홍국영과 정민시, 영조에게 상소를 올려 위기에 처한 세손을 구한 서명선 등이다. 특히 뒤의 세 이름이 눈길을 끄는데 책이 완성되던 날, 정조는 그 행적을 직접 들어 고마움을 표하며 다른 이들에게도 국가를 위해 마음을 다할 것을 강조하고 있다.

> 신하인 홍국영은 들어와서는 눈물을 삼키고 나가서는 피를 토하면서 이 역적들과 함께 살지 않을 것을 맹세하고 나의 몸을 보호하여 간맹奸萌을 꺾었다. 신 정민시는 노심초사하면서 정성을 다 바쳐 달리하지 않을 것을 죽음으로 맹세하였으며, 신하인 서명선은 한 장의 상소로 임금께 호소하여 위태로움을 편안한 데로 돌려놓았다. 《정조실록》 1777. 3. 29.

어려운 시절 도움을 준 신하들이다. 이후 조정의 중심으로 떠오르는 것이 당연한 순서. 그 가운데서도 홍국영이라면 정조 초반 조정을 장악했던 인물이다. 정조 즉위 직후 도승지로 파격 승진, 숙위대장 등을 겸하며 국왕의 비서실, 경호실을 총괄하게 된다. 젊은 국왕과 호흡이 잘 맞는, 새로운 세대의 대표 주자인 셈이다.

홍국영이 누린 권력은 과거 어느 총신에 못지않았다. 하지만 겨우 4

년. 왕실의 외척이 되려는 욕망으로 과한 일을 벌인 탓이다. 그동안의 총애를 생각하면 놀랍지만, 정조는 홍국영에게서 마음을 거둔다. 신하로서 결코 끼어들어서는 안 될 참견이 왕실 후사 문제다. 그 대단한 송시열도 이 문제로 사사당할 정도였으니까. 어쩌면 이때 문득, '더 이상은 아니지' 하며 정조 스스로 재점검하게 된 것일까.

홍국영의 실각은 정조가 한 시대를 마감했음을 상징적으로 보여주는 듯하다. 세손 시절의 인연마저도 정리하고 본격적인 탕평 조정을 구성하기 위해 심기일전한다는 느낌이다. 정조로서도 깨달은 바가 적지 않았으리라. 홍국영의 과실은 결국 국왕 자신의 허물이었으니까.

같은 배를 탔지만
원하는 방향은 달랐던

의리의 탕평을 내세운 정조. 그렇게 되었을까. 정조 초기에는 《명의록》에 의거하여 '충'에 해당하는 인물들이 조정의 중심을 차지했다. 홍국영이 갑작스레 퇴장했을 뿐 서명선, 정민시는 건재했고, 대신급으로는 영조 시대 중진들이 조정의 균형을 잡아주었다. 모두 소론, 남인, 노론으로 당색은 달랐지만 탕평 군주 아래 같은 배를 탄 것이다.

그리고 정조의 통치가 한창 무르익을 무렵인 1788년에는 드디어 삼정승을 삼당에서 고루 뽑는, 대통합 내각 구성에 성공한다. 노론 김치인이 영의정을 맡은 조정에, 좌의정에 소론 이성원, 우의정에 남인 채제공을 임명한 것이다. 특히 남인 출신이 정승에 오른 것은 민암이 실각한 1694년 갑술환국 이래 100년 만의 일이었다. 정조도 이에 큰 의의를 둔 듯 특별히 어필御筆로 자신의 뜻을 전하기까지 한다.

> 어필로 채제공에게 하유하기를, "지금 경을 정승의 직에 제수하는 것이 내가
> 어찌 경을 개인적으로 좋아한 데 따른 일이겠는가. 평소부터 말이 충성스럽
> 고 행실이 독실하였으니 이 또한 (오히려) 늦었다고 하겠다. 경은 모름지기 나
> 의 허저虛佇의 뜻을 본받아 즉시 숙배하여 부족하고 어두운 나를 도와 널리
> 시사를 구제하라" 하였다. 《정조실록》 1788. 2. 11.

영조의 탕평 조정이 품지 못했던 붕당까지도 두루 포함한 형국인데, 심지어 부친 사도세자 추숭을 반대하는 노론 벽파僻派에게도 정승 한 자리씩은 배려하고 있었다. 추숭 문제로 노론은 다시 찬성하는 시파時派와, 반대하는 벽파로 나뉜 상태였다. 그런데 그사이 사도세자의 추숭이 논의되고 있었다고?

그랬다. 이 무렵 조정을 가르는 주요한 기준이 바로 사도세자 추숭에 대한 찬성, 반대, 그리고 명목상의 반대다. 즉위 시의 선언과 어긋난 일이 잖아? 라며 놀란 사람은 물론, 없었다. 그때는 그때고, 지금은 지금이었으니까. 반대하는 벽파도 놀라지는 않았다. 거부했을 뿐이다. 그렇다고 정조가 시간이 해결해줄 것이라며 손 놓고 기다릴 성격이던가. 신하들의 추숭 건의를 이끌어내기 위해, 정조의 부채질은 쉬지 않았다.

개인 문제로 조정에 분란을 몰고 온 것 아닌가. 비난할 일만은 아니다. 이런 문제는 공론에 부침으로써 하나의 '사건'으로 마주할 수도 있다. 찬성이든 반대든 저마다의 논리가 있을 것이고, 논의를 주고받는 과정을 통해 (서로에 대한 비난과 상처를 피할 수 없겠지만) 합의점에 이르게 되리라는 계산이 깔렸을 법하다. 그렇게 그 사건을 정리해버리고, 모두가 무거웠던

과거에서 자유로워지자는 뜻이 아니었을까. 결국 이 문제는 타협점을 찾아 적절한 선에서 해결을 보게 된다. '왕'으로 추숭하지는 않았지만 '국왕의 아버지'라는 자리를 찾아준 것이다.

여전히 노론, 소론, 남인 사이에는 앙금이 남아 있었다. 탕평 조정이 구성되었다 해도 당쟁은 활발한 진행형이었지 완료 상태는 아니었다. 그럴수록 국왕의 역량이 중요했을 것이다. 정조는 치밀한 전술을 펼치는 장수처럼 오늘은 이쪽과, 내일은 저쪽과 긴 이야기를 나눈다. 모종의 거래를 하는가 하면 주요 사안을 공론에 부쳐 옳고 그름을 따지기도 했다. 적극적인 정치가였지 덕치만을 말하는 옛 시대의 성군은 아니었다. 그뿐이랴. 여러 신하들의 스승인 군사君師라 칭하기까지 했으니. 영조에서 한 걸음 더 나아간, 새로운 유형의 국왕을 만나는 느낌이다. 후대 임금들이 입 모아 칭송하는, 정조의 본보기인 세종조차도 학식을 뽐내며 신하들의 기를 죽였을지언정, 내가 너희의 스승이라 말하지는 않았다.

이런 정조의 생각이 그대로 담겨 있는 호가 바로 '만천명월주인옹'이다. 그 인장이 선명한 그림 이야기를 할 시간이다.

〈들국화〉,
그리고 만천명월주인옹

이 자신감 넘치는 자호는 삼당의 인사로 조정을 채우고 화성華城 역사를 완성하여 후일을 준비한, 그 많은 일들이 마무리된 후인 1798년에 지은 것이다. 스스로 서序를 써서 그 뜻을 밝히고 있다.

달은 하나이고 물의 종류는 일만 개나 되지만, 물이 달빛을 받을 때 앞 시내에도 달이요 뒤 시내에도 달이어서 달과 시내의 수가 같게 되므로, 물이 일만 개면 달 또한 일만 개가 된다. 그러나 하늘에 있는 달은 물론 하나뿐이다… (물의 원뿌리는 달의 정기이므로) 물이 세상 사람들이라면 달이 비춰 그 상태를 나타내는 것은 사람들 각자의 얼굴이고 달은 태극인데, 그 태극은 바로 나라는 것을 알고 있다. 그리하여 나의 연거燕居 처소에 '만천명월주인옹'이라고 써서 자호로 삼기로 하였다. 〈만천명월주인옹자서 萬川明月主人翁自序〉

아무리 국왕이라 해도 이 정도 자부심의 근원이 궁금하긴 하다. 세상은 나를 중심으로 돌고 있다고. 그럴 수 있다. 밝은 달로 태어났다면 주어진 역할에 충실하면 될 테니까. 그 이름을 호기롭게 얹은 그림을 보자. 거창한 자호와는 달리, 의아하다 싶을 만큼 소박한 주제다. 주인공은 들국화. 야산 어디에서나 쉬이 만날 수 있는 그 꽃이다.

화면 속에는 바위 틈새로 피어난 들국화와 화가의 호를 새긴 인장 하나뿐. 단순하지만 재미없는 구성은 아니다. 중앙의 안정감을 애서 피한 구도로, 소재를 화면 왼쪽으로 밀어놓았다. 너른 평지에서 한가롭게 자란 들국화는 아니라는 뜻이다. 제 몸을 지탱하는 것마저 위태로워 보이는 바위, 그 사이로 뿌리를 내린 들국화. 그런 만큼 강인하고 향기도 그윽했을 터. 꽃은 송이송이 야무지게 제 존재를 드러내고 있다. 위쪽으로 줄기를 뻗은 꽃송이 위로는 작은 여치 한 마리를 더했다. 서로에게 기대는 생명과 생명 사이, 따뜻한 휴식 같다.

먹의 농담도 적절하고 구도도 깔끔한 것이, 담담하면서도 꽤 근사한 작품이다. 정조의 초기 작품과 비교해보자면 필묵의 운용이 한결 여유롭게 느껴진다. 그 바쁜 중에도 취미 생활을 게을리 하지 않았던가 보다. 언

〈들국화野菊〉

제쯤 그린 작품일까. 자호를 지은 그 무렵으로 볼 수도 있겠으나, 그림 제작과 낙관落款이 반드시 동시에 이루어지지는 않는다. 시일이 흐른 뒤에 인장을 찍었을 가능성도 있다. 정확한 연도는 확정할 수 없겠으나, 그 숙련 정도로 미루어 정조의 만년 작품으로 생각하면 무난하겠다.

호를 새겨넣은 인장은 조금 느닷없다 싶을 만큼 덩그러니 찍혀 있다. 보통 이 정도 비워둔 공간에는 화제畫題 하나쯤 더하게 마련이다. 소재에 대한 감상이든, 붓을 든 연유이든. 하물며 정조가 누구인가. 시시콜콜, 얼마나 많은 글을 남겼던가 말이다(그의 문집 《홍재전서》는 무려 184권으로 편찬되었다). 그런데도 이 그림 위로 화제 한 줄 더하지 않았다. 만천명월주인옹, 이 뜻으로 충분하다는 마음이었을까.

들꽃은 한없이 평범한 이름들에 비유되곤 한다. 누가 눈여겨보아 주지 않아도 묵묵히 제자리를 지키는 꽃. 기름진 옥토가 아니더라도 어디든 뿌리를 내려 제 계절을 빛내주는 꽃. 조선의 백성 또한 그런 들꽃으로 살아갔을 것이다. 만 갈래 강물이 저마다 다른 얼굴을 한 백성의 모습이듯, 이 들꽃 또한 그러했으리라.

하긴 어디 저 낮은 곳의 백성뿐일까. 들국화는 고난을 이겨내고 보위에 올라, 군주의 향기를 널리 전하고자 하는 정조 자신의 모습으로도 읽힌다. 구중궁궐 귀하게 자라난 왕손이었으나 한 걸음 한 걸음, 쉽지 않던 자신의 사십여 년을 돌아보았을지도 모르겠다.

영조가 탕평을 내세워 조정을 수습하고 여러 붕당의 힘을 모으려는 뜻이 후일의 개혁 정책을 위한 준비였듯, 정조의 다짐 또한 조부와 다르지 않았다. 그에겐 돌아보아야 할 이름들이 많았다. 만 갈래 강물도, 야산의 들국화도 모두 그의 백성들이 아닌가. 성군이 되겠다는 결심은 더 나은 세상을 만들어주겠다는 약속과 다를 수 없다.

들국화를 위해 붓을 들고, 그림 위로 자호를 눌러 찍었을 재위 후반기. 정조는 어떤 생각에 잠겨 있었을까. 그 약속에 충실했다고, 스스로 만족해하며 자신의 치세를 되돌아보았던 걸까. 나의 이름이 저 뭇 생명들과 나란해도 부끄럽지 않겠다고. 그랬다고, 약속을 지키기 위해 힘을 다한 군주였다고, 당시의 백성들 또한 고개를 끄덕여주었을지 궁금하다. 밝은 달의 이야기를 들었으니 이제 만 갈래 강물, 저 들국화의 목소리에 귀 기울일 차례다.

22장

정조, 서얼과 중인들의 세상을 열다
우리가 주인공인 시대 〈소림명월도〉

만 갈래 강물의, 수많은 이야기가 흘러넘쳤을 정조 시대다. 18세기 후반의 조선은 그림으로 펼쳐 보더라도 눈길을 끄는 작품이 한가득이다. 개성을 뽐내는 다양한 주제의 그림들. 삶의 현장을 담아낸 풍속화도 재미나고, 국왕 정조의 화성 행차를 장대한 화폭에 펼친 능행도도 의미 있고, 앞 시대 진경 정신을 이은 산수화도 그 폭과 깊이가 달라졌다.

어떤 그림이 좋을까. 정조 시대를 살아간 만 갈래 강물들의 이야기를 듣고 싶다면, 그림 한 편으로 만나고 싶다면 역시 김홍도에게 물어야 한다. 그 가운데서도 《병진년화첩丙辰年畵帖》의 한 점을 고르고 싶다. 표제작에 '병진년 봄에 그리다(병진춘사丙辰春寫)'라는 관지가 남겨져 있어 《병진년화첩》으로 불리는, 김홍도 절정기의 작품이다. 병진년이라면 1796년. 국왕 정조가 주요 과제들을 마무리한 뒤, 한숨 돌리며 치세 다음 시기를 준비하고 있을 때다. 정말 이 시기가 아니었다면 태어나기 어려웠을 작품이 바로 〈소림명월도疏林明月圖〉다.

달이 떴다. 지금까지 보아온 달과는 조금 다르다. 달도 그렇지만 이 그림, 온통 다른 것투성이다. 〈소림명월도〉라는 제목을 얻은 이유 그대로, 성근 숲 사이 밝은 달. 그것이 화면의 전부다. 대단한 절경도 아닌 데다 역사적인 사건이나 유명 인사의 삶을 대신하지도 않는다. 흔히 볼 수 있고, 또 보아왔던 평범한 풍경이다. 그런데 평범함에 이 그림의 남다름이 있다. 무슨 말인가. 어디에, 어떻게?

먼저 그 시대 이야기를 듣는 편이 좋겠다. 만 갈래 강물의 목소리 말이다.

서얼들,
역사의 전면에 서다

이쪽에서도, 저쪽에서도 우리 편이라고 끼워주지 않는 사람들이 있었다. 양반의 자손이지만 양반의 대우를 받지 못하는, 서얼 출신들. 재능이 부족한 것도 아니었고 학문의 기회도 주어졌다. 다만, 그에 어울리는 관직은 주어지지 않았다. 그러니 서얼들의 통청通淸, 즉 청요직淸要職으로도 진출할 수 있게 해달라는 요청이 없을 리 없다. 여러 대에 걸쳐 이어져온 요청이었으나, 국왕들의 개선 의지에도 불구하고 여전히 그 시행에 어려움을 겪는 중이었다. 이에 정조는 즉위 이듬해인 1777년, 구체적인 절목節目을 마련하여 이 문제를 해결하라는 명을 내리게 된다.

서류庶流의 숫자가 몇 억 정도뿐만이 아니니 그 사이에 준재를 지닌 선비로서 나라에 쓰임이 될 만한 사람이 어찌 없겠는가? (이들을 그대로 둔다면) 바짝

마르고 누렇게 뜬 얼굴로 나란히 죽고 말 것이다. 아! 저 서류들도 나의 신자인데 그들로 하여금 제자리를 얻지 못하게 하고 그들의 포부도 펴보지 못하게 한다면 이는 또한 과인의 허물이다. 《정조실록》 1777. 3. 21.

서얼 또한 나의 신하들이니 그 재능을 펼칠 만한 자리를 주어야 한다는 것이다. 사관은 이 일에 대해 '인재를 기용하고 국강國綱을 바로잡는 방도가 둘 다 어긋나지 않고 잘 시행되었다'며 그 덕을 칭송하고 있는데, 널리 알려진 등용 사례가 바로 서얼 출신 학자들을 규장각奎章閣 검서관檢書官으로 임명한 일이다.

규장각은 세종 시대 집현전을 이상으로 삼은 학술 기관으로, 1777년 정조 등극과 함께 출발했다. 국왕이 직접 규장각 각신閣臣들의 문장을 평가하여 점수를 매길 정도였으니 (정조 아래서 신하 노릇, 쉽지 않다) 국왕의 기대를 알 만한 부서다. 검서관은 각신을 보좌하는 하위직이었으나 서책을 검토하고 문장을 필사하는 등의 일이 주어졌으니, 말 그대로 각신 수준의 학문과 문장이 받쳐줘야 했다.

1779년, 초대 검서관에 임명된 이들은 세간에 사검서四檢書로 불리며 이름을 얻은 박제가, 이덕무, 유득공, 서이수. 검서관 넷을 서얼로 뽑았다고 세상이 달라지지는 않는다. 하루아침에 동등한 대우가 가능했을 리도 없다. 하지만 하나의 벽을 허물어 새로운 길을 보여준 의미 있는 걸음이다. 정조는 이전부터 그들의 재능에 대해 이미 알고 있었기에 자리를 마련해준 것으로 보이는데, 새로이 자리를 만들어 그 이름들을 기억했다는 점이 중요하지 않을까. 검서관으로 임용하기 전인 1778년, 박제가와 이덕무 등에게 청나라 연행 기회를 주었을 정도로 그들의 성취를 격려했던 것이다.

박제가가 연행의 체험을 상세히 담아낸 책이 바로 《북학의北學議》. 우리에게도 낯익은 제목이다. 당시 조선 지식인들은 청을 어떻게 바라보았을까.

북학,
다른 눈으로 세상을 보다

연행이 처음 시작된 17세기, 복수설치의 꿈 대신 소중화를 주장하기 시작할 때까지도 여전히 조선에게 청은 무력으로 중원을 정복한 오랑캐일 뿐이었다. 인정하고 싶지 않았던 것이다. 하지만 직접 실상을 확인한 이들이 늘어나면서 상황은 바뀌기 시작했다. 눈앞에 펼쳐진 풍경을, 소중화의 자존심으로 가려버리는 것도 한계가 있었을 터.

청의 변화가 이 시대에 시작된 것은 아니다. 강희제로부터 이어진 청의 번영은 그의 손자 건륭제에 이르기까지 3대에 걸쳐 100년을 이어가는 중이었다. 제국이라는 이름에 어울리는, 화려하면서도 활기 넘치는 도시를 보게 된 조선인들. 어라, 이게 아닌데? 믿기 어려운 놀라움이었다. 그렇게 다른 시각으로 청을 받아들인 이들이 돌아와 새로운 이야기를 시작했다. 박제가의 스승인 박지원과 홍대용 등, 《북학의》에서 그 명칭이 비롯된 일명 '북학파北學派'로 불리는 이들이다. 박지원이 쓴 《북학의》 서문의 일부를 읽어본다.

법이 훌륭하고 제도가 아름다우면 장차 오랑캐에게라도 나아가 배워야 하거늘, 하물며 그 규모의 광대함과 심법의 정미함과 제작의 굉원함과 문장의

찬란함이 아직도 삼대 이래 한, 당, 송, 명의 고유한 옛 법을 보존하고 있음에

랴… (북학의는) 나의 일록日錄(열하일기)과 조금도 어긋나는 바가 없어 마치 한

사람 손에서 나온 것 같았다… 이것이 어찌 우리 두 사람이 눈으로만 보고서

그렇게 된 것이겠는가. 진실로 비 뿌리고 눈 날리는 날에도 연구하고, 술이

거나하고 등잔불이 꺼질 때까지 토론해오던 것을 눈으로 한번 확인한 것뿐

이다.

마지막 부분이 의미심장하다. 이 새로운 깨달음에 이르기까지, 그럴
정도의 충분한 학습이 있었다는 이야기다. 서얼인 박제가와 달리 홍대용,
박지원은 당대 노론 명문가의 일원이었으나 새로운 시대에 어울리는 자
유로운 사고의 소유자였던 만큼, 신분에 개의치 않고 함께 학문에 정진했
던 것이다. 북학파의 선배 세대에게는 오랑캐로만 보였던 나라다. 달라진
것은 청이 아니라, 바라보는 이들의 생각이었다.

북학파라 해서 모두 같은 노선의 주장을 펼친 것은 아니었으나 이들
이 도달한 하나의 결론은 이용후생利用厚生. 앞 시대 선구적인 실학자들
의 고민을 이은 것이다. 과학 문명을 받아들이는 것도, 상업을 발전시
켜 풍요로운 사회를 만들자는 것도 결국 그 목적은 하나였다. 조선 백
성들의 삶을 더 편리하고 풍요롭게 만들어가자고. 북학파의 존재만으
로도 시대의 변화를 느낄 수 있지 않은가. 조선은 달라지고 있었다. 그
리고 더 많이 달라져야 했다.

중인에서 상인까지,
닫힌 문을 흔들다

서얼을 위한 허통 정책許通政策은 중인 사회의 변화와도 맥을 같이한다. 중인이란 법적으로 구분된 계층은 아니었으나, 어느새 양반과 서민 사이의 계층으로 인식되었다. 잡과雜科를 거쳐 의원이나 역관으로 일하는 이들, 각급 관청 서리 등의 통칭으로 꽤 넓은 직종을 포괄하고 있었다. 문과로 입신하는 양반들에게는 아랫것으로 보였을지 모르나, 전문 지식이나 교양 수준이 만만치 않은 이들이 많다. 조선 후기로 들어서면 무역 활동을 겸하는 역관의 경우처럼, 큰 부를 쌓는 이들도 늘어났다.

서얼들이 통청 운동을 전개함으로써 자신들의 길을 만들어나갔다면, 중인들은 다른 식으로 스스로의 존재감을 확인했다. 어차피 전문 직업인이었으니 직업 자체를 바꾸는 것보다는, 더 나은 문화를 창조하고 향유하는 쪽을 선호했다고나 할까. 스스로 여항인으로 부르며 다양한 모임을 만들어 시회를 열고, 자신들의 문집을 펴내기도 했다. 특히 천수경을 중심으로 한 '송석원시사松石園詩社(옥계시사玉溪詩社)'는 장안에 소문이 날 정도의 모임이었다.

다만 이들의 궁극적 지향은 양반 사대부의 문화를 배워 즐기며 자신들 또한 그런 문화의 일원으로 편입되는 것이었지, 그 문화를 부정하고 새로운 형식을 실험하겠다는 쪽은 아니었다. 한계라면 한계라고 하겠으나, 상층 문화에 대한 열망과 이를 향유하기 위한 교양 쌓기 과정을 가벼이 볼 수 없다. 양반이 독점해온 문화의 빗장이 풀려 많은 이들이 공유하게 되었다는 뜻이니까.

빗장이 풀린 곳은 이들 주변만이 아니었다. 이 시대 많은 이들이 닫힌 것을 열어달라는 목소리를 내고 있었는데, 그 소리가 제법 크게 울린 쪽이 시장이다. 자유로운 상업 행위를 보장해달라는 국가를 향한 상인들의 목소리가 그치지 않았으니, 이에 대한 국가의 답이 통공 정책通共政策이다.

자유로운 상업 행위가 불법일까. 조선에서는 그랬다. 특히 도성 한양의 시장 상황을 보자면, 아무나 상업 활동에 종사할 수 없었다. 정부에서는 육의전六矣廛 같은 시전市廛에 일종의 독점 면허를 주어 시장을 정부 통제 아래 두었는데, 물론 독점의 대가는 국가 행사에 소요되는 물품 등의 세금을 바치는 것이었다.

하지만 이런 식의 통제가 언제까지 이어질 수는 없다. 시대는 이미 18세기하고도 후반이다. 숙종 시대 상평통보의 유통도 시장 경제의 활성화와 걸음을 같이했으니 사람이 사는 곳에, 그것도 많은 사람이 모여 사는 대도시에 늘어나는 시장을 어찌 막겠는가. 한양의 규모는 이미 시전 상인들이 감당하기 어려운 실정이었다. 난전亂廛이 증가할 수밖에 없었다.

이에 시전에서는 정부로부터 금난전권禁亂廛權, 즉 난전을 금지할 수 있는 권리를 허락받게 되는데, 시전의 탄압이 심해지자 난전 상인들 쪽에서 정부에 문제 해결을 요구하기에 이른다. 정부로서도 난감했다. 난전을 허락하자니 시전 상인들의 세금 부담을 외면하는 꼴이고, 금난전권을 강화하자니 난전 상인들을 저버리게 되겠고.

결국 좌의정 채제공의 강력한 건의로 1791년, 육의전을 제외한 나머지 시전의 금난전권을 혁파하는 신해통공辛亥通共을 단행하기에 이른다. 시행 과정에 문제가 없을 수 없고, 그 장단점에 대해서도 여러 해에 걸쳐 논란이 이어지고 있었다. 항의하는 시전 상인들을 향한 채제공의 발언을 보면, 그럼에도 이 정책을 실시해야 했던 이유가 선명하다.

온 나라 백성은 똑같이 군주의 자식이다. 그렇다면 행상이건 좌판이건 서로 있고 없는 것을 무역하는 것은 진실로 떳떳한 일이다. 그런데도 저자의 가게 자리에 이름이 올라 있지 않은 사람의 경우는 자기의 물건을 가지고 매매하는 것을 구속하거나 내쫓아서 도성에 발도 붙이지 못하게 하고 있으니, 어찌 이러한 도리가 있겠는가. 《정조실록》 1793. 3. 10.

너희도, 그들도 모두가 똑같은 백성이라는 얘기다. 그러니 어찌 차별을 하겠느냐고. 정조 시대 정책의 큰 흐름은 닫힌 문을 열어주자는 것이었다. 강제로 막는다면 어디선가 더 큰 홍수로 터져 나오게 마련이다. 물꼬를 터주고, 그 방향을 보아가며 좋은 길로 흐름을 잡는 쪽이 더 낫다는 판단이 아니었을까.

언제나 그랬듯, 이권 뒤에 자리한 정치권력의 판세를 감안한 판단이었으리라. 시전 상인 뒤에는 노론 세력이 버티고 있었으니 그 균형을 맞추기 위해서라도 채제공의 (노론 견제도 포함되었을) 건의를 따랐을 것이다.

천주,
성리학이 지배한 세상의 균열

여기까지는 국왕으로서도 '나의 들국화들'이라는 심정으로 그 답답함을 풀어주고 싶었을 듯하다. 그런데 그 어디쯤에선가, 다소 위험한 목소리가 섞여나오기 시작했다. 서학西學, 즉 천주교 문제다. 청을 오가는 이들을 통해 서학이 들어온 것은 이미 앞 세기의 일이었다. 청 체류 시의 소현세자는 선교사 아담 샬과 교류를 가질 정도였으나, 이들에게 서학은 서양의 문물, 즉 학문이었을 뿐이다. 그러다가 점차 서학을 종교로서 진지하게 마주한 이들이 생겨나기 시작했다.

천주天主를 섬긴다는 사실 자체가 조선 성리학 전통에서는 용납될 수 없는 일이다. 임금보다 더 높은 존재를 인정하고 조상에 대한 제사까지 거부한다 했으니. 새로운 세상을 갈망하는 서민들에게 그쳤다면 크게 문제 삼지 않았을지도 모른다. 하지만 소위 성리학을 공부한 지식인층으로까지 퍼져나가고 있었다. 국정에서 소외되었다가 재등용된 남인들이 그 주류였는데, 아예 북경으로 들어가 세례를 받고 돌아온 이승훈에 당상관의 고위직인 이가환, 규장각의 젊은 인재로 촉망받는 정약용 형제에 이르게 된다.

1791년에는 신해박해辛亥迫害로도 불리는 진산사건珍山事件(진산에 사는 사대부 천주교 신자 윤지충이, 모친상을 천주교식으로 치르면서 불거진 사건이다. 이 사건으로 처형당한 윤지충은 정약용과 사촌 형제 사이다)이 일어났다. 이처럼 천주교인 처벌을 둘러싼 크고 작은 사건이 터진 뒤였으나, 정조는 과거를 청산하겠다고 한다면 더 이상 문제를 키워 처벌하지 않겠다는 뜻을 밝혔다. 반성문 격의 사직 상소를 올린 승지 정약용을 위로한 뒤, 정약용을 파직하고 천주교 무리를 엄벌에 처하라는 우의정 이병모에게 정조는 이렇게 답한다.

> 나는 형법으로 그것을 다스리는 것은 불가하다고 여긴다. 태양이 떠오르면 반딧불과 햇불은 저절로 빛을 잃게 되며 원기元氣가 충실하면 외기外氣는 침범하지 못한다… 고가故家의 유풍을 지키고 예교의 모범을 잃지 않게 한다면 저들 역시 앞으로 없어지기를 기약하지 않더라도 저절로 없어질 것이다.
> 《정조실록》 1797. 6. 24.

천주교에 대한 탄압이, 채제공 등의 남인 세력을 제거하려는 노론 측의 정치적 계산도 없지 않음을 알고 있었던 것이다. 태양 앞의 반딧불일 뿐이라고, 그 정도는 자신이 포용할 수 있다는 자신감이기도 했다.

〈소림명월도〉,
달라진 시대를 증언하다

이처럼 많은 목소리들이 터져 나오던 시대다. 그 소리 어디쯤엔 의당 문화의 한 축을 담당한 화가들의 이야기도 섞여 있을 법하다. 중인 출신 화원들이 주를 이루던 도화서 분위기도 달라졌다. 화원들의 실력이 그저 붓이나 잡을 줄 아는 수준을 훌쩍 넘어서게 된 것도 이 시대의 남다른 풍경이다. 사대부 못잖은 교양으로 무장한 중인이 넘쳐나던 당대 분위기에 어울리게, 화원들 또한 그랬다. 앞서 중인 문화의 상징처럼 여겨진 '송석원시사'만 하더라도, 화원인 김홍도와 이인문이 함께 참여해 시회 장면을 멋진 그림으로 남겨주었으니까.

세종 시대의 안견, 영조 시대 정선이 있었다면 정조 시대에는 역시 김홍도를 내세우게 된다. 흔히 풍속화의 대가로 알려져 있지만 그렇게 작은 틀에 머물 이름이 아니었으니, 조선 최고 화가로 불리기에 부족함이 없다. 국왕 정조가 아끼는 화가로, 그의 개인적인 그림 주문이 주요한 업무였다. 이를테면 국왕의 명으로 금강산 사생 여행을 떠난다든가, 어진 제작에 참여한다든가, 새해맞이 대형 병풍을 제작한다든가. 김홍도에 대한 정조의 평을 보자.

〈소림명월도疏林明月圖〉, 《병진년화첩丙辰年畵帖》 중

> 김홍도는 그림에 솜씨가 빼어난 이로, 그 이름을 안 지 오래다. 30년 전 내 초
> 상을 그렸는데, 이로부터 그림에 관한 일은 모두 홍도에게 주관토록 하였다.

세손 시절의 진영眞影을 그린 뒤로부터 30년 동안 그림으로 이어온
사이였다. 이처럼 최고의 자리에서 가장 앞선 변화의 물결을 보았을 테
니, 시대를 대변할 화가로도 맞춤이다 싶다.

그런데 그 다채로운 소리로 가득했던 시대를 증언하기엔 김홍도의
〈소림명월도〉, 너무 평온한 것 아닌가. 단순한 구도에 차분한 색채. 제목
이외의 소재는 없다고 보아도 될 정도다. 화면 중앙으로 떠오른 보름달.
그리고 주변으로는 얼기설기, 가지를 뻗고 있는 나무들. 아직 나뭇잎이
채 돋기 전의 이른 봄 풍경이다. 별것 없는 화면에, 두드러지게 기교를 부
린 것도 아니건만 그런데도 묘하게 눈길을 잡아끄는 매력이 있다. 필묵의
멋이라는 말 그대로, 대가다운 자연스러움 때문일 것이다. 감상용 회화로
이만한 작품이 없다 싶을 정도인데 '시대의 증언'이라는 측면에서도 여간
흥미로운 것이 아니다.

무엇보다도 평범한 주인공. 그림의 소재로 보면 당연히 산수화로 분류
될 수 있겠으나, 이런 산수화를 본 적이 있었던가. 〈소림명월도〉는 이상향
을 그린 관념산수화는 아니다. 〈몽유도원도〉나 〈무이구곡도〉와 비교해보
면 그 차이가 선명하다. 진경산수화로 부르려 해도 어째 똑 떨어지는 느
낌이 아니다. 〈금강전도〉나 〈인왕제색도〉처럼 지명을 담아내지도 않은 데
다가, 명승 절경은커녕, 그저 평범한 어느 달밤을 그렸을 뿐이다.

여기에 〈소림명월도〉의 새로움이 있다. 이 흔하디흔한 풍경을 배경이
아닌 주인공으로 대접한 것이다. 꼭 1등 봉우리가 아니면 어떻겠냐는, 산
수화에 담아낸 풍속화의 정신이라고나 할까. 시대는 이미 만 갈래 강물

이 저마다 다른 이야기를 풀어놓는 때다. 금강산이 아니면 어떤가. 우리 뒷산의 익숙한 그 풍경이라 해서 주인공이 되지 못할 이유는 없다고, 김홍도는 그 이야기를 하고 싶었을까.

영조 시대, 조선 회화의 새로운 장을 열었던 정선의 빼어남은 '아름다운 우리 땅'을 산수화의 주인공으로 부각시킨 데 있었다. 김홍도가 정선에게서 한 발 더 나간 지점은 정조 시대가 영조 시대와 달라진 부분과 닮아 있다. 우리 것을 새롭게 바라보기 시작한 영조 시대를 넘어, 그 '우리 것'의 폭을 대폭 넓혔다고나 할까? 명승 절경이 아니라 우리 마을 뒷산까지, 명문거족만이 아니라 중인과 평민들에게까지 시선을 둔 것이다.

여기까지도 화가의 남다름이 정말 남다르다 싶은데, 작품의 주제만큼이나 놀라운 부분이 바로 화가의 시점視點이다. 지금까지의 산수화와는 전혀 다른 시점으로 그린 것이다. 전통적인 산수화는 '다시점多視點'으로 그려졌다. 여러 장소에서 바라본 (또는 상상한) 산수의 다양한 측면을 담아낸 것이었지, 고정된 장소에서 바라본 경치를 옮긴 것은 아니었다.

그런데 〈소림명월도〉는 이 전통을 따르지 않았다. 단일 시점으로 그려진 것이다. 저 멀리서 바라본 '누군가'의 시점이 아니라, 여기에 앉아 붓을 든 '나'의 시점으로. 미술사 쪽에서 설명을 보태자면, 서양 풍경화의 시점과 유사하다. 서양의 풍경화를 볼 때 동양 산수화와 다른 느낌을 받는 가장 큰 이유가 바로 이 시점의 차이 때문이다. 현대인들 눈에는 전통 산수화보다 〈소림명월도〉가 편하게 다가오는 것도, 오히려 이런 시점에 익숙하기 때문이다. 상상의 산수와 눈앞의 풍경이 주는 차이다. 이 느닷없는 시점, 어떻게 된 일일까.

김홍도가 서양 그림에서 힌트를 얻었을 가능성도 있다. 이미 북경을 오가는 이들을 통해 서양화 기법이 제법 전해오고 있었으니, 어느 사이 자신의 산수화 속에 그 시점을 응용하게 되었을지도 모른다. 하지만 화가 스스로 '선택'한 것일 수도 있다. 주제가 이끌어낸 시점이라 해도 좋겠다. 김홍도가 선택한 주제는 화가의 눈앞에 펼쳐진 풍경이었다. 거대한 산 전체를 보여주고자 함이 아니었다. 지금 나의 시선 안에 담을 수 있는 그 모습. 본 것 그대로를 그리겠다는 화가에게 필요한 것은 바로 나, 그리는 사람의 시점이다. 애써 여러 시점을 함께 사용할 필요가 있겠는가.

산수화에서 시도되지 않았던 시점을 택해 우리 주변의 평범한 경치를 그릴 수 있다는 것. 화가로서 김홍도 개인의 탁월함이 전제되어야 함은 물론이다. 하지만 진경산수화를 완성한 정선의 예에서도 보았듯, 시대가 받쳐주지 않으면 어려운 일이다. 명승 절경이 아니어도 산수화의 주인공이 될 수 있다는 생각, 그 한 장면을 담기 위한 나 자신의 시점이 중요하다는 생각. 그런 생각이 싹틀 수 있었던 것은 김홍도가 살았던 18세기 후반, 저마다의 목소리로 자신의 삶을 이야기하던 그 시대의 힘이기도 했다.

만 갈래 강물 하나하나가 주인공이 될 수 있다고, 이름 없는 어느 야산에 내려앉은 달빛을 보며 화가는 문득 나의 자리, 내 시점의 소중함을 새삼 깨닫게 되었는지도 모른다.

정조와 운명을 함께한
조선의 르네상스

모처럼 다채로운 목소리가 들린다. 비록 왕조 시대의 한계는 있을지라도 더 나아지는 세상에 대한 기대를 살짝 품게 된다. 김홍도가 〈소림명월도〉

를 그리던 1796년 무렵은 정조에게도 여러모로 중요한 시기였다. 한 해 전인 1795년, 숙원 사업인 화성 완공을 독려하기 위한 국왕의 화려한 행차가 화성으로 향했다. 부친 사도세자의 묘인 현륭원顯隆園 참배에 자궁인 혜경궁의 환갑잔치를 겸한, 그야말로 정조의 마음속 많은 응어리를 풀어내는 행사였다.

과거를 털어내고 새날을 기약하기에 좋은 때다. 마침 치세 20년에 이르렀으니, 그간의 정책을 돌아보며 그다음을 계획하기에 적절한 시기가 아니었을까. 화성 축성은 정조의 다짐이 반영된, 의미 깊은 사업이었다. 그의 다음 걸음도 꽤 멋진 이야기로 채워질 것 같지 않은가. 만천명월주인이라는 이름에 충실하고자 자신의 책무를 게을리 하지 않은 임금이었으니까.

그런데 1800년. 18세기를 마감하는 그해, 정조가 승하했다. 치세 24년, 보령 49세. 급작스러운 죽음이었다.

상이 창경궁 영춘헌에서 승하하였는데 이날 햇빛이 어른거리고 삼각산이 울었다. 앞서 양주와 장단 등 고을에서 한창 잘 자라던 벼 포기가 어느 날 갑자기 하얗게 죽어 노인들이 그것을 보고 슬퍼하며 말하기를 '이것은 이른바 거상도居喪稲이다' 하였는데, 얼마 안 되어 대상이 났다. 《정조실록》 1800. 6. 28.

정조 시대의 새로운 분위기와는 다소 이질적인, 꽤 예스러운 방식의 애도다. 그만큼 국왕의 때 이른 죽음에 대한 안타까움이 컸다는 뜻이겠다. 미진한 부분은 있었을지라도, 세상의 목소리에 귀 기울이고 그 문제를 해결하기 위해 애썼던 임금이라고, 당시 백성들의 마음 또한 그랬던가 보다.

우리가 기대했던 일들은 어떻게 이어졌을까. 어떻게든 이어졌을까. 한 사회의 모습을 단적으로 보여주는 분야가 문화 쪽이 아닐까 싶은데, 화가 김홍도만 하더라도 그 자리가 예전 같지 못했다. 자신의 재능을 특별한 작품을 위해 바쳤던 이 화가는 다시 도화서의 화원으로 돌아가야 했다. 정기적인 시험을 치르고, 때론 좋지 못한 평가를 받기도 했다.

김홍도가 시험장에 나와 앉아 젊은 화원들과 함께 그림을 그리는 장면은 상상만으로도 편치 않다. 천재에 대한 지원도, 거장에 대한 예우도 없는 시대에 문화 융성이 어인 말인가. 동등한 권리 보장이 거장에 대한 배려와 공존하지 못할 이유는 없을 것이다. 시대의 쇠락은 이런 장면에서 드러나는 것이 아닐까. 그래도 여기까지는 시대의 궁핍함을 탓하는 정도다. 더 큰 문제들이 그야말로 줄줄이 기다리고 있다.

대체 어떤 임금이 즉위했기에 나라 분위기가 이처럼 한순간에 변했다는 말일까. 임금의 잘못이라 탓하기엔, 그는 너무 어린 나이였다. 정조가 승하한 1800년. 19세기를 맞이하는 그 중차대한 시점에 23대 국왕으로 즉위한 세자는 열한 살짜리 소년이다. 조선의 남은 100년을 알고 있는 우리, 답답함을 견디며 19세기를 만나야 한다.

파국
세도에 흔들리고 외세에 무너지다

역사

1800. 순조 즉위. 정순왕후 수렴청정
1801. 신유박해
1802. 순조, 김조순의 딸 순원왕후와 가례
1811. 홍경래의 난
1827. 효명세자 대리청정 시작
1830. 효명세자 훙서. 순조 환정
1834. 헌종 즉위
1849. 철종 즉위

1800

1820~1830

1840~1850

미술사

1800. 김홍도 〈주부자시의도〉
1802. 〈순조순원왕후 가례도감 의궤 반차도〉 제작
1828-30. 〈동궐도〉 제작
19세기. 〈강화행렬도〉 제작
19세기 중반. 김정희 〈불이선란〉
19세기 중반. 조희룡 〈홍백매팔폭병〉

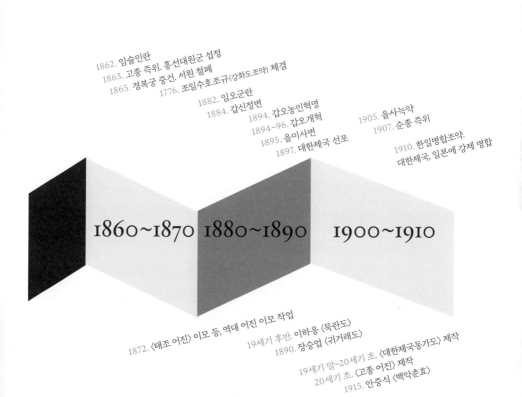

1862. 임술민란
1863. 고종 즉위. 흥선대원군 섭정
1865. 경복궁 중건. 서원 철폐
1776. 조일수호조규(강화도조약) 체결
1882. 임오군란
1884. 갑신정변
1894. 갑오농민혁명
1894~96. 갑오개혁
1895. 을미사변
1897. 대한제국 선포
1905. 을사늑약
1907. 순종 즉위
1910. 한일병합조약.
대한제국, 일본에 강제 병합

1860~1870 1880~1890 1900~1910

1872. 〈태조 어진〉 이모 등, 역대 어진 이모 작업
19세기 후반. 이하응 〈묵란도〉
1890. 장승업 〈귀거래도〉
19세기 말~20세기 초. 〈대한제국동가도〉 제작
20세기 초. 〈고종 어진〉 제작
1915. 안중식 〈백악춘효〉

1800년, 어린 국왕 순조의 즉위로 시작된 19세기 조선은, 왕조가 막을 내리는 다음 세기 초반까지 따스한 시절을 만나지 못했다. 어린 국왕의 보호를 명분으로 등장한 외척의 세도는 순조의 친정 이후로도 좀처럼 약화되지 않았던 것이다.

순조 후반기, 새로운 정치에 대한 기대로 출발한 효명세자의 섭정마저 세자의 요절로 끝나버린 뒤 다시 어린 국왕 헌종이 즉위하자, 왕권을 능가하는 외척의 세도는 대를 거듭하며 더욱 심화되기에 이른다. 특히 제왕 교육을 전혀 받지 못한 철종이, 오직 안동 김문의 선택으로 느닷없이 즉위한 뒤로 외척의 탐욕과 폭정은 극에 달하게 된다. 그사이 1811년의 홍경래의 난, 1862년의 임술민란 등 부조리한 권력에 대항한 백성의 항쟁이 전국을 뒤덮었으나, 국정을 맡은 지배층의 반성과 쇄신으로 이어지지는 못했다. 영정 시대 직후에 일어난 변화라고는 믿기 어려울 정도의 파행이었다.

1863년, 고종이 즉위하면서 섭정을 맡게 된 흥선대원군은 여러 개혁 정책을 시도하기는 했으나, 쇄국정책을 고수하며 대외적인 변화에 제대로 대응하지 못하는 우를 범하게 된다. 고종의 친정 이후에도 혼란은 여전했다. 1884년 갑신정변 실패에 이어, 1894년의 갑오농민혁명마저 정부와 일본군의 탄압으로 꺾여버리고 만다. 새로운 세상을 향한 민중의 염원은 간절했으나 고종 정부는 그 열망을 외면한 채, 오히려 황제국인 대한제국을 선포하며 군주권을 강화하는 등 시대착오적인 선택을 하기에 이른다. 백성과 힘을 모아 국난을 극복할 수 있는 소중한 기회를 놓쳐버린 것이다.

국가의 여러 이권을 외세에 빼앗기며 자주권에 심한 상처를 입은 대한제국은 결국 외교권을 일본에게 침탈당한 1905년 을사늑약에 이어, 순종 즉위 3년 후인 1910년에는 국권마저 빼앗기는 경술국치의 치욕을 당하게 된다. 공화국으로의 순조로운 이행을 경험하지 못한 채 제국주의의 식민지로 전락하고 만 것이다. 조선이 건국된 1392년으로부터 519년이 되던 해였다.

23장

순조, 국왕의 권력은 어디에
세도 정치의 시작 〈순조가례반차도〉

긴 행렬 사이로 호화롭게 치장한 가마 두 대가 보인다. 사방을 가득 메운 수행원만으로도 그림의 주인공을 짐작할 만하다. 주제는 결혼식. 그것도 국왕의 가례嘉禮라면 가히 경하드림이 마땅하겠다. 그림만큼이나 제목도 길다. 〈순조순원왕후 가례도감 의궤 반차도純祖純元王后嘉禮都監儀軌班次圖〉. 조선 23대 국왕 순조와 순원왕후의 가례를 묘사한 반차도다.

의궤儀軌란 왕실의 주요한 행사를 기록한 책이다. 행사 일정과 경비, 참여한 사람 하나하나까지 모두 적어두어 사료로서의 가치가 작지 않다. 그런데 이 문자 기록과 함께 행사 과정을 그림으로도 제작하였으니 이를 반차도班次圖라 한다. 기록을 중시하는 조선다운 방식이다.

반차도는 자료로서의 역할이 우선인 만큼, 행렬 순서나 참가자의 숫자까지 상세히 밝혀두고 있다. 특히 국왕의 가례반차도는 화려한 색채로 현장의 즐거움을 더하게 마련인데, 연輦의 형태나 수행원의 성격만으로도 왕과 왕후의 연을 구분할 수 있었다. 결혼식이라니 궁금해진다. 신랑

신부는 어디에? 아쉽지만, 그들이 탄 연으로 그 존재를 알 뿐이다. 지존의 모습은 그릴 수 없다는 원칙에 예외는 없었기 때문이다. 순조의 가례를 담은 이 반차도는 총 66면으로 되어 있는데, 이 가운데 국왕의 연은 27면에, 왕후의 연은 58면에 등장한다. 이처럼 두 주인공을 사이에 두고 수많은 인물이 제자리를 지켰던 것이다. 제법 축제다운 흥겨움이 가득하지 않았을까.

왕이 되어 혼인한
어린 순조

그림까지는 좋았다. 하지만 생각해보자. 국왕의 결혼식이라니, 이런 상황이 과연 정상인가. 그 정도로 어린 소년이 국왕 자리에 올랐다는 이야기다. 조선의 왕자, 특히 세자나 세손은 혼인 시기가 십대 초반을 넘기지 않는다. 순조의 부친인 정조는 세손 시절인 열한 살에, 정조의 부친 사도세자 또한 열한 살에 빈궁嬪宮을 맞았다. 왕실의 가례는 이처럼 세자빈이나 세손빈을 맞는 상황이 정상에 가깝다.

　가례 이전의 어린 국왕이 즉위한 경우는 조선 27대 국왕 가운데 모두 다섯 명인데, 비극적인 운명을 맞은 단종 이외의 네 명이 모두 혼란의 19세기에 집중되어 있다. 물론 소년의 등극 자체가 문제는 아니다. 큰 변고가 없다면, 전례에 따라 국왕이 성년이 될 때까지 왕실과 조정이 협력하면 될 일이다. 순조 시대는 그렇게 시작되었다.

　순조의 가례가 거행된 것은 1802년 10월. 아직 성년은 아니었으나 순조롭게 배필을 맞았으니 왕실의 안정을 기대할 만한 일이었다. 여기까지

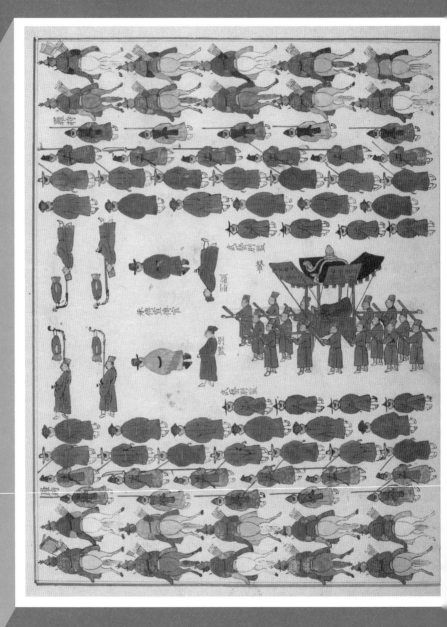

〈순조순원왕후 가례도감 의궤 반차도純祖純元王后嘉禮都監儀軌班次圖〉(부분)

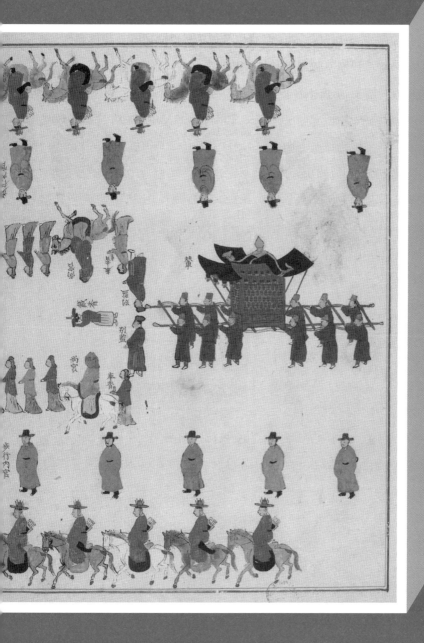

는 소년 국왕의, 그다지 특별할 것 없는 결혼식 이야기다. 하지만 또 한 사람의 주인공, 두 대의 연 가운데 뒤쪽 연의 주인으로 인해 19세기 조선은 큰 파란을 겪게 된다. 이날을 계기로 안동 김문이 세도 가문의 위세를 떨치기 시작했으니까. 신부 탓을 하려는 것이 아니다. 순원왕후 자신이야 정해진 운명에 따라 이 무거운 행렬의 주인공이 되었으리라. 하지만 그 뒤로는 새로운 외척으로 온 나라를 흔들게 될 집안의 욕망이, 그림 속 행렬보다도 길게, 길게 이어지고 있었다.

수렴청정의 시대, 정조의 꿈을 지워나가다

안동 김문이 새로운 외척으로 등장하기까지, 순조 즉위 직후의 왕실과 조정 상황을 먼저 살펴봐야겠다. 1800년 7월, 정조의 뒤를 이어 보위에 오른 세자의 나이는 열한 살. 세자에서 국왕으로 자리는 바뀌었으나 어린 국왕 스스로 선택할 일이라곤 없었다. 왕실 어른들의 가르침만 따르면 되었으니까.

당시 왕실에는 어른이 꽤 많았다. 서열로 보자면 대왕대비인 영조의 계비 정순왕후 김씨. 왕대비인 정조비 효의왕후 김씨. 정조의 친모 혜경궁 홍씨. 순조의 친모 수빈(가순궁) 박씨. 수렴청정은 당연히 대왕대비의 몫이었는데 이 집안이라면 우리도 익히 알고 있다. 정조와 마찰을 빚었던, 노론 벽파에 속하는 경주 김씨다. 공식적인 권력의 등장을 알리듯, 수렴청정의 예식도 시간을 끌지 않고 국왕의 즉위식 당일에 행해졌다.

대왕대비를 모시고 수렴청정의 예를 행하였다… 대왕대비가 적의翟衣를 갖추고 희정당으로 나아와서 동쪽 가까이에서 남쪽을 향하여 앉고 전영前楹에 수렴하니, 임금이 전정殿庭에 나아가서 백관을 거느리고 하례를 올린 다음 전상으로 올라가 발을 드리운 바깥쪽에 서쪽 가까이에서 남쪽을 향하고 앉았다. 《순조실록》 1800. 7. 4.

국왕 뒤쪽에 발을 드리우고 남면南面하여 앉았으니 명실상부 왕실 최고의 권위인 셈이다. 국정을 맡은 정순왕후는 다른 외척들과 대립하지는 않았다. 순조의 외조부 박준원과 예비 장인 김조순에게는 중책을 맡김으로써, 당파의 이해를 넘어 왕실의 안정을 도모하려 했다. 그렇지만 정조 시대의 정책을 그대로 이어가지는 않았다. 삼당이 어우러졌던 탕평 정부는 해체되었다. 독점할 수 있는 권력을 나누고 싶지 않았을 터. 이것만이 아니다. 정조가 공들여 육성했던 친위 부대 장용위壯勇衛도 혁파되고 만다. 국왕의 권위를 받쳐줄, 상징적이면서도 실질적인 힘이 사라진 것이다. 이렇게 정조의 자취는 빠르게 지워지는 중이었다.

신유박해,
한 붕당의 몰락

무엇보다도 먼저 그 사건을 이야기하지 않을 수 없다. 순조 시대를 가로지르는 큰 사건들 가운데 첫 번째 비극은 순조 1년인 1801년(신유년)의 일이었다. 서학에 빠진 이단자 수백 명을 처단한 이 사건을 실록에서는 신유사옥辛酉邪獄, 목숨을 잃은 쪽에서는 신유박해로 부른다.

당시 천주교인들은 이미 1만 명을 넘어선 것으로 알려져 있다. 성리학이 400년을 지배한 나라에서, 놀라운 일이기는 하다. 그들 가운데는 내로라하는 집안의 학자, 정치가에 심지어 왕실 인물들까지 포함되어 있었다. 국정을 맡은 성리학자들 시각으로는 '윤리를 멸절시키고 상도를 패몰시킨' 이들이다. 사교를 신봉하여 무군무부無君無父의 대죄를 지었으니, 관용은 있을 수 없었다.

물론 정조 시대에도 천주교를 용인한 것은 아니다. 진산사건을 비롯해 천주교에 대한 처벌이 없지도 않았다. 하지만 국왕의 재량으로 '회심한'(대부분 남인이다) 이들을 용서해줌으로써 필요 이상의 '정치적 사건'으로 번지는 것을 막았다. 정조에게는 그들 또한 자신의 백성이자 치세를 도울 신하들이었다. 조정의 균형을 위해서도 필요한 인재들이었고.

노론 벽파의 입장이 국왕과 같을 리 없다. 조정에서 특히 눈여겨본 이들은 정약용 형제를 비롯한 남인 계열이었는데, 의아하다 싶을 만큼 이 집안 주변에 천주교인이 많기는 했다. 일단 정약용 4형제 가운데 맏이인 정약현을 제외한 세 형제가 모두 천주교를 받아들였는데, 관료의 길에 들어선 정약전과 정약용은 정조의 꾸지람 이후 서학과 멀어지겠다는 다짐을 한 상태. 하지만 정약종은 이들과 달리 천주교 교세 확장에 크게 기여했을 뿐 아니라, 그의 부인과 자녀들 모두 천주교도로서 순교하게 된다.

친인척들의 면면도 대단하다. 앞서 진산사건으로 처형당한 윤지충은 이들 형제의 사촌이고, 최초의 세례 신자인 이승훈은 이들과 처남 매부 사이로, 역시 천주교인인 이가환의 조카다. 끝이 아니다. 황사영 백서 사건帛書事件으로 유명한 황사영은 정약현의 사위이고, 정씨 형제에게 천주교를 처음 전한 이벽은 정약현의 처남이다. 조선 천주교 역사가 이 집안과 함께한다고 보아도 될 정도다. 결과적으로 신유박해 이전에 목숨을 잃은 윤지충과 이벽을 제외한 나머지 인물 모두가 처형을 면치 못했다. 신앙을 포기한 정약전, 정약용만이 유배형에 그쳤을 뿐이다.

여기에서 끝났으면 종교 탄압 사건으로만 분류되었을지도 모른다. 하지만 이런 정도라면 어떤가. 두 해 전에 세상을 떠난 남인(청남계)의 영수 채제공의 관직까지 추탈했던 것이다. 추탈을 청하는 양사의 상소인즉.

채제공은 사역邪逆의 밑뿌리입니다… 흉도들이 채제공으로 의귀依歸할 곳을 삼아 장차 조가朝家의 채제공에 대한 처우를 보고서 향배를 정하기로 계획하였으니, 지금 만약 명지를 한 번 내리어 그의 죄를 결단성 있게 바로잡는다면 명의와 형률이 바루어질 뿐만 아니라, 형세를 바라보고 분외分外의 것을 넘겨다보는 자들 대부분이 척연히 두려움을 알고 감동하여 분발할 것입니다. 《순조실록》 1801. 12. 18.

흉도들이 의지하는 채제공의 죄를 제대로 물어야 한다고 했다. 이미 세상을 떠난 그의 이름까지 끌어낸 이유는 명백해 보인다. 이로써 정조 시대에 잠시 길이 열렸던 남인 세력은 조정에서 완전히 밀려나게 된다.

서학은 왜 그토록 인기를 끌었을까

그런데 궁금하지 않은가. 천주교가 서민과 여성들의 호응을 얻은 것은 자연스러워 보인다. 성리학이 지배하는 조선의 틀, 그 차별에서 벗어나고픈 이들이었으니 내세에 대한 소망으로 힘든 현실을 견뎌내고자 했을 것이다. 그렇다면 남인 계열 지식인 사이에서 천주교가 널리 퍼진 배경은 무엇일까. 오래도록 권력에서 소외된 붕당이었다는 점도 하나의 이유가 되겠지만, 그보다도 실학과의 관계를 생각해보게 된다.

이가환, 이승훈, 정씨 형제 등은 모두 이익의 실학을 이어받은 이들이다. 그 까다로운 정조에게 '해박함이 놀랍다'는 평을 들은 이가환은 이익의 종손이니 말할 것도 없고, 이승훈은 외숙인 이가환 아래서 학문을 익혔으며, 정약용 형제 또한 이익을 큰 스승으로 받들었다.

새로운 것에 대한 열린 생각, 그 '정신' 자체야말로 실학의 가장 큰 미덕이 아닐까. 서학에 대해 이익과 그의 제자들이 유독 커다란 관심을 보인 것도 당연한 일이다. 그것이 무엇이든 일단 새로운 학문에 대한 열린 자세가 기본이 되어주었던 데다가, 서학에 포함된 과학기술 등에 대한 호기심이 컸을 것이다. 우리 삶에 실질적인 도움을 주는 학문에 대한 고민이 실학의 본령이었으니까.

그리고 그들 가운데 한 갈래는 이를 신앙으로 받아들였다. 문명의 이기로서의 역할뿐만 아니라, 성리학과는 '다른 생각'에 매혹되었다고나 할까. 이 세계를 처음 접한 정약용의 고백을 들어본다.

갑신년(1784) 4월 보름에 맏형수의 기제를 지내고 우리 형제와 이덕조가 같은 배를 타고 한강을 내려왔다. 배 안에서 이벽에게 천지조화의 시초와 형신 形神·생사의 이치를 들었다. 정신이 멍하고 놀라워 마치 끝없이 펼쳐진 은하수를 보는 것 같았다.

스물두 살의 젊은 학자에게 충분히 있을 법한 일이다. 펼쳐진 은하수를 보는 것 같은 놀라움이라 했다. 성리학으로 해결하지 못한 무언가를,

새로운 시각으로 풀어주는 이야기. 하지만 '국교' 성리학의 용인 없이는 남몰래 품어야 할 이야기다. 고백의 결과는 참혹했다.

안동 김문,
척화의 기수에서 세도의 상징으로

피의 기록이 가득했던 신유년 이듬해, 순조의 가례가 있었다. 배필은 이미 정조가 낙점해두었던 김조순의 딸. 정조 생전에 세자빈으로 물망에 올라 재간택을 거친 후 삼간택을 기다리던 중이었는데, 정조의 마음이 결정된 뒤였으니 삼간택은 형식으로 남았을 뿐이다. 신부의 자질보다 중요한 것은 신부 아버지의 이름이었으니까. 그런데 정조의 급작스러운 승하로 세자의 가례는 삼년상을 마칠 때까지 미뤄두게 되었다.

정조가 승하한 뒤에도 간택이 원점으로 돌아가지 않은 것은, 수렴청정을 맡은 정순왕후의 동의가 있었기 때문이다. 노론 벽파에게 노론 시파인 안동 김문은 껄끄러운 상대다. 실제로 정순왕후 집안에서는 반대를 하고 나섰지만, 정순왕후는 '선왕의 뜻'을 존중하겠다고 했다. 왕실 일원으로서, 그래도 혼사만큼은 왕실에서 결정해야 한다는 마음이었을까. 선왕의 유지를 파하기엔 부담이 크리라는 판단도 있었겠고. 그리고 국왕이 열다섯 살이 된 1804년. 정순왕후는 수렴청정을 거두고 권력을 돌려준다. 하지만 이번에도 권력의 주인은 국왕이 아니었다.

정조가 세력 있는 안동 김문을 사돈으로 정한 것은 그 힘이 세자의 치세에 보탬이 되리라 기대했기 때문이다. 국구로 내정된 김조순은 척화파의 상징인 김상헌의 증손으로 이 집안의 차세대 기대주다. 젊은 시절부터 학문으로 이름 높았으니, 집안으로 보나 그 개인의 자질로 보나 기울지 않는 혼사다. 가례 후 반포한 교서에서도 이 부분을 강조하고 있다.

> 왕비 김씨는 명문에 태어나서 아름다운 의범이 일찍 이루어졌다. 선정先正(김상헌)을 이어 두 원보元輔(김수항, 김창집)가 나라를 위해 충성하였다… 아! 영고寧考(정조)의 간택이 있었으며 진실로 태모(정순왕후)의 분부 말씀이 있었다. 《순조실록》 1802. 10. 17.

이런 명문 출신이기에 왕비로 책봉했다는 말이다. 당시 상황으로 보자면 정조의 선택은 충분히 합리적인 것이었다. 문제는 정조의 계획에는 세자가 성년이 되기 전에 자신이 숨을 거두는 상황은 전혀 고려되지 않았다는 점이다. 강력한 국왕이 사라진 뒤 누가 진정한 충신으로 남게 될지, 뚜껑을 열기 전에는 알 수 없는 일 아닌가.

외척이 정치 일선에 나서는 일이야 드물지 않다. 국왕과 이어진 운명이라는 생각으로 (국왕의 몰락이 곧 자신의 집안과도 연결되므로) 국정에 힘을 다한다면, 외척이라 해서 모두 배척될 이유는 없을 것이다. 홍봉한이 자신이 속한 붕당 구성원들과 달리 사도세자를 지지한 경우나 정조를 도와 즉위에 힘을 실어준 정순왕후의 예처럼, 외척은 왕실의 안정을 위한 지원군 역할을 맡기도 했다.

좀 더 시기를 올려보면 효종비 인선왕후의 부친인 장유나 현종비 명성왕후의 조부 김육 등은 학자이자 경세가로서 국왕의 치세에 큰 힘이 되었다. 외척이어서 권력이 주어진 것이 아니라, 오히려 자신의 능력 덕분에 국왕의 사돈이 된 경우다.

붕당이 사라진 자리,
오직 세도 가문만이

그렇다면 안동 김문은 앞 시대의 외척들과 무엇이 달랐을까. 이들이 곧 세도 정치로 인식될 만큼, 권력을 독점했던 집안이다. 왕실의 존망이 자신들의 운명과 함께한다는 생각이 없었던 데다, 당시 상황이 그들의 독재를 가능케 했다. 이 집안과 겨룰 만한 세력이 없었으니까. 긍정적인 의미의 경쟁 자체가 사라져버렸다는 얘기다.

정조가 재등용했던 남인은 신유박해로 무너져버렸고, 경주 김문도 정순왕후 승하 이후 구심점을 잃고 만다. 다른 외척들은 어땠을까. 정조의 외가 풍산 홍씨는 임오화변에 얽혀 힘이 약화된 데다가, 신유박해 당시 혜경궁의 동생인 홍낙임이 사사되는 지경에 이르렀다. 정조의 비인 효의왕후 김씨, 순조의 친모인 수빈 박씨 쪽은 워낙에 큰 세력을 다투는 집안이 아니었다.

순조 이전, 짧았던 경종 시대를 논외로 한다면 효종에서 정조까지, 당쟁은 격화되었을지언정 국왕의 통치 자체가 나쁘지는 않았다. 치적에 따른 평가는 다를지라도 수준 미달인 임금이 즉위하지도 않았고, 나이 어린 국왕이 등극했을 때조차 왕권이 위협받지는 않았다. 국왕의 권위는 국왕 자신만을 위해서가 아니라 더 나은 나라를 만들기 위한 바탕이 되었던 것이다.

그러나 순조에게는 힘이 없었다. 왕권이 신권 아래로 떨어지는, 낯선 장면이다. 과거시험을 통해 국왕을 도울 만한 새 인재를 등용하면 좋겠지만, 순조가 성인이 되어 친정에 나섰을 때는 처가의 권력이 너무 커져버린 뒤였다. 과거시험도, 관료의 임명도 모두 그들 세력권 안에 들어간 상태였다.

사실 국왕이 꼭 정치 전면에 나설 필요는 없다. '관료 집단'이 국정을 운영하는 것이 나은 결과로 이어질 확률이 높다. 게다가 조선의 관료라면 과거시험을 통해 실력을 검증받은 이들이 대부분이다. 조선이 그동안 건재할 수 있었던 이유도 이런 제도의 힘에 기댄 덕이다. 그런데 세도 정치로 인해 관료 체계가 엉망이 되어버렸다.

어떤 부작용이 있었을까. 모든 일에 문제가 생겼다. 당장 백성들 삶을 돌아보자. 부당한 권력 주변에는 역시 부당하게 관직을 얻고자 하는 이들이 모여들기 마련이다. 뇌물을 바치고 벼슬을 산 이들에게, 백성이 어떤 존재로 보였겠는가.

숙종 대에 마무리된 대동법이나 영조가 힘을 쏟은 균역법, 정조의 서얼 허통과 통공 정책 등은 국왕의 남다른 의지가 담긴 정책이다. 조선의 국왕이라면 만백성의 어버이라는 책임을 자각해야 했다. 피폐한 백성의 삶은 곧 국왕의 부끄러움이어야 한다는 얘기다.

그런데 순조 시대에 이르러 선대 임금들의 정책은 유명무실해진다. 백성은 외척에겐 '돌보아야 할 자식'이 아니었으니까. 조세의 기본 원칙을 지키지 않은 가혹한 수탈이 계속되는 가운데 재해도 심심찮게 이어졌으니, '해도 해도 너무하잖아?' 하며 다른 생각을 품는 이들이 생겨날 만한 상황이다. 천주교를 받아들인 신유년의 그들이 내세의 구원을 꿈꾸며 자신의 삶을 바꾸려 했었다면, 10년 후인 신미년의 한 무리는 세상을 바꾸고자 했다. 홍경래의 난으로 불리는 이 사건은 명백히 반란의 성격을 띠고 있다.

홍경래의 난,
시대의 염원을 담다

순조 시대, 하면 떠오르는 가장 큰 사건은 바로 홍경래의 난이 아닐까. 1811년 12월. 심한 재해로 백성들의 한숨이 깊던 그해, 서북 지역에서 변란의 소식이 들려왔다. 서북 지역으로 불리는 황해도, 평안도, 함경도는 조선 초기부터 심한 차별에 시달린 지역이다.

앞서 현종 시대에 굳이 그곳에서 특별 과거시험을 열어 민심을 도닥여야 했던 장면을 떠올려보라. 하지만 몇 차례 선은으로 굳어진 차별이 바뀌지는 않는다. 달라진 점은 정부의 태도가 아니라 지역민들의 상황이었다. 언제나처럼 '변방'으로 머물러 있지 않았으니, 청나라와의 접경지대라는 특성을 살려 무역으로 부를 쌓고, 다양한 직업군의 생활인들이 늘어나고 있었다. 그러나 정부의 차별은 여전했을 뿐 아니라 오히려 수탈의 강도는 더해가기만 했다.

언제까지 이렇게 살아야 하느냐고, 세상을 바꿔보고 싶지 않았을까. 홍경래, 우군칙, 김사용, 이희저 등이 난을 주도했다. 지역의 상인과 부농, 권력에서 밀려난 양반 등 호응 계층도 넓었는데, 거사 10일 만에 정주, 곽산 등 청천강 일대를 점령할 정도의 세력이었다. 하지만 치밀한 준비 끝에 일으킨 난이라 해도 관군을 당해내기엔 역부족이었다.

결국 이듬해인 1812년 4월, 마지막 거점인 정주성에서 패배하고 만다. 이름 있는 장수가 휘하 병력에 의지해 일으킨 반란도 아니었다. '민'이 힘을 모았을 뿐이다. 그런데도 관군과 여러 달 전투를 벌일 만큼의 저력을 보여주었으니 조정도, 그들 자신도 놀라지 않았을까. 실록이 전하는 난의 마무리는 이렇다.

적도들은 홍경래·우군칙을 거괴渠魁로 삼았는데 자칭 대원수라고 하였다…
명리命吏를 살해하고 산성에 나누어 웅거해 연달아 일곱 군을 함락시켰다.
장차 동쪽으로 올라오려 하다가 송림의 전투에서 패한 뒤 정주성으로 달아
나 들어갔는데, 넉 달 동안 굳게 지키며 힘써 왕사王師에 저항하였다. 성이 깨
어진 뒤 홍경래 등은 이미 참륙되었고, 우군칙 등은 생포하여 함거로 의금부
에 보내 국문한 뒤 모두 모반 대역으로 결안하여 정법하였다. (이들의 수급을)
군민에게 두루 보이고, 거리에 사흘 동안 걸어놓은 뒤 팔방에 전해 보이게
하였다. 《순조실록》 1812. 5. 5.

　참형을 당한 주모자들의 수급은 거리에 효시되었다. 반란에 대한 대
가를 똑똑히 보라는 뜻이다. 난에 참여한 다른 백성들은 어떻게 되었을
까. 실록에 따르면 생포된 이는 2,983명. 참으로 엄청난 숫자다. 여성과
10세 이하의 아이들을 제외한 인원은 1,917명이었는데, 이들 모두 같은
벌을 받아 참형, 효수되었다. '은유恩諭를 여러 번 반포했음에도 끝내 감격
해 뉘우치지 않는 자들로, 결코 한 시각이라도 천지간에 살려둘 수 없기'
때문이라 했다.
　난은 진압되었다. 하지만 사람들의 마음에 일어난 불길마저 꺼진 것
은 아니다. 이후에도 '홍경래 불사설不死說'은 가라앉지 않아 '황해도에서
배가 내려온다느니 홍경래가 살아 있다느니 하는 말로 인심을 선동한' 이
들을 처벌하는 장면이 실록에 종종 등장한다. 유언비어를 퍼뜨리는 이들
까지 사형에 처해야 할 만큼 정부는 아량도, 자신감도 없었던 것이다. 국
정을 맡은 이들이 대오각성할 리도 당연히 없었다.

국왕 순조,
손을 놓아버리다

탐관들의 횡포가 아니더라도 재해만으로도 백성의 하루하루가 고단한 중이었다. 홍경래의 난이 일어난 1811년은 물론, 10년 뒤인 1821년에는 서북 지방에서 시작된 괴질이 전국으로 번져 수십만의 사망자를 내기도 했다. 이전 해의 작황이 좋지 못해 기아에 허덕이던 1826년에는 국왕 스스로 '백성의 부모로서 굶어 죽는 이들을 구제하지 못한' 부끄러움을 토로하며 내탕고內帑庫를 열어 구휼에 힘을 보태라는 지시를 내리기도 한다.

어떻게 해야 할까. 1826년이면 순조 재위 27년에 접어드는 해다. 이처럼 온 나라가 헝클어지도록 국왕인 그는 무얼 하고 있었던 걸까. 그의 의지가 아주 없었다고 하기는 어렵다. 하지만 세도 가문에 맞설 정도의 강단은 없었다. 이런저런 이유로 자신 앞을 막아서는 신하들에게 지존다운 무게를 보여주지도 못했고. 그리고 어느 순간, 그 의지마저 꺾인 것처럼 느껴진다. 한동안은 아예 국정에 관여하지 않아 신하들의 질책을 들었을 정도다.

순조가 부친이나 증조부처럼, 국왕으로서 출중한 자질을 갖추었다면 좋았겠지만 불행히도 그는 백성의 고통을 아파하는 마음은 지녔으나 그 문제를 해결할 능력은 없었다. 신유박해와 홍경래의 난은, 조선 백성의 염원이 무엇인가를 단적으로 보여준 사건이었다. 그리고 그 뒤로 이어진 크고 작은 사건들을 볼 때도 조선은 대대적인 개혁으로 달라져야 했다. 400년이 넘은 건국 이념으로 이끌어갈 만한 상태가 아니었다. 성리학은 이미 사망선고를 받았다고 보아도 좋지 않을까. 그 생명을 강제로 연장시키고는 있었으나, 시대를 막아서는 완고한 걸림돌로 남았을 뿐이다. 어느

5부 **파국** 세도에 흔들리고 외세에 무너지다

시대인들 다르겠는가마는 이때야말로 정말 변화가 필요했다.

이즈음 순조도 생각이 많았던가 보다. 가끔은 스물다섯 해 전, 혼례를 올리던 그날을 떠올렸을지도 모르겠다. 그날의 화려한 행렬이 담긴 그림을 한 장, 한 장 넘겨 보기도 하면서. 이 결혼이 문제였는지, 아니면 단지 자신의 부족함이 원인이었는지. 가례의 주인공으로 주목받던 그날 이외에, 그가 국왕으로 당당하던 날이 있었던가.

세기의 결혼식이긴 했다. 하지만 순조가 아닌, 안동 김문의 세기를 열어준 결혼식이었다. 이 결혼으로 맺어진 질긴 연을, 순조가 끊어낼 수 있을까. 그 의지의 유무와는 별개로 그럴 만한 때는 지나버렸다. 차라리 결혼이 그에게 안겨준 이름 하나에 희망을 걸기로 했던 것 같다.

순조는 이제 열아홉이 된 세자를 보며, 그렇게 생각하지 않았을까. 그날의 결혼으로 시작된 처가의 폭주를, 자신이 물러남으로써 멈추어야 하겠다고. 국왕 순조는 너무도 지친 상태였다. 그리고 그의 총명한 아들은 새로운 가례도의 주인공이 될 만큼 장성했다.

아직 보령 서른여덟. 한창 열정적으로 사업을 일굴 나이에 순조는 세자에게 대리청정의 명을 내린다.

내가 신미년 이후부터 정섭하는 때가 많았고 혹 약간 편안할 때에도 기무에 정체됨이 많았으니, 국인이 근심하는 것이 곧 나 스스로 근심하는 바이다. 세자는 총명한 데다 나이도 점차 장성하여 가니 요즘 시좌하거나 섭향하게 한 것은 뜻이 있어서이다. 멀리는 당나라를 상고하고 가까이는 열성조의 대리청청하는 일을 본받아 내 마음이 이미 정하여졌다. 《순조실록》 1827. 2. 9.

선대 임금들의 실록에서 이미 우리도 여러 차례 보아온 내용이다. 차마 나이 핑계를 댈 수 없는 순조였던 만큼 병환을 내세웠던 것. 이런 경우, 신하들의 일반적인 반응도 우리는 익히 알고 있다. 세자는 물론이거니와 신하들의 엄청난 반대에 부딪히는 게 정상이다. 양위와는 성격이 다르다 해도 국왕의 권력 일부를 넘겨주는 일이었으니까. 그런데 의아하게도, 순조의 대리청정 명령은 그의 뜻대로 진행되었다. 명을 거두어달라는 세자의 청이 몇 차례 있었을 뿐, 오히려 신하들은 기쁨의 어조로 국왕의 결심에 화답하고 있다.

> 세자께서는 예덕이 날로 새로워지고 아름다운 소문이 계속되어 온 나라 신민들이 목을 길게 늘이고 기대하지 않는 이가 없었습니다. 이제 또 성명成命이 한번 내리자 더욱 기뻐서 발을 구르고 춤추면서 모두 문왕의 근심이 없는 것과 나라 형세가 태산 반석과 같음을 우러르게 되었으니, 신 등이 또한 오직 흠앙하여 찬축할 뿐입니다. 《순조실록》 1827. 2. 9.

기이한 장면이긴 하나 그럴 만했다는 뜻이겠다. 이렇게 1827년, 군신 간의 합의로 세자의 대리청정이 시작되었다. 순조의 희망이자 시대의 희망이었는지도 모른다. 왕권의 추락을 이 선에서 멈추어야 한다는, 세자 자신의 절박함도 없지는 않았으리라.

24장

효명세자, 만약 그가 살아 있었다면

조선의 마지막 꿈이 미완으로 끝나다 〈동궐도〉

왕세자라는 자리. 국왕처럼 무겁지도 않고, 여느 왕자처럼 쓸쓸하지도 않다. 꿈을 꿀 수 있는, 더 큰 꿈을 가져도 좋을 자리다. 가끔은 그 자리에서 실권을 나눠 받기도 하는데, 대리청정을 명하는 국왕의 마음은 저마다의 형편에 따라 다를 것이다. 부자 사이에 힘을 모아 더 나은 결과를 낳은 예는 세종과 문종의 경우. 하지만 영조와 사도세자처럼 대리청정 시기에 부자 사이가 완전히 틀어져 비극을 부른 예도 있다. 순조와 그 아들 효명세자는 어땠을까.

　순조가 효명세자에게 대리청정을 명한 것은 위의 두 임금보다 훨씬 절박한 이유가 있었기 때문이다. 미리 호흡을 맞춰보자는, 그렇게 여유로운 처지가 아니었다. 정국 일신을 위한 승부수로서 순조 자신의 유일한 패를 서둘러 꺼낸 것이다. 그런 만큼 나누어준 권력의 크기도 만만찮다.

　본월 18일에 세자에게 청정을 명하니 진실로 병형兵刑의 큰 요긴한 일이 아니면 번거롭게 품계하지 말고, 무릇 중외의 서무를 모두 다 재결하게 하라.
《순조실록》 1827. 2. 18.

중요한 군사 문제를 제외한, 모든 일을 맡겼던 것이다. 역대 대리청정을 명받은 세자 가운데 이만한 권한을 부여받은 경우는 없었다. 무엇보다도 인사권을 넘겨줌으로써 세자가 새로운 조정을 구성할 수 있도록 배려했다. 이를테면 안동 김문 영향권 밖의 사람들을 부를 수 있도록.

누구보다도 부왕의 마음을 아프게 헤아렸을 세자. 권력을 넘겨주는 그 뜻을 잘 알고 있었다. 실추된 왕권을 회복하고 흐트러진 국정을 바로잡아 백성들의 삶을 어루만져주겠다고, 다짐하며 자신의 자리를 돌아보았으리라. 그리고 때맞추어 제작된 그림 〈동궐도東闕圖〉. 그의 꿈을 읽어보기에 이만한 그림도 없다.

〈동궐도〉에 담긴
효명세자의 통치 철학

동궐은 법궁法宮인 경복궁 동쪽에 자리한 창덕궁과 창경궁을 아울러 일컫는 말이다. 원래는 이궁으로 지어졌으나 전란으로 경복궁이 불에 탄 뒤 실질적인 법궁의 역할을 맡아왔다. 〈동궐도〉가 그려진 것은 1828년에서 1830년 사이, 효명세자의 대리청정 시기다. 현재 전해지는 〈동궐도〉는 동일한 내용의 화첩과 병풍 두 점으로, 그림 전체 크기는 세로 273cm, 가로 576cm. 이 그림 한 장이면 동궐 구석구석을 직접 찾아 살필 수 있을 정도로 꽤 상세하게 그려졌다.

그림의 성격이나 규모로 보아 도화서 화원들이 제법 힘을 기울였을 것이다. 화면을 넉넉히 잡는다 해도 이 정도의 건물군을 담아내려면 구도가 중요하다. 화가는 평행사선도법平行斜線圖法으로 전체 구도를 잡아 전각 하나하나를 차곡차곡 채워나가는 방법을 선택했다. 도식화된 느낌이 없지 않지만 그 나름의 정연한 멋이 있다.

군데군데 무리 지은 나무 덕에 싱그러움이 가득한데, 한껏 피어오른 분홍빛 봄꽃이 화사함을 더해준다. 봄에 그린 작품일 수도 있겠고, 봄을 담아내려는 마음일 수도 있겠다. 실제로 동궐은 경복궁과 달리 규율에 얽매이지 않았기에 건물 배치와 후원 조경 등에 여유가 느껴지는바, 그림 안에서도 제법 숲의 향기를 느낄 만하다. 화면 절반을 뚝 떼어 궁을 둘러싼 주변 산세에 할애한 점도 근사한 선택이다 싶고.

높은 담장 안이 궁금한 우리와는 달리 효명세자에게는 일상의 공간이었을 동궐이다. 새로울 것도 놀라울 것도 없는 '우리 집'을, 새삼 이처럼 장대하게 그려낸 까닭은 무엇일까. 그저 집을 구경해보라는 얘기도, 집을 자랑하겠다는 마음도 아니었겠지만, 그래서 안 될 일은 또 무언가 싶다. 그것이 하나의 이유일 수도 있지 않을까. 궁은 군주의 거처다. 자연스레 그 집의 주인을 떠올리게 된다. 세도 가문의 위세가 제아무리 대단하다 해도 그들이 이 집에 들어와 주인 노릇을 할 수는 없다. 군신 간의 분의分義가 있지 않은가.

동궐의 주인이 된다는 것. 효명세자는 그 의미를 가벼이 생각할 수 없었으리라. 부왕을 대신하여 정치 일선에 나선 때였다. 주인으로서의 책임감과 그에 따르는 자부심을, 무겁게 마주했으리라. 허울뿐인 이름이 아니라 그 주인 노릇을 제대로 해보겠다는 꿈으로 이 그림을 제작한 것이 아닐까. 하여 세 본으로 제작된 〈동궐도〉의 이름도 천天, 지地, 인人. 그 의미를 새삼 헤아려보게 된다(현재 남아 있는 작품은 천과 인의 두 본이다). 그저 동궐 구경이나 하자는 마음이 아닌 거다.

그림 속 전각들 가운데 효명세자에게 가장 의미 있게 다가온 장소는 어디일까. 상징성을 살려 크게 그려 넣은 대보단에도 남다른 뜻을 담았겠지만, 역시 그 자신이 직접 조영한 건물들일 것이다. 그림만이 아니라 건물까지? 그랬다. 내일의 태양으로 떠오를 그림의 주인은 동궐 안에 새로운 건물을 더해 넣음으로써 자신의 통치 철학을 내비치고 있다.

〈동궐도東闕圖〉

　　　　　　　　5부 **파국** 세도에 흔들리고 외세에 무너지다

강한 왕권을
꿈꾸다

먼저 의두합倚斗閤. 대리청정 한 해 전인 1826년에 세운 작은 건물이다. 이름이 흥미롭다. 별에 기댄 집이라는 뜻인데, 별이라니? 의두합은 규장각 곁에 세운 효명세자의 독서 공간이다. 규장각의 '규奎' 또한 문성文星을 의미하는바, 바로 이 별에 의지한다는 뜻이다.

영정 시대 이전 조선 국왕들에게는 세종이 하나의 모범이었다. 정조가 규장각을 세운 것도 세종의 집현전을 본받아 문치의 꿈을 이루겠다는 포부였으니까. 그런데 이제 정조 자신이 하나의 별이 되어 떠오른 것이다. 효명세자의 탄생 과정을 보더라도 그럴 법하다. '빼어나게 아름다운 모습'이 정조를 닮았다며 모두가 입을 모았다고 한다.

정조의 모습을 빼닮은 왕자. 실제 조손 간의 닮음 여부가 어떠했든 축복과 격려로 받아들여질 만한 이야기다. 효명세자 또한 이 이야기를 마음에 두며 조부의 치세를 따르리라 결심하지 않았을까. 규장각에 대한 존경의 마음으로, 의두합은 단청도 칠하지 않은 소박함으로 그 곁을 지키고 있다.

의두합과 달리, 1828년에 세운 연경당演慶堂은 세자 개인을 위한 건물이 아니다. 연경이라는 이름 그대로 경사스러운 행사, 궁중 연향을 베풀던 곳이다. 의외의 목적이다. 갖은 재해로 백성들의 삶도 편치 않은 때에, 대리청정을 맡은 세자가 이래도 되는 것일까. 실제로 신하들 사이에서 비판적인 견해가 없지 않았다. 대사헌 박기수의 진언이다.

저 토목의 역사에 이르러서는 재물의 낭비가 가장 심합니다. 그러므로 높은 집, 아로새긴 벽에 대해 성인들께서 분명한 교훈이 있었습니다… 지금 우리 저하께서는 춘추가 정성하신데 날마다 사치스럽고 방탕한 생활 속에 사시니, 진실로 저하의 자질이 하늘로부터 타고나서 환경에 따라 바뀌시지는 않겠지마는, 신의 어리석은 생각에는 늘 마음에 불안하여 혹시 실책이나 없으실까 혼자서 근심함을 떨칠 수 없사옵니다. 《순조실록》 1828. 8. 6.

대리청정하는 젊은 세자에게 대사헌으로서 할 수 있는 말이다. 어조가 강경하기는 하나 조선 언관들에게 이 정도는 사실 별것 아니다. 박기수는 이에 그치지 않고 이후의 연향 준비 중에도 거듭 그 과정을 문제 삼는 소를 올린다. 효명세자에 대한 기록을 살펴보더라도 판단력이 부족하거나 향락을 즐긴 인물은 아니다. 그런데 연경당은 대체 왜?

그에게는 몹시 중요한 일이었다는 얘기다. 1829년은 순조의 즉위 30년, 탄생 40년이 되는 해다. 때문에 이를 기념하는 잔치가 필요했던 것. 효명세자는 나라 살림을 생각하여 잔치의 규모를 줄이기는 했으나 행사 자체를 취소하지는 않았다. 그 취지가 부왕에 대한 효에 있는 만큼 의미도 나쁘지 않다.

게다가 국왕 즉위 30년은 아무나 맞는 일이 아니다. 순조 이전 국왕 가운데 그래 봐야 다섯 명. 비록 순조의 30년이 그리 자랑스러운 다스림은 아니었으나 그래도 아들 입장에서 그냥 넘어가기도 민망하지 않은가. 효명세자는 궁중 행사 과정을 직접 챙겼을 뿐 아니라 전문箋文이며 악장樂章까지 스스로 지었다.

대전에게 올린 진찬 전문에 이르기를, "나라의 복록이 더욱 굳어지니 순일한 덕이 하늘을 감동시켰음을 칭송합니다… 삼가 어극한 지 30년에 이르고 보령이 4순에 올랐습니다. 숙묘 30년과 영묘 40년에 이미 우리나라에서 행하였던 축전입니다… 천추만세토록 나라의 안정을 기원한 천보장千保章을 길이 칭송하옵나이다" 하였다. 《순조실록》 1829. 2. 12.

부왕의 덕을 칭송하고 국가의 무궁한 번영을 기원하는 세자. 특히 긴 치세 동안 강한 통치력을 보여준 두 임금, 숙종 30년과 영조 40년 때의 잔치를 언급하면서 이 행사가 이미 왕실의 전례로 이어온 것임을 강조하고 있다. 기념해야 할 왕실 행사를 빠뜨리지 않고 챙기겠다는 얘기다. 이렇게 '예禮'를 바탕으로 나라를 바로잡아 나가겠다고. 예악을 바른 정치의 근본으로 삼았던 옛 성군의 시대를 떠오르게 한다. 악장을 직접 지은 까닭도 다르지 않다. 스스로 악장을 지어 국가 행사를 주도한 정조의 뜻을 잇는 것으로, 신하가 대신해서는 안 될 군주의 역할을 상기시키는 장면이다.

게다가 잔치, 그것도 왕실의 행사라면 '서열'을 한눈에 보여주게 된다. 자신이 처한 자리와 순서를 새삼 깨닫게 되는 것이다. 앞서 박기수처럼 일부 신하들의 반대가 있었던 것도 '왕실 주도'라는 상황 자체에 대한 불편한 심기가 한 이유였으리라. 박기수는 결국 유배 처분을 받았다. 효명세자는 왕실 권위에 대한 시비를 그냥 보아 넘기지 않겠다는 뜻을 확실히 한 것이다. 부모에 대한 자신의 효심을 '성색을 즐기고 마음을 방탕하게 만드는' 일로 비난한 데다 '규례도 살펴보지 않고 예를 아는 듯이 말한' 그 의도가 의심스럽다고. 한 신하에 대한 처벌이라기보다는 그들 세력에 대한 대답이라는 편이 옳겠다. 박기수의 사면을 청하는 조정의 목소리가 끊이지 않은 것 또한 같은 맥락으로 읽을 수 있다.

또 하나의 외척,
풍양 조문의 등장

이쯤에서 효명세자의 국정 운영을 살펴봐야겠다. 효명세자가 왕권을 회복하려는 의지로 동궐에 공을 들였다면 그 권력으로 무엇을 하고자 함이 었는지, 실제 정치 현장에서 어떤 결과로 이어졌는지 궁금하다. 그의 동궐 사랑이 그저 우리 집 자랑으로 끝나지는 말아야 하지 않겠는가.

대리청정이 시작된 때는 1827년 2월. 사전 준비 작업도 없지 않았다. 순조는 여러 해 전부터 이날을 염두에 둔 듯 왕실 행사를 하나둘씩 세자에게 대행하도록 했는데 무엇보다도 세자빈 간택에서 그 마음이 드러나 보인다. 세자의 조력자로서, 명문인 풍양 조씨 집안 조만영의 딸을 세자빈으로 택한 것이다. 그리고 마침 세자가 대리청정을 시작한 1827년 7월, 원손이 태어났다. 조선 후기에 들어서면 왕실에 자손이 몹시 귀해져서 왕후에게 후사를 보는 일은 현종비가 숙종을 낳은 이후, 순조비 순원왕후가 효명세자를 얻기까지 100년이 넘게 걸렸다. 후궁이라 해서 크게 다르지 않아 순조도, 효명세자도 모두 외아들이다. 이런 상황에서 세자빈이 원손을 낳았으니 풍양 조문의 입지가 달라질 수밖에 없다.

효명세자가 국정을 맡은 뒤 가장 신경을 썼던 부분은 당연히 조정을 장악하는 일이었다. 하루아침에 될 일은 아니었지만 뜻이 있는 곳에 길이 있을 터. 대리청정 직후 그가 보여준 상징적인 장면은 우의정 심상규에 대한 처벌이다. 안동 김문과 그 연대 세력이 주도하고 있던 조정에, 대놓고 자신의 뜻을 보였다고나 할까.

심상규의 죄는 당시 삼정승 가운데 유일한 시임時任 대신으로서 대리청정을 명하는 순조의 뜻을 넙죽 받아들였다는 것. 효명세자 자신의 대리청정에 관련된 사안이니 앞뒤가 맞지 않아 보이지만, 이게 그렇지가 않다. 비록 국왕의 명을 돌려세우지는 못하더라도, 신하로서 그렇게 보좌해서야 되겠느냐고.

> 대리청정은 나라의 큰일이니 조정에서 정청庭請하여 반한反汗하게 하는 것이 예로부터 내려오는 규칙이며 도리이다. 그러나 이 대신은 시임 독상으로서 애초부터 이에 대해 말한 일이 없었다. (청정의 새로운 절목에 대해) 대조의 하교를 기다리지 않고 어찌 묘당에서 지레 품재할 수 있는가?… 사면事面을 바로잡고 도리를 밝히기 위하여서는 먼저 우상을 죄주지 않을 수 없다. 우의정 심상규에게 간삭刊削하는 율을 시행한다. 《순조실록》 1827. 3. 30.

때가 되면 용서를 받고 조정에 돌아오게 마련이지만 막상 시비에 오른 입장에서는 움츠러들 수밖에 없다. 다른 일도 아니고 '도리를 밝히기' 위함이라 했으니 같은 편 안에서도 역성들기는 어렵지 않았을까. 이렇게 세자는 자신의 소리를 높여가기 시작하는데 혼자서 할 수 있는 일은 아니다.

일단 안동 김문과 맞서기 위해 가까이 부른 이들은 풍양 조문. 이들 또한 외척이라는 점에서는 같은 위험을 내포한 집단이었으나 조정 내의 세력이 절실한 세자였다. 배척하기보다는 활용하는 쪽을 택한 것이다. 장인 조만영에게는 군권을, 그리고 그 동생인 조인영과 조카 항렬의 인물들에게 주요 보직을 맡긴다. 이미 성년으로서 국정을 맡았으니 부왕의 즉위 때와는 상황이 다르긴 했다.

나의 신하는
나의 눈으로

그리고 또 한 무리의 신하들이 있었다. 젊은 세자의 측근이라 해서 조정의 때가 묻지 않은 새로운 인물들을 뽑아 올렸다는 얘기가 아니다. 당장 오늘부터 정치 현장에서 자신을 도와야 할 인물이 필요했다. 아무리 세도 가문이 득세했다 해도 그들 세력 사이에서 자리를 지키는 이름이 있게 마련이다. 이에 효명세자는 김노, 이인부, 김노경, 홍기섭 등에게 중책을 맡겨 국정을 장악해나간다. 후일 상대편에서는 네 명의 간신으로 부르는바, 그만큼 효명세자의 신임이 컸다는 뜻이겠다.

효명세자는 부왕에게 부여받은 인사권을 충분히 활용했던 것이다. 문무 인사를 담당하는 이조와 병조의 천거에 의존하기보다는 '대리낙점代理落點', 즉 결정권자 스스로 후보를 고르는 방식을 통해 원하는 인물에게 원하는 자리를 맡겨나간다. 실록 곳곳에, '왕세자가 대점代點으로 아무개를 아무 관직에 임명했다'라는 기록이 등장한다. 기존의 세력과 충돌이 예상되는 일이었으나 젊은 세자는 기세 좋게 자신의 뜻을 밀고 나갔다. 이와 관련하여 대리청정 시기에 자주 보이는 또 하나의 기사는 세자가 직접 인재 선발을 주도하는 장면이다. 자신의 치세를 도울 다음 세대의 동량들이니, 의당 자신의 눈으로 골라내고 싶었으리라.

이런 신하들과 함께 효명세자는 어떤 정치를 펼쳐나갔을까. 당시 조선은 여전히 잦은 재해로 백성들이 굶주림에 시달렸는데, 효명세자는 지방관의 상소를 직접 챙기며 구휼을 지시하는 등, 전면에 나서 일을 수습하려는 의지를 보여주고 있다. 한 사례를 보자.

지금 호남의 전 지역은 흉년에 대한 걱정이 바야흐로 극심하여, 표재俵災가 거의 4만 결이나 되고 굶주리는 곳을 뽑아보아도 60곳이나 됩니다… (재해가 심한 지역의) 대동미와 결전을 모두 3분의 1로 한정하여, 가을 추수가 끝날 때까지 물려주어 재해를 입은 백성들에게 조금이나마 힘을 펴게 해주십시오… 그 실제의 혜택을 따져본다면 (형식적으로 곡식을 나누어주는 것 등과는) 비교할 수도 없이 클 것입니다. 《순조실록》 1829. 1. 25.

극심한 흉년을 당한 전라도 백성들을 위해, 대동미와 결전 수납을 가을로 연기해달라고 청한 전라 감사 조인영의 상소다. 이에 대해 효명세자는 '진실로 백성에게 이로움이 된다면 어떤 일인들 따르지 않겠느냐'며 즉시 시행할 것을 명한다. 재해는 막을 수 없더라도 그 재해로 인한 고통은 덜어줄 방도를 찾겠다는 얘기다.

대리청정 3년,
희망의 싹을 틔우다

실제로 효명세자는 국정 전반을 직접 챙기며 백성들의 삶에 관심을 두고 있다. 그의 대리청정 시기에 격쟁擊錚과 상언上言 횟수가 늘어나는 등, 백성들 또한 젊은 지도자를 향한 기대가 없지 않았다. 우리의 이야기를 들어주고 이 어려움을 함께 고민해주리라는 희망이다. 효명세자는 백성들의 상언을 직접 읽고 그에 대한 답을 내리는 등, 그 기대에 부응하려 애를 쓴 것으로 전해진다. 이에 대한 종합적인 평가를 들어보자.

정성을 다하여 다스리는 데 힘쓰느라 잠자고 식사할 겨를이 없었으므로 초
야에서 목을 빼거나 눈을 닦고서 보기도 하였다… 문신·무신과 한학 유생의
강독과 제술, 윤대관輪對官의 소견은 모두 일차日次로 하였고, 궁궐을 경호
하는 위사들의 교시와 연습에도 모두 몸소 임어하여 열시하였으며, 중앙과
지방의 옥안獄案 및 사민士民의 상언은 아무리 많아도 반드시 먼저 직접 열
람한 뒤 해당 관사에 회부하게 하고 간혹 곧바로 판결하여 내리는 것으로 떳
떳함을 삼았다. 《순조실록》 1830. 7. 15.

효명세자의 통치 스타일은 '직접 챙기기'. 다소 무기력했던 순조 시대
를 거쳐온 관리들로서는 상관의 부지런함에 조금 긴장하지 않았을까. 군
주가 직접 나설 때 관리들의 비리도 줄어들게 마련이다. 한 번에 모두 바
꿀 수는 없을지라도 일단 체질을 개선하기 위한 첫걸음이 중요하다. 비록
어느 정도의 과장이야 있겠지만, 잠자고 밥 먹을 시간을 아껴가며 효명세
자는 열심히 일하는 중이었다.

이 맥락에서 〈동궐도〉를 생각해본다. 동궐 안에 건물을 신설하고 왕
실의 연향을 준비하는 효명세자. 이 또한 국가의 법도를 바로잡아 바른
정치로 나아가기 위한, 통치의 한 방식으로 선택했던 것이다. 부왕 순조
의 탄식을 반복하지 않으려면 우선 국왕의 권위를 되찾아야 했으리라.
관리들의 기강이 바로 선다면, 그들이 군주와 국법의 지엄함을 무겁게
받아들여 자신의 본분을 잊지 않는다면, 조선에 새날이 밝으리라고. 효
명세자의 꿈은 그렇게 세 해를 넘기는 중이었다.

하늘에서 너를 빼앗아감이
어찌 이렇게도 빠른가

우리가 그 이름에 익숙한 (정확히 말하자면, 시호를 알고 있는) 세자라면 소현세자, 사도세자, 효명세자 정도다. 이들의 공통점을 생각해보자. 세자에게 시호가 내려졌다는 것은 그 이력이 세자로 마감되었다는 뜻이다. 왕실에서 '전殿'으로 칭하는, 품계 자체가 없는 고귀한 존재들에게는 생전에 별도의 이름을 붙여 부르지 않는다.

왕, 왕후, 왕세자가 이에 해당되는데 기록에서는 상, 왕, 중궁, 중전, 동궁, 세자 등으로 표기한다. 태조니 태종이니 하는 명칭은 임금의 묘호이니 생전에 사용될 수 없다. 정순왕후, 순원왕후 등도 역시 사후에 내린 시호다. 왕세자의 경우도 생존 시에는 세자나 동궁으로 불리다가 보위에 오르면 그대로 왕이 되고, 보위에 오르지 못한 경우에만 시호를 더하여 소현세자, 사도세자 등으로 불리게 된다.

효명세자. 그 또한 보위에 오르지 못하고 세상을 떠났다는 얘기다. 대리청정 기간은 겨우 3년. 조정은 다시 대리청정 이전의 상태로 돌아갔다. 효명세자의 측근들은 '네 명의 간신'이라는 죄명과 함께 유배지로 떠났고, 세자의 짧은 꿈은 그야말로 하룻밤 꿈처럼 사라져버리고 말았다. 누구보다도 큰 슬픔에 빠졌을 인물은 순조. 친히 제문을 지어 슬픔을 토로하고 있다.

지금 나의 슬픔은 너로 인한 슬픔만이 아니다. 내가 어질지 못하고 덕스럽지 못하여 죄를 자신에게 쌓아 나의 훌륭한 자식을 잘 보전하지 못하여, 4백 년 종묘사직의 위태로움이 하나의 털끝같이 되었으나 이를 어떻게 할 수 없음을 슬퍼하는 것이다. 무슨 말을 더 하겠는가. 슬프고 슬프다, 아, 애통하도다.
《순조실록》 1830. 7. 12.

자식을 잃은 슬픔에 나라의 위태로움에 대한 근심이 더해진 막막함의 표현이다. 가뜩이나 지쳐 있던 순조는 외아들의 요절 앞에 그야말로 절망에 빠져버렸다. 그리고 4년 뒤인 1834년, 여덟 살짜리 세손에게 대보를 전한 뒤 승하하고 만다. 몇 년 사이 왕과 세자를 모두 잃고, 조선은 다시 어린 임금의 등극을 맞아야 했다. 24대 국왕 헌종이다.

헌종의 치세는 어땠을까. 보위에 오르고도 근 10년 동안은 할머니인 순원왕후의 수렴청정 아래 안동 김문 세력과 함께해야 했다. 아직은 성군의 자질을 닦아야 할 소년이었으니까. 그리고 열다섯 살이 되는 1841년, 헌종의 친정이 시작되었다.

어린 나이에 부친을 잃었으나 부친의 꿈은 알고 있었을 것이다. 헌종은 부친의 대리청정 시기를 기억하듯, 그 뒤를 따르겠다는 뜻을 분명히 한다. 다시 외가인 풍양 조문의 시대가 열렸다. 안동 김문을 견제할 세력으로 외가를 불러들인 헌종은 그들에게 병권을 주어 자신의 안위를 부탁한다. 이를 바탕으로 1846년에는 새 군영인 총위영을 설치하여 국왕 친위 부대로 키우려는 의지를 보여주기도 했다. 이와 함께 다음 세대의 인재들을 기르고자 규장각 초계문신 제도를 되살려낸다.

하지만 나라가 달라진다는 조짐은 좀처럼 보이지 않았다. 국왕의 뜻은 간절했을 텐데, 나름 일 좀 해보자며 의욕을 보이고 있었는데. 역시 믿고 함께할 세력의 부재가 문제였을까. 헌종이 의지한 풍양 조문도 결국은 외척이다. 안동 김문과 대립하며, 또는 가끔 권력을 나누기도 하면서 서서히 그들과 같은 길을 걷게 되었다. 세도 가문과 그 주변 세력 이외에, 시대의 현실을 아파할 새로운 얼굴을 찾기가 쉽지 않았던 것이다. 옛 시절 군신의 의리를 들먹이기엔 시대는 이미 너무 멀리 와버렸는지도 모른다. 국정을 혼자 책임질 수는 없다. 젊은 국왕에겐 그만큼의 힘도, 경륜도 없었다. 그리고 1849년, 겨우 스물셋 나이로 숨을 거두고 만다. 후계자도 남기지 못한 채였다.

효명세자의 꿈이 깃들었을 〈동궐도〉 안의 그 건물들은 그림 속 모습 그대로 후대로 전해지지는 않았다. 때론 화재로, 때론 개수와 증축으로 원래 모습을 잃어갔다. 두 본의 〈동궐도〉만이 궁궐의 참 주인이 되기를 소망했던 그의 꿈을 이야기해주고 있을 뿐이다.

지존이 되지 못해 이루지 못한 꿈일까. 시간이 그를 도왔다면 조선은 다른 조선으로 역사에 남을 수 있었을까. 짧은 꿈이 지난 자리, 이루지 못한 꿈의 그림자는 길고도 어두웠다. 옛 성군의 별에 의지한다 해서 헤쳐나갈 수 있는, 그런 어둠도 아니었다.

조선을 둘러싼 바깥세상이 달라지고 있었다. 동궐 안에서 꿈을 키웠을 조선의 왕자들은 상상하기조차 어려울 만큼 온 세상이 요동치고 있었다. 그나마도 동궐 안에서 나고 자란 왕자 하나 남지 않은 조선이다. 왕이 없는 나라를 이야기하기엔 너무 이른 때일까. 안타깝게도, 그랬다. 역사는 우리의 기대대로 흐르지는 않는다.

25장

철종, 조선 왕실 최대의 위기

왕실의 폐업을 막기 위해 불려오다 〈강화행렬도〉

무언가 대단한 사건이 벌어졌나 보다. 행렬의 규모며 의장의 정연함이, 고만고만한 누군가의 행차는 아닌 것 같다. 뒤편으로 넓게 펼쳐진 수려한 산세를 배경으로 행렬은 꼬리에 꼬리를 물며, 구불구불 이어진 길을 따르고 있다. 열두 폭 병풍에 이어 그린 대규모 행렬도다. 대체 무슨 일인가. 그림의 배경은 1849년 강화도. 하여 제목도 〈강화행렬도江華行列圖〉다. 당시의 실록 기사를 읽어본다.

> 대왕대비가 하교하기를, "봉영奉迎하기 전에 병조·도총부의 당상·낭관이 삼영문의 군교를 거느리고 먼저 가서 호위하라" 하고, 또 하교하기를, "봉영하는 대신으로는 정 판부사가 가라" 하였으며, 또 하교하기를, "봉영하는 승지로는 도승지가 가라" 하였다. 《헌종실록》 1849. 6. 6.

대왕대비인 순원왕후 김씨는 몹시도 긴장한 듯하다. 거듭 하교하며

'봉영'하는 절차를 준비시키는 중인데, 행사를 담당할 인물들까지 직접 거명하고 있다. 대신 가운데 가장 신임하는 판부사 정원용과 승정원 수장인 도승지에게 일을 부탁하고 있으니 여간 신중해야 할 일이 아닌 것이다. 왕실 최고 어른인 대왕대비가 이토록 신경 써야 할 봉영의 대상은 누구인가.

6월 6일이면 헌종이 승하한 당일이다. 그렇다면 봉영해야 할 그 인물을 짐작하기 어렵지 않다. 헌종의 후계 문제로 자칫 조선 왕실이 폐업하게 될지도 모를 상황이었으니까.

〈강화행렬도〉,
국왕을 봉영하라

1849년. 왕실은 고민에 빠졌다. 후사도 없이 겨우 스물셋에 승하한 헌종. 헌종도 그의 부친도, 그리고 조부까지 모두 형제가 없었으니 가까운 혈족 자체를 찾기 어려웠다. 촌수를 좀 멀리 잡아보는 수밖에 없겠다. 차기 국왕 지명권자는 대왕대비 김씨. 누구를 골랐을까. 그녀의 선택은 많은 사람을 놀라게 했는데 그 가운데 가장 놀랐을 인물은 후계자로 지명된 당사자일 것이다.

> 대왕대비가 하교하기를, "종사宗社의 부탁이 시급한데 영묘조英廟朝의 핏줄은 금상과 강화에 사는 이원범뿐이므로, 이를 종사의 부탁으로 삼으니 곧 광의 셋째 아들이다" 하였다. 《헌종실록》 1849. 6. 6.

앞의 봉영 절차를 명한 기사 바로 앞에 기록된 순원왕후의 하교다. 이
원범이라고? 물음이 나올 법하다. 국왕으로 지명받은 왕족이 강화도에
산다니 무슨 까닭인가. 심지어 그 자신은 물론 부친까지도 별다른 작호
없이 이름으로 불리고 있다. 왕족의 삶에서 멀어져 있었다는 얘기다. 명
분은 영조의 유일한 후손이라는 점. 타고난 자질을 운운하는 추가사항을
덧붙일 상황도 아니었다.

　　이원범의 조부 은언군은 사도세자의 서자로, 정조에게 이모제異母弟
가 된다. 왕의 지친이었던 까닭에 주변이 조용할 수 없었다. 이미 정조 시
대에 동생인 은전군, 큰아들 담(상계군)이 역모에 연루되어 목숨을 잃었
다. 이어 1801년 신유박해 당시에는 부인 송씨와 며느리 신씨가 천주교

〈강화행렬도江華行列圖〉

도임이 밝혀져 은언군도 함께 사사당함으로써 은언군 항렬은 모두 세상을 떠나게 되었다. 은언군의 아들인 상계군, 전계군, 풍계군도 모두 죽은 뒤였고, 남은 핏줄은 전계군의 아들인 이원범 형제뿐. 그런데 1844년, 이원범의 형인 이원경마저 역모 사건으로 사사된 뒤 이원범은 강화도로 유배되었던 것이다. 그리고 5년 후, 강화도에 이 놀라운 행렬이 도착했다.

국왕을 모시러 강화도로 가는 행렬이라니 상상조차 어려운 일이다. 이원범 이전에도, 강화도는 왕실의 단골 유배지였다. 역모에 연루된 왕자도, 폐위된 국왕도 일단 강화도로 보내졌으니까. 그들의 마지막은 죽음이거나 더 먼 곳으로 유배지를 옮기는 정도였다. 간혹 죄를 용서받았다 해도 본래의 신분을 회복하고 돌아온 것은 아니다. 그런데 그 유배의 섬으로 임금을 모시기 위한 행렬이 이어졌으니 과연 그림으로 남겨야 할 만큼 놀라운 사건이었다.

하지만 사건의 중요도와는 별개로 이래도 괜찮은가 묻지 않을 수 없다. 유배지 강화도에서 십대를 보낸 임금의 상황 때문이다. 강화도의 이원범은 그야말로 숨죽이고 살아야 했다. 제왕 교육은커녕 일반 사대부가의 교양도 쌓기 어려운 처지였다. 심지어 국왕으로 호명된 1849년, 열아홉 살이 될 때까지 관례도 치르지 못했다. 어쨌든 이런 배경을 뒤로한 채 강화도령 이원범이 왕위를 이었다. 조선 25대 국왕 철종이다.

어릴 때부터 착실한 교육을 받는다 하여 꼭 성군이 되라는 법은 없다. 연산군을 생각해보라. 하지만 아무것도 배우지 못한 군주에게 좋은 정치를 기대하기도 어려운 일이다. 대왕대비의 명으로 철종의 학습 일정을 짜야 할 대신들과 철종의 대화를 들어보면, 그동안 어떤 책을 읽었느냐는 영의정 권돈인의 물음에 철종은 '일찍이 《통감通鑑》 두 권과 《소학小學》 1, 2권을 읽었으나, 근년에는 읽은 것이 없다'고 답한다. 민망해진 조인영

이 '성현의 천언만어가 어찌 《소학》 한 편의 취지에 벗어남이 있겠습니까'
라며, 배운 것 안에서 힘써 행하는 일이 더 중요하다며 격려하자 임금의
답인즉 '그러나 어렸을 때에 범연히 읽어 넘겼으니 지금은 깜깜하여 기억
할 수가 없소'.

　다른 후보가 없지는 않았으나 순원왕후가 철종을 택한 이유는 명백
했다. 무엇보다 영조의 혈손이라는 명분도 그럴듯했거니와 이미 근친이
모두 사망하여 후원 세력이 없었다. 또한 나이는 열아홉이었으나 미진한
공부를 이유로 순원왕후의 수렴청정이 가능했으며, 아직 혼례 전이었으
니 자신들 집안에서 왕후를 고를 수도 있었다. 실제로 국상이 끝난 뒤인
1851년, 순원왕후의 7촌인 김문근의 딸이 왕후로 책봉되었다. 안동 김문
은 순조비 순원왕후, 헌종비 효현왕후에 이어 3대에 걸쳐 왕후 배출에 성
공한 것이다.

불안한 왕의 지위, 증작과 포상으로 치장하다

군주의 미진한 학업보다도 더 큰 사안은 (어차피 정치는 세도 가문이 맡을 생
각이었기에) 철종의 승통承統 문제다. 항렬로 따지면 철종은 헌종의 숙부
뻘이 된다. 숙부가 조카의 뒤를 잇는 모양새가 되었으니 위아래 따지기
좋아하는 조선에서 시비에 오를 만한 상황이다. 순원왕후는 철종을 자신
의 양자로 입적했다. 즉, 효명세자와 항렬이 같은 철종을 자신과 순조의
양자로 삼아 대위를 전한다는 것이다. 이렇게 되면 순원왕후도 철종의
모후로서 그 권력이 더욱 확고해지는 셈. 다른 외척 가문이 끼어들 틈이

없다.

그래도 문제는 여전하다. 철종과 헌종의 관계는 어찌해야 할까. 집안의 항렬인 가통家統을 따를 것인가, 왕위 계승 관계인 왕통王統으로 따질 것인가. 신하들 사이에 논란이 일었다. 예전 효종의 지위를 둘러싼 논쟁처럼 예송으로까지 번진 1851년의 이 사건을 신해예송辛亥禮訟이라 한다.

결과는 당연히 안동 김문의 승리로 끝났고, 국왕도 가법을 따른다는 의견을 내놓은 권돈인 등은 유배에 처해졌다. 국왕의 지위 문제는 자칫 충역忠逆의 영역으로 확대될 수 있다. 안동 김문에서는 이를 기회로 삼아 풍양 조문과 가까운 권돈인을 제거하여 이들의 정치력을 무력화시킨 것이다.

지난날 정치가 어지러울 때 공신 책봉이 줄을 이었듯 철종 시대는 국왕의 가계를 미화하기 위해 수많은 증작이 이루어졌다. 철종의 부친을 대원군으로 추증하고 선대와 지친에게 작호를 내렸음은 물론, 은언군 집안의 '죄'를 담고 있는 기록을 모두 세초하라는 순원왕후의 명까지 이어졌다. 철종의 가계 문제는 그를 지명한 순원왕후에게도 난처한 일이었기 때문이다.

순조 이후 헌종까지, 외척으로서 안동 김문은 강력한 세력을 형성하여 정치 파행을 불러왔으나 철종 시대에 비할 것이 아니다. 아무리 어린 국왕이었어도 그들은 왕자로서의 정통성이 있는 후계자들이다. 원칙적으로 외척이라는 지위는 국왕의 존재에 기댄 것이다. 하지만 철종은 처지가 뒤바뀐 임금이다. 순원왕후의 선택으로 왕위에 올랐으니까. 이와 관련하여 철종의 행장 가운데 한 대목이 눈길을 끈다.

은언군의 아들이 전계대원군인데 임금은 전계대원군의 셋째 아들입니다. 본

생모本生母인 용성부대부인 염씨가 순조 신묘년 6월 17일 정유에 경행방의 사제私第에서 (임금을) 탄생하였습니다. 이때 순원왕후의 꿈에 영안국구(김조순)가 한 어린아이를 올리면서 '이 아이를 잘 기르시오' 하였습니다. 왕후께서 꿈에서 깨고 나서 그 일을 기록해두었던바, 그 후 임금이 궁궐에 들어오게 되자 이를 살펴보니 의표가 꿈속에서 본 아이와 똑같았습니다. 〈철종 행장〉

19세기에 이런 서사라니 대단한 상상력 아닌가. 더욱 중요한 점은 이 이야기의 주인공이 순원왕후와 그녀의 부친인 김조순이라는 사실. 안동 김문의 점지로 왕실 후사를 이었다는 어조다.

어쨌든 철종으로서는 은혜에 보답해야 했다. 이 보답은 자신의 정통성을 확립하는 일과 맞아떨어지기도 했다. 이에 '부모'인 순조와 순원왕후에게 존호를 더한 뒤 익종(효명세자)과 헌종에 대해서도 존호를 가상하는 등, 효자로서의 예를 '보이는' 행사들을 연이어 치르게 된다. 행사 빈도와 내용이 지나쳐 그의 '효심'이 신하들의 제지를 받았을 정도다.

그리고 더 중요한 이름들, 안동 김문에 대한 예우가 빠질 수 없다. 유생들의 청을 받아들여 (미래 권력집단인 유생들도 당연히 그들 세력권 안에 있었다) 김창흡 등 이 집안의 유현들을 석실서원에 제배한 데 이어, 순원왕후 승하 뒤에는 김조순까지 석실서원에 추배追配했다.

경기 유생 이연긍 등이 소장을 올려 충문공 김조순을 석실서원에 추배하기를 청하니 비답하기를, "충문과 같은 경술·덕업·사공으로서, (이제야) 이 서원에 추배하자는 의논이 나왔으니 오히려 늦은 것이다. 청한 대로 시행하겠다" 하였다. 《철종실록》 1857. 11. 29.

5부 **파국** 세도에 흔들리고 외세에 무너지다

국왕의 동조 아래 안동 김문의 선대 포상 사업은 이 뒤로도 한참을 이어나갔으니, 이씨의 나라냐 김씨의 나라냐는 탄식마저 나왔다. 그런데 권력의 주체보다 더 중요한 문제가 있다. 그래서 나라는 어찌 되었는가.

임술민란,
망가지는 삶을 바로잡으려는 백성들

과도한 왕실 행사와 세도 가문에 대한 포상 작업 등으로 중앙정부의 재정과 정치력이 낭비되고 있었으니 백성들의 삶은 말할 것도 없다. 흔히 삼정三政의 문란이라 일컫거니와 세금의 과다 징수에 탐관오리의 비리가 더해져 백성들의 고혈을 짜내는 지경에 이르렀던 것이다.

이에 백성들이 항쟁으로 답하게 되었으니 1862년, 임술민란壬戌民亂으로 부르는 사건이다. 1월, 경상도 단성에서 일어난 항쟁은 연이어 전라도, 충청도 지역으로까지 번져나갔다. 몇몇 고을의 문제가 아니었다는 얘기다. 백성들의 주장은 명백했다. 조세 체계를 바로잡아 수탈을 멈추어달라는, 국가로서 당연히 해야 할 일을 해달라는 이야기다. 가담하는 이들의 면면 또한 농민만이 아니었다. 지역의 양반은 물론 이서吏胥들 가운데 일부가 힘을 보탰을 정도다.

당시의 영의정은 순원왕후의 동생 김좌근. 철종 즉위 시 영의정을 맡고 있던 권돈인이 예송에서 패하여 밀려난 뒤로는, 철종 13년인 1862년에 이르기까지 영의정 자리에 오른 이는 김좌근과 정원용(강화도로 철종을 봉영하러 갔던 그 대신이다) 두 사람뿐이다. 김좌근이야말로 온갖 얘깃거리의 주인공인, 안동 김문의 독재를 이끈 부패 권력가의 전형이다. 민란의 주요 원인 제공자인 지방의 탐관들도 결국 안동 김문에서 임명한 이들 아닌가.

항쟁의 규모가 특히 컸던 진주 지역 상황이 조정에 보고된 것은 2월 29일. 철종은 세태를 한탄하면서도 '평일에 잘 존무存撫하였더라면 어찌 이런 일이 있었겠느냐'고 말한다. 다급해진 정부는 3월, 박규수를 안핵사로 내려보내 사태 파악을 맡기는 등, 수습 의지를 보인다. 영의정 김좌근은 사임하는 것으로 책임을 회피하며 사태를 수수방관하다가 뻔뻔하게도, 난이 진정된 이듬해에 영의정 자리에 복귀했다. 조정에서 사태 해결에 얼마나 진정성을 보였을까. 안핵사 박규수의 상소를 들어본다.

> 난민들이 스스로 죄에 빠진 데에는 반드시 이유가 있을 것입니다. 그것은 곧 삼정이 모두 문란해진 것 때문인데, 살을 베어내고 뼈를 깎는 것 같은 고통은 환향還餉이 제일 큽니다… 특별히 하나의 국局을 설치하고 적임자를 잘 선발하여 조리條理를 상세히 갖추게 하되, 혹은 전의 것을 따라 수식하기도 하고 혹은 옛것을 본받아 증손시키기도 하면서 윤색하여 두루 상세히 갖추게 한 후에 이를 먼저 한 도道에다가 시험하여 보고 차례로 통행하게 하소서. 이와 같이 했는데도 폐단이 제거되지 않고 백성이 편안해지지 못했다는 것을 신은 듣지 못하였습니다. 《철종실록》 1862. 5. 22.

난의 근본 원인은 삼정의 문란 때문이고, 그 가운데서도 백성들을 가장 괴롭히는 것은 환곡의 병폐임을 지적하고 있다. 이를 해결하기 위해서는 나라에서 별도의 대책 부서를 설치하고 현실적인 정책을 수립하여, 먼저 한 도에 시험해본 뒤 전국에 확대 실시하자는 건의였다. 이렇게 한다면 반드시 백성들이 편안해질 것이라고. 사태에 대한 진단과 그 대책까지, 핵심을 잘 짚어낸 상소였다. 연암 박지원의 손자로서 역시 실학자다운 상소를 올린 것이다.

박규수의 말이 아니더라도 민란의 원인이 삼정의 문란임은 조정 관료 모두가 알고 있는 일이었다. 삼정, 즉 전정·군정·환정(환곡)은 조선 백성이 부담해야 하는 조세의 기본이다. 원칙을 지켜 부과하더라도 큰 짐이 아닐 수 없는데, 그 기본을 무시하고 수많은 수탈 항목을 만들어 부담을 늘리니 정말 이대로는 살 수 없을 지경이었다. 과거 대동법과 균역법을 시행한 까닭도 그 부담에 공감했기 때문 아닌가.

조정에서는 박규수의 건의를 바탕으로 삼정이정청三政釐整廳을 설치한 뒤, 널리 대책을 받아들여 삼정이정책을 실시하기로 했다. 가장 비리가 심했던 환곡을 혁파하고 이를 토지에 부과하겠다는 내용을 뼈대로 한 정책으로, 사태 해결에 도움이 될 만한 조항들을 담고 있다. 하지만 그 시행에 따르는 문제와 정책에 반대하는 세력 등으로 인해 결국 제대로 실시하지 못하고 만다.

조선의 바다,
이양선으로 출렁이다

나라 안이 이처럼 어지러운 때가 있었을까. 문제는 나라 밖의 어지러움 또한 덜하지 않았다는 점이다. 바다 밖의 근심이라면 왜구의 소란이 대부분이었던 조선에, 예상치 못한 새로운 문제로 조정이 시끄러워졌다. 이른바 이양선으로 불리는 서양의 배들이 조선 앞바다에 출몰하기 시작한 것은 앞 세기 후반부터의 일이었다. 헌종 때인 1846년에는 프랑스 선교

사가 살해된 사건으로 프랑스 선박이 직접 조선을 찾아와 정부에 해명을 요구하기도 했다. 그리고 철종 대에는 본격적인 통상을 요구하고 난동을 부리는 등, 그 출현 빈도와 작태가 그냥 넘겨버리기 어려운 상황에 이르렀던 것이다.

조정의 입장은 '인신무외교人臣無外交'. 중국의 신하인 조선은 타국과 직접 외교를 하지 않는다는 원칙을 내세워 이들과의 소통 자체를 외면해버리고 만다. 이미 조선의 바다는 폭풍 전야. 말이 인신무외교지, 전통적 질서에 기댄다 해도 청나라가 서양 세력을 막아줄 힘도 없지 않은가. 청나라 또한 그들과의 대결에서 힘의 열세를 절감하던 때다. 그런데도 집권층은 대책을 세우기는커녕 상대에 대한 정보에 관심조차 기울이지 않았다. 나라 안팎의 문제로 국가의 존망 자체를 근심해야 할 때였다.

지배층의 작태와는 별개로, 이미 시대는 달라지고 있었다. 당장 임술민란을 생각해보자. 임술민란은 파탄이 난 정치를 단적으로 보여주는 사건인 동시에, 한편으로는 민중의 자각과 힘을 보여주는 사건이었다. 비리로 가득한 지배층을 향해 문제점을 지적하고 그 대책을 요구한 조직적인 항거였다. 정부로 하여금 그 심각성을 깨닫고 대책을 수립하는 데까지 밀어붙였던 것이다. 비록 새로운 정책을 모두 시행하지는 못했으나 과거, 정부에 대한 민중 봉기가 역모와 난동으로만 취급받던 때와는 확실히 달라진 점이다.

실제로 신분제도를 비롯한 사회 질서가 흔들리고 있었다. 아무리 막으려 해도 스며드는 변화의 바람을 어찌할 수는 없는 일. 나라 안에서도, 밖에서도 조선이 달라져야 한다는 징후는 또렷했다.

철종,
이름뿐이었던 치세 14년

여기까지 왔다. 민중의 항거에 주먹구구식으로 대응하는 것도, 바다 밖의 소요를 외면으로 일관하는 것도 더는 통하지 않는 정도가 되었다.

이처럼 나라 안팎의 문제가 쌓여 있던 1863년, 철종이 승하했다. 재위 14년. 보령 33세. 마지막 몇 해 동안은 그나마 국왕으로서의 책임을 고민하기도 했으나 무언가를 도모해볼 그 무엇도 그에게 남아 있지 않았다. 안동 김씨 대왕대비의 부름을 받고 안동 김씨 왕후를 맞아들여 안동 김씨 영의정과 함께했던, 구중궁궐의 14년. 잡혀 오다시피 하여 임금 노릇을 하게 된 경우였으니 국왕으로서의 책임을 묻기에도 민망하다. 죽음 앞에서 그는 자신의 삶을 어떻게 돌아보았을까. 장대한 행렬에 파묻혀 강화도를 떠나던 날, 그날이 원망스럽지는 않았을까.

그의 재위 가운데 첩첩 쌓여 있던 문제는 해결되지 못한 채 다음 임금에게 넘어가게 되었다. 하지만 철종에게는 이 문제를 넘겨줄 후사마저 없었다. 드디어 때를 기다리던 익종비 신정왕후 조씨에게 후계자 지명권이 돌아갔다. 그녀의 선택은 14년 전, 순원왕후의 지명 순간만큼이나 많은 이들을 긴장시켰다. 그 과정 또한 철종의 즉위와 닮은꼴이었고.

> 대왕대비 전에서 흥선군의 적자인 제2자에게【명복이다】사위嗣位시키라고 명하고, 영의정 김좌근과 도승지 민치상을 보내어 잠저에서 봉영하여 오게 하였다. 《철종실록》 1863. 12. 8.

이렇게 흥선군 이하응의 둘째 아들 명복이 보위에 올랐으니 조선 26대 국왕 고종이다. 순원왕후가 철종을 자신의 아들로 입적했듯, 신정왕후 또한 고종을 자신의 아들로 입적하여 대보를 전하게 된다. 먼 친척 할머니가 아니라 모후로서의 지위를 얻은 것이다.

흥선군이라면 은신군의 양자로 입적된 남연군의 아들로, 왕자로서 마지막 왕위를 이은 헌종과는 촌수를 헤아리기에도 까마득하다. 철종은 근친이 없어 왕위에 오르기가 수월했다면 고종은 부친인 흥선군의 정치력으로, 다시 말해 신정왕후와 흥선군의 연대로 왕이 된 경우다. 신정왕후를 앞세운 풍양 조문은 오랜 정적이었던 안동 김문과 맞서기 위해 흥선군과 손을 잡았으니, 서로가 서로에게 절실했을 것이다.

아들의 즉위로 대원군에 추증된 경우는 있었으나 생존해 있던 국왕의 친부가 대원군으로 불린 예는 흥선대원군이 유일하다. 신정왕후의 수렴청정은 그저 한 과정일 뿐, 열두 살짜리 국왕의 권력은 그 아버지가 대신하게 되었다. 조선은 지금껏 경험하지 못한 새로운 형태의 권력을 지켜보게 된 것이다. 국왕의 아버지라면, 어땠을까. 그래도 외척과는 다르지 않았을까. 아들의 치세를 밝히기 위한 섭정이라고, 그렇게 기대할 수 있지 않을까.

하지만 500년 가까운 세월을 거치며 조선의 국왕들이 전해준 이야기를 기억해야 한다. 권력은 부자 사이에도 나눌 수 없다.

26장

고종, 그의 선택은 시대착오적이었다

금빛 용포는 빛나건만 〈고종 어진〉

금빛 용포가 눈부시다. 500년 동안 조선의 그 누구도 걸쳐보지 못한 빛깔이다. 임금이라 해서 예외는 아니다. 시대에 따라 푸른색, 또는 붉은색 용포를 입었다. 건국의 시대, 첫 장에서 만난 태조 이성계의 어진을 떠올려보라. 건국의 군주조차 입지 못했던 황색, 바로 황제를 상징하는 색이다.

그런데 건국 500년이 조금 지난 이때, 그의 까마득한 후손 하나가 금빛 용포를 입은 것이다. 태조로부터 어느새 26대. 하지만 26대 국왕으로 즉위한 고종의 현재 지위는 조선 국왕이 아니다. 퇴위하여 상왕으로 옮겨 간 것도 아니었고. 이제 조선이라는 나라는 사라졌다. 나라 이름은 대한국大韓國. 고종은 지금 금빛 용포를 입은 황제의 이름으로 어진의 주인공이 되었다.

천지에 고하는 제사를 지냈다… 신하들의 부축을 받으며 단에 올라 금으로 장식한 의자에 앉았다. 심순택이 나아가 12장문의 곤면을 성상께 입혀드리고 씌워드렸다. 이어 옥새를 올리니 상이 두세 번 사양하다가 마지못해 황제의 자리에 올랐다. 왕후 민씨를 황후로 책봉하고 왕태자를 황태자로 책봉하였다. 심순택이 백관을 거느리고 국궁, 삼무도, 삼고두, 산호만세山呼萬世, 산호만세, 재산호만세를 창하였다. 《고종실록》 1897. 10. 12. (양력)

황제로 즉위하여 금으로 장식한 의자에 앉아, 백관의 만세 삼창(드디어 천세가 아니라 만세다!) 소리에 둘러싸인 고종. 조선의 왕에서 대한국의 황제가 되기까지, 무슨 일이 있었을까. 국운이 흥하여 그 세력을 과시하고자 황제국을 선포하게 된 것일까. 그사이 실록에는 참으로 많은 사건들이 쌓여나갔다. 큼직하게 시기를 묶어 살펴보자. 숨 가쁘게 사건 사이를 지나가더라도 황제 단상에 오른 고종 앞에 다다르자면 걸음을 제법 빨리 옮겨야 한다.

34년 전, 고종이 조선의 국왕으로 즉위하던 1863년에서 출발해야겠다. 국왕의 통치를 대신했을 고종의 아버지, 흥선대원군의 모습이 보인다.

개혁과 쇄국 사이의
흥선대원군

당시 흥선대원군의 지위는 국왕의 친부라는 것뿐이었다. 공식적인 관직을 가질 수는 없었으나 '대원위大院位 대감'으로 불리며 국정을 이끌어가고 있었다. 대왕대비 조씨의 수렴청정은 고종이 열다섯 살이 되던 1866년에 끝났는데, 이미 흥선대원군과 손을 잡은 상황이었으니 철렴撤簾 여부는 그리 중요한 문제가 아니었다.

일을 도모하기 위해서는 함께할 세력이 필요한 법. 흥선대원군은 대왕대비의 집안인 풍양 조씨, 종친인 전주 이씨 세력을 등용했을 뿐 아니라 안동 김씨 가운데 일부 세력을 끌어들여 연합 정부를 구성하는 데 성공한다. 안동 김문의 오랜 독재를 생각한다면 놀라울 정도의 세력 확장인데, 이를 바탕으로 1865년 경복궁 중건과 서원 철폐 등을 밀어붙였다.

임진왜란 당시 소실된 이후 그대로 방치되던 경복궁의 중건은, 그 자체로 왕권 부흥과 연결되는 상징적인 사업이다. 명분은 있었으나 비용과 인력 면에서 부담이 큰 일이었던 만큼 상서로운 기물이 출토되었다는 둥 (대표적으로 '수진보작壽進寶酌'이 있다) 여론 조성 의혹이 다분해 보이는 몇몇 상황이 연출되기도 했다.

또 하나의 두드러진 사업은 서원 철폐. 1865년 만동묘를 시작으로 단행한 서원 철폐는 흥선대원군 개혁 정책의 하나로 평가받는다. 국가 재정에 부담이 됨은 물론 민폐도 적지 않았기 때문이다. 이에 세금 면제의 특혜를 누리던 서원들에 대해 세금 징수를 명하고, 점차 서원의 수를 줄여나감으로써 결국 전국에 47개의 서원만 남게 되었다. 반발이 거셌으나 시행자의 집념을 꺾을 만큼은 아니었다. 때론 왕권을 거스르기도 하는 유림들에게 누가 조선의 주인인가 다시 돌아보라는 선언 같기도 하다.

흥선대원군 집권기 국내 정책의 기본이 왕권 강화였다면 대외적인 노선은 위정척사를 바탕으로 한 쇄국정책이다. 앞 시대의 인신무외교를 유지하면서 서양 각국의 통상 요구 자체를 거부했던 것. 하지만 그들의 요구 양상은 앞 시대와 달라져, 결국 무력을 앞세워 조선을 공격하기에 이른다. 이른바 양요洋擾가 터진 것이다. 1866년 프랑스가 일으킨 병인양요, 1871년 미국이 일으킨 신미양요인데 놀랍게도 조선은 이들의 침략을 모두 물리쳐낸다. 이로써 흥선대원군의 쇄국정책은 더욱 탄력을 받게 된다.

하지만 대원군에 대한 비판도 적지 않았다. 국왕이 이미 성년이 되었는데도 권력을 넘겨주지 않은 채, 과도하게 권력을 행사하고 있었던 것이다. 정책에 대한 불만도 그랬다. 경복궁 중건 역사에 백성을 동원하고, 그 비용을 충당하기 위해 당백전當百錢을 발행하는 등, 왕실의 권위를 위해 무리한 일을 벌였다는 비난이 이어졌다. 1873년에 최익현이 올린 상소를 보자. 흥선대원군의 정책을 비판하면서 이를 바로잡아달라는 내용을 구구절절이 나열한 뒤, 덧붙인 말인즉.

(정사를 논할 만한) 지위에 있지 않고 다만 종친의 반열에 속하는 사람은 그 지위만 높여주고 후한 녹봉을 줄 것이며 나라의 정사에 관여하지 못하게 하소서.《중용》에서 말한 아홉 가지 의리에 대한 교훈과, 직분에서 벗어나 정사를 논하는 데 대한 《논어》의 경계를 어기지 말고 잊지 말아, 날로 새로워지고 또 새로워지도록 하소서.《고종실록》 1873. 11. 3.

'아무런 지위도 없는, 다만 종친일 뿐인' 흥선대원군이 정사에 관여하지 못하도록 하라는 것이다. 후한 녹봉이나 받으며 그만 집으로 돌아가 쉬시라고. 실제로 고종 자신이 권력 회수를 희망하고 있던 차였는데, 이 상소에 힘을 얻었음일까. 결국 고종이 친정을 선포함으로써 흥선대원군 10년 집권이 막을 내린다. 그렇다고 권력을 향한 그의 욕망이 막을 내린 것은 아니다. 이후 1898년 사망할 때까지, 주요한 사건마다 그의 이름도 함께하고 있다.

흥선대원군의 정치 활동을 어떻게 평가하면 좋을까. 외척으로부터 왕권을 지켜내 위기에 빠진 조선을 구하겠다는 충심으로 권력을 행사한 것일까. 출발은 어땠을지 모르겠으나 실제로 집권 시기와 그 이후, 권력을 대하는 그의 태도를 긍정적으로만 평가하기는 어렵다. 그의 정책이 국가의 앞날에 보탬이 되었는가의 여부도 그러하려니와, 다른 세력들과의 권력 다툼으로 국정을 어지럽히는 결과를 가져왔다. 여느 외척과 다름없는 세도가의 길을 걷게 된 것이다.

빠른 변화,
늦은 대처

흥선대원군의 실각으로 제법 커다란 자리가 생겼다. 고종 초기 10년간 그가 차지했던 무게를 생각해보면 당연하다. 1873년 친정을 시작한 고종의 급선무는 10년 전 그의 부친이 그랬듯, 자신의 세력을 확보하는 일이었다. 고종이 가장 크게 의지한 세력은 처가인 여흥 민씨. 흥선대원군의 간택으로 이루어진 국혼이었으나 결과적으로 왕후 민씨 집안은 흥선대원군의 정적으로 맞서게 된다. 흥선대원군의 정책과 마찰을 빚고 있던 인물들도 고종의 친정을 지지했다. 보수파로는 만동묘 철폐로 흥선대원군과 척을 지게 된 유림 세력이, 개화파로는 박규수 등이 있었다. 여기에 일부 안동 김씨가 합류했다.

고종의 친정이 시작된 1873년에서 이후 1880년대까지는 한 해, 한 해 굵직한 사건이 줄을 잇는다. 조선의 앞날에 가장 큰 영향을 미칠 (안타깝게도, 밝은 영향은 아니다) 사건이라면 외국과의 통상조약. 쇄국정책을 고수한 흥선대원군 집정기와 달라진 부분인데, 문제는 조선이 충분한 준비 끝에 자발적으로 국제 무대에 등장한 것이 아니라는 점이다. 1876년, 최초의 근대 조약이자 불평등 조약인 일본과의 조일수호조규(강화도조약)를 시작으로, 1882년에는 미국과 조미수호통상조약을 체결한다. 국제법과 세계 정세에 대한 충분한 정보와 대책도 없이 강제로 나라 문을 열게 된 것이다. 그 결과는 불평등 조약을 맺고, 국익을 심하게 침해당하는 상황으로 이어졌다. 조선도 더 이상 은둔의 나라로 고요할 수 없었다.

고종 정부의 방향은 이처럼 개방 정책이 우세했는데, 사회 여러 계층의 입장을 두루 헤아린 것은 아니었다는 한계를 보인다. 1882년의 임오군란壬午軍亂은 이에 대한 보수파의 불만이 터져 나온 사건이다. 분노는 부패한 민씨 정권에 집중되어 그 대표 격인 민겸호가 살해되었으며, 왕후 민씨는 몸을 피하여 간신히 목숨을 부지할 수 있을 정도였다. 다급해진 고종은 이들 보수파의 불만을 무마하고자 다시 흥선대원군을 청하여 사태 수습을 맡긴다. 하지만 '속방屬邦' 조선의 상황을 안정시킨다는 명목으로 청군의 내정 간섭이 노골화되면서(이 과정에서 흥선대원군이 청나라로 납치되었다) 조선의 자주성이 심하게 침해받기에 이르렀다.

1884년의 갑신정변甲申政變은 이런 상황에 대한 급진개화파의 대응이라 하겠는데, 청군을 몰아내고 부패한 민씨 세력을 처단한 뒤, 개혁을 통해 조선의 자주권을 찾겠다는 취지였다.

이날 밤 우정국에서 낙성식 연회를 가졌는데 총판 홍영식이 주관하였다. 연회가 끝나갈 무렵 담장 밖에서 불길이 일어나는 것이 보였다. 이때 민영익도 우영사로서 연회에 참가하였다가 불을 끄려고 먼저 일어나 문밖으로 나갔는데, 여러 명의 흉도들이 칼을 휘두르자 나아가 맞받아치다가 칼을 맞고 대청 위에 돌아와서 쓰러졌다. 자리에 있던 사람들이 모두 놀라서 흩어지자 김옥균·홍영식·박영효·서광범·서재필 등이 궐내로 들어가 곧바로 침전에 이르러 변고에 대하여 급히 아뢰고 속히 이어하시어 변고를 피할 것을 청하였다.

5부 **파국** 세도에 흔들리고 외세에 무너지다

상이 경우궁으로 거처를 옮기자 각 전과 각 궁도 황급히 도보로 따라갔다.

《고종실록》 1884. 10. 17.

　우정국 낙성식 연회를 기회로 삼아 급진개화파가 정변을 일으켰다. 일단 고종을 모시고 임금의 교지를 통하는 형식으로 대대적인 인사 개편을 단행한 뒤 혁신 정강까지 발표하였으나, 청군의 개입으로 사흘 만에 상황 종료. 주동자 가운데 홍영식과 박영효의 형인 박영교는 피살되었으며, 김옥균을 비롯한 나머지 인물들은 외국으로 망명길에 올라야 했다.

　민중의 지지도 없이, 부족한 힘을 일본에 기대는 등 준비 자체가 불완전했던 것이다. 그나마도 일본은 약속한 도움도 주지 않고 발을 빼버렸으니, 개혁 의지만으로 청군을 막기에는 역부족이었다. 정변은 실패로 돌아갔으나 이들의 혁신 정강에 담긴 내용은 청에 대한 조공 폐지, 문벌 폐지와 인민 평등, 지조법地租法 개혁과 탐관오리 처벌 등, 의미 있는 항목이 적지 않다.

　정변의 책임을 물어 이들 '역적'에 대한 체포령을 내린 것과는 별개로, 고종으로서는 개화 정책을 이끌어줄 젊은 친위 세력을 잃은 셈이었다. 이들 급진개화파의 몰락으로 고종의 정국 운영은 더욱 어려워졌다. 정변이 정리된 뒤 청으로부터 귀국한 흥선대원군은 재기를 노리고 있었고, 청과 일본은 물론 서양 각국의 이권 다툼으로 조선의 숨통이 조여드는 때였다. 혼란의 1880년대도 저물어가고 있었다. 대한제국 선포까지 남은 시간은 이제 10년. 아직까지 제국 선포의 징후는 보이지 않는다. 무언가 느닷없는 사건이 터졌다는 뜻일까.

동학혁명,
녹두꽃으로 피어난 민중의 꿈

조정에서는 흔히 일어나는 민란이라 생각했던 것 같다. 지방관들의 잘못으로 불만을 품은, 배우지 못한 백성들의 난동이라고. 1894년 2월, 남쪽에서 발발한 민란에 대한 정부의 대응은 이전의 여느 민란을 대할 때와 별다른 차이가 없었다. 지방관들에게 적당히 질책을 내리고 안핵사를 파견하여 실태를 조사한 뒤, 난동의 주모자들에게는 벌을, 그리고 그들에게 선동된 백성들에게는 알아듣도록 효유를 전하면 될 것이라고. 하지만 그렇게 잠잠해질 사건이 아니었다. 이 별것 아닌 듯 시작된 봉기가 바로 동학혁명東學革命이다.

> 고부 백성들의 소란은 이른바 동학당란東學黨亂의 시초다… 고종 갑오년 (1894) 2월 전라북도 고부 백성들이 군수 조병갑의 탐오와 횡포에 견딜 수 없어 모여서 소란을 일으켰다. 정부에서는 장흥 부사 이용태를 안핵사로 삼아 진무하게 하였는데, 이용태는 그 무리가 많은 것을 꺼려서 병을 핑계대고 머뭇거리면서 도리어 이 기회를 이용하여 백성의 재물을 약탈하니 민심이 더욱 격화되었다. 고부 사람 전봉준이 떨쳐 일어나 동학당에 들어가니 각지의 폭도들이 소문만 듣고도 호응하였으며, 김해 백성들은 부사 조준구를 내쫓았다. 《고종실록》 1894. 2. 15.

간략하게나마 동학혁명의 배경과 백성들을 대하는 정부의 태도를 읽을 수 있다. 최제우가 창시한 동학은 서학에 대응한 이름으로, 평등에 기초한 교리로 인해 많은 백성들의 위안처가 되었다. 실록의 표현대로 '몇

5부 **파국** 세도에 흔들리고 외세에 무너지다

해 사이에 신도가 점점 많아지니 정부에서는 그것이 이단이고 사설邪說이라고 해서 금지'했을 정도로 교세가 확장되었다. 이단이라는 이유만으로 금지했겠는가. 의식 있는 민중의 세력화를 근심했을 것이다.

1894년 1월, 고부 군수 조병갑의 학정에 대한 반발이 혁명의 시작이었다. 전봉준을 지도자로 추대한 동학 농민군이 처음부터 도성 진입을 목표로 한 전쟁을 선포한 것은 아니다. 하지만 정부가 백성의 아픔을 헤아려 근본적인 대책을 세우기는커녕, 위의 기사에서도 보이듯 안핵사로 내려온 이용태가 백성을 탄압하며 이를 기회로 약탈을 일삼았으니 이것이 오히려 일을 키운 셈.

고부 사태 해결을 넘어 나라를 바로잡겠다는 뜻을 세운 전봉준의 지휘 아래 3월 25일, 1만 명의 농민군이 백산에 집결했다. 창의문倡義文을 선포하여 혁명의 뜻을 널리 밝힌 농민군은 승승장구, 황토현 승리를 바탕으로 4월 27일에는 전라도 감영이 있는 전주를 점령한다. 이미 이들을 역도로 규정한 정부는 어이없게도 청에게 원군을 요청하는 실수를 범하는데, 일본 또한 공사관 보호 등을 이유로 내세우며 군대를 출동시킨다.

외국군의 개입이라는 의외의 상황을 만난 농민군은 5월 7일, 전라 감사 김학진과 전주 화약을 맺고 물러난다. 하지만 농민군의 자진 해체로 주둔의 명분이 사라졌음에도 두 나라의 군대는 철수하지 않았다. 오히려 6월, 일본군의 경복궁 점령으로 조선 땅에서 세력 다툼을 벌이게 되니 바로 청일전쟁의 시작이다.

9월에 재집결한 농민군의 2차 봉기는 외세를 내몰고 위기에 처한 나라를 구하겠다는 목표 아래, 참여 지역도 삼남 지역을 넘어 전국을 포괄하고 있다. 하지만 관군과 일본군의 연합 공격을 농민군의 무기로 막아내기엔 역부족이었다. 결국 11월 우금치 전투에서 패배함으로써 혁명의 꿈은 좌절되고 만다. 전봉준이 처형된 것은 이듬해인 1895년 3월. 엄청난 희생을 치른 꿈이었다.

조선의 민중이 주인이 되어 일으킨 혁명이었으나, 오히려 정부가 외세와 연합하여 그 길을 막아선 것이다. 이를 빌미로 조선에서 벌어진 청과 일본의 대결은 일본의 승리로 끝났다. 1895년 4월, 시모노세키 조약이 체결됨으로써 동북아 내에서의 청의 위상도 달라지게 되었다.

그사이 조정에는 변화가 없었을까. 동학혁명이 한창이던 1894년부터 2년간에 걸쳐, 갑오개혁으로 불리는 정부의 개혁안이 시행되었다. 내각 총리대신 김홍집 아래, 유길준, 김가진 등이 함께한 반청 개화파 내각의 작품이었다. 인간 평등의 기본을 돌아보게 하는, 유교 사상에 절어 있던 당시로서는 대단히 급진적인 조항들을 담고 있다.

천민과 노비 해방, 실력에 따른 관리 등용, 여성의 재혼 허용 등, 동학 농민군이 내세운 폐정 개혁안이 상당 부분 반영된 점도 눈길을 끈다. 이 외에도 격한 저항을 불러온 단발령斷髮令, 새로운 역법을 따른 태양력太陽曆 사용 등이 포함되어 있다. 이에 따라 실록도 1896년 1월부터 양력으로 기록되기 시작한다.

비록 당시의 고질적 문제를 모두 거론하지는 않았지만, 조선이 어떻게 변해야 하는가의 방향을 보여준 의미 있는 시도였다. 이대로 사회가 달라지리라는 기대를 할 법도 했으나, 이 개화 내각의 한계도 없지 않았다. 일본의 내정 간섭을 배경으로 출발한 데다, 2차 봉기를 감행한 동학 농민군을 비도匪徒로 규정함으로써 결국 민중의 지지를 얻지 못한 채 '친일 내각'이라는 오명에 갇히게 되었다.

그리고 그사이, 세력을 확장해오던 러시아의 대두로 조선의 정세가 더욱 복잡해지는 가운데, 일본은 1895년 을미사변乙未事變을 일으켜 친러파인 왕후 민씨를 시해하는 만행을 저지른다. 왕후 집안의 부패와는 별개로, 그야말로 일본의 방자 무도함이 극에 치달은 사건이 아닐 수 없다. 일본 세력에 두려움을 느낀 고종이 러시아공사관으로 탈출하는 아관파천은 이듬해인 1896년의 일이다. 고종은 아관파천과 함께 김홍집 내각을 역적으로 규정하고 체포령을 내린다(김홍집은 일본으로 피신하라는 권유를 거절하고 총리대신으로서의 책임을 지겠다며 고종을 만나러가던 중, 분노한 백성들에게 살해되었다). 그리고 새로운 내각에는 아관파천을 주도한 이완용 등이 핵심 인물로 떠오르게 되었다.

즉위 이후 상황이 좋은 때가 있었겠는가마는, 왕후의 시해에 이어 일국의 군주가 남의 집 신세를 지는, 이즈음 같기야 했을까. 그야말로 국가의 위신이 말이 아니었다. 심지어 흥선대원군은 가택 연금 중이었다. 이미 여러 차례 왕위 교체 시도를 의심받아온 그가, 이 혼란의 시기에 장손인 이준용을 국왕으로 추대하려다 발각되었기 때문이다.

고종,
민의를 저버리다

1897년을 맞으며, 고종은 어떤 길을 선택했을까. 왕위에 오른 지 34년. 지난 시절 가운데 놓쳤던 길, 안타깝게 흘려버린 순간들을 떠올렸을까. 앞의 여러 사건들 속에서 고종은 어떤 모습을 보여주었던가. 갑신정변의 처리 과정에서, 갑오개혁 내각과의 결별 과정에서, 무엇보다도 동학혁명을 일으킨 자신의 백성들을 외세에 기대어 탄압하는 과정에서 드러난 고종의 태도는 국가 최고 결정권자로서의 자격에 회의를 품게 만든다. 그런 그에게 새로운 방향 전환을 기대하는 일은 무리였을까.

1897년, 대한국은 제국의 이름으로 선포되었다. 고종과 그의 보수 정권은 민의보다는 왕권 강화를 우위에 두었던 것이다. 시대의 흐름을 대단히 역행하는 선택이다. 그럼에도 아직까지도 길이 없지는 않았다. 외세의 침탈로 어려움이 더해가고는 있었으나 1896년 서재필을 중심으로 한 독립협회 창단을 배경으로 만민공동회가 개최되는 등, 더 나은 나라를 만들어보자는 민중의 의지는 여전했기 때문이다. 1898년, 관민공동회에서 채택한 〈헌의 6조〉는 의회 설립과 자유 민권 보장 등, 시대의 변화상을 담고 있다. 고종 또한 민의를 받아들이겠다고 뜻을 밝히기까지 했는데.

하지만 이들의 열망이 받아들여질 그 직전에, 고종은 과거로 돌아가고 만다. 군주권이 침해받아 공화국으로 이행될지 모른다는 두려움에, 독립협회를 불법 단체로 규정하고 그 주요 인사들에게는 체포령을 내렸던 것. 평생을 군주 자리에서 보낸 고종으로서는 공화국을 받아들이기 어려웠을 수 있다. 때문에 민중도 군주의 자리까지 내놓으라 하지는 않았다. 군주권을 인정하되, 국가 제도를 개혁하여 민주정치로 나아가자는 의견을 모은 것이 아닌가. 그런데 고종은 이렇게 민의를 저버리고 말았다.

그리고 이어진 고종의 답은 1899년의 〈대한국 국제大韓國國制〉 선포. '나라를 세운 초기에는 정치와 군권君權에 대해 일정한 제도를 만들어 천하에 소상히 보인 뒤에야 신하와 백성이 그대로 따르게 될 것'이기 때문이라 했다. 총 9조 가운데 두어 대목을 골라 읽어보자.

제1조 대한국은 세계 만국에 공인된 자주 독립한 제국帝國이다.
제3조 대한국 대황제는 무한한 군권君權을 지니고 있다. 공법에 이른바 정체政體를 스스로 세우는 것이다.

제4조 대한국 신민이 대황제가 지니고 있는 군권을 침손하는 행위가 있으면 이미 행했건 행하지 않았건 막론하고 신민의 도리를 잃은 자로 인정한다. 《고종실록》 1899. 8. 17. (양력)

거의 '짐이 곧 국가'라는 선언 아닌가. '자주 독립' 제국을 선포하고 독자적 연호를 사용하는 것은, 열강 틈새에서 자주권을 지켜보겠다는 의지로 생각한다 치자. 그런데 무한한 군권을 가진 대황제와 그 군권을 어떤 식으로든 침해해서는 안 되는 신민의 이분법이라니. 고종이 기댈 만한 유일한 힘은 이 땅에서 함께 살아갈 민중이거늘, 그에게는 여전히 군권을 침해당할까 견제해야 하는 신민으로 보였던 걸까. 당시의 국력으로 보자면 함께 힘을 모아도 그 결과를 장담하기는 어려운 때다. 그래도 남은 힘을 다해야 하지 않겠는가. 이 땅이 맞이하게 될 20세기는 더욱 녹록치 않았는데, 고종은 그 마지막 기회를 스스로 놓아버리고 만다.

혼란의 시대,
기개도 분노도 없이

황색 용포 차림의 어진 제작이 이루어진 것은 고종이 49세를 맞은 이 무렵이다. 선대의 어진과는 닮은 듯 다른 형식이다. 양손을 드러내어 무릎 위에 얹은 자세도 그렇고, 또 하나 새로운 소재라면 두 무릎 사이로 슬쩍 비춰진 호패. 임자생 갑자 등국壬子生甲子登國이라 적혀 있다. 임자년에 태어나 갑자년에 치세를 시작한 고종의 이력서다. 화법에도 변화가 보이는데, 특히 안면이나 옷주름 묘사에 사용된 음영법이 두드러진다. 이미 서

〈고종 어진高宗御眞〉

양 화법이 제법 퍼져나간 때였으니, 화가는 시대의 변화를 반영해가면서 어진 제작에 힘을 기울였을 터.

빛나는 옷차림이 아니었다면, 주인공의 모습이 그리 눈길을 끌지는 않았을 것이다. 크게 모나지 않은 무난한 인상. 아니, 다소 무기력해 보이기까지 한다. 초상화에서 가장 중히 여겼던 그 눈빛에서도 군주다운 위엄을 찾기 어렵다. 후일 고종의 행장은 그의 성품을 이렇게 묘사하고 있다.

> 여러 신하들의 여쭙는 말씀을 대할 때는 안색이 온화하여 화락하니 각자가 마음속에 품고 있는 바를 다 말하였다. 때문에 한번 나가 만나본 사람들은 반드시 취한 것같이 진실로 감복하니 마치 봄바람의 온화한 기운 안에 들어 있는 것 같았다. 여러 번 변란을 겪으면서도 분노의 기색이 없었으며, 조용히 생각하고 깊이 계산하여 시기나 형편에 잘 맞게 처신하였다. 〈고종 행장〉

어진이 담아낸 분위기와 대체로 일치하는 평이다. 분명 칭송의 뜻을 담은 글이겠으나, 그렇게 읽히는 것만도 아니다. 변란을 겪으면서도 분노하지 않는, 온화한 성품이라니. 혼란의 시대를 이끌어야 할 군주에게 어울리는 덕목이라 말하기는 어렵지 않을까.

금색 용포를
접어야 하는 시간

20세기는 더욱 숨 가쁘게 시작되었다. 무엇보다도 일본의 움직임이 심상치 않았으니, 청일전쟁으로 무력을 입증한 일본이 1905년 러일전쟁에서도 승리를 차지했다. 조선 주변국 가운데 최후의 승자로서, 본격적인 조선 병합의 야욕을 실현할 배경을 갖추어나갔던 것이다. 그 결과 이 나라에 닥친 현실은 1905년 11월 17일의 을사늑약乙巳勒約. 고종은 물론 대다수 조정 신료가 거부한 조약이었으나 일본의 강압 아래, 자신의 영달을 국익보다 우위에 둔 몇몇 관료의 영합으로 조인되기에 이른다.

이른바 을사오적乙巳五賊으로 불리는 박제순·이완용·이지용·이근택·권중현이 그들이다. '한국 정부는 이후부터 일본국 정부의 중개를 거치지 않고 국제적 성질을 가진 어떠한 조약이나 약속을 하지 않을 것을 기약한다' 등, 한국의 외교권 박탈을 핵심으로 하는 참담한 내용이었다. 이에 을사오적을 참하고 조인을 거부하라는 상소가 빗발쳤다. 그 일례로 민영환의 상소인즉.

> 이 소청은 폐하께서 할 수 없는 일을 억지로 강요하는 것이 아닙니다. 우리
> 조정에서 우리 법을 시행하여 처단해야 할 자를 처단하고, 사무를 주관할
> 대신을 골라 임명해서 조약을 폐지하기 위한 방도를 도모하자는 것입니다.
> 그런데도 참작하여 헤아린 바가 있다며 허락하지 않으신다면 비록 나라가
> 존재한다 해도 망한 것과 같습니다. 그와 같이 망하는 것보다는 우리의 법을
> 시행하여 후세에 할 말이 있게 되는 편이 낫지 않겠습니까? 《고종실록》 1905. 11.
> 28. (양력)

이처럼 아무것도 하지 않는다면 나라는 망한 것과 다름이 없다며, 어서 '할 수 있는 일'을 해야 한다고. 거듭 올린 상소에 대해 고종으로부터 '거듭 타일렀는데도 지루하게 구니 자못 서로 믿는 마음이 없는 것'이라는 절망적인 답을 받은 민영환은 이틀 뒤 자결의 길을 택한다. 조국에 대

한 마지막 충정을 보인 것이다.

일본의 통치는 더욱 구체화되고 있었으나, 그사이에도 모두가 손을 놓고 있었던 건 아니다. 나라의 안위와 목숨을 맞바꾼 이들이 없지 않았다. 전국에서 의병이 들고 일어났으며, 역시 울분의 상소를 올린 최익현 같은 이는 의병장의 죄목으로 대마도에서 순국했다. 1907년에는 을사늑약의 부당함을 알리기 위해 네덜란드 헤이그에 밀사로 파견된 이상설 등의 외로운 싸움이 있었고, 1909년에는 초대 통감 이토 히로부미를 저격한 안중근의 의거가 있었다.

하지만 큰 방향이 바뀌지는 않았다. 1907년, 헤이그 밀사 사건을 빌미로 일본은 고종을 강제 퇴위시킨 뒤 황태자를 그 자리에 세운다. 조선으로는 27대, 대한제국으로는 2대 군주인 순종의 즉위다. 500년을 넘게 이어온 왕조에서 외세가 개입하여 군주를 바꾼 예는 일찍이 없었다. 군주마저 갈아치운 저들에게 하지 못할 일이 무엇일까. 고종은 덕수궁에서, 순종은 창덕궁에서 각기 황제로 불리고 있었으나 그 황색 용포가 빛날 날도 얼마 남지 않았다.

1910년. 경술년 그해가 다가왔다.

그날이 오고야 말았다. 대한이라는 국호를 빼앗기기까지 몇 해도 걸리지 않았다. 고종의 강제 퇴위로부터 3년. 그사이 대한제국은 고종의 뒤를 이은 황태자가 순종으로 즉위했을 뿐, 자강을 도모하지 못했던 것이다.

1910년 8월 29일. 경술국치庚戌國恥의 그날이다. 왕조의 마지막 군주가 통치권을 내려놓았다. 《순종실록》의 마지막 기록 또한 이 치욕을 온 나라에 알리는 순종의 칙유勅諭다. 다소 길지만 전문을 읽어본다.

> 황제는 이르노라. 짐이 부덕으로 간대한 업을 이어받아 임어한 이후 오늘에 이르도록 정령 유신에 관하여 누차 도모하고 갖추어 시험하며 힘쓰지 않은 것이 아니로되, 허약한 것이 쌓여서 고질이 되고 피폐가 극도에 이르러 단시일 안에 만회할 시책을 행할 가망이 없으니 한밤중에 우려함에 선후책이 망연하다. 이를 맡아서 지리함이 더욱 심해지면 끝내는 수습할 수 없는 데에 이를지니 차라리 대임을 남에게 맡겨서 완전하게 할 방법과 혁신할 공효를

얻게 함만 못하다. 그러므로 짐이 결연히 안으로 반성하고 스스로 결단하여, 이에 한국의 통치권을 종전부터 친근하게 믿고 의지하던 이웃 나라 대일본 황제 폐하에게 양여하여 밖으로 동양의 평화를 공고히 하고 안으로 팔도의 민생을 보전하게 하니, 그대들 대소 신민들은 국세와 시의를 깊이 살펴서 번거롭게 소란을 일으키지 말고 각각 생업에 안주하여 일본 제국의 문명한 새 정치에 복종하여 행복을 함께 받으라. 짐의 오늘의 이 조치는 그대들 민중을 잊음이 아니라 참으로 그대들 민중을 구원하려고 하는 지극한 뜻에서 나온 것이니 그대들 신민들은 짐의 이 뜻을 능히 헤아리라. 《순종실록》 1910. 8. 29. (양력)

경술국치,
조선 519년이 비극으로 끝나다

태조 이성계가 수창궁에서 즉위한 1392년 이래 519년. 이날의 칙유는 7일 전인 8월 22일, 한국의 내각 총리대신 이완용과 일본의 통감 데라우치 마사다케 사이에 조인된 병합조약을 공식적으로 알린 것이었다. 이미 을사늑약을 비롯해 역적질에 앞장서온 이완용의 이력이 정점을 찍는 순간이다.

순종은 실상 사방이 이들에게 틀어 막힌 상태였다. 그 자신의 뜻으로 제위에 오른 것도 아니었으며 이 칙유 또한 강압에 의해 반포된 것이었겠으나, 그래도 읽는 이들을 한없이 부끄럽게 만든다. 분노하게 만든다. 국운을 만회할 시책이 없기에 남에게 맡기는 것이 낫겠다니, 남에게 맡기는 것보다 더 나쁜 결말이 대체 무엇인가.

일이 이 지경에 이르기 전에 고종 부자가 무엇을 했는가 묻지 않을 수 없다. 외세에 맞서 나라를 지켜내지 못했고, 지키지 못한 나라를 위해 목숨을 내걸고 맞서지도 못했으며, 전국적으로 일어난 의병 운동의 구심점이 되지도 못했다. 이왕李王이라는 초라한 예우를 받으며 왕실의 명맥을 유지하는 길을 받아들였을 뿐이다. 제국으로 존재할 수 없으니 나라 이름도 다시 조선으로 돌아왔다.

　　고종에게 기회가 아주 없는 것도 아니었다. 파국을 막기 위한 노력도 없지는 않았다. 하지만 전심을 다한 싸움이었는지 되돌아보게 된다. 민중과 함께 새길을 열기보다는 왕실의 안위와 자신의 왕위 지키기에 더 큰 무게를 두었던 것은 아닌지. 19세기 말에서 20세기 초에 이르는 동안, 민은 시대의 흐름을 따라 각성해가는 중이었으나 왕실은 그 속도를 따라가지 못했다. 오히려 각성한 민중을 억누르며 제국을 선포하는 쪽으로 방향을 잡지 않았던가. 경술년에서 돌이켜보자면 이러한 고종의 행보는 가야 할 길에서 너무 크게 틀어져버린 선택이었다.

〈백악춘효도〉,
경복궁을 마지막으로 담다

실록의 마지막 장을 읽었으니 조선왕조실록에 기댄 우리의 회화실록도 마지막 그림을 만날 때가 되었다. 경복궁의 마지막을 담아낸 그림. 봄날에 대한 그리움이 뭉클하게 퍼져나가는 그림 한 점을 만나본다. 1915년 작품이니 나라를 빼앗긴 지 5년이 지난 때다. 그림을 그린 안중식은 고종과 순종 어진 제작에도 참여한, 전통 화단의 마지막 세대다. 누구 하나 그렇지 않은 사람이 있겠는가마는 망국의 화가로 살아가는 그 마음이 어땠을까 싶다.

제목은 〈백악춘효도白岳春曉圖〉. 백악산의 봄 새벽을 그린 것이라 했다. 경복궁 뒤로 흰칠하게 솟아오른 백악은 도성의 주산으로서 작품 제목에 너끈히 부응하고 있다. 그 아래 터를 닦은 경복궁이라면 조선의 법궁이다. 하지만 경복궁은 이미 조선 국왕의 거처는 아니었다. 1896년 아관파천 이후, 경복궁은 주인 없이 비워진 채였다. 상왕인 고종은 덕수궁에, 그리고 순종은 창덕궁에 머물고 있었으니까. 그런데도 화가는 백악산 아래 그 우아한 자태를 화면에 담은 것이다.

화면은 크게 근경, 중경, 원경의 3단 구성을 보인다. 먼저 근경부터 보자. 화면 하단 왼쪽에는 몇 그루 나무와 해태상 하나가 자리하고 있다. 쌍으로 세워진 오른편의 해태상은 어디로 갔을까. 나무 뒤쪽으로 숨은 것인지, 흐르는 안개가 감춘 것인지. 어쩐지 허전한 듯하면서도 휘감긴 안개의 여운으로 전체 분위기와 어울림은 나쁘지 않다.

화면 중간, 그림에서 가장 촘촘하게 표현된 부분이 경복궁이다. 정문인 광화문 뒤편으로, 근정전을 비롯한 여러 전각들이 울창한 나무숲 사이로 드러나 보인다. 전각 지붕의 기왓골이며 건축 장식에까지 정성을 기울여, 단정하면서도 멋스러운 궁의 자태를 한껏 드러내고 있다. 그리고 경복궁 위쪽으로는 연운煙雲을 둘러두었다. 잠시 숨을 고르라는 뜻도 되겠고 급작스러운 화면 전환은 피하고 싶다는, 주인공에 대한 배려라 해도 좋겠다.

그 중간지대를 넘어선 곳에 백악이 우뚝하다. 깊은 먹으로 미점米點을 쌓아 묵직한 느낌을 더하였으니 말 그대로, 화면 전체를 압도한다. 그 기운에 의지하여 경복궁의 자리를 가려 택했던 만큼, 경복궁을 거느린다는 느낌으로 백악의 무게를 담아낸 것이다. 뒤편으로는 저만치, 북한산이 둘

〈백악춘효도白岳春曉圖〉

러서 있다. 깔끔한 능선 처리로 북한산 특유의 느낌을 그럴듯하게 잡아냈다. 그리고 백악 위쪽으로는 텅 빈 공간 뿐, 구름 한 점 더하지 않았다.

익숙하면서도 신선하다. 지금까지 보아온 옛 그림들과는 사뭇 다른 느낌이다. 분명 백악을 표현한 미점이나 화면을 가로지르는 연운 등은 모두 옛 그림의 표현법이다. 그림에 더해진 낙관도 옛 방식을 따르고 있는 데다, 비단 바탕에 수묵 담채水墨淡彩까지 재료도 새로울 것 없다. 하지만 옛것들로 가득한 이 화면 위로 새로운 회화 경향이 역력하다. 특히 전통 산수화의 부감법을 사용하면서도 전각 묘사 등에는 서양식 일점투시법을 활용한 점이 두드러진다. 산수화와 풍경화 사이에 서 있다고나 할까. 전통과 근대의 경계선에서 탄생한 독특한 아름다움이다.

그런데 이런 경계선의 낯섦 말고도 이 그림, 무언가 이상하지 않은가. 백악의 봄 새벽을 그렸다고 하는데, 화면 어디에도 봄날의 산뜻함은 느껴지지 않는다. 화사한 햇살도, 싱그러운 새싹도, 향기로운 봄꽃도, 그 아무것도. 어찌 된 일인가.

관지를 살펴보자. '을묘추일 심전 안중식乙卯秋日心田安中植'. 을묘년 가을에 심전 안중식이 그리다. 그러니까 가을날의 경치를 담아낸 것이었다. 그런데도 제목은 굳이 봄 새벽. 화가가 무언가 착오를 일으킨 것일까? 흥미롭게도 이 작품과 연작으로 그림 한 점이 더 제작되었는데, 〈백악춘효도〉라는 같은 제목 아래 그림의 구성도 거의 동일하다. 그렇다면 이 그림이 진짜 봄날의 새벽을 담은 것일까. 이쪽 사정도 마찬가지다. 관지는 '을묘하일 심전사乙卯夏日心田寫'. 즉, 을묘년 여름에 심전이 그리다. 그림 속 경치는 녹음 가득한 여름날 그대로다. 여름 그림에도, 가을 그림에도 화가는 아무렇지도 않다는 듯 봄 새벽이라는 제목을 적어 넣고 있었던 것이다. 무엇 때문에?

의아해하며 살펴보자니 역시 경복궁에 대해서도 화가의 답이 필요해 보인다. 이 그림은 상상이 아닌 실경, 우리에게도 익숙한 한 장면을 담고 있다. 광화문 앞 해태상에서 북악의 자태까지, 분명 화가는 현장을 그대로 재현해내기 위해 제법 공을 들였고. 하지만 그림이 그려진 1915년 경복궁의 상황은 이처럼 고요하지 않았다.

봄날을 기억하다, 새 봄을 기다리다

1915년 9월에서 10월까지, 일제는 이른바 조선물산공진회朝鮮物産共進會를 개최한다. 일본이 조선을 강제 병합한 지 5년. 그동안의 '발달'을 보여주겠다는 성격의, 병합의 정당성을 주장하기 위한 선전용 박람회다. 개최 장소도 상징적이다. 바로 조선의 법궁인 경복궁. 이를 위해 광화문과 근정전 사이에는 거대한 서양식 건물이 들어섰으며, 경복궁의 여러 전각들은 1910년 이후 하나둘씩 폐철되고 있었다. 광화문 앞 대로변 풍경도 달라졌음은 물론이다. 1915년 여름과 가을, 경복궁은 이미 옛 모습을 잃은 뒤였다. 그림 속 경복궁처럼 온전한 상태가 아니었다는 얘기다.

그래서 그림으로라도 기억하고 싶다는 뜻이었으리라. 지나버린 봄날처럼 쓸쓸하고, 기다리는 봄날처럼 기약 없는 꿈이 있을까. 제목 속의 봄날은 간절한 기다림이자 좋았던 시절에 대한 그리움이기도 하다. 그림에는 사람의 흔적이라곤 없다. 굳게 닫힌 광화문. 심지어 그 현판마저 어디론가 사라져버렸다. 백악이 봄 새벽으로 밝아오는 날, 그날이 오면 잃어버린 것들의 이름과 자리를 되찾게 되리라는 이야기일까. 소재 하나하나의 사실성과는 별개로 그림은 고요함 속에 정지된 것만 같다. 현실이 아닌 꿈속 같기도 하다. 아직 봄이 이르지 않은 까닭이다.

경복궁의 적막함 앞에 서니 그 노래가 떠오른다. 도성 한양에 궁성을 짓고 그 이름 하나하나를 붙이며, 조선의 무궁한 복을 기원하던 정도전의 〈신도가〉.

앞은 한강수, 뒤는 삼각산이여
덕을 쌓으신 강산 사이에 만세를 누리소서.

만세는 아니더라도 500년을 넘게 이어왔으니 그의 기원이 아주 어긋나지는 않은 듯싶다. 시작이 있으면 끝도 있지 않겠는가. 다만 안타깝게도 조선의 마무리는 우리의 기대와는 거리가 멀었다. 우리 민족, 우리 민중의 힘으로 새 시대를 여는 과정에서의 자연스러운 퇴장이었다면 좋았겠지만, 가장 비참한 결말을 맞고 말았다.

《조선왕조실록》, 그리고 남은 이야기들

《조선왕조실록》의 결말도 조선의 운명만큼이나 쓸쓸하다. 《태조실록》으로 시작된 이 위대한 기록물은 《철종실록》의 마지막 기사인 1863년 12월 8일, '대왕대비전에서 흥선군의 제2자에게 사위를 시킬 것을 명한' 기록으로 끝을 맺는다. 그렇다면 그 이후의 두 임금은 어찌 되는가. 고종과 순종이 조선과 대한제국의 군주이긴 했으나, 그들의 시대를 기록한 《고종실록》과《순종실록》은 엄밀한 의미에서 '조선왕조실록'에 포함되지 않는다.

실록은 사관의 기록을 바탕으로 태어난다. 국왕의 승하 이후에 편찬실을 따로 꾸려 자료를 선별한 뒤, 국왕의 묘호를 붙여《태조실록》등의 이름을 얻게 되는 것이다. 그런데 고종과 순종은, 두 임금 모두 대한제국이 주권을 상실한 날까지 생존해 있었다. 때문에 1919년에 고종이, 그리고 1926년에 순종이 승하한 뒤인 1935년에서야 그들 시대의 실록도 편찬되었다. 당연히 이를 주도한 이들은 이왕직李王職에 소속된 일본인 관료와 학자들. 이에 전통 실록 편찬 과정을 따르지 않은 두 실록은 조선왕조실록에서 배제된 것이다. 그렇다 해서 이 기록들을 외면하자는 이야기가 아니다. 일제의 관점이 반영되기는 했겠지만,《승정원일기》등의 기록을 바탕으로 사건을 정리했기에 역사물로서의 가치는 충분하다. 이를 통해 우리 역사를 우리 손으로 기록할 권리조차 빼앗겼다는 사실을 되새겨 볼 수 있으니 이 또한 의미가 없지 않을 것이다.

이렇게 519년을 이어온 27명의 국왕이 역사 속으로 떠났다. 1910년. 그 마지막 날 이후 이 땅의 사람들은 어떻게 살아갔을까.

누군가는 쉽고 편한 길을 택했다. 민족을 버리고 일제의 손발이 되어 일신의 영달을 취한 것이다. 누군가는 망국의 부끄러움으로 자신의 명을 끊었다. 왕조 시대 선비의 자존심으로, 최소한의 도리를 따르겠다는 뜻이었으리라. 누군가는 후일을 도모하기 위해 국경을 넘었다. 목숨을 걸고 나라를 되찾기 위한 험난한 투쟁의 시작이었다. 그리고 많은 누군가는, 돌아올 봄날을 마음에 품고 하루하루를 견뎌내야 했다. 한 사람의 지존이 아니라 실록에 이름 한 줄 올리지 못한 더 많은 누군가를 위한 그런, 봄날.

지금은 남의 땅. 하지만 빼앗긴 백악에도 봄은 올 것이다.

조선 500년의 문을 닫으며

이렇게 조선이 막을 내렸다. 1392년 7월 태조의 즉위식 기사에서 시작하여 1910년 8월 국권을 일본에게 넘긴다는 순종의 교서까지, 조선의 하루하루를 지켜보아온 《조선왕조실록》도 제 마지막 소임을 다했다. 무려 519년 동안 27대에 이르는 국왕의 치세를 담아낸 이 위대한 기록물이 조선과 그 운명을 같이한 것이다.

국권을 외세에 침탈당하는 아픈 결말이었지만, 그래서 차분히 마주하기 어려운 것도 사실이지만 조선은 현재 우리 삶과 직결된 나라다. 그만큼 더 천천히 돌아보고 깊게 새겨보아야 할 역사가 아닐까 싶다. 일기처럼 세심하게 그 시절을 비춰준 실록에 크게 기대게 되는 까닭이다.

우리의 조선 읽기는 이 실록의 빛을 따라 당대의 그림들과 함께한 길이었다. 건국 군주의 위업으로 당당한 〈태조 어진〉과 빛나는 세종 시대의 한 단면을 보여준 〈몽유도원도〉, 조선 사대부의 다양한 모임을 담은 〈미원계회도〉와 〈독서당계회도〉, 그리고 영정 시대의 문화 부흥을 증언하는

〈금강전도〉와 〈소림명월도〉를 거쳐 망국의 아픔을 긴 여운 속에 새겨넣은 〈백악춘효도〉까지. 모두 28점의 그림이 친절한 길잡이가 되어주었다.

　때론 기쁨과 열정으로, 때론 분노와 아픔으로, 실록의 붓이 지나간 자리마다 화가의 붓 또한 그 뒤를 충실히 따르고 있었다. 역사의 생생한 순간들을 기록하고 추억하는가 하면, 그 역사 속 숨겨진 이야기까지 읽어보라고 우리의 눈길을 더 깊은 쪽으로 이끌어주기도 했다.

　실록과 그림을 함께 만나 더욱 의미 깊었던 우리의 여정도 마무리할 시간이 되었다. 하지만 아직 만나지 못한 사람, 미처 펼치지 못한 그림은 또 얼마나 많은가. 한 해, 한 해 세월이 흐를수록 조선은 그만큼씩 멀어져가겠지만 실록과 그림이 들려주는 이야기는 여전히 새롭고 흥미로운 여정으로 이어지리라 믿는다.

참고 문헌

사료

《조선왕조실록 : 태조실록 ~ 철종실록》

《고종실록》

《순종실록》

《일성록》

논문

강관식, 〈명재明齋 윤증尹拯 초상의 제작 과정과 정치적 함의〉, 《미술사학보》 34집, 2010.

강관식, 〈조선시대 초상화를 읽는 다섯 가지 코드〉, 《미술사학보》 38집, 2012.

강관식, 〈조선 후기 화원 회화의 변모와 규장각의 자비대령화원 제도〉, 《미술사학》 17호,
　　　2002.

강문식, 〈규장각 소장 의궤儀軌의 현황과 특징〉, 《규장각》 37호, 2010.

강상규, 〈고종의 대내외 정세 인식과 대한제국 외교의 배경〉, 《동양정치사상사연구》 4호(2),
　　　2005.

강신애, 〈조선시대 무이구곡도武夷九曲圖 연구〉, 고려대학교 대학원 석사학위논문, 2005.

계승범, 〈16-17세기 明·朝鮮 관계의 성격과 조선의 역할〉, 《현대 사회와 정치평론》 10집, 2012.

계승범, 〈세자 광해군〉, 《한국인물사연구》 20호, 2013.

김경수, 〈조선 중종대의 史官研究〉, 충남대학교 대학원 박사학위논문, 1996.

김경태, 〈임진전쟁기 강화교섭 연구〉, 고려대학교 대학원 박사학위논문, 2014.

김기주, 〈初期 士林派의 정치적 좌절과 退溪學〉, 《양명학》 23호, 2009.

김남이, 〈집현전 학사의 문학 연구〉, 이화여자대학교 대학원 박사학위논문, 2001.

김덕현, 〈무이구곡과 조선시대 구곡경영〉, 《안동학연구》 9집, 2010.

김명호, 〈大院君政權과 朴珪壽〉, 《진단학보》 91호, 2001.

김백철, 〈英祖의 義理明辯書 《闡義昭鑑》 편찬과 정국변화-堯舜의 두 가지 얼굴, 탕평군주와
　　　전제군주의 경계〉, 《정신문화연구》 33권(4), 2010.

김범, 〈조선시대 사림세력 형성의 역사적 배경〉, 《국학연구》 19집, 2011.

김봉남, 〈茶山과 天主教 관련 人物들과의 관계 고찰〉, 《대동한문학》 41집, 2014.

김성배, 〈갑오개혁기 조선의 국가자주 개념의 변화-김윤식을 중심으로〉, 《아시아리뷰》 4호(2),

2015.

김성우, 〈'조선 중기'를 바라보는 두 개의 시선〉,《한국사연구》143호, 2008.

김성우, 〈선조대 사림파의 정국 장악과 개혁노선의 충돌〉,《한국사연구》132호, 2006.

김성혜, 〈고종 친정 직후 정치적 기반 형성과 그 특징(1874-1876)〉,《한국근현대사연구》52호, 2010.

김세철, 〈면암 최익현의 위정척사사상과 공론활동에 관한 연구〉,《사회과학논총》23권(1), 2004.

김신재, 〈갑오개혁기의 국가형태 개혁-제1차 개혁기를 중심으로〉,《경주사학》20집, 2001.

김영두, 〈亂言과 隱居, 세조 정권에 대항하는 대항 기억의 형성〉,《사학연구》112호, 2013.

김영두, 〈소통의 시각에서 본 율곡 이이의 정치활동〉,《역사비평》89집, 2009.

김영욱, 〈臺北 國立故宮博物院 소장 傳 王振鵬의《畫手卷》고찰〉,《미술사학연구》296호, 2017.

김영욱, 〈歷代 帝王의 故事를 그린 조선후기 왕실 鑑戒畵〉,《미술사학》28호, 2014.

김용헌, 〈조선 전기 사림파 성리학의 전개와 특징〉,《국학연구》19집, 2011.

김용흠, 〈조선 후기 사상사에서 명재 윤증의 위상〉,《민족문화》37호, 2011.

김이순, 〈1910년대 心田 安中植의 실경산수화에 나타난 근대성〉,《미술사학연구》30호, 2016.

김정희, 〈1465年作 觀經16觀變相圖와 朝鮮初期 王室의 佛事〉,《강좌 미술사》, 19호, 2002.

김진경, 〈겸재의 〈金剛全圖〉에 나타난 意象과 圖像性에 관한 분석〉,《미술문화연구》5호, 2014.

김취정, 〈개화기 화단의 신경향과 잡화병〉,《미술사논단》27호, 2008.

김태훈, 〈광해군대 초반 대일정책의 전개와 그 특징〉,《규장각》42호, 2013.

김혜승, 〈대원군의 국가경영과 이념적 재검토-19세기 중반 국교확대 논쟁과 쇄국정책〉,《정치사상연구》12호(2), 2006.

김훈식, 〈朝鮮初期의 정치적 변화와 士林派의 등장〉,《한국학논집》45집, 2011.

민덕기, 〈임진왜란기 조선의 북방 여진족에 대한 위기의식과 대응책〉,《한일관계사연구》34집, 2009.

박수정, 〈《국조오례의》의례 시행과 개정 논의〉,《한국학》40호(2), 2017.

박은숙, 〈갑신정변 참여층의 개화사상과 정변 인식〉,《역사와 현실》51호, 2004.

박은순, 〈朝鮮初期 江邊契會와 實景山水畵〉,《미술사학연구》221·222호, 1999.

박창진, 〈중종실록을 통해 본 정치참여관계의 권력관계연구〉,《한국정치학회보》31집 2호, 1997.

박현모, 〈西學과 儒學의 만남-18세기 말 천주교 논쟁과 정조의 대응〉,《정치사상연구》4집, 2001.

백옥경, 〈18세기 연행사의 정보수집활동〉, 《명청사연구》 38호, 2012.

서정문, 〈朝鮮中期의 文集編刊과 門派形成〉, 국민대학교 대학원 박사학위논문, 2007.

성영희, 〈고종 친정기高宗 親政期 궁중행사도宮中行事圖 연구〉, 서울대학교 대학원 석사학위논문, 2019.

송양섭, 〈임술민란기 부세문제 인식과 三政改革의 방향〉, 《한국사학보》 49호, 2012.

송웅섭, 〈기묘사화와 기묘사림의 실각〉, 《한국학보》 31집 2호, 2005.

송웅섭, 〈김종직 문인 그룹 형성 무대로서의 '서울'〉, 《서울학연구》 31호, 2008.

송웅섭, 〈조선 성종의 右文政治와 그 귀결〉, 《규장각》 42호, 2013.

송찬섭, 〈1862년 농민항쟁과 소통의 정책〉, 《한국사연구》 161호, 2013.

신복룡, 〈정여립의 생애와 사상〉, 《한국정치학회보》 33집 1호, 1999.

신영주, 〈15, 16세기 관료 문인들의 계회 활동과 계회도축〉, 《한문학보》 17집, 2007.

심경호, 〈조선의 畫像과 贊에 관한 窺見〉, 《국문학연구》 31호, 2015.

안외순, 〈추사 김정희와 윤상도 옥사, 그리고 정치권력〉, 《동방학》 28집, 2013.

에드워드 와그너, 이훈상 옮김, 〈1519년의 賢良科〉, 《역사와 경계》 42집, 2002.

연갑수, 〈병인양요 이후 수도권 방비의 강화〉, 《서울학 연구》 8호, 1997.

오상학, 〈조선시대의 일본지도와 일본인식〉, 《대한지리학회지》 38집 1호, 2003.

오수창, 〈18세기 조선 정치사상과 그 전후 맥락〉, 《역사학보》 213집, 2012.

오향녕, 《宣祖實錄〉 修正攷〉, 《한국사연구》 123호, 2003.

왕현종, 〈1894년 농민군의 폐정개혁 추진과 갑오개혁의 관계〉, 《역사연구》 27호, 2014.

우인수, 〈조선 선조대 남북 분당과 내암 정인홍〉, 《역사와 경계》 81호, 2011.

윤소영, 〈朝日修好條規의 역사적 위치〉, 《한일관계사연구》 18집, 2003.

윤진영, 〈16세기 契會圖에 나타난 山水樣式의 변모〉, 《미술사학》 19호, 2005.

이경구, 〈조선 후기 안동 김문의 의리관〉, 《조선시대사학보》 64호, 2013.

이경화, 〈그림자 국왕의 초상: 와룡관학창의본 이하응초상〉, 《미술사와 시각문화》 14호, 2014.

이민아, 〈孝明世子·憲宗代 宮闕 營建의 政治史的 의의〉, 《한국사론》 54호, 2008.

이민웅, 〈壬辰倭亂 海戰史 硏究〉, 서울대학교 대학원 박사학위논문, 2002.

이병휴, 〈16세기 정국의 추이와 호남·영남의 사림〉, 《국학연구》 9집, 2006.

이병휴, 〈조선전기 사림파의 추이 속에서 본 한훤당 김굉필의 座標〉, 《역사교육논집》 34집, 2005.

이삼성, 〈제국 개념과 근대 한국-개념의 역수입, 활용, 해체, 그리고 포섭과 저항〉, 《정치사상연구》 17호⑴, 2011.

이상성, 〈정암 조광조의 도학사상 연구〉, 성균관대학교 대학원 박사학위논문, 2000.

이상혁, 〈朝鮮朝 己丑獄事와 宣祖의 對應〉, 경북대학교 대학원 석사학위논문, 2009.

이석규, 〈연산군·중종대 求言의 성격 변화와 그 의미〉, 《사학연구》 88호, 2007.

이송희, 〈김응하 충렬록忠烈錄 판본 변개 과정과 그 의미〉, 《유학연구》 46집, 2019.

이수미, 〈경기전 태조 어진御眞의 조형적 특징과 봉안의 의미〉, 《미술사학보》 26호, 2006.

이수미, 〈조선 후기 초상화 초본草本의 유형과 그 표현기법〉, 《미술사학》 24호, 2010.

이정철, 〈선조대 당쟁의 원인과 전개 양상-이이를 중심으로〉, 《규장각》 28호, 2012.

이태진, 〈소빙기(1500-1750) 천변재이 연구와 《조선왕조실록》〉, 《역사학보》 149집, 1996.

이헌주, 〈1880년대 전반 조선 개화지식인들의 '아시아 연대론' 인식 연구〉, 《동북아역사논총》 23호, 2009.

이현진, 〈조선후기 단종 복위와 충신 현창〉, 《사학연구》 98호, 2010.

이현출, 〈사림정치기의 공론정치 전통과 현대적 함의〉, 《한국정치학회보》 36집 3호, 2002.

임용한, 〈신숙주의 사상과 국제감각〉, 《내일을 여는 역사》 48호, 2012.

임혜련, 〈19세기 國婚과 安東 金門 家勢〉, 《한국사학보》 57호, 2014.

임혜련, 〈철종대 정국과 권력 집중 양상-임술민란 배경과 관련하여〉, 《한국사학보》 49호, 2012.

장병인, 〈조선 전기 국왕의 혼례형태〉, 《한국사연구》 140호, 2008.

장진성, 〈동아시아 회화사와 그림의 國籍 문제-고려·조선시대 傳稱 회화작품에 대한 재검토〉, 《미술사문단》 30호, 2010.

정병모, 《삼강행실도》 판화에 대한 고찰〉, 《진단학보》 85호, 1998.

정용재, 〈'동궐도'의 창경궁 분석을 통한 평행사선도법과 그 표현에 관한 연구〉, 《문명연지》 4권 (2), 2003.

정용화, 〈사대중화질서 관념의 해체과정-박규수를 중심으로〉, 《국제정치논총》 44호(1), 2004.

정재훈, 〈16세기 사림 공론의 내용과 의미〉, 《조선시대사학보》 71집, 2014.

정호훈, 〈爲民과 休息의 정치론-來庵 鄭仁弘의 정치의식과 현실인식〉, 《역사와 경계》 81호, 2011.

조광, 〈朝鮮後期 西學書의 受容과 普及〉, 《민족문화연구》 44호, 2006.

조규희, 〈谷雲九曲圖帖의 多層的 의미〉, 《미술사논단》 23호, 2006.

조현걸, 〈우암 송시열의 춘추대의사상〉, 《국제정치연구》 14호(2), 2011.

지두환, 〈조선전기 문묘의례의 정비과정〉, 《한국사연구》 75호, 1991.

진상원, 〈조선왕조 정치범의 伸寃과 追尊 문화〉, 동아대학교 대학원 박사학위논문, 2006.

진재교, 〈18세기 文藝 공간에서 眞景畵와 그 추이-문예의 소통과 겸재화의 영향〉, 《동양한문학연구》 35집, 2012.

진준현, 〈조선 초기·중기의 실경산수화-실재 작품과 그 현장을 중심으로〉, 《미술사학》 24호, 2010.

차미애, 〈恭齋 尹斗緒 一家의 繪畫 硏究〉, 홍익대학교 대학원 박사학위논문, 2010.

최소자, 〈明淸時代 對外關係史의 成果와 課題〉, 《명청사연구》 19집, 2003.

최열, 〈안중식, 20세기 예원의 총수〉, 《내일을 여는 역사》 65호, 2016.

한명기, 〈이여송과 모문룡〉, 《역사비평》 90집, 2010.

한지희, 〈조선후기 孝宗代 政治論과 정국 동향 -是非明辯論을 중심으로〉, 《한국사학보》 41
    호, 2010.

한철호, 〈개화·일제강점기 김옥균에 대한 역사적 평가〉, 《호서사학》 38집, 2005.

황의동, 〈宋時烈과 尹拯의 갈등과 학문적 차이〉, 《동서철학연구》 40호, 2006.

황정연, 〈15세기 서화 수집의 중심, 안평대군〉, 《내일을 여는 역사》 37호, 2009.

단행본

강명관, 《열녀의 탄생》, 돌베개, 2009.

경기문화재단 실학박물관, 《燕行의 문화사》, 경인문화사, 2012.

계승범, 《중종의 시대》, 역사비평사, 2014.

고연희, 《조선시대 산수화》, 돌베개, 2007.

국립중앙박물관 편, 《중국 사행을 다녀온 화가들》, 2011.

국립중앙박물관 편, 《지도예찬》, 2018.

기시모토 미오·미야지마 히로시, 김현영·문순실 옮김, 《현재를 보는 역사, 조선과 명청》, 너머북
    스, 2014.

김문식·신병주, 《조선 왕실 기록문화의 꽃, 의궤》, 돌베개, 2005.

김범, 《사화와 반정의 시대》, 역사의아침, 2015.

김옥균·박영효·서재필, 조일문·신복룡 편역, 《갑신정변 회고록》, 건국대학교 출판부, 2006.

김정희, 《불화, 찬란한 불교 미술의 세계》, 돌베개, 2009.

동북아역사재단, 《임진왜란과 동아시아세계의 변동》, 경인문화사, 2010.

마르티나 도이힐러, 이훈상 옮김, 《한국의 유교화 과정》, 너머북스, 2013.

문사철 엮음, 《민음 한국사 15세기-조선의 때 이른 절정》, 민음사, 2014.

문사철 엮음, 《민음 한국사 16세기-성리학 유토피아》, 민음사, 2014.

강응천 엮음, 《민음 한국사 17세기-대동의 길》, 민음사, 2014.

문사철·강응천 엮음, 《민음 한국사 18세기-왕의 귀환》, 민음사, 2014.

강응천 엮음, 《민음 한국사 19세기-인민의 탄생》, 민음사, 2015.

미야 노리코, 김유영 옮김, 《조선이 그린 세계지도: 몽골 제국의 유산과 동아시아》, 소와당,
    2010.

박은순, 《공재 윤두서: 조선 후기 선비 그림의 선구자》, 돌베개, 2010.

박정혜 외, 《왕과 국가의 회화》, 돌베개, 2011.

서신혜, 《조선인의 유토피아》, 문학동네, 2010.

김정수, 《역주 삼강행실도》, 세종대왕기념사업회 편, 2010.

소현세자 시강원, 이강로 감수, 정하영 옮김, 《심양장계》, 창비, 2008.

안휘준, 《안견과 몽유도원도》, 사회평론, 2009.

에드워드 와그너, 이훈상·손숙경 옮김, 《조선왕조 사회의 성취와 귀속》, 일조각, 2007.

오상학, 《조선시대 세계지도와 세계인식》, 창비, 2011.

오영교, 《조선 건국과 경국대전체제의 형성》, 혜안, 2004.

오지 도시아키, 송태욱 옮김, 《세계 지도의 탄생》, 알마, 2010.

유영봉 역주, 《匪懈堂 四十八詠-다섯 사람의 집현전 학사가 안평대군에게 바친 詩》, 다운샘, 2004.

이경구, 《17세기 조선 지식인 지도》, 푸른역사, 2009.

이선옥, 《사군자》, 돌베개, 2011.

이성무 외, 《류성룡의 학술과 경륜》, 태학사, 2008.

이종범, 《사림열전》 1, 2, 아침이슬, 2006, 2008.

이태호, 《옛 화가들은 우리 땅을 어떻게 그렸나》, 생각의나무, 2010.

이태호, 《옛 화가들은 우리 얼굴을 어떻게 그렸나》, 생각의나무, 2008.

전호근, 《한국 철학사》, 메멘토, 2015.

정두희, 《왕조의 얼굴》, 서강대학교출판부, 2010.

정두희, 《조광조》, 아카넷, 2000.

정민 외, 《한국학 그림과 만나다》, 태학사, 2011.

정옥자, 《조선 후기 중인문화 연구》, 일지사, 2003.

정은주, 《조선시대 사행기록화》, 사회평론, 2012.

정재훈, 《조선의 국왕과 의례》, 지식산업사, 2010.

조선미, 《한국의 초상화》, 돌베개, 2009.

존 B. 던컨, 김범 옮김, 《조선 왕조의 기원》, 너머북스, 2013.

진준현, 《단원 김홍도 연구》, 일지사, 1999.

최승희, 《조선초기 언론사 연구》, 지식산업사, 2004.

한국사상연구회, 《조선 유학의 학파들》, 예문서원, 1996.

한명기, 《임진왜란과 한중관계》, 역사비평사, 1999.

한영우 글, 김대벽 사진, 《昌德宮과 昌慶宮》, 열화당, 2003.

1. 〈**태조 어진**太祖御眞〉, 조중묵 등, 1872년, 비단에 채색, 218×156cm, 전주 경기전

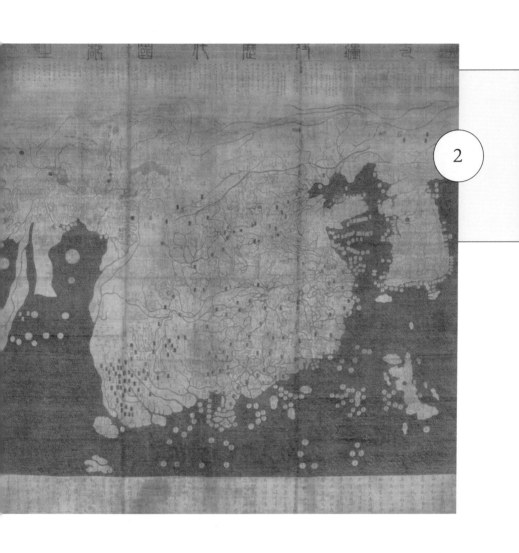

2. 〈혼일강리역대국도지도混一疆理歷代國都之圖〉, 1402년, 비단에 채색, 150×163cm, 일본 류
코쿠(龍谷)대학 도서관

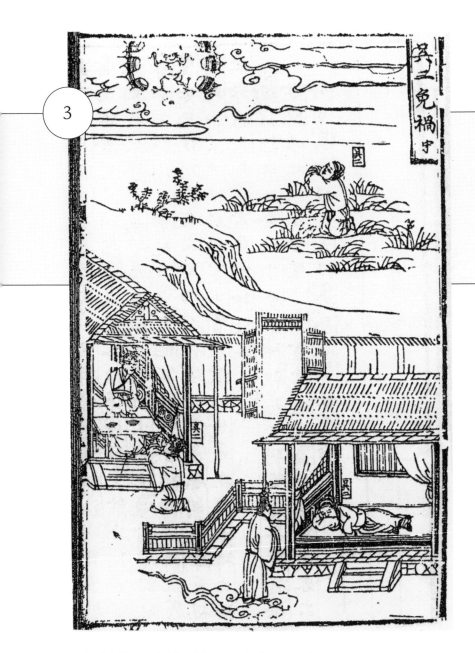

3. 〈**오이면화**吳二免禍〉, 《삼강행실도三綱行實圖》 중, 1434년

5. 〈**신숙주 초상**申叔舟肖像〉, 1453년경, 비단에 채색, 167×109.5cm, 청주 구봉영당

6. 〈관경십육관변상도觀經十六觀變相圖〉, 이맹근, 1465년, 비단에 채색, 269×182.1cm, 일본 치온인(知恩院)

7. 〈**한화제황후등씨**漢和帝皇后鄧氏〉,《현후실적도賢后實跡圖》중, 비단에 채색, 28.2×42.5cm, 국립중앙박물관

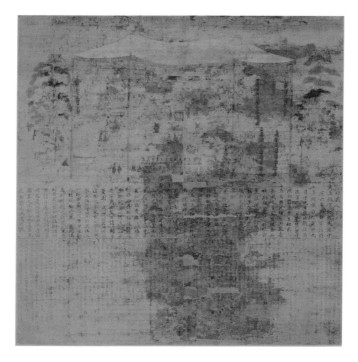

10. 〈**서총대친림사연도**瑞蔥臺親臨賜宴圖〉, 1564년, 비단에 채색, 124.2× 122.7cm, 국립중앙박물관

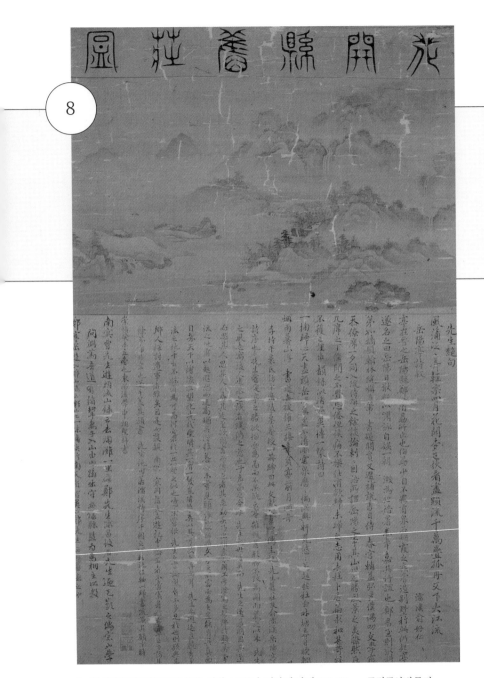

8. 〈화개현구장도花開縣舊莊圖〉, 이징, 1643년, 비단에 담채, 89×56cm, 국립중앙박물관

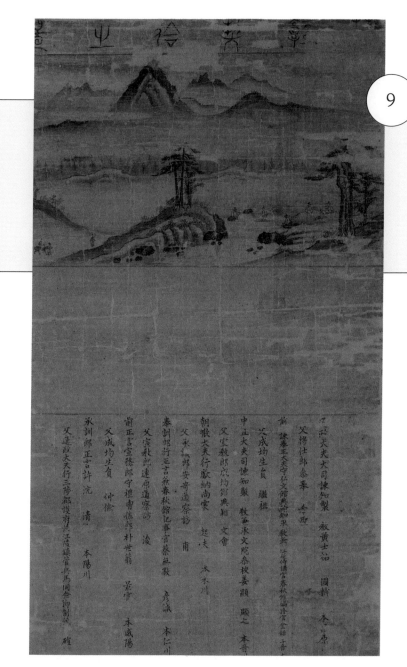

9. **미원계회도**薇院契會圖〉, 1531년, 비단에 채색, 95×57.5cm, 삼성미술관 리움

11. 〈**독서당계회도**讀書堂契會圖〉, 1572년, 비단에 수묵, 102×57.5cm, 서울대학교박물관

13. 〈**파진대적도**擺陳對賊圖〉,《**충렬록**忠烈錄》중, 1798년(초간 1621년)

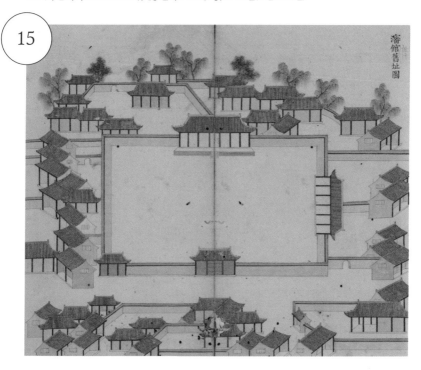

15. 〈**심관구지도**瀋館舊址圖〉,《**심양관도첩**瀋陽館圖帖》중, 1761년, 종이에 채색, 46.2×55cm, 명지대학교 LG연암문고

417

4

4. 〈**몽유도원도**夢遊桃源圖〉, 안견, 1447년, 비단에 채색, 38.7×106.5cm, 일본 텐리(天理)대학 도서관

12. 〈**무이구곡도**武夷九曲圖〉, 이성길, 1592년, 비단에 담채, 33.6×400cm, 국립중앙박물관

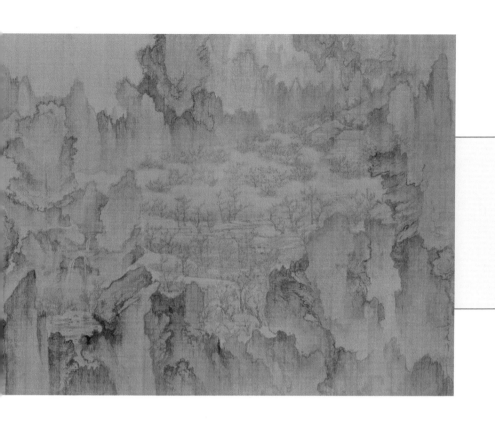

12

御製
此新羅敬順
王金傅始
祖金樻中得之者
仍姓金氏者
金樻掛于樹
上其下白鶏
鳴故見而取
來金樻中有
男子繼昔氏
為新羅君也
其孫敬順王
入高麗嘉其
來順謚敬順
歲乙亥翌年春
命畵見三國史
奉教書
吏曹判書臣金益煕
掌令臣趙 涑奉
教繕繪

14. **〈금궤도金樻圖〉**, 조속, 1636년, 비단에 채색, 105.5×56cm, 국립중앙박물관

御製
　　正宗朝

凜鹿之皋蓮華之廬窓明人静思飢書甫形枯瞿甫學空踈

帝東甫貞聖言用悔宜道置之虀魚之伍

崇禎紀元後辛卯左斛自髻于華陽書屋

節兼十餘高平里衣敦重寨

祖屢慶崇立林孰不驚

惟賢皆當理剛象理

學宗永盡經淪

業卟奭叔事

遠洛中桓

屋在遺

像書書

高衿珮盈

進書彝宜寒辠

崇禎紀元後甲戌三月

追製於萬橫心殿

17-1. 〈**송시열 초상**宋時烈肖像〉, 18세기 후반 이모, 비단에 채색, 89.7 x 67.6cm, 국립중앙박물관

16-1. 〈길주과시도吉州科試圖〉, 〈**북새선은도**北塞宣恩圖〉, 한시각, 1664년, 비단에 채색, 57.9×
674.1cm, 국립중앙박물관

16-2. 〈함흥방방도咸興放榜圖〉, 〈**북새선은도**北塞宣恩圖〉, 한시각, 1664년, 비단에 채색,
57.9×674.1cm, 국립중앙박물관

16-2

17-2. 〈**윤증 초상**尹拯肖像〉, 장경주, 1744년경 이모, 비단에 채색, 59×36.2cm, 충남역사문화연구원

18

18. 〈**윤두서 자화상**尹斗緒自畵像〉, 종이에 담채, 38.5×20.5cm, 해남 녹우당

19. **〈금강전도**金剛全圖〉, 정선, 1740년대, 종이에 담채, 130.8×94cm, 삼성미술관 리움

20. **〈수문상친림관역도**水門上親臨觀役圖〉,《어제준천제명첩御製濬川題名帖》중, 1760년, 비단
에 채색, 34.2×44.0cm, 부산박물관

21. 〈**들국화**野菊〉, 정조, 18세기 후반, 비단에 수묵, 84.6×51.4cm, 동국대학교박물관

22. 〈**소림명월도**疏林明月圖〉,《병진년화첩丙辰年畵帖》중, 김홍도, 1796년, 종이에 담채, 26.7×
31.6cm, 삼성미술관 리움

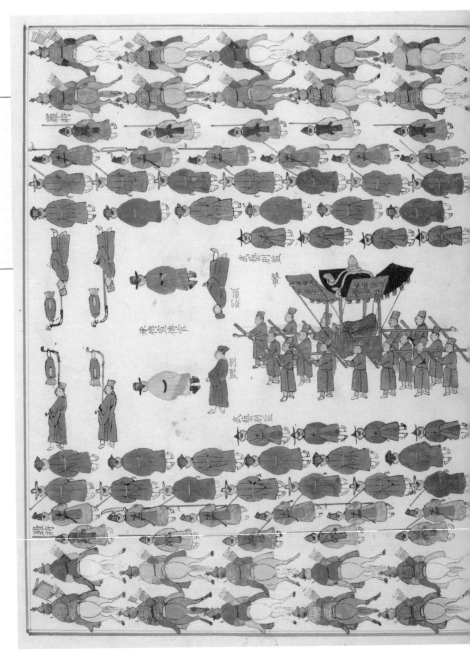

23. 〈순조순원왕후 가례도감의궤 반차도純祖純元王后嘉禮都監儀軌班次圖〉, 1802년, 종이에
채색, 총 66면, 각 면 48.6×35.3cm, 국립중앙박물관

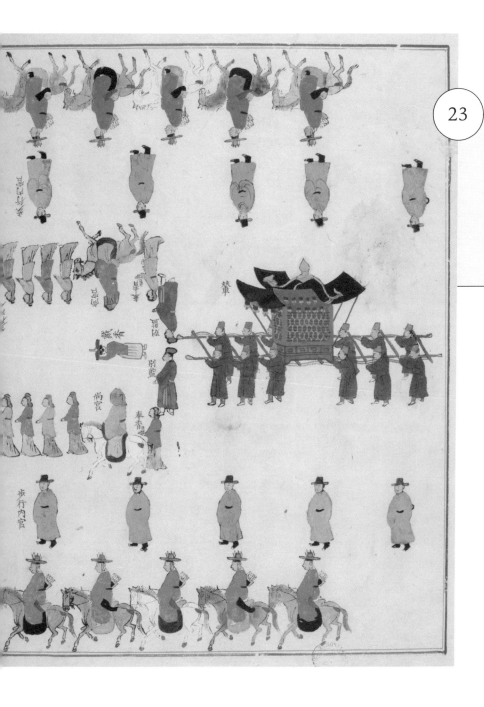

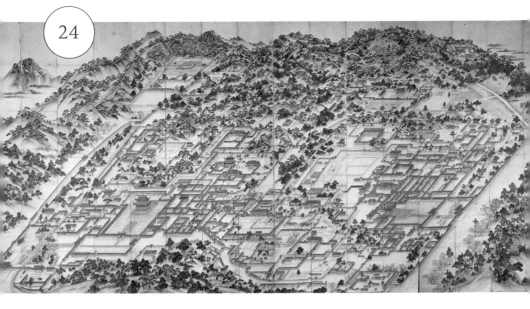

24. 〈동궐도東闕圖〉, 1828~30년, 비단에 채색, 273×584cm, 고려대학교박물관

25. **〈강화행렬도**江華行列圖〉, 19세기, 비단에 채색, 149×434cm, 평양 조선미술박물관

26. **〈고종 어진**高宗御眞**〉**, 20세기 초, 비단에 채색, 118.5×68.8cm, 국립중앙박물관

27. **〈백악춘효도**白岳春曉圖〉(가을 작), 안중식, 1915년, 비단에 담채, 125.9×51.5cm, 국립중앙박물관

조선회화실록

1판 1쇄 발행 2019년 11월 4일
1판 2쇄 발행 2020년 2월 7일

지은이 이종수

발행인 박재호
편집팀 고아라, 홍다휘, 강혜진
마케팅팀 김용범
총무팀 김명숙

디자인 형태와내용사이
교정교열 전은희
종이 세종페이퍼
인쇄·제본 한영문화사

발행처 생각정원
출판신고 제25100-2011-000320호
주소 서울시 마포구 양화로 156(동교동) LG팰리스 814호
전화 02-334-7932 팩스 02-334-7933
전자우편 3347932@gmail.com

ⓒ 이종수 2019

ISBN 979-11-88388-92-9 (03910)

이 도서의 국립중앙도서관 출판예정도서목록(CIP)은 서지정보유통지원시스템 홈페이지
(http://seoji.nl.go.kr)와 국가자료종합목록 구축시스템(http://kolis-net.nl.go.kr)에서 이용하
실 수 있습니다.(CIP제어번호: CIP2019040871)